«Aber was wir von der ‹Eigerwand›
erblickten, sah abweisend
genug oder gar unmöglich aus.
Unmöglich?»

Hans Lauper:
Der Eiger von Norden, 1932

Alpinistischer und nationaler Erfolg:
Die fünf Schweizer Bergsteiger, denen 1970
die erste Winterbegehung
der Japaner-Direttissima gelang.

Nächste Doppelseite:
Triumphe und Tragödien im Sichtfeld:
Tiefblick durch die Ausstiegsrisse, die Anderl Heckmair
1938 als erster erklettert hat. Neben den
beiden Kletterern der Absatz, von dem Claudio Corti
1957 in einer dramatischen Rettungsaktion
lebend geborgen worden ist. Keine Rettung gab es
1935 für Karl Mehringer und Max Sedlmayr:
Verzweifelt suchen ihre Münchner Freunde die
gefährliche Wand mit dem Teleskop ab.

Bergmonographien
1 Jungfrau – Zauberberg der Männer
2 Finsteraarhorn – Die einsame Spitze
3 Eiger – Die vertikale Arena

© AS Verlag & Buchkonzept AG, Zürich, 1998
Gestaltung: Heinz von Arx, Zürich
Lektorat: Andres Betschart
ISBN 3-905111-28-4

EIGER
DIE VERTIKALE ARENA

Herausgegeben
von Daniel Anker

Texte:
Rainer Amstädter, Daniel Anker, Daniel H. Anker,
Charles Barrington, Marco Bomio,
Walter Däpp, Anderl Heckmair, Roland Heer,
Horst Höfler, Ueli Kämpf, Sylvain Jouty, Peter Krebs,
Arnold Lunn, Yuko Maki, Patrick Moser,
Suke Okazawa, Markus Schwyn, Hannes Stähli

Fotos:
Jost von Allmen, Marco Bomio, Robert Bösch,
Bruno Cormier, Ludwig Gramminger,
Kaspar Ochsner, René Robert,
Hannes Stähli, Thomas Ulrich, Ludwig Vörg

BERGMONOGRAPHIE
3

Drei Eiger-Geschichten

«Gemütlich sassen wir draussen unter dem Kirschenbaum, als zwei schwerbepackte Burschen vorbeikamen», erzählt mir Rudolf Rubi Ende November 1997 bei einem Zvieri mit Tee, Zopf nach Hausfrauenart und Bergkäse von der Bussalp. Wir sitzen in der Küche eines Bauernhauses direkt am Fuss des Eigers. Rubi, 80 Jahre alt, ehemaliger Lehrer und Leiter des Heimatmuseums Grindelwald, Dorfchronist und Eiger-archivar, Buchautor und Journalist, erinnert sich: «‹Wollt ihr in die Nordwand›, fragte ich. ‹Ja›, antworteten sie zögernd. ‹Kennt ihr denn die Wand, wisst ihr, wo es durchgeht?›» Rasch sei die Antwort gekommen: «‹Wir haben alles gelesen.›»
Seit 1934 wird (fast) jeder Einstieg in die Wand registriert. Jeder Erfolg, jeder Misserfolg. «Wir wollten die beiden Kletterer vom Vorhaben abbringen, weil die Verhältnisse schlecht waren und die Wetterprognosen auch», fährt Rubi in seiner Eiger-Geschichte fort. «Davon wollten sie aber gar nichts wissen. Sie sagten, sie wollten noch heute bis zum Schwalbennest hinaufklettern.» Am Nachmittag sei er mit dem Zug gegen die Kleine Scheidegg hinaufgefahren und habe von der Brandegg mit dem Feldstecher die Nordwand betrachtet. Er habe die beiden beim Ersten Pfeiler entdeckt. Langsam seien sie vorangekommen. Und dann fällt der Satz: «Hätte ich eine halbe Stunde länger zugeschaut, hätte ich die Kletterer abstürzen sehen.» Am Abend habe er vom Unglück vernommen.

Wann denn die Geschichte mit den beiden Alpinisten passiert sei, frage ich meinen Gastgeber. «Vor ein paar Jahren.»
Ein weiteres Drama in der Eigernordwand. Genau diese Überschrift lese ich immer wieder in der Artikelsammlung, die mir Rudolf Rubi übergibt. Über keine andere Bergwand der Welt ist so viel geschrieben worden wie über die Nordwand – oder die «Mordwand», wie die Vorderseite des Eigers sensationslüstern und verkaufsfördernd auch geheissen wird. Mehr noch: An keinem Berg ist so viel gefilmt worden. Hinweise auf den ersten Film aus der Nordwand, einen Dokumentarfilm von 1936, entdecke ich in Rubis Archiv. Markus Schwyn vom Alpinen Museum in Bern findet ihn nach wochenlanger Suche in Wien. Im Projektionssaal des Museums flimmert der Eiger über die Leinwand, schwarzweiss und stumm. Markus Schwyn und ich schauen zu, wie Mitglieder der Münchner Bergwacht in der senkrechten, noch unerstiegenen Nordwand klettern. Und dann die paar letzten Minuten des Films: Sie zeigen die Bergung und den Abtransport der Leiche von Toni Kurz, dem berühmtesten und traurigsten Opfer der Wand. Zwei Kameraden schleppen das leblose Bündel über steile Firnfelder zu grünen Alpweiden hinunter. Wir schauen zu, erschauert, fasziniert, aus sicherer Distanz.
Daniel Anker

Gipfel

Mittellegigrat

Gipfeleisfeld

Corti Biwak

Ausstiegsrisse

Spinne

Götterquergang

Rampeneisfeld

Brüchiger Riss
Brüchiges Band

Wasserfallkamin

Rampe

Drittes Eisfeld

Todesbiwak

Bügeleisen

Zweites Eisfeld

Eisschlauch

Rote Fluh

Erstes Eisfeld

Schwalbennest

Hinterstoisser-Quergang

Schwieriger Riss

Stollenloch

Zerschrundener Pfeiler

Erster Pfeiler

Einstieg

Inhalt

8 **Einstieg**
Die Faszination der Eigernordwand
Sylvain Jouty

36 **Erster Pfeiler**
Der Eiger, unerfahren
Patrick Moser

44 **Zerschrundener Pfeiler**
Spurensuche nach dem Eiger-Trail von einst
Daniel Anker

50 **Stollenloch**
Die Königin der Bergbahnen und ihre
Schattenseiten am Eigergletscher
Patrick Moser

62 **Schwieriger Riss**
Eine Wand entzweit ein Land
Daniel Anker

72 **Hinterstoisser-Quergang**
Helden oder Opfer?
Rainer Amstädter

82 **Schwalbennest**
Von der Eigerhöhle zur Ostegghütte
Marco Bomio

88 **Rote Fluh**
Die alpinistische Erschliessung der Nordseite
Daniel H. Anker

110 **Erstes Eisfeld**
Mit Ski auf den Eiger
Arnold Lunn

120 **Eisschlauch**
Die eisige Westside-Story
Peter Krebs

128 **Zweites Eisfeld**
Rettungen in der dritten Dimension
Marco Bomio

140 **Bügeleisen**
Das Unmögliche filmen
Markus Schwyn

152 **Todesbiwak**
Karl und Max hängen im Blankeis
und reden in Blankversen
Roland Heer

162 **Drittes Eisfeld**
Die Trilogie der Alpinisten
Sylvain Jouty

170 **Rampe**
«Fernrohre auf die Eishölle des Eiger gerichtet»
Daniel Anker

184 **Wasserfallkamin**
Allein in senkrechter Flur
Daniel H. Anker

196 **Rampeneisfeld**
Dürfen Bergführer die Eigernordwand führen?
Ueli Kämpf

202 **Brüchiges Band und Brüchiger Riss**
Die Rückseite der Nordwand
Hannes Stähli

210 **Götterquergang**
Drama an der Bücherwand
Daniel Anker

218 **Spinne**
Hitler kletterte mit
Rainer Amstädter

226 **Ausstiegsrisse**
Die Durchsteigung 1938
Anderl Heckmair

236 **Corti-Biwak**
Der Überlebende hat recht
Horst Höfler

246 **Gipfeleisfeld**
Von der Bedeutung des Eigers
in Grindelwald und Japan
Walter Däpp und Suke Okazawa

252 **Mittellegigrat**
Die Erstbegehung des Eiger-Nordostgrates
Yuko Maki

264 **Gipfel**
«Versuch den Eiger oder das Matterhorn»
Charles Barrington

274 **Trips und Tips**

277 **Der Eiger im Film**

282 **Literaturverzeichnis**

288 **Bildnachweis**

Einstieg

Das Problem beim Erklettern der Nordwand des Eigers ist, dass man zusätzlich zum 1800-Meter-Aufstieg über brüchigen Kalkfels und schwarzes Eis eine furchterregende Mythologie überwinden muss. Die trickreichsten Bewegungen jeder Kletterei sind mentaler Art, psychische Turnübungen, welche Angst und Schrecken unter Kontrolle halten. Die grimmige Aura des Eigers ist freilich so stark, um auch den Stärksten zu beunruhigen. [...]

Die Geschichte des Eigers hallt wider von den Kämpfen solch übermenschlicher Figuren wie Buhl, Bonatti, Messner, Rébuffat, Terray, Haston und Harlin, um nicht auch noch Eastwood zu erwähnen. Die Namen der Wandstellen – Hinterstoisser-Quergang, Eisschlauch, Todesbiwak, Weisse Spinne – sind aktiven und Lehnstuhl-Alpinisten zwischen Tokyo und Madrid geläufig; allein beim Aussprechen dieser Namen bekommt jeder Kletterer feuchte Hände. Der Steinschlag und die Lawinen, die sich dauernd über die Nordwand ergiessen, sind legendär. Genau so ist es mit dem schlechten Wetter: Auch wenn der Himmel über dem restlichen Europa wolkenfrei ist, braut sich über dem Eiger ein Gewitter zusammen, ähnlich den schwarzen Wolken, die in Gruselfilmen ewig über den Schlössern der Vampire schweben.

Jon Krakauer: Eiger Dreams (Wandversuch 1984 / Buch 1990)

Die Faszination der Eigernordwand

Die Schauspieler, der Schauplatz: Die Österreicher Heinrich Harrer und Fritz Kasparek, die Deutschen Anderl Heckmair und Ludwig Vörg (von links) am 24. Juli 1938 nach der ersten Begehung der Eigernordwand (oben). Die Wand der Wände erhebt sich mächtig über der Kleinen Scheidegg, wo der Tourismus seit dem 18. Jahrhundert seine Zelte aufgeschlagen hat (rechts).

Kein Berg der Welt hat so viel Echo ausgelöst wie der Eiger (3970 m), der elfthöchste Gipfel der Berner Alpen. Keine Besteigung erregte so viel Aufsehen in der breiten Öffentlichkeit wie diejenige der Eigernordwand, die nach mutigem Ringen 1938 zum ersten Mal gelang. Ist es nicht bezeichnend, dass jede Stelle der klassischen Route durch die Nordwand einen Namen hat? Keine andere Kletterroute ist bis ins kleinste Detail so vielen Leuten vertraut, die sie nie begehen werden. Warum das so ist und warum Deutsche diesen einst mörderischen Anstieg als «letztes Problem», Engländer und Schweizer als «dümmste Variante in der Geschichte des Alpinismus» bezeichneten, analysiert Sylvain Jouty.

Niemals bedeutete eine Wand so vielen Leuten so viel wie die Eigerwand: allen, die sie gemacht haben; allen, die sie machen wollen; allen, die sie noch nicht gemacht haben; allen, die sie nie machen werden, und es wissen, aber davon träumen; allen, die davon träumen, sie zu machen; allen, die ebenfalls davon träumen, aber vom Sofa aus; allen, für die der Eiger das Paradebeispiel eines Alpinismus ist, der er nicht sein sollte; allen Bergwanderern, die begreifen, dass sie eine sanfte Form des Bergsports betreiben und der Eiger für eine ganz andere, nämlich extreme steht (oder stand); allen, für die der Alpinismus kein Abenteuer ist, sondern ein Schauspiel, dem man beiwohnt – schönes Theater im übrigen und voller grosser Gefühle. Alle diese Leute, und noch viele mehr, kennen den Eiger. Manchmal kennen sie ihn so gut, dass sie ihn schon fast bestiegen haben oder dass sie ihn gar nicht mehr zu besteigen brauchen.

Allerdings ist die ganz grosse Zeit des Eigers vorbei. Es gibt heute in der Nordwand zu viele Routen, als dass alle noch das grosse Publikum interessieren würden. Und die Bergsteiger selber haben nicht mehr das gleiche Verhältnis zum Eiger wie vor zwanzig Jahren. Für einen jungen Top-Alpinisten ist die Besteigung des Eigers auf der klassischen Heckmair-Route nicht mehr als eine grosse Route unter vielen anderen. Trotzdem: Die Eigernordwand fasziniert immer noch mehr als andere Wände.

Anderl Heckmair, Ludwig Vörg, Heinrich Harrer und Fritz Kasparek schafften die erste Durchsteigung der 1800 Meter hohen Wand vom 21. bis 24. Juli 1938. Vorher hatten acht Menschen das Leben verloren, als sie sich an der für Steinschlag und Wetterumstürze berüchtigten Wand versuchten, und seither sind viele weitere in der Wand oder beim Abstieg nach einem Wanddurchstieg gestorben; insgesamt sind es mehr als 50 Tote. Eine gefährliche Wand?

Die Heckmair-Route wurde und wird sehr häufig wiederholt, 22 weitere Routen sind in der Wand eröffnet worden, ohne dass diese ihren gefährlichen Charakter ganz

Gruselkabinett: Edi Rainer liegt im Juli 1936 zerschmettert am Fuss der Wand. Seinen drei Seilgefährten erging es nicht besser. Seither spricht man von der Mordwand. Das Publikum schaudert und schaut fasziniert zu.

verloren hätte, genausowenig wie die tiefe Faszination, die sie auf die Kletterer ausübt. Der Eiger ist ja zuallererst kein Gipfel, sondern eine Nordwand: die Eigerwand. Der beste Beweis ist die Tatsache, dass es scheint, als habe die Geschichte des Berges erst 1932 mit der Besteigung der Nordostwand (Lauper-Route) begonnen. Wer weiss schon, dass der Gipfel 1858 vom irischen Gelegenheitsbergsteiger Charles Barrington erstmals erreicht wurde, der es danach vorzog, wieder Geld auf Pferde statt Schu-

he auf Gipfel zu setzen. Oder dass der Mittellegigrat 1921 von Yuko Maki (dem ersten «richtigen» Bergsteiger Japans) erstbegangen wurde, der später die erfolgreiche Expedition zum Manaslu leiten sollte?

Der Eiger zeigt, was Sache ist

Die Geschichte der Eigerwand illustriert die Zwiespältigkeit der Beziehung zwischen den Bergsteigern und der übrigen Gesellschaft. Seit 1934, als die ersten Begehungsversuche in der Nordwand unternommen wurden, war der Eiger immer so etwas wie ein Katalysator, der die Verhältnisse an den Tag brachte. Das gilt auch heute noch: Ereignisse, die sich auf der Bühne des Eigers abspielen, haben immer das Potential, für Wirbel zu sorgen, und der Berg hat sicher nicht aufgehört, von sich reden zu machen. Die Zeit hat die Gemüter zwar beruhigt und ermöglicht eine tiefere Analyse der Ereignisse. Man hat in der Tat Mühe, sich vorzustellen, wie sehr die verschiedenen Dramen bei der Eroberung der Eigerwand seinerzeit Anlass zu Kontroversen bieten, die Gemüter in Wallung bringen und Polemiken in der Öffentlichkeit (man weiss ja, dass der Alpinismus sonst wenig mit dem breiten Publikum zu tun hat), aber auch unter den Bergsteigern, auslösen konnten. Die Gemeinde der Bergsteiger ist sich, abgesehen von den unterschiedlichen Schulen, normalerweise ziemlich einig. Streitigkeiten, meistens technischer Art, werden unter sich geregelt. Im Fall des Eigers jedoch befiel eine Kurzsichtigkeit einen Teil der westlichen Kletterwelt, der mitunter mit naiver Unbefangenheit die dümmsten Anschuldigungen in der Presse übernahm. Es gibt nur ein einziges anderes alpines Ereignis, das eine vergleichbare Wirkung hatte: die dramatische Erstbesteigung des Matterhorns von 1865. In beiden Fällen war nicht nur die Welt der Kletterer beteiligt, sondern auch die Presse, die Justiz und sogar der Staat wurden hineingezogen, kurz: ein ganzer gesellschaftlicher Apparat, der normalerweise recht wenig in die kleinen Ereignisse des Bergsteigens eingreift. Zeit und Umstände sind zwar nicht vergleichbar, aber die beiden Ereignisse haben – über die gleichwertige Bedeutung in der Geschichte des Alpinismus hinaus – die Tatsache gemeinsam, dass sie ganz deutlich die Bande und Spannungen freigelegt haben, welche die kleine Welt des Alpinismus mit der übrigen Gesellschaft verbinden und sie gleichzeitig von ihr abtrennen. Am Eiger wurde die Sache am deutlichsten: Nationalismus, Politik, Propaganda, Geld, Wettbewerb, Reglementierung, Staat – alle diese Elemente, von denen der Alpinismus normalerweise gar nichts wissen will, wurden mobilisiert, um die heftig angestrebte Erstbegehung der Eigerwand zu diskreditieren. Der Berg, das heisst: die Wand, ist kein Skandal mehr wie damals zwischen 1935 und 1938. In dieser Zeit gaben die Bergsteiger aller Nationen mit Hilfe der Presse ein höchst dissonantes Konzert, in dem kaum eine Note richtig klang. Um ein Beispiel für die Heftigkeit der Polemik zu geben, reicht es, Colonel Strutt, den damaligen Präsidenten des Alpine Club, zu zitieren: «Die Eigerwand bleibt eine Besessenheit für Geistiggestörte fast aller Länder. Wer als erster erfolgreich ist, kann sicher sein, die dümmste Variante (the most imbecile variant) seit Beginn des Alpinismus vollbracht zu haben.»

Der Eiger funktioniert als Bühne

Die «dumme Variante» in der Eigerwand, die als konkaves Halbrund deutlich von der offeneren Nordostwand abgetrennt ist, hat seither, wie man weiss, viel Erfolg gehabt. Es ist einfach, sich darüber lustig zu machen, viel sinnvoller ist es, verstehen zu wollen. Erstens: Warum dieser Skandal am Eiger und nicht woanders? Schliesslich gibt es viele andere Touren, andere Berge in den Alpen, an denen sich ebenfalls Tragödien abgespielt haben, viele andere Routen, ebenso schwierige, die zur gleichen Zeit zum erstenmal begangen wurden, ohne dass sie ein solches Publikum gehabt hätten. Man könnte versuchen, den Erfolg des

Eigers mit seinen Charakteristiken zu erklären, seiner Höhe oder seinen besonderen Schwierigkeiten. Heisst es nicht landläufig, die Eigerwand sei «die höchste Wand der Alpen» (was übrigens nicht stimmt)? Aber dies würde allenfalls das Interesse der Bergsteiger erklären, aber nicht dasjenige der breiten Öffentlichkeit. Nein, die Wahrheit ist eine andere: der Eiger ist ein Theater.

Es gibt eine Bühne (die Nordwand), Schauspieler (Retter und Bergsteiger), einen Zuschauerraum, von wo aus das Publikum mit Fernrohren zuschaut (Kleine Scheidegg) und sogar Kulissen und Bühnenein- und -ausgänge (der Normalweg, der Mittellegigrat und besonders die Öffnungen mitten in der Wand, die Tunnelfenster der Jungfraubahn). Soviel zu den Örtlichkeiten. Aber wie im richtigen Theater hat das

Heldengalerie: Im Hotel Bellevue auf der Kleinen Scheidegg hängen die Porträts der Erstbegeher schön gerahmt an der Wand. Das Hotel war jahrzehntelang Angelpunkt des Geschehens in der Wand. Alpinisten, Journalisten und Touristen drückten sich Klinke und Feldstecher in die Hand.

Theaterkritiker: Ohne die Presse spielten die Nordwand und ihre Begeher nicht mehr als eine Nebenrolle. Aber weil sich am Eiger so bequem alpinistische Aufführungen mitverfolgen lassen, beginnt sich das öffentliche Karusell zu drehen: je höllischer der Kampf, je fetter die Schlagzeilen, je belagerter die Fernrohre, je bekannter die Alpinisten – ob diese wollen oder nicht.

«Wir werden an die Wand gedrängt, und das Trommelfeuer der Fragen ist fast schlimmer als dasjenige des Steinschlags auf dem Eiger», schreibt der tschechische Alpinist Radovan Kuchar 1961 über den Empfang durch die Journalisten.

Zaungäste: Die Kühe kümmern sich nicht um die Kletterer. Aber diese hören, wenn sie oben in der Wand hängen, die Glocken von jenen. So nah und so fern (vorangehende Doppelseite).

Gespenster in Schnee- und Nebelwolken

Fernrohre auf die Eishölle des Eiger gerichtet

Der Kampf der Alpinisten im Berner Oberland

Schauspiel nur dann einen grossen Erfolg, wenn es durch die Medien in der Öffentlichkeit verbreitet und verstärkt wird. Die Presse und die Journalisten bringen etwas in die Öffentlichkeit, das bereits ein Spektakel ist, und, wie das bei den Medien üblich ist, sie verändern es. Die Presse nützte diese Macht weidlich aus: es gibt wohl kaum einen anderen Berg auf der Welt, und erst recht keine Wand, über den in so vielen Publikationen derart viele Artikel geschrieben worden sind. Die Bibliographie zum Eiger und insbesondere zur Nordwand umfasst mehr als sechs eng bedruckte Seiten; darunter finden sich 34 literarische Werke (Romane etc.).

Der Eiger spielte von Anfang an eine Rolle. Aber bereits bevor die Alpinisten die Existenz der Eigerwand überhaupt zur Kenntnis nahmen, wurde die Gegend, genauer: die Kleine Scheidegg, in ein Theater verwandelt. Sie war schon immer ein hervorragender Ort für die Popularisierung der Berge, seit ihrer ersten touristischen Überquerung im Jahre 1771 durch den Engländer Norton Nichols, den Philosophen und späteren bernischen Landvogt Karl Viktor von Bonstetten und durch den Berner Pfarrer Jakob Samuel Wyttenbach, Verfasser des ersten Reiseführers für das Berner Oberland (1777). Im Laufe des 19. Jahrhunderts wurde sie immer mehr zu einer obligatorischen Station der Tour de Suisse, die von einer ganzen Reihe von grossen Köpfen jener Zeit unternommen wurde, so sehr, dass man 1844 den Zuschauern Lawinen lieferte – zu einem festen Preis und mit Hilfe einer Kanone! Die Reise auf die Kleine Scheidegg wurde schnell zum Klassiker,

hatte aber offenbar ihre Schrecken nicht verloren, denn 1822 notierte ein Reisender: «Mehrmals wäre ich um ein Haar in den schrecklichsten Abgrund gestürzt.» Zur gleichen Zeit bannte der Maler Maximilien de Meuron die schrecklichen Abgründe der Nordwand in seinem Bild «Le Grand Eiger» (1825) auf die Leinwand.

Die wichtigste Phase jener «Prähistorie» des Eigers war allerdings der Bau der Jungfraubahn am Anfang dieses Jahrhunderts. Dank ihr wurde die Kleine Scheidegg leicht zugänglich. Und die Eisenbahn ging noch weiter in einem Tunnel, der in die Masse des Eigers gebohrt wurde. Gleichzeitig wurden Öffnungen aus der Nordwand geschlagen, die den Bergsteiger Walter Larden 1910 zur Aussage bewogen: «Nicht nur Bergsteiger, sondern alle Reisenden mit Geschmack werden der Meinung sein, dass diese Eisenbahn eine Entheiligung der Natur ist, so etwas wie ein Karussell in der Westminster Abtei.» Er konnte ja nicht voraussehen, was für ein «Zirkus» sich später am Eiger abspielen würde ...

Der Eiger ist ein Schauspiel

Im engeren Sinn ist ein Theater nichts anderes als die Bereitstellung günstiger Bedingungen für die Aufführung eines Schauspiels. Jede Besteigung ist eine mehr oder weniger bedeutende Aufführung; es wäre naiv, dies leugnen zu wollen. Der Bergsteiger hat immer ein gewisses Vergnügen daran, von seinen Exploits zu erzählen (deshalb gibt es auch diese Überfülle an alpinistischer Literatur); dieses Phänomen ist gewissermassen Teil der internen Ökonomie des Bergsteigers. Am Eiger hat das

Phänomen jedoch eine ganz andere Dimension und Bedeutung, nicht zuletzt weil die Aufführung eine grosse Wirkung auf die übrige Gesellschaft hat. Zu den Charakteristiken seiner Form, die den Eiger mit seiner Nordwand – es gibt darüber keinen Zweifel – zu einem der interessantesten Berge der Alpen machen, kommen die einmaligen Bedingungen eines Theaters, die dafür sorgen, dass hier zum ersten Mal jede Besteigung, jeder Versuch, jede Tragödie, die sich in der Wand abspielt, von einem grossen Publikum live mitverfolgt werden konnte und immer noch kann. Ist nicht dies der Grund, warum das Fernsehen ausgerechnet am Eiger mit seiner ganzen Technik einfährt, um die Faszination (oder den Schrecken?) einer Besteigung der Nordwand den Millionen Fernsehzuschauern frei Haus zu liefern? Und das Publikum fühlt sich so an der Besteigung beteiligt, dass sich hier Folgen einstellen, die anderswo undenkbar wären. Diese Bedingungen können sogar die Besteigung tiefgreifend beeinflussen, ohne dass sich die Alpinisten dessen immer bewusst wären. Wenn jede andere Tour normalerweise ein persönliches und nicht kommunizierbares Abenteuer darstellt, so ist sie hier am Eiger etwas anderes: die Inszenierung der Besteigung ist wichtiger als die Besteigung selber. Hierin liegt die Zwiespältigkeit dieser einmaligen Wand: Die Bergsteiger sind der Meinung, einen Gipfel zu besteigen, der prestigeträchtiger, schwieriger oder interessanter ist als jeder andere, während in Tat und Wahrheit am Eiger das Klettern seinen Charakter ändert und zum Schauspiel wird. Das heisst, die wichtigsten Ergebnisse einer Besteigung sind nicht mehr wie sonst die unkommunizierbaren und unweigerlich persönlichen Auswirkungen auf den Bergsteiger, sondern im Gegenteil die Wirkungen nach aussen auf diejenigen, die von fern oder nah die

Besteigung mitverfolgen. Der Bergsteiger setzt sich, wie jeder Schauspieler, der Kritik aus. Die Distanz zwischen Bergsteiger und Publikum und deren unterschiedliche Wahrnehmung erklären zweifellos zumindest teilweise die zahlreichen Fehlinterpretationen der Aufführung.

Der Eiger steht im Rampenlicht

Die Folgen, welche der Aufführungscharakter der Kletterei am Eiger hat, sind zuallererst an der unvergleichlichen Berühmtheit der Wand abzulesen. Man mag einwenden, dass sie als einzige eine derart dramatische Geschichte gehabt habe. Abgesehen davon, dass dieser Einwand nicht stimmt (denken wir zum Beispiel an den Nanga Parbat, für den sich ausser den Bergsteigern niemand interessiert hat), lässt er ausser acht, dass Geschichte nur existiert, wenn sie erzählt wird, und dass die Verbreitung der Geschichte von der Macht des sie verbreitenden Mediums abhängig ist. Genauer: die Folgen sind charakterisiert durch ihren unvergleichlichen Einfluss, den sie auf bestimmte Institutionen haben, auf Presse, Justiz und Staat, um nur die wichtigsten zu nennen. Und genau deren Rolle muss kritisch hinterfragt werden.

Zirkusnummer: Ein Snowboarder dreht sich blitzschnell in der Alpenluft. Für ihn ist die schwarze Mauer dort hinten nur eine Kulisse für den Sprung auf dem Brett, das seine Welt bedeutet.

Logenplatz: Der Blick von der sicheren, komfortablen Terrasse auf die bedrohliche Natur – nach diesem Strickmuster funktioniert der Fremdenverkehr seit seinen Anfängen. Wildnis und Zivilisation: Beim Abenteuer dabei sein, aber bitte mit Distanz und einer Rückfahrkarte in der Hand für die Jungfraubahn, die ihre Lichtspuren hinterlässt. Links leuchten die Fenster der Station Eigerwand, zwischen Mönch und Jungfrau strahlt unwiderstehlich das Jungfraujoch (folgende Doppelseite).

Wegen seiner Funktion als Bühne hatte kein anderer Berg der Welt so früh ein «Theater» mit der Justiz. Denken wir daran, dass die Eigerwand 1959 Gegenstand eines Prozesses wegen übler Nachrede war: Zwei Schweizer Bergsteiger verklagten andere Bergsteiger, die Zweifel geäussert hatten, ob die beiden tatsächlich die Wand durch-

stiegen haben. Heckmair wurde übrigens vom Gericht als Experte bestellt. Oder können wir uns vorstellen, dass eine Regierung die Besteigung irgendeiner anderen hochalpinen Wand verbieten würde? Genau das passierte jedoch am Eiger. Das vom bernischen Regierungsrat im Juli 1936 erlassene Verbot wurde im November allerdings wieder aufgehoben, nachdem Bergsteiger sich dagegen gewendet und Juristen Zweifel an seiner Rechtmässigkeit geäussert hatten. Alle waren sich im übrigen einig, dass ein Verbot, in die Wand einzusteigen, in keiner Weise hätte durchgesetzt werden können. Wenn es einen Berg gibt, der, wie der Eiger mit seiner Nordwand, die Zwiespältigkeit des Verhältnisses des Alpinismus zur übrigen Gesellschaft klar zutage treten lassen kann, dann we-

gen dieser einmaligen theaterähnlichen Situation. Diese vertikale Bühne drängt das, was normalerweise das Wesen des Kletterns ausmacht, die Besteigung nämlich, in den Hintergrund. Zugleich zerrt sie die Nebeneffekte der Aufführung ins Rampenlicht und verzerrt sie bis ins Absurde.

Der Eiger entzweit die Völker
Dieses Theater war der Grund, warum sich das vor dem Zweiten Weltkrieg manifeste Unverständnis der westlichen Bergsteigerwelt gegenüber den deutschen Bergsteigern am Eiger herauskristallierte. Der deutsche Kletterer wurde zum Symbol eines barbarischen, dekadenten, nazifizierten, in einem Wort: verabscheuungswürdigen Alpinismus. Diese Kritik kam vor allem aus England und der Schweiz, wo man glaubte, die «heiligen Traditionen» des Alpinismus verteidigen zu müssen. Sie wurde aber, abgeschwächt und in moderaterem Ton, auch in Frankreich vorgebracht. Zweifellos trugen die Machtübernahme der Nazis in Deutschland und der «Anschluss» Österreichs zu dieser Haltung bei. Man schrieb den Deutschen eine andere Auffassung des Alpinismus zu, politische Motive, die jemand schlecht zugeben konnte. Aber eigenartigerweise kritisierte man die italienischen Bergsteiger, die ebenfalls durch ein mindestens so verabscheuungswürdiges Regime wie dasjenige in Deutschland kompromittiert waren, viel weniger, obschon deren Auffassung des Alpinismus in manchen Punkten derjenigen der österreichisch-deutschen Seite sehr ähnelte. Vielleicht wurde die Polemik durch den alten Gegensatz zwischen lateinischer und germanischer Kultur genährt. Wie auch immer: es fielen harte Worte. Bezeichnenderweise findet sich die beste Beschreibung dieser pervertierten Auffassung des Alpinismus, die man den deutschen Bergsteigern

Rollentausch: Claudio Corti (links) wollte 1957 zusammen mit Stefano Longhi die erste italienische Begehung machen; nach Stürzen in der Gipfelwand wurde er knapp gerettet und vom Rettungsspezialisten Erich Friedli verpflegt, während sein Partner in der Wand blieb, zwei Jahre lang. Chris Bonington (rechts) kostet im Biwak mit einem Felshaken den Inhalt einer Büchse anlässlich der ersten britischen Begehung von 1962; den ersten Versuch vier Wochen zuvor hat er dem Daily Mail «verkauft».

Umtoste Haupt- und Nebenbühne: Das einflussreiche britische Alpine Journal nannte die erste Durchsteigung der Nordseite des Eigers von 1932 – die Lauper-Route durch die Nordostwand (links im Schatten) – «eine grossartige Tour», die Begehung der eigentlichen Nordwand (rechts mit Sonne und Nebelfetzen) sechs Jahre später aber «die dümmste Variante seit Beginn des Alpinismus». Heute durchziehen 24 Routen die ganze Wandflucht (vorangehende Doppelseite).

vor dem Krieg zuschrieb, ausgerechnet in einem fiktiven Werk, das während des Zweiten Weltkrieges entstand (Le Mont Analogue von René Daumal). «Er gehörte einer Kletterschule an, die man ‹grosso modo› als deutsche Kletterschule bezeichnen konnte. Man könnte diese Schule wie folgt zusammenfassen: Man geht die steilste Wand des Berges am vertracktesten, am stärksten dem Steinschlag ausgesetzten Couloir an und steigt geradeaus direkt zum Gipfel, ohne links und rechts nach bequemeren Möglichkeiten zu suchen. In der Regel bringt man sich dabei um, aber eines schönen Tages erreicht eine nationale Seilschaft dennoch lebend den Gipfel.»

Der Eiger verleitet zu Lügen

Man unterstellte gewissen Bergsteigern, sie kämen zum Eiger, um eine olympische Medaille zu gewinnen, anderen, sie hätten nur das Ziel, vom Führer ausgezeichnet zu werden, oder sie kämen auf «Befehl von oben». Man warf ihnen schliesslich auch technische Inkompetenz vor. Im Falle Sedlmayr und Mehringer ging man so weit zu sagen, sie hätten die Besteigung nur versucht, um eine Rolle in einem Film zu bekommen! Dabei, so denke ich, kann kein Bergsteiger die ausserordentliche Leistung

bestreiten, die die beiden Unglücksraben 1935 vollbrachten, als sie in einer ziemlich direkten Linie über schwierigste Steilstufen hinweg bis knapp 700 Meter unter den Gipfel kletterten, wo sie ein fürchterlicher Schlechtwettereinbruch einfror.

Das eigentliche Problem liegt nicht darin, ob die Anschuldigungen einen wahren Hintergrund haben oder nicht, sondern es geht vielmehr um die Fehleinschätzung der zeitgenössischen Entwicklung des Alpinismus durch diejenigen, welche diese Anschuldigungen vorbrachten. Welches die Grundlagen auch sein mochten, auf die sie sich abstützten, sie sind eine Weiterentwicklung der gleichen Idee, die dann aber von einem grossen Teil der westlichen Bergsteigerwelt akzeptiert wurde, nämlich dass die deutschen Alpinisten «nicht normal» seien; dass das, was sie betrieben, kein Alpinismus sei und deshalb nicht mit den Massstäben des Alpinismus zu messen sei. Es war selbstverständlich viel einfacher, diese Bergsteiger zu exkommunizieren als zu versuchen, sie zu verstehen. Wahre Kritik hat es nicht nötig, verleumderisch zu sein. Es wäre natürlich naiv zu glauben, der Wunsch nach Berühmtheit oder sozialem Aufstieg gehöre nicht zu den Motiven der Bergsteiger. Es bleibt noch zu erklären, woher dieses Unverständnis kam.

Der Eiger macht aus Alpinisten Feinde

Halten wir erst einmal fest, wie sehr sich die alpine Tradition in den Ost- und den Westalpen unterscheidet. Die englischen Bergsteiger hatten bis zum Ersten Weltkrieg an der Spitze der Erforschung der Alpen gestanden. Sie waren Grossbürgerliche oder Adelige, auf jeden Fall kultivierte, gebildete Leute, Humanisten ohne Geldsorgen. Sie bildeten die intellektuelle Elite Grossbritanniens. Leslie Stephen (1832–1904) zum Beispiel, langjähriger Präsident des Alpine Club und Erstbesteiger zahlreicher Alpengipfel, war ein berühmter Kritiker und Vater der Autorin Virginia Woolf; John Tyndall (1820–1893), Alpinist und Gletscherforscher, war ein grosser Gelehrter. Ihre Auffassung des Alpinismus war von diesem materiellen und geistigen Reichtum geprägt. Für sie war das Bergsteigen eine höchst vergnügliche Angelegenheit, die aber nie das Opfer eines Lebens oder einer Karriere gerechtfertigt hätte. Nach dem Ersten Weltkrieg lebten die Engländer immer noch in dieser Tradition: im Bewusstsein der Rolle, die ihre Vorgänger im Alpinismus gespielt hatten. Sie hatten nicht gemerkt, dass die Fackel an jemand anders übergegangen war. Für sie war die Eroberung der Alpen abgeschlossen. Sie wandten sich anderen Horizonten zu, vor allem dem Himalaya. Hier lag für sie die Zukunft des Alpinismus, und nicht im Eröffnen von «dummen Varianten» in den Alpen. Im übrigen reizte es sie nicht, auf dem Kontinent akrobatisches Klettern zu betreiben; «at home» hatten sie genügend Felswände, die sie in dieser Hinsicht vollauf befriedigten. Die Berge, das war etwas anderes. Der «alpine» Alpinismus hatte seinen Höhepunkt erreicht, das Goldene Zeitalter der Eroberungen war zu Ende, einzig die

klassischen Besteigungen waren interessant, der Rest konnte nur dekadent sein. Die österreichisch-deutschen Bergsteiger schlugen aus der Art, indem sie «die ehrenhafte Tradition des Alpinismus pervertierten». Symptomatisch für diese Haltung ist der Unterschied in der Berichterstattung des Alpine Journal zwischen der Besteigung der Nordostwand des Eigers 1932 («a superb expedition») und der Besteigung der Eigerwand ein paar Jahre später. Ein weiterer Grund für die britische Unversöhnlichkeit: Die deutschen Bergsteiger hatten sich bisher, mit ein paar bedeutenden Ausnahmen, vor allem in den Ostalpen einquartiert. Die Briten hatten einen Anfall von Verfolgungswahn, als sie sahen, dass sich am Fuss des Eigers – im Herzen «ihrer» Berge – österreichisch-deutsche Seilschaften niederliessen.

Der Eiger verhilft zu Anerkennung

Die deutschen Bergsteiger lebten den Alpinismus auf eine ganz andere Art als die Engländer. Es stimmt, dass eine gewisse Verherrlichung der Gefahr, des Todes und der Risiken, die mit dem Alpinismus einhergehen, sowie eine gewisse morbide Ästhetik Teil ihrer Tradition waren. Die englischen Bergsteiger hatten die Tendenz, allzu positivistisch zu sein; sie wollten im Alpinismus eine von Vernunft geprägte Tätigkeit sehen. Die deutschen Bergsteiger hatten die gegenteilige Tendenz und betrachteten die Berge als totale, allumfassende Erfahrung, wovon vor allem das Werk des einflussreichen österreichischen Alpinisten und Schriftstellers Eugen Guido Lammer Zeugnis ablegt. Bergsteigen ohne Führer war durchaus üblich, seit langem anerkannt und im übrigen von namhaften Bergsteigern – zum Beispiel Hermann von Barth, Georg Winkler und Paul Preuss, um nur die berühmtesten zu erwähnen – geprägt.

Allerdings wurde dieser Unterschied in der Geisteshaltung zweifellos von etwas viel Bedeutenderem genährt: die Bergsteiger in Deutschland stammten nicht notwendigerweise aus den gleichen Schichten wie in Grossbritannien. Das ist selbstverständlich eine Verallgemeinerung, aber die Differenzen sind offensichtlich. In den Geschichten von den deutschen Unternehmungen wim-

Aufstieg zur Hauptrolle: Plötzlich stehen sozial an den Rand gedrängte deutsche und österreichische Bergsteiger im Scheinwerferlicht, geben Autogramme und Konferenzen.

melt es von Geldproblemen, Reisen per Velo oder zu Fuss, kleinen materiellen Details. Die deutschen Bergsteiger waren häufig Studenten, manchmal Arbeiter oder, wie man heute sagen würde, Randständige, auf jeden Fall hatten die meisten kein Geld. Und diese Männer, die so viel ins Bergsteigen steckten und ihm manchmal ihr bür-

gerliches Leben opferten, engagierten sich in den Bergen viel stärker als die Engländer, für die das Bergsteigen ein Vergnügen unter anderen war. Es ist nur natürlich, dass die Deutschen manchmal eine gewisse soziale Anerkennung suchten, welche die Engländer nicht brauchten, weil sie sie bereits hatten.

Und weil sie arm waren, blieb ihnen kein anderes Terrain für ihre Aktivitäten als die naheliegenden Alpen, und diejenigen, die die letzten unberührten Wände der Westalpen angingen, hatten keineswegs das Gefühl, sich an der Tradition zu vergehen. Sie glaubten, ganz im Gegenteil, dem Lauf der Geschichte zu folgen. Vörg sagte es 1937 so: «Wir jungen Alpinisten sind uns bewusst, dass wir nur etwas zur Erforschung der Alpen beitragen können, wenn wir die sogenannt letzten Probleme lösen.» Und etwa in der Differenz zwischen dem «letzten Problem» und der «dümmsten Variante» findet sich der Grund für die Polemiken rund um den Eiger. Wir können sicher sein, dass der damalige Präsident des britischen Alpine Club, Colonel Strutt, die Erstbegeher kaum als Geisteskranke bezeichnet hätte, wenn er die Eigerwand als eines der letzten Probleme der Alpen betrachtet hätte. Dafür gibt es ein beredtes Beispiel: die deutschen Besteigungsversuche des Nanga Parbat zu jener Zeit waren ebenso mörderisch wie die am Eiger, aber das Alpine Journal befleissigte sich trotzdem eines ernsthaften Tones bei seiner Berichterstattung. Der Nanga Parbat wurde von den Engländern eben als interessantes Problem betrachtet.

Der Eiger will kein Irrenhaus sein

Wenn jeder einigermassen mutige Bergsteiger als geisteskrank gelten würde, wären die schönsten Seiten der Geschichte der Alpen von Irren geschrieben und die Mehrzahl der Erstbesteigungen von Verrückten vollbracht worden. Man warf den deutschen Bergsteigern vor, sie seien «auf Befehl» an den Fuss des Eigers gekommen. Im Falle von Kurz und Hinterstoisser 1936 war es genau umgekehrt. Als Soldaten in Urlaub waren die beiden bereits in der Wand, als der Befehl ihres Vorgesetzten (der Wind von der Sache bekommen hatte) eintraf, der ihnen verbot, den Versuch zu unternehmen. Auch der Verdacht, die beiden Kletterer seien mit ihrer Erstbegehung einzig auf die Alpinismus-Goldmedaille der Olympiade 1936 aus gewesen, ist keineswegs seriöser. Nehmen wir doch als Anekdote zur Kenntnis, dass es die Engländer waren, die sich in dieser Sache erstmals schuldig gemacht hatten. Der 1924 vom Internationalen Olympischen Komitee verliehene «Prix d'Alpinisme» ging an General Bruce, der die dritte Everest-Expedition geleitet hatte. Dann, 1932, wurde die Goldmedaille für Alpinismus an die Gebrüder Schmid (für die Besteigung der Matterhorn-Nordwand) und an den Himalajisten Paul Bauer verliehen.

Schwerwiegender ist der Vorwurf der Inkompetenz. Tatsächlich waren fast alle ernsthaften Anwärter für die Erstbesteigung sehr starke Bergsteiger der Ostalpen und keineswegs Anfänger. Aber es ist ebenso richtig, dass fast alle die Schwierigkeiten mit Eis und Schnee in der Wand unterschätzten. Es handelt sich also weniger um Inkompetenz als vielmehr um eine schlechte Einschätzung der spezifischen Probleme der Eigerwand. Es ist im übrigen genau das Verdienst von Vörg, Heckmair und Matthias Rebitsch (er machte 1937 mit Vörg drei ernsthafte Versuche), die Schwierigkeiten der Wand richtig beurteilt zu haben.

Den Eiger ziert (k)ein Hakenkreuz

Kommen wir zum zentralen Punkt. Es stimmt, dass die Erstbesteigung der Eigerwand von den Nazis in grossem Stil ausgeschlachtet wurde. Das erste Buch über die Durchsteigung mit dem Titel «Um die Eiger-Nordwand», verfasst von den vier Erstbegehern, erschien 1938 im Zentralverlag der NSDAP, der Nationalsozialistischen Arbeiterpartei. Es ist selbstverständlich in der Sprache der Propaganda geschrieben. Den Schluss des Buches markiert ein Bild mit der Legende: «Der schönste Lohn». Man sieht die vier Helden, wie sie von Hitler persönlich beglückwünscht werden. Sämtliche autoritären Regimes haben den Sport zu Propagandazwecken missbraucht, und Nazideutschland nahm nur in grösserem Stil und mit grösserer Effizienz eine Praxis wieder auf, die vor seiner Zeit bereits gang und gäbe war. Die Olympischen Spiele von 1936 in Berlin boten bereits Gelegenheit für eine epische Inszenierung, für die sogar die antisemitischen Parolen aus den Strassen der Stadt entfernt worden waren, um die Besucher nicht zu schockieren. Leni Riefenstahl, ehemalige Schauspielerin und Bergsteigerin, die man in «Die weisse Hölle vom Piz Palü» von Fanck und Pabst an der Arbeit sehen kann, realisierte bei dieser Gelegenheit unter Einsatz enormer Mittel die Filme «Fest der Völker» und «Fest der Schönheit», von denen man je nach Standort sagen kann, sie seien der «Höhepunkt des nationalsozialistischen Kinos» oder das «schönste je für die sportliche Leistung errichtete Denkmal». Nach der Erstdurchsteigung der Eigerwand war es die gleiche Leni Riefenstahl (sie hatte Heckmair als Führer 1937 näher kennengelernt), welche das Zusammentreffen Hitlers mit den vier Alpinisten organisierte. Man braucht nur daran zu denken, welche chauvinistischen Auswüchse Fussballspiele

Geheime Requisiten: Der Rucksack von Heinrich Harrer, in welchem er 1938 einen Hakenkreuz-Wimpel durch die Nordwand zum Gipfel getragen hat. Harrers Vergangenheit als Nazi wird erst 1997 ausgepackt – die weisse Spinne erhält unangenehm braune Flecken.

Neuer Blickwinkel: Im Schatten die durchschnittlich 64 Grad steile Eigernordwand aus der Luft; nur ein Teil der Ausstiegsrisse und das halb ausgeaperte Gipfeleisfeld liegen in der Sonne. Rechts die fast schneefreie Westflanke zwischen Südgrat (oben) und Westgrat. Vom Gipfel zieht sich der scharfe Mittellegigrat in die linke obere Bildecke; darunter befindet sich die Nordostwand mit ihren Eisschildern (folgende Doppelseite).

Verspäteter Medaillensegen: 1936 wurden die Eigerwand-Kletterer verdächtigt, sie seien einzig wegen der Alpinismus-Goldmedaillen der Berliner Olympiade eingestiegen. 1968 konnte man eine Gold-Gedenkmedaille mit den Inschriften «Eiger-Nordwand Erstbesteigung 1938» und «Kasparek – Harrer – Vörg – Heckmair» kaufen. Die grösste Medaille (Durchmesser 60 mm, Gewicht 105 g) kostete 992 Schweizer Franken, die kleinste (20 mm, 3,5 g) 36 Franken.

und Skirennen hierzulande und anderswo auslösen. Ob man will oder nicht, der Alpinismus ist Teil dessen, was man Ausstrahlung oder Prestige eines Landes nennen könnte, ganz ungeachtet der politischen Verhältnisse. Und, nur nebenbei, es kommt auch heute noch vor, dass Bergsteiger von Staatspräsidenten ausgezeichnet werden. Man muss selbstverständlich klar sehen, dass sich der Alpinismus mit seinem kriegerischen Vokabular und den Eroberungsmetaphern ganz besonders gut für den Gebrauch durch ein autoritäres Regime eignet. Der Irrtum liegt darin zu glauben, dies gelte nur für den Eiger oder nur für Nazideutschland. Wer hat die Absicht, den italienischen Topalpinisten Raffaele Carlesso und Giusto Cervasutti vorzuwerfen, dass sie 1935 in Rom eine Goldmedaille aus der Hand von Mussolini entgegennahmen? Wer erinnert sich noch, dass die Berichte von den Erstbesteigungen in den Dolomiten mindestens so oft in «Sport Fascista» erschienen wie in der «Rivista Mensile» des Club Alpino Italiano? Man könnte noch viele Beispiele von Verbindungen zwischen Alpinismus und nationalistischer Propaganda aufführen.

Es kann nicht darum gehen, via Alpinismus irgendeinen Aspekt der Nazibarbarei zu verteidigen. Es ist erwiesen, dass einige Bergsteiger tatsächlich Nazis waren: die österreichische Seilschaft Harrer und Kasparek oder Willi Angerer und Edi Rainer, zwei der vier Opfer der Tragödie von 1936. Aber eine pauschale Verurteilung ist falsch. Denn: Wer den Vorwurf erhebt, jeder, der versuche, die Eigerwand zu ersteigen, tue dies, weil er für eine Sache eintritt, ist offenbar der Meinung, dass sich eine politische Überzeugung im Bergsteigen ausdrücken kann, darin nämlich, welche Art der Besteigung jemand wählt, weil sie eine

Ideologie widerspiegelt. Demnach wäre zum Beispiel ein Versuch an der Eigerwand politischer als ein solcher an der Matterhorn-Nordwand. Zahlreiche Kritiker waren seinerzeit offenbar dieser Idee, zumindest unterschwellig, zugetan. In Tat und Wahrheit ist ein Bergsteiger ohne sein Zutun politisch, ja gerade weil er sich politisch nicht engagiert. Unpolitisch sein heisst ja nichts anderes als einfach passiv die herrschende Meinung zu akzeptieren. Es ist sehr wahrscheinlich, dass dies die Position der meisten Bergsteiger jener Zeit war. Es war weniger ein aktives politisches Engagement als vielmehr eine Indifferenz, die alles rechtfertigen kann.

Der Eiger steht nicht ausserhalb

Der Alpinismus lebt in der gefährlichen Fiktion, dass die Gipfel neutrales Terrain seien. Eine Fiktion ist diese Haltung, weil der Alpinismus nie etwas anderes gemacht hat als nach und nach ein Territorium zu sozialisieren, aus einer Terra incognita, welche die Berge waren, einen sozialen Raum mit allen Kräften zu machen, die in der Gesellschaft wirken. Dies ist heute, wo der Alpenraum politisch höchst umstrittenes Territorium ist – man denke nur an die Alpenkonvention oder den Versuch, in der Schweiz zwei neue Alpentransversalen zu bauen –, deutlicher sichtbar als je. Wir müssen endlich davon abkommen, die Berge als reine, ideale, von allen Konflikten freie Welt zu betrachten, wie uns die abgegriffenste und platteste Metapher – diejenige der Höhe – weismachen will. Der grösste Irrtum, dem Bergsteiger verfallen können, ist zu glauben, sie könnten mit Hilfe des Bergsteigens einem sozio-politischen System entkommen, in dem sie leben. Dies ist die Lektion, welche Alpinisten der heutigen Zeit aus jener Zeit der Eroberung der Wände lernen können.

Ich für meinen Teil will von der Geschichte des Eigers festhalten, dass die Darsteller durch ihre Auffassung des Alpinismus innovative Bergsteiger waren, und ich weigere mich, ihre Leistungen abzuwerten aus Gründen, die nichts mit dem Bergsteigen zu tun haben. Darin steckt keinerlei Sympathie für den Nationalsozialismus. Übrigens profitierten die deutschen Bergsteiger in der Frage der Verherrlichung der Gefahr von einer Tradition, die viel älter war als die Nazis, nämlich von der deutschen Auffassung des Alpinismus. Man denke nur an den Ausspruch von Hermann von Barth, dem Pionier des Karwendelgebirges, Mitte des letzten Jahrhunderts: «Wer mir folgen will, muss bereit sein zu sterben.»

Hier taucht ein neues Problem auf. Bergsteigen ist immer gefährlich, jedermann weiss das, aber es gibt verschiedene Abstufungen. Gibt es eine Grenze, jenseits deren das Risiko nicht mehr tragbar ist? Wenn niemand diese Risiken auf sich genommen hätte, dann wäre der Eiger vielleicht immer noch unbestiegen… Wer wagt es, auf die nicht geringeren Risiken – die Zahl der Unfälle beweist diese Tatsache überzeugend – aufmerksam zu machen, welche die Teilnehmer an Himalaja-Expeditionen auf sich nehmen? Es scheint mir zu einfach, dieses Problem im Zusammenhang mit den deutschen Bergsteigern der Generation von Heckmair aufzuwerfen und für alle anderen nicht.

Der Eiger hat eine Ausnahmestellung inne

Das Bergsteigen hat die Eigenart, dass sich seine Regeln von selber ständig ändern beziehungsweise unter dem Druck einer Minderheit geändert werden; dann nämlich, wenn sie keinen Bewegungsspielraum mehr lassen und die Betätigung einengen. Diese Freiheit macht den Reichtum des

Kletterns aus und begründet seine Historizität. Die zwei Parameter, die sich ändern, sind die technischen Mittel und die Definition, was eine interessante Erstbegehung ist. So konnte es geschehen, dass die gleiche Wand für die einen ein bedeutendes Ziel darstellt, während sie für die anderen ohne jeden alpinistischen Wert ist. Letztere sind der Meinung, die wahre Route durch die Nordseite des Eigers hätten die vier Schweizer Hans Lauper, Alfred Zürcher, Alexander Graven und Joseph Knubel 1932 eröffnet. Die deutschen Kletterer hingegen verfügten über die Technik des Hakenkletterns und nützten die Möglichkeiten aus, die diese ihnen bot, womit sie die letzten Probleme von damals lösten: Die Nordwände von Matterhorn, Grandes Jorasses und Eiger.

Im 19. Jahrhundert gab es keine «letzten Probleme». Diese Idee tauchte erst nach dem Ersten Weltkrieg auf. Seit einiger Zeit schon hatten die Bergsteiger das Gefühl, die Eroberung der Alpen komme langsam an ein Ende. Hatte man nicht die «Grenze der menschlichen Möglichkeiten» erreicht, die sich in dem sechsten Grad der damals viel geschmähten Schwierigkeitsskala ausdrückte? Die Begriffe wie «unmöglich» sind zeitgebunden. Ebenfalls zeitgebunden

Falscher Applaus: Blumenbeladener Ludwig Vörg bei der Ankunft 1938 in Sonthofen, wo er in der NS-Ordensburg als Ausbildner tätig war. Die Nazis schlachteten den Sieg der deutschösterreichischen Seilschaft hemmungslos aus. Die Alpinisten wehrten sich kaum. Vörgs linker Arm ist eingebunden, weil er bei der Erstbegehung eine Verletzung erlitten hat.

Szenenwechsel: Am oberen Rand der düsteren Spinne sichert Kobi Reichen sich und seinen Gast Oswald Oelz mit neuem – und altem – Material. Für den Berner Oberländer Bergführer ist die Eigerwand kein «letztes Problem» mehr: Er hat die Heckmair-Route bereits viermal – davon dreimal mit Gästen und zweimal im Winter – durchstiegen und kennt sieben weitere Anstiege aus der Nähe (folgende Doppelseite).

Ansichtssache: «Der Sturm peitscht das freie Seilende», lautet die Originallegende zum Bild, das Hias Rebitsch, einen keineswegs lebensmüden Alpinisten, beim Abseilen über den Zerschrundenen Pfeiler zeigt; ihm ist 1937 zusammen mit Ludwig Vörg der erste Rückzug mitten aus der Wand gelungen (oben). «Hesch e Kiosk a der Eigernordwand?» bedeutete in der schweizerdeutschen Schülersprache der 70er Jahre «Spinnst du?». Der Karikaturist nahm diese bezeichnende Frage 1961 vorweg (rechts).

ist der Eindruck, es habe kein Gelände mehr, das noch zu erschliessen wäre. Daraus entstanden eine gewisse Gier und der verschärfte Wettbewerb unter den Bergsteigern. Dieser Geist des «letzten Problems» spricht wohl am deutlichsten aus dem Satz von Jacques Lagarde, den er kurz nach der ersten Durchsteigung der Matterhorn-Nordwand 1931 niederschrieb: «Bis auf wenige Ausnahmen ist die Eroberung der Alpen jetzt abgeschlossen.» Eine dieser Ausnahmen war die Eigerwand! Andere Wände, ebenso schwierig und ebenso hoch, wurden in dieser Zeit ebenfalls zum ersten Mal begangen, aber nicht zu den letzten Problemen gezählt. Das gilt zum Beispiel für die Nordostwand der Dent Blanche in den Walliser Alpen oder die Nordwestwand der Ailefroide im Dauphiné. Was fehlte diesen Wänden denn? Zweifellos die Tatsache, dass mehrere Versuche gescheitert waren. Eine Wand, die im ersten Anlauf ohne weiteres bezwungen wird, kann kein eigentliches Problem darstellen. Der Zufall spielt hier natürlich eine nicht zu unterschätzende Rolle. Es fehlte ihnen sicherlich auch die nötige Publizität, ohne die es keine Bekanntheit gibt, nicht einmal innerhalb des begrenzten Kreises der Bergsteiger.

Der Eiger lebt vom Mythos

An der Börse der alpinistischen Werte hielt sich die Eigerwand besser als ihre Gegenspieler, der Walkerpfeiler in den Grandes Jorasses und die Matterhorn-Nordwand. Wie die Mythen nährt sich auch die Reputation einer Besteigung gleichzeitig von den Fakten und von imaginären Elementen. Die tragische Geschichte des Eigers, die zahlreichen Toten, die tatsächlichen Gefahren der Wand haben ihn vor einer allzu schnellen Entwertung bewahrt. Gleichzeitig wurden aber einzelne Elemente überbewertet, die so zur Mythenbildung beigetragen haben. Das bedeutet, dass der Ruf und das Prestige einer Besteigung wenig mit einer rationalen Einschätzung der Schwierigkeiten und der wirklichen Probleme zu tun haben. Eine solche Einschätzung wäre bei allem guten Willen eines Autors von technischen Beschreibungen auch gar nicht möglich. Sie nährt sich also vor allem von der Geschichte der Wand, den Berichten der Besteigung, aber auch von imaginären Elementen. Es hiess zum Beispiel immer wieder, ein Rückzug aus der Wand sei unmöglich, dabei haben Vörg und Rebitsch 1937 bewiesen, dass es geht, und Schlunegger und Krähenbühl zehn Jahre später ebenfalls. Dieser übertriebene Ruf erhöht die Bedeutung der Besteigung und der Bergsteiger, die sie vollbracht haben, aber er verbraucht sich langsam unter dem Eindruck der vielen Wiederholungen. Es wäre ein Irrtum zu glauben, nur die tatsächlichen Charakteristiken der Eigerwand lösten die Lust aus, sie zu ersteigen. Kein Bergsteiger kann an den historischen Stellen Hinterstoisser-Quergang, Schwalbennest, Bügeleisen, Todesbiwak und Götterquergang (um nur 5 von 25 zu nennen) vorbeiklettern, ohne sich an die Ereignisse zu erinnern, die sich hier abspielten: die Geschichte von gestern bestimmt die Besteigung von heute. Selbstverständlich ist jede Besteigung erst einmal ein ganz persönliches Abenteuer, aber es wird nur in die Tat umgesetzt, weil sich vorher der Wunsch für eine Besteigung in einer bestimmten Route manifestiert. Dieser Wunsch wiederum wird genährt durch Berichte von anderen Bergsteigern: Topos in Führern, Beschreibungen, Gespräche, Feedback aller Art. Man darf sich nicht der Illusion hergeben, ein Bergsteiger lasse sich nur von den tatsächlichen Begebenheiten eines Berges faszinieren, wie zum Beispiel von der Schönheit der Kletterei. Der Wunsch des Bergsteigers kommt immer von einer Geschichte; einer Geschichte, die mit dem Mythos eine Verbindung eingeht. Entscheidend ist nicht, ob die Fakten rund um den Mythos stimmen, sondern wichtig ist die enge Verbindung mit einem bestimmten Typus des Bergsteigens. Im Falle des Eigers ist es offensichtlich ein heroischer Alpinismus, kriegerisch, aufgeregt, ein Alpinismus, für den wir immer noch empfänglich sind, obschon wir wissen, dass er heute ganz anders ist. Die Geschichte der Eigerwand ist ein wenig unser – der Bergsteiger – Mythos, der finstere und beunruhigende Mythos des heroischen Alpinismus. Deshalb fasst sie so wunderschön eine ganze, unwiderruflich beendete Periode des Alpinismus zusammen, die ein Bergsteiger von heute ohne jede Nostalgie gar nicht mehr erwägen kann.

Der Eiger fasziniert anders

Die Geschichte der Eigerwand ist nicht nur deswegen faszinierend und geheimnisvoll, sondern aus einem anderen, weniger offensichtlichen Grund: Die Eigernordwand war während einer bestimmten Zeit die einzige Route auf der ganzen Welt, an der der klassische Diskurs des Bergsteigens nicht griff. Die Schönheit der Kletterei, die Freude am

Klettern, die Freude über den Erfolg – all das bedeutete am Eiger nichts und konnte nicht diskutiert werden. Von zahlreichen Berichten über die Besteigung bleibt zwar ein starker Eindruck, aber auch etwas Beängstigendes und Rätselhaftes: Was haben die Kletterer bloss in der Wand gesucht?

Vielleicht gar nichts, vielleicht nichts, worüber man reden könnte. Vielleicht liegt hier eine der Fangfragen, auf die der Bergsteiger, sobald er sich in Worten ausdrückt, Auskunft geben muss, obschon es keine passenden Antworten gibt.

Faszination Eiger, Anziehung und Abstossung. Wie jedes extreme Empfinden hat auch dieses ein Janusgesicht, kippt auch dieses ohne Vorwarnung vom Positiven ins Negative. Diesen Eindruck bekommt man aus vielen Berichten von Besteigungen: War die Tour schön oder hässlich, angenehm oder schrecklich? Weder noch oder alles zusammen, auf jeden Fall aber unqualifizierbar. Unmöglich, zwischen den positiven und negativen Momenten zu entscheiden. Was bleibt, ist allein die Intensität der Empfindungen. Der Vernunft fällt es schwer, ihnen einen Sinn, einen Wert zuzuweisen. Nie hat eine Tour dieses Umkippen oder besser: diese Unentschiedenheit des Vergnügens des Bergsteigers besser aufgezeigt. Die Eigerwand ist eine Extremerfahrung des Bergsteigens, bei der es sich am weitesten vom Vernünftigen entfernt. Und in diesem Sinne eine beispielhafte Tour.

Eigerwand ist leider Mode.
Manche fallen dort zu Tode.
Publikum hat Sensation —
Manche Zeitung lebt davon.

Sylvain Jouty (Jahrgang 1949) war von 1981 bis 1998 Chefredaktor der in Paris erscheinenden Zeitschrift «Alpinisme & Randonnée», Schriftsteller sowie Herausgeber der in den Éditions Hoëbeke (Paris) publizierten Bergbuchreihe «Retour à la montagne». 1978 hatte Jouty der zweiten französischen Ausgabe von Anderl Heckmairs «Les trois derniers problèmes des Alpes» (Éditions Slatkine, Genève) den grundlegenden Text «Fascination de l'Eigerwand» vorangestellt. Er hat ihn für dieses Buch überarbeitet. Die Übersetzung besorgte Emanuel Balsiger.

Erster Pfeiler

Der Fels ist ein sehr glatter und kompakter Kalkstein, der sich in kleinen, von Bändern
durchschnittenen Wandstufen darbietet. Infolge ihrer geringen Höhe kommen wir leicht
weiter, doch zweifeln wir nicht daran, daß uns weiter oben eine sehr heikle Kletterei
erwarten wird, wenn sich die kleinen Steilstufen erst einmal in eine Wand
verwandeln. [...]
Wir stoßen auf das erste menschliche Zeichen: einen zerrissenen Hut, alte, zerfetzte
Kleider. Zweifelsohne gehörten sie jenen, die für die zwecklose Eroberung dieser Felsen-
welt ihr Leben gelassen haben. Eine unsagbare Traurigkeit strömt aus diesen Überresten.
Es wirkt wie eine unheimliche Ironie des Schicksals: Neben den Spuren jener, die den
Tod fanden, als sie versuchten, sich in einer Welt noch als Menschen zu fühlen, in der sich
die Maschine zur Herrscherin aufgeschwungen hat, finden wir Mengen alten Eisens,
das von den Bauarbeiten der Jungfraubahn stammt.

Lionel Terray: Les conquérants de l'inutile (Wand 1947 / Buch 1961)

Der Eiger, unerfahren

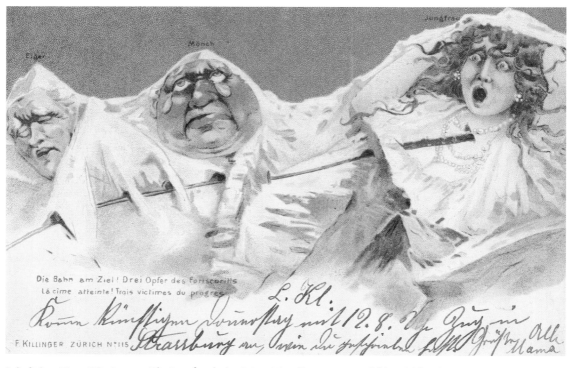

Die Bahn am Ziel! Drei Opfer des Fortschritts
La cime atteinte! Trois victimes du progrès

F. KILLINGER ZÜRICH N°115

Bahnfieber: Eiger, Mönch und die Jungfrau sind auf der Postkarte entsetzt über den Tunnel, der ab 1898 durch ihre Leiber gebohrt wird (oben). Die Jungfraubahn sollte bis auf den Gipfel der Jungfrau führen; 1903 wollte man, wie die Karte (rechts) zeigt, von der Station Eismeer zusätzlich eine direkte Seilbahn auf den Eigergipfel bauen.

Die Jungfraubahn ist weltberühmt. Doch es ist kaum bekannt, dass es am Ende des 19. Jahrhunderts auch drei Anläufe für eine Bahn auf den Eiger gegeben hat. Gescheitert sind sie alle, wenn auch aus unterschiedlichen Gründen. Der Berner Historiker Patrick Moser rollt die Geschichte der ungebauten Eigerbahn auf.

Der 24. September 1894 war ein einschneidendes Datum in der Geschichte des Eigers, obwohl es in keiner Chronik erwähnt ist. An diesem Tag lehnten die Aktionäre der Wengernalpbahn nach aus-

giebiger Diskussion mit 1342 zu 1058 Stimmen einen Antrag des Verwaltungsrates ab, die Konzession einer geplanten Eigerbahn zu übernehmen.

Im Zuge des Bergbahnfiebers am Ende des 19. Jahrhunderts sollte wie der Mönch und die Jungfrau auch der Eiger mit einer Bahn «erfahren» werden können. Emil Strub und Hans Studer, zwei leitende Angestellte der Berner-Oberland-Bahn, reichten im Februar 1892 ein Konzessionsgesuch für eine Zahnrad- und Drahtseilbahn von der Kleinen Scheidegg via Eigergletscher auf die Eigerspitze ein, obwohl zu diesem Zeitpunkt der Ingenieur Maurice

Honegg

Bustiglen

Elber-Fluh 1768
1860

Mettlen

Station
1619
Alpiglen

Rinderalp

Krutwald

Hubeln

Kleine Scheidegg Lauterbr-
2064
Station
Hotel Bellevue

Scheidegg
2064 m

Fallbodenhubel

Tunnelportal

Stat.
Rothstock
2520 m

Station
Eigerwand

Mittellegi

Eiger

Eigerjoch
3619

Klein Eiger
3769

Bergli
3299
Clubhütte

Station
Eismeer

Stat. Eigergletscher
2323 m

Biglen Alp

Eiger Gl.

Clubhütte
3397

Mönch

Fiescher

Kühlauenengl.

Station
Jungfraujoch
3398 m

Trugberg

Schneehorn

Jungfrau
Station

Roththal Sattel

Roththalhorn
3946

Jungfraubahn

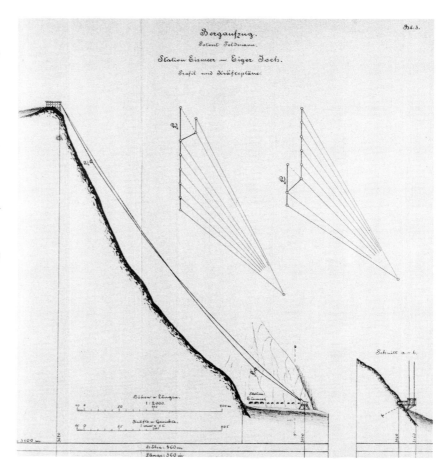

Köchlin von den Bundesbehörden bereits
die Bewilligung für den Bau einer Bahn
von Stechelberg auf die Jungfrau erhalten
hatte (Köchlin scheiterte schliesslich an
der Geldbeschaffung).

Strub und Studer verwiesen darauf, dass
durch die Eigerbahn, anders als bei Köch-
lins Projekt, die Linie der Wengernalpbahn
auf die Kleine Scheidegg begünstigt
würde. Ihrer Meinung nach war der Eiger
weniger nebelanfällig als die Jungfrau
und wegen seiner grösseren Ausdehnung
auch geeigneter zur Anlage einer Bergstation. Beinahe problemlos erhielten
Strub und Studer von den eidgenössischen
Räten die angeforderte Konzession,
obwohl allen Beteiligten bewusst sein
musste, dass aus Renditegründen entweder die Eiger- oder die Jungfraubahn

realisiert werden konnte, nicht aber beide
zusammen.

Wenig später trat der Zürcher Industrielle
Adolf Guyer-Zeller auf den Plan, der
der Öffentlichkeit ein weiteres Projekt für
eine Jungfraubahn präsentierte. Emil
Strub und Hans Studer fürchteten um ihre
Eigerbahn, da sie noch keine Geldgeber für
ihr Vorhaben gefunden hatten. Sie prote-
stierten beim Bundesrat, weil Guyer-Zeller
zwischen der Kleinen Scheidegg und
dem Eigergletscher dieselbe Linienführung
wie bei der Eigerbahn vorsah. Zugleich
versuchten Strub und Studer, der Wengernalpbahn ihre Konzession zu veräussern,
und legten bei der Gemeindeverwaltung
von Lauterbrunnen die Detailpläne auf.
Damit setzten sie Guyer-Zeller unter Druck.

Mürren

BERGBAHN **MÜRREN** FUNICULAIRE
1650 M.ü.M.
SUISSE · BERNER-OBERLAND · SWITZERLAND

**Bahnbauten: Die Draht-
seilbahn von Mürren auf
den Allmendhubel nahm
1912 ihren Betrieb auf.
Von oben haben Kühe und
Menschen einen prächtigen
Blick auf Eiger (links) und
Mönch. Plakat von Ernst
Hodel, 1925.**

nun ein leichtes Spiel, die beiden zum
endgültigen Verzicht auf die Realisierung
der Eigerbahn zu bewegen. Sie erhielten
dafür ein Stillhaltegeld von 15 000 Franken.
Zudem wirkte Strub später bei den Vorbereitungen zum Bau der Jungfraubahn
mit und wurde erster Direktor der Jungfraubahn-Gesellschaft.
Im Frühjahr 1899, nach dem Tod von
Guyer-Zeller, als die Jungfraubahn zum
ersten Mal in ernsthafte finanzielle
Schwierigkeiten geriet, verkündeten in-
und ausländische Zeitungen, das Projekt
der Eigerbahn werde wieder aktuell,
da eine Linie auf die Eigerspitze billiger
zu realisieren sei als eine Jungfraubahn.
Diese Berichte waren zwar frei erfunden,
entbehrten aber nicht jeglicher Grund-
lage. Zu diesem Zeitpunkt war der
Tunnel der Jungfraubahn bis zur provisorischen Station Rotstock vorgedrungen,
die zwischen Eigergletscher und der
heutigen Haltestelle Eigerwand lag.

Konkurrenz ausmanövriert

Vier Jahre später, nach der Eröffnung
der Station Eigerwand, reichte die Jungfraubahn-Gesellschaft bei den Bundesbehörden ein Konzessionsgesuch für
eine Stichbahn von der geplanten Haltestelle Eismeer auf den Eiger ein. Zudem
kaufte sie Aktien der Bergaufzug
Feldmann AG, die bereits den Wetter-
hornaufzug konstruiert hatte. Mit diesen
beiden Manövern verhinderte sie weitere
mögliche Konkurrenzprojekte. Auf das
gemeinsam mit Feldmann geplante Vorhaben einer Luftseilbahn vom Eismeer
via Eigerjoch auf den Eiger wollte der
Bundesrat aber nur eingehen, wenn die
Jungfraubahn nicht weiter als bis zur
Station Eismeer gebaut würde. Die Jungfraubahn-Gesellschaft hätte also auf
den Weiterbau der Linie bis zum Jung-

Guyer-Zeller zahlte Stillhaltegeld

Doch Guyer-Zeller sah die Gefahr. Er
erkannte, dass er die Jungfraubahn nicht
realisieren konnte, sobald der Bau der
Eigerbahn in Gang gekommen war. Mit
Hilfe seines Berner Anwaltes verhinderte
er, dass die Wengernalpbahn definitiv
die Eigerbahnkonzession übernahm. Die
Aktionäre konnten an der Generalver-
sammlung davon überzeugt werden, dass
eine Jungfraubahn mehr Rendite versprach
als eine Bahn auf den Eiger. Danach
standen Strub und Studer weiterhin ohne
Geldgeber da. Für Guyer-Zeller war es

fraujoch verzichten müssen, um die Konzession für die Erstellung der Luftseilbahn zu erhalten. Auf diesen Handel wollte sie jedoch nicht eingehen.

Nicht realisiert wurde schliesslich auch eine von Grindelwalder Bürgern projektierte Drahtseilbahn vom Unteren Grindelwaldgletscher zum Eismeer. Die Eigerspitze blieb unbebaut.

Die Geschichte zeigt, dass die Projekte der Eiger- und der Jungfraubahn stark miteinander verzahnt waren. Letztlich sprach aber das Renommee für die Jungfraubahn. Mit seiner eigenwilligen Linienführung – die Jungfrau wird via Eiger und Mönch angepeilt, obwohl eine direkte Linie Eigergletscher–Jungfrauspitze technisch durchaus möglich gewesen wäre – verhinderte Adolf Guyer-Zeller, dass nach dem Erlöschen der Eigerbahnkonzession weitere Konkurrenzprojekte auftauchten. Seine Erben taten ihm dies mit einer klugen

Geschäftspolitik gleich. Obschon die von Hans Studer und Emil Strub ausgearbeitete Eigerbahn letztlich nie verwirklicht wurde, finden sich heute noch Spuren dieses Projekts: Bereits Strub und Studer hatten eine Zahnradbahn von der Kleinen Scheidegg zum Eigergletscher vorgesehen. Zudem wollten sie die für den Bau und den Betrieb notwendige Elektrizität von der schwarzen Lütschine bei Burglauenen gewinnen. Dort steht heute ein Kraftwerk; es wurde um die Jahrhundertwende von der Jungfraubahn-Gesellschaft gebaut und befindet sich immer noch in deren Besitz.

Patrick Moser (Jahrgang 1966) ist Historiker und Autor des Buches «‹Damit wird die Jungfrau zur Demoiselle gemacht› – Projektierung und Bau der Jungfraubahn» (Chronos Verlag, Zürich) der ersten umfassenden und wissenschaftlichen Darstellung dieser Bahn.

Bahnträume: Die erste Eigerbahn von 1892 wollte – wie heute die Jungfraubahn – von der Kleinen Scheidegg aus als Zahnradbahn an den Fuss des Eigers fahren und dann als Seilbahn weiter zum Gipfel schweben. Aquarell von Roland Flück, 1997, 64,5 x 102,5 cm.

Zerschrundener Pfeiler

Es war jetzt hell, 5 Uhr früh. Wasserfälle rauschten über uns, und drüben im Hotel Kleine Scheidegg waren die ersten Lichter angegangen. Die Schneereste und der Schotter, die auf dem Band lagen, erforderten unsere volle Aufmerksamkeit. Die klettertechnischen Schwierigkeiten waren gering, das Wegsuchen für uns einfach, da wir diesen Wandteil schon kannten. Rasch gewannen wir über Schrofen und Schneereste den Kopf des Ersten Pfeilers, querten schräg rechts aufwärts und kletterten – immer noch unangeseilt – unmittelbar rechts vom Zerschrundenen Pfeiler empor.

Erst unterm Schwierigen Riß machten wir kurz halt. Wir verteilten alle Karabiner, Eis- und Felshaken an unseren Klettergürteln, legten die zahlreichen Schlingen und Reepschnüre um und verbanden uns mit dem 50 Meter langen Seil. Biwakausrüstung, Proviant und Reservekleidung blieben vorerst in den Rucksäcken.

Ein Seil, das wohl von den Filmleuten, die gerade für einen Spionage-Thriller [«The Eiger Sanction»] hier oben drehten, hängengelassen worden war, erleichterte uns die Sicherung.

Reinhold Messner: Die großen Wände (Wand 1974 / Buch 1977)

Spurensuche nach dem Eiger-Trail von einst

Das erste Touristenloch im Eiger: Die Station Rotstock wurde 1899 eröffnet und 1903 wieder geschlossen, als sich die Tunnelarbeiter bis zur 1,6 km weiter entfernt liegenden Station Eigerwand vorgebohrt hatten. Diese besteht noch immer, genau gleich wie die Station Eismeer in der Südostwand des Eigers.

Ein Klettersteig in der Eigernordwand? Es gab einmal eine via ferrata, einen Eisenweg, nicht direkt in der Wand selbst, sondern etwas ausserhalb ihres westlichen Randes, in der Schlucht beim Rotstock und an diesem rötlichen Felsturm oberhalb der Station Eigergletscher. Um die Jahrhundertwende stiegen Damen in weiten Röcken und Herren mit Strohhüten auf einem gesicherten Pfad von der ehemaligen Station Rotstock hinauf auf die sonnige und ringsum senkrecht abfallende Aussichtsterrasse des Rotstocks (2663 m). Daniel Anker ist am 8. September 1997 ihren Spuren gefolgt.

Die Kalifornierin Robin Morning schluckte zweimal leer. Als Mitglied des USA-Skiweltcup-Teams hat sie zwar schon einige bange Momente gemeistert. Aber erstens lag ihre Zeit als Abfahrerin an den Damenskirennen von Grindelwald schon rund 30 Jahre zurück, als sie im dunklen Eigertunnel dem Führerstand einer ausser Fahrplan gestoppten Jungfraubahnkomposition entstieg. Und zweitens hat sich die Lehrerin für Tanz und Gesundheit den Auftakt ihrer Ferien in der Schweiz einen Hauch weniger dramatisch vorgestellt.

Walter Egger, selbst Lokomotivführer auf der Strecke Kleine Scheidegg–Jungfraujoch sowie Skilehrer und Präsident des Bergführervereins Grindelwald, hatte es möglich gemacht, dass die Bahn extra für uns einen Zwischenhalt in der seit rund 90 Jahren nicht mehr benützten Station Rotstock einlegte, nach nur wenigen Minuten Fahrzeit im Eigertunnel. Früher musste hier einmal eine geräumige Station gewesen sein, wie wir im Schein von Eggers Taschenlampe erahnen konnten. Das rote Licht des Zuges war längst im finsteren Loch verschwunden, als der Führer die schwere, halbhohe Holztüre ins Freie aufstiess.

Schattig und kühl war's auf dem schuttbedeckten Band im Sockel der Eiger-Nordseite. Senkrecht über uns schossen die Felstürme des Eiger-Westgrates und des Rotstocks in einen knallblauen Himmel. Schier senkrecht unter uns sahen wir sonnendurchflutete Alpweiden und die Kleine Scheidegg, nah und fern zugleich. Ein Zug würde nicht mehr extra anhalten, durch den Tunnel durften wir nicht zurück zur Station Eigergletscher stolpern. Einziger Ausweg war der Weg nach oben, am Fuss der Felstürme hoch. Da musste auch der Eisenweg, die via ferrata, auf den Rotstock durchgegangen sein.

Künstlich angelegter Felsenpfad

«Die erste Tunnelstation, die jedoch nur provisorischen Charakter trägt, ist die am 2. August 1899 dem Betrieb übergebene Station ‹Rothstock›.» Das steht auf Seite 5 der Broschüre «Die Jungfrau-Bahn. Berner Oberland (Schweiz)», die nach der Eröffnung der heute noch bedienten Station Eigerwand vom 18. Juni 1903 gedruckt wurde. Von den weiteren Stationen der Jungfraubahn (Eismeer und Jungfraujoch) ist darin nur in vorausschauender Art die Rede, mit Endstation Jungfraugipfel, weil damals die Erbauer noch ganz hinauf wollten. Weiter entnehmen wir der Broschüre über die einstige Station Rotstock: «Sie liegt bei Km. 2,880 auf einer Meereshöhe von 2530 m und ermöglicht auf künstlich angelegtem Felspfade die Besteigung des aussichtsreichen Rothstocks (2669 m ü. M.), der einen schönen Fernblick nach Norden über das Lauberhorn hinweg auf die vielen Seen des Mittellandes und die Jurakette bietet.» «Da sind Tritte», sagt Walter Egger immer wieder, als wir eine steile Wand hochsteigen, an deren Fuss wir aus dem Stollenloch des Rotstocks geklettert sind. Egger hat Robin Morning ans Seil genommen. Sie trägt sogar einen Steinschlaghelm, man weiss ja, am Eiger. Wir machen Tritte aus, die aus dem Hochgebirgskalk gemeisselt wurden. Eine hüftbreite Steintreppe, die sich im Zickzack emporwindet. Von einem Geländer ist freilich nichts mehr zu sehen, nur einmal entdecken wir noch die Überreste eines Eisenpfostens. Aber da

sind, wohl nicht zufälligerweise genau dort, wo der alte Touristenweg verläuft, verrottende Seile, gespannt an Bohr- und Normalhaken. Weiter oben halten wir uns gar an Drahtseilen. Wollte da jemand den Klettersteig der Jahrhundertwende sanieren?

Wie ich später in Erfahrung bringe, hat der «andere» Daniel Anker, der Bergführer, die Fixseile entlang dem Weg der ersten Tunnelgäste gespannt. Und zwar für Philippe Heiniger, der eine Untersuchung über die in den senkrechten Wänden wohnenden Bergfinken machte. Damit der Ornithologe jederzeit, auch im Winter, zu den Brutkästen gelangen konnte, musste er sich an den Fixseilen sichern. Die Kästen entdecken wir wohl, können aber ihre Bedeutung nicht enträtseln.

Der Weg ans Licht

Nach der ersten Steilstufe legt sich das Gelände zurück. Robin Morning atmet auf. Der Tiefblick ist nicht mehr lähmend, und die anfängliche Angst ist der Neugierde gewichen, wie diese Eigerbasis-Tour wohl enden wird. Wir steigen durch einen gerölligen Kessel hoch, in dessen Grund verbogenes Alugestänge liegt. Vielleicht

Der erste Eiger-Weg: Damen und Herren im untersten Abschnitt des gesicherten Steiges auf den Rotstock, der um die Jahrhundertwende noch 2670 m mass. Die Tafel verspricht zu Recht ein «prachtvolles Panorama».

47

von Filmarbeiten, mutmasst Walter Egger. Laut Auskunft von Einheimischen soll Luis Trenker den Film «Sein bester Freund», bekannt auch unter dem Titel «Drama am Eiger», teilweise am Rotstock gedreht haben. Und dabei sollen seine Helfer die

Stufen und Sprossen: Der wiederentdeckte Touristensteig am Rotstock – gleich oberhalb der ehemaligen Bahnstation – mit den herausgehauenen, geröll-bedeckten Felstritten und einem Fixseil aus jüngerer Zeit (oben), ein paar Meter unterhalb des Rotstocksattels mit der eisernen Leiter (unten).

Geländer des gesicherten Pfades demontiert haben, damit man sich an diesem alten Eisenzeug nicht fälschlicherweise festhielt.

Die ersten Sonnenstrahlen lassen den Rotstock erröten. Wir suchen unsern Weg durch das Gesteinsrund schräg rechtshaltend in den weitläufigen Sattel zwischen Rotstock und Eiger-Westgrat. Wir folgen den schwachen Stellen und setzen unsere Schuhe immer wieder auf Tritte, die etwas zu perfekt sind, als dass sie ganz natürlich sein könnten. Das gibt uns die Gewissheit, dass wir auf dem historischen Weg gehen. Und dann, kurz vor dem Ausstieg in den Sattel, die Überraschung: eine gut drei Meter hohe, uralte Leiter, gefolgt von drei Eisenbügeln, die noch mit sehr morschen Holzkeilen in den gebohrten Löchern verankert sind. Die letzten metallenen Überreste des Eiger-Pfades von anno dazumal. Nach ein paar Schritten wechselt die Szenerie schlagartig: Sonne, Wärme, und gegenüber die Wucht des vergletscherten Nordabfalls von Mönch und Jungfrau. Jetzt könnten wir gleich auf dem untersten Stück des Normalweges durch die Eiger-Westflanke zur Station Eigergletscher (2320 m) absteigen. Auf dieser heute mit Steinmännern markierten Route, die über Geröllhänge und schuttbedeckte Felsplatten zickzackt, sind die Erstbesteiger des Rotstocks aufgestiegen: die Führer Christian und Ulrich Lauener mit den englischen Gästen Fox, Whitewell und Francis Fox Tuckett. Letzterer war einer der grossen Pioniere des Alpinismus mit zahlreichen Erstbesteigungen und Erstbegehungen in den Alpen (Aletschhorn im Jahre 1859) und anderswo. Diese fünf Männer kletterten am 31. Juli 1871 vom Sattel über den kurzen Grat auf den Gipfel des Rotstocks. Wir tun es ihnen gleich.

Eiger-Trails von einst und heute

Und wieder sind da herausgehauene Tritte, kaum sichtbar im ohnehin quergeschichteten Gestein, und doch fühlbar, sobald man ihnen folgt. Wenn die touristische Aufbereitung des Gebirges immer so angepasst an die natürlichen Begebenheiten erfolgt wäre! Kurz, allzu kurz ist die Himmelsleiter, und schon treten wir aufs flache Gipfeldach des Rotstocks hinaus. Ein schlichtes Eisenkreuz steht auf einem etwas abgesetzten Felsturm. Schaurigschön ist der Tiefblick. Kein Geländer ist mehr da, und die Bank, auf der sich einst die Touristinnen ausruhten und mit dem seidenen Taschentuch die Schweissperlen der Angst und der Anstrengung abtupften, wurde vielleicht in einem Föhnsturm in den Abgrund geweht.

«Die Aussicht vom Rotstock ist interessant und beeindruckend», lobte der englische Bergsteiger, Alpinismus-Historiker und Grindelwald-Resident W. A. B. Coolidge im «Alpine Journal» von 1894/95, und er empfahl Alpinisten, die auf der Kleinen Scheidegg logierten, die Tour als Morgenspaziergang an einem Abreisetag. Nur ein paar Jahre nach dieser Empfehlung tummelten sich die ersten Eiger-Halbschuhtouristen auf dem Rotstock. Aber nachdem die gleichnamige Station geschlossen wurde, geriet der klettersteigähnliche Weg am Eiger in Vergessenheit.

Wir hätten stundenlang auf dem Aussichtsturm sitzen können. Aber Robin und ich wollten noch den 1997 eröffneten Wanderweg kennenlernen, der von der Station

Daniel Anker (Jahrgang 1954), Journalist und Buchautor, kennt den Eiger vom Mittellegigrat her und ist auch schon mit Ski vom Nördlichen Eigerjoch über den Eigergletscher abgefahren. Aber in die Nordwand hat er sich – im Gegensatz zum Namensvetter Daniel H. Anker, Bergführer und Nordwandspezialist – nie vorgewagt. Um so besser gefiel es ihm, auf dem vergessenen Rotstock-Kletterpfad ein ganz klein wenig Nordwandluft zu schnuppern.

Eigergletscher unter der überhängenden Nordwand des Rotstocks hindurch auf die grünen Matten am Fuss der Eigernordwand führt und dann hinunter zum Kuhglockengebimmel und Restaurant von Alpiglen sinkt. Eiger-Trail heisst dieser vielgemachte Weg. Als wir dann zur Schlucht zwischen Eiger-Westgrat und Rotstock hochschauten, konnten wir es kaum glauben, dass wir dort ein paar Stunden früher auf dem ersten Eiger-Trail hochgestiegen waren. Von Kalifornien schickte mir Robin Morning später ein paar Fotos. Auf einer sitzen ihre Begleiter auf dem Gipfel des Rotstocks; hinter ihnen die Türme des Eiger-Westgrates, dazwischen ist ein düsteres Halbrund erahnbar. Auf der Rückseite steht: «One of the most exciting days in my life!»

Ausgesetzter Schritt: Blick vom Flachdach des Rotstocks zum Turm mit dem Kreuz; dahinter die Türme des Westgrates und ganz im Hintergrund das Wetterhorn, neben dem Eiger der zweite Hausberg von Grindelwald.

Begegnung in der Wand: Ausländische Journalistin und einheimischer Bergführer vor dem berühmtesten der Stollenlöcher (2730 m), anlässlich der Medienkonferenz für die TV-Sendung «Eiger-Nordwand live» von 1998 (übernächste Seite).

Stollenloch

Tatsächlich, ein Knöchel hing lose und schlimm verdreht hinunter. Die Kopfwunde war zwar gross, aber oberflächlich. Der Helm war nach vorne geschleudert worden, und dabei hatte der Rand sein Gesicht über den Backenknochen aufgeschnitten. Andy war blutüberströmt, aber nicht bewegungsunfähig. Und was nun? Ich dachte daran, allein abzusteigen, um eine Rettungskolonne zu alarmieren, aber das hätte ein grösseres Unternehmen bedeutet. Ich zerbrach mir den Kopf und las die «Weisse Spinne» vor dem geistigen Auge nochmals. Da klickte es: das Stollenfenster! Das war der Ausbruchstollen der Jungfraubahn, der rechts unterhalb des Schwierigen Risses in die Wand mündete. Wir mussten ihm sehr nahe sein. Dies war der traditionelle Fluchtweg aus der Wand für Partien in Bergnot. [...]
Nach schier endloser, schweisstreibender Plackerei stolperten wir erschöpft in den Tunnel. Es war ein unglaublich seltsames Gefühl des Kontrastes. Der Tunnel war tatsächlich ein sehr befremdlicher Ort. Aus dem windgepeitschten Regen der Nordwand hinein in eine elektrisch beleuchtete Science-fiction-Höhle mit dem unheimlichen Ächzen des Winds. Eine Neonreklame beim Eingang fügte dem Ganzen eine Note von Lächerlichkeit hinzu. Ich stand nur dort und schüttelte verwirrt den Kopf. Es war fast zuviel für meinen Verstand, der immer noch mit dem heutigen Rückzug und dem Unfall beschäftigt war.

Dougal Haston: In High Places (Wandversuch 1962, Wand 1963 / Buch 1972)

Die Königin der Bergbahnen und ihre Schattenseiten am Eigergletscher

Harte Arbeit: Bis zu 160 italienische Arbeiter bauten an der Zahnradbahn aufs Jungfraujoch. Gemälde von J. G. Kaufmann mit zwei Bohrmaschinen im Eigertunnel auf 2600 m (oben) und Zementtransport unterhalb Eigergletscher im Jahre 1898 (rechts).

Während des Baus der Jungfraubahn bohrten sich die meist italienischen Arbeiter rund 10 Jahre lang durch den Eiger. Dabei entstanden insgesamt sieben Löcher im 4 Kilometer langen Eigertunnel: eine Öffnung gleich nach dem Tunneleingang beim Eigergletscher, die provisorische Station Rotstock, der von der Dynamitexplosion verursachte Ausbruch in der Nord-

wand, das alpinistisch berühmt gewordene Stollenloch, ein kleiner Ausguck vor der Station Eigerwand und schliesslich die beiden Stationen Eigerwand und Eismeer (mit jeweils mehreren Durchbrüchen im Fels). Der Tunnelbau war eine mühsame, gefährliche, ja manchmal tödliche und fast immer schlecht bezahlte Arbeit. Und das im Winter von der Umwelt abgeschnittene Barackenlager auf Eigergletscher entsprach nicht den Vorschriften. Der Jungfraubahn-Historiker Patrick Moser beleuchtet den Alltag der Tunnelarbeiter.

Rund eine halbe Million Menschen fahren jedes Jahr mit der Jungfraubahn, und alle kommen an der Station Eigergletscher vorbei. Einige mögen sich Gedanken darüber machen, wie denn die Jungfraubahn entstanden sei. Doch nur wenige Touristen sind sich wohl bewusst, welch bedeutende Rolle die Siedlung am Eigergletscher während des Baus der Jungfraubahn in den Jahren 1896 bis 1912 gespielt hat. Lediglich die Grundmauern der ehemaligen Arbeiterbaracken entlang der Bahnlinie erinnern noch an diese harte Zeit.

Der Bau der Jungfraubahn wird in der Literatur meist als das heroische Werk des Zürcher Industriellen Adolf Guyer-Zeller beschrieben, der aus einem Geistesblitz heraus das Konzept entwickelte, die notwendigen Konzessionen einholte, die

Jos. Els Kaufmann
Luzern 1898

Finanzierung sicherstellte und alle anderen Vorbereitungen traf, die Arbeiter wie ein Familienvater behandelte und schliesslich auch dafür sorgte, dass nach seinem Tod das Projekt weiter vorangetrieben wurde. Dass diese Darstellung legendenhafte Züge trägt, ist zum Teil auch der Jungfraubahn-Gesellschaft zu verdanken, die auf dem Jungfraujoch eine Büste zu Ehren Adolf Guyer-Zellers aufstellen liess und einen Zug nach ihm benannte, es aber bis heute unterliess, der Arbeiter und der Opfer des Bahnbaus zu gedenken.

Denn die Jungfraubahn war keineswegs das Werk eines einzelnen. Bis zu 200 Leute lebten während der Bauzeit am Eigerglet-scher, darunter rund 160 italienische Bau-arbeiter. Für die täglich acht Stunden Arbeit erhielten sie einen kleinen Taglohn, der je nach Funktion zwischen 4 Franken 30 Rappen und 8 Franken betrug. Daneben gab es zwar zusätzlich Fortschrittsprämien, aber auch Lohnreduktionen für die Verpflegung, die betriebseigene Krankenkasse und die Unfallversicherung. Diese Abzüge konnten im Extremfall bis zu 50% des Bruttover-dienstes ausmachen. Bei der Eröffnung der Strecke Kleine Scheidegg–Jungfraujoch im Sommer 1912 kostete eine Retourfahrt 32 Franken. Dies entsprach dem elffachen Nettotaglohn eines Handlangers (ohne Fortschrittsprämien).

«Himmeltrauriger Schweinestall»

Unentgeltlich war lediglich die Unterkunft in den Baracken, die dafür dementspre-chend karg eingerichtet waren. Es gab kei-ne Schränke, Tische oder Stühle und auch viel zuwenig Betten. Zeitweise mussten sich drei Mann eine Liegestätte teilen, die lediglich aus Stroh bestand und rasch ver-faulte, da sich von der Bauleitung niemand verantwortlich fühlte, das Stroh auszutau-schen. Ein Besucher stellte einen schreckli-chen Geruch in den Schlafräumen fest und beobachtete, dass sich die Arbeiter Dyna-mit auf die Wolldecken gestrichen hatten, um sich gegen Flöhe und Wanzen zu sichern. Selbst der Verwaltungsrat der Jungfraubahn musste anlässlich einer Inspektion eingestehen, dass die Zustände am Eigergletscher «himmeltraurig» waren, und sprach in diesem Zusammenhang von einem «Schweinestall». Er konstatier-te, die Arbeiter führten am Eigergletscher kein menschenwürdiges Dasein, und schuf Abhilfe durch den Bau einer zusätzlichen Unterkunft. Die Bauleitung hatte aber weiterhin keine Skrupel, bei durch grosser

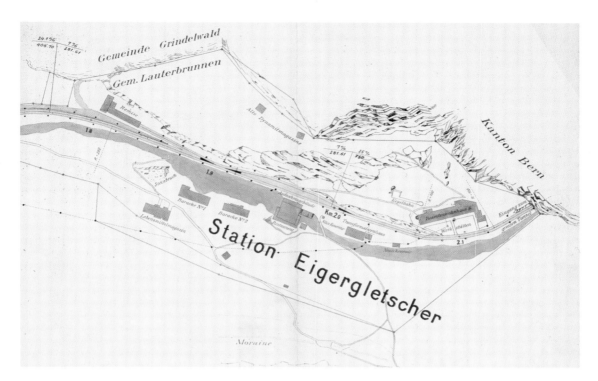

Kälte hervorgerufenem Wassermangel wegen des knapp gewordenen Stromes die elektrischen Heizungen zu drosseln; also gerade dann, wenn sie am dringendsten benötigt wurden.

Es grenzt an ein Wunder, dass während der gesamten Bauzeit keine Epidemie am Eigergletscher ausbrach, zumal die Siedlung im Winter von der Aussenwelt abgeschnitten war. Die Arbeiter mussten nach Wengen hinuntergehen, wenn sie ein Restaurant aufsuchen wollten. Die Touristen beklagten sich denn auch, dass die Wanderwege mit Küchenabfällen, Konservendosen «und anderen ekelhaften Dingen» verunreinigt seien. Mehrmals sind Bauarbeiter auf dem Weg zwischen Wengen und dem Eigergletscher erfroren. Zwar betrieb die Jungfraubahn am Eigergletscher ein Hotel, doch war es den Arbeitern ausdrücklich verboten, dieses zu betreten; zudem war es während der Wintermonate ohnehin geschlossen.

Zum Hungerlohn noch Hunger

Im Herbst musste die Jungfraubahn jeweils den ganzen Nahrungsvorrat bis zum Frühjahr an den Eigergletscher transportieren lassen. Dabei ergaben sich auf den ersten Blick beeindruckende Zahlen: 10 000 Kilogramm halbweisses Mehl, 800 Kilogramm Teigwaren, 300 Kilogramm Kochbutter, 3000 Kilogramm frisches Fleisch, 3000 Eier, 2000 Kilogramm Kartoffeln, 1000 Kilogramm Reis, 50 Kilogramm

Wichtige Siedlung: Bis zu 200 Leute wohnten während des Baus der Jungfraubahn von 1896 bis 1912 auf Eigergletscher. Im Winter konnte das «Eiger-Dorf» nur zu Fuss erreicht werden.

55

Bohnen und Erbsen, 320 Kilogramm Kakao und Schokolade, 400 Kilogramm Kaffee, 1500 Kilogramm weisser Zucker, 1500 Kilogramm Käse, 600 Kilogramm Salz, 15 500 Liter Rotwein. Insgesamt wurden 120 Tonnen an Lebensmitteln und Baumaterialien an den Eigergletscher befördert, was einem Güterzug der Wengernalpbahn von 20 Wagen entsprach.

Gefährlicher Job: 30 Arbeiter kamen beim Bau der Jungfraubahn ums Leben, die meisten bei Sprengunfällen; auch der Umgang mit dem Strom für die Bohrmaschinen und Ventilatoren war risikoreich (rechts oben). Wohlgenährt feiern die Bauherren und Geldgeber die Eröffnung der Station Eigerwand am 18. Juni 1903 (rechts unten).

Nebelschleier: Rund eine halbe Million Menschen fahren an der Station Eigergletscher jährlich vorbei, nur wenige steigen aus (vorangehende Doppelseite).

Die tatsächlichen Menupläne zeigen aber, dass die Ernährung insgesamt als ungenügend bezeichnet werden muss. Es gab praktisch nur Fleisch mit Teigwaren oder Reis beziehungsweise Fleischsuppe, Kartoffeln hingegen standen äusserst selten auf dem Speiseplan. Die Jungfraubahn verzichtete auch darauf, ihren Arbeitern ein Frühstück zu verabreichen, sie servierte lediglich Milchkaffee – ein Menu, das für einen körperlich Arbeitenden kaum genügend gewesen sein dürfte. Doch auch die anderen Mahlzeiten waren so gering berechnet, dass weder die Sollwerte für Eiweisse noch für Fette, Kohlenhydrate und Kalorien erreicht wurden, ganz zu schweigen von den Vitaminen, den Mineralien oder den Spurenelementen. Durch die einseitige Ernährung und die geringen Mengen waren die Arbeiter gezwungen, weitere Nahrungsmittel zu beschaffen, sei dies in Wengen oder in den bahneigenen Magazinen am Eigergletscher.

Heimtückisches Dynamit, unterschätzter Starkstrom

Die Arbeit beim Bau der Jungfraubahn war hart: Acht Stunden dauerte jede Schicht, dies in einer Höhe von 2300 bis 3400 Metern über Meer. Zu der Höhenlage, der schlechten Unterkunft und der unzureichenden Ernährung gesellten sich weitere Schwierigkeiten, die das Leben und das Arbeiten am Eigergletscher nicht angenehmer machten: harte Gesteinsschichten (Quarzit), Stromunterbrüche, ausfallende Ventilatoren, Staub, Lärm, Schnee und Kälte, Unfälle mit Sprengladungen und mit Starkstrom.

Insgesamt kamen beim Bau der Jungfraubahn 30 Arbeiter ums Leben. Die meisten davon bei Sprengunfällen, hervorgerufen durch gefrorenes Dynamit, das nur unvollständig explodiert war und beim Zerkleinern des Gesteins erst seine ganze Wirkung entfaltete. Ein weiterer Gefahrenherd war der Starkstrom, der um die Jahrhundertwende noch ein relativ neues Phänomen war und dessen tödliche Wirkung deshalb unterschätzt wurde. Neben den Todesopfern gab es zahlreiche Verletzte; besonders betroffen waren die Augen, die Hände und die Finger. Beim grössten Sprengunglück im Februar 1899 starben sechs italienische Bauarbeiter. Aufsehen im In- und Ausland erregte auch die Explosion vom November 1908, als der gesamte Sprengstoffvorrat von 30 000 Kilogramm Dynamit, der in einem Depot in der Nähe der Station Eigerwand gelagert wurde, in die Luft flog. Der Knall war angeblich bis in den Schwarzwald zu hören, aber wenigstens waren keine Opfer zu beklagen. Glücklicherweise hatte ein wachsamer Ingenieur dafür gesorgt, dass das Dynamit nicht mehr wie zuvor in einer Baracke neben den Arbeiterunterkünften aufbewahrt wurde.

Licht und Schatten: Die Station Eigerwand mit den Panoramalöchern in der Nordwand, die vor dem Einsetzen von Glasscheiben nur durch einen Zaun gesichert waren. Während hier ab 1903 Touristen in die schaurige Tiefe blickten, bohrten sich die schlechtbezahlten und unterernährten Arbeiter weiter gegen das Jungfraujoch hoch.

Es bestürzt, dass die Jungfraubahn erst daran ging, die Sicherheitsvorkehrungen entscheidend zu verbessern, als die Unfallversicherung die Prämien aufgrund der zahlreichen Unglücksfälle massiv erhöhte. Die vielen Todesopfer hingegen waren für die Bauleitung kein genügender Grund gewesen, Sicherheitssprengstoffe anzuschaffen und elektrische Sprengsysteme auszuprobieren. Die Bauleitung befand es nicht einmal für nötig, einen eigenen Bahnarzt anzustellen. Der für die Baustelle zuständige Mediziner hatte seine Praxis in Wengen und brauchte im Winter über fünf Stunden, bis er nach einem Unfall am Eigergletscher eintraf. Heute kann nicht mehr rekonstruiert werden, wie viele Unfallopfer hätten gerettet werden können, wenn die Wunden jeweils rechtzeitig und fachgerecht behandelt worden wären.

Streikende waren keine «Radaubrüder»

Die Reaktionen der Arbeiter auf die unzumutbaren Zustände konnten nicht ausbleiben. Die meisten zogen es vor, ihren Protest still anzubringen, und reisten zu einer anderen Baustelle. Sie waren als Saisonarbeiter angestellt und mobil, dementsprechend hoch war aber auch die Fluktuation am Eigergletscher. Während der Bauzeit von sechzehn Jahren kam es dennoch sechs Mal zu Streiks. Hauptstreitpunkte waren die unzureichende Ernährung und zu hohe Lohnabzüge. Einmal drehte sich der Streit um die Sonntagsarbeit. Diese war von der Bauleitung nach einem schweren Unfall gestrichen worden, der sich an einem Sonntag ereignet hatte. Doch die Arbeiter verlangten die Wiedereinführung, da sie als Saisonarbeiter nur während einer bestimmten Dauer am Eigergletscher waren und während dieser Zeit so viel Geld wie möglich verdienen wollten. Vordergründig verloren die Arbeiter den Kampf, da sich die Direktion hart zeigte und daraufhin zwanzig Italiener wegzogen. Tatsächlich aber liess wenig später die Bauleitung die Sonntagsarbeit wieder zu. Noch zwei weitere Male blieben die Arbeiter Sieger: Einmal konnten sie die Einsetzung eines ungeliebten Aufsehers verhindern, ein andermal zwangen sie den Bauleiter zum Wegzug. Sie hatten gegen die Benützung von sogenannten Bohrhämmern interveniert, die die herkömmlichen Bohrmaschinen ersetzen sollten. Diese Bohr-hämmer mussten in der Hüfte angesetzt werden und führten bei den Arbeitern durch die Vibrationen wiederholt zu Samenergüssen. Einige beklagten sich, ganz nass geworden zu sein, andere mussten aus Schwäche Schichten ausfallen lassen. Der Streik war aber erst einge-treten, nachdem vermutlich ein Arbeiter mit einer Dynamitstange, die er auf die Gleise legte, ein Attentat auf den Bauleiter versucht hatte. Obwohl sich die Streiks immer um konkrete Dinge drehten und somit erkennbar keine politischen Hinter-gründe hatten, glaubten die Verwaltungs-räte und Direktoren jedesmal, dass die Aufstände von langer Hand vorbereitet worden waren. Sie sprachen in diesem Zusammenhang von «räudigen Schafen», «unruhigen Elementen», «Radaubrüdern» und «Hetzern», mit denen aufgeräumt

werden müsse, und waren froh, wenn nach misslungenen Streiks die vermeintlichen Rädelsführer abzogen und damit, wie sie es nannten, eine «Säuberung» eingetreten war. Trotz allen Schwierigkeiten wurde 1912 das Jungfraujoch erreicht, fast zehn Jahre später als ursprünglich von Guyer-Zeller geplant. Die Ursache dafür waren aber nicht nur die mangelhafte Planung und die un-erwartet aufgetauchten Hindernisse, son-dern auch die unzureichende Finanzierung, da es Guyer-Zeller zu seinen Lebzeiten nicht geschafft hatte, Investoren für sein Projekt zu gewinnen. Deshalb bezahlte er sämtliche Ausgaben aus seiner Privat-schatulle. Nach seinem Tod im Frühjahr 1899 war das Vorhaben ernsthaft gefährdet, und es sollte nach der Eröffnung im Sommer 1912 noch Jahre dauern, bis die Jung-fraubahn in sicheren finanziellen Verhält-nissen war.

Chronologie der Jungfrau- und Eigerbahn

1892
Emil Strub und Hans Studer erhalten die Konzession für die Eigerbahn.

1893
Die Wengernalpbahn nimmt ihren Betrieb auf. Adolf Guyer-Zeller reicht ein Konzessions-gesuch für die Jungfraubahn ein.

1894
Hans Studer und Emil Strub bieten der Wen-gernalpbahn die Konzession für die Eigerbahn an. Guyer-Zeller kann die Übertragung ver-hindern und Strub und Studer dazu bringen, die Konzession unbenutzt ablaufen zu lassen.

1896
Der Bau der Jungfraubahn beginnt.

1897
Das Gelände am Eigergletscher wird zur Basis-station für den Bau der Jungfraubahn aus-gebaut. Es entstehen ein Bahnhof mit Restaurant, Verwaltungsgebäude, Arbeiter-baracken, Remisen und Magazinen.

1898
Eröffnung der Strecke von der Kleinen Schei-degg (2061 m) nach Eigergletscher (2320 m).

1899
Durchschlag und Eröffnung der provisorischen Station Rotstock (2520 m).

1900
Bürger von Grindelwald reichen ein Gesuch für eine Drahtseilbahn Grindelwaldgletscher–Ofni ein.

1903
Durchschlag und Eröffnung der Station Eigerwand (2865 m). Die Jungfraubahn reicht ein Gesuch für eine Drahtseilbahn Eismeer–Eigerspitze ein.

1905
Durchschlag und Eröffnung der Station Eismeer (3159 m). Die Jungfraubahn reicht ein Gesuch für eine Luftseilbahn Eismeer–Eigerjoch–Eigerspitze ein.

1908
Bei einer Explosion im Dynamitlager bei der Station Eigerwand fliegen 30 000 Kilogramm Dynamit in die Luft.

1912
Durchschlag und Eröffnung der Station Jungfraujoch (3454 m).

Schwieriger Riss

Im Schlafsack liegend, lausche ich den Geräuschen, die aus der Wand kommen. Dumpfes Grollen und lautes Krachen geben furchterregendes Zeugnis davon, daß die Wand unaufhörlich arbeitet. Mein Kopf ist voll mit diesen unzähligen Eigergeschichten, die sich spannender lesen als mancher Krimi. Schließlich schlafe ich trotzdem ein.

Es ist schon spät am Tag, als ich mich aus dem Schlafsack schäle und Kaffee koche. Nun sehe ich diese riesige Wand zum ersten Mal aus der Nähe. Eine gewaltige konkave Mauer, die unablässig ihre tödliche Fracht an Steinen und Eislawinen durch die unzähligen Rinnen hinunterdonnern läßt. Mit leicht trockener Kehle packe ich meine Sachen zusammen. Noch immer habe ich nicht den ernsthaften Plan, in die Wand einzusteigen. Nein, nur schauen will ich, ein wenig Nordwandluft schnuppern.

Zügig steige ich über firnige Schneefelder zum eigentlichen Einstieg. Es liegt noch haufenweise Schnee in der Wand. Ohne einmal innezuhalten, klettere ich am Zerschrundenen Pfeiler vorbei bis zum Schwierigen Riß, dem Beginn der eigentlichen Schwierigkeiten. Ich bin gut drauf, und die Neugier packt mich – ich steige den Riß hinauf, ich gehe einfach so weit, wie ich komme, und seile dann wieder ab: Mit dieser Rückzugsfloskel im Hinterkopf bringe ich Meter um Meter des teilweise nervig brüchigen Felses unter mich.

Frank Jourdan: Im Lot (Wand 1983 / Buch 1995)

Eine Wand entzweit ein Land

Verbot

Zur Verhütung weiterer Unglücksfälle erläßt hiermit der Staat Bern gestützt auf Art. 118 E./G. zum Z.G.B. und unter Androhung der vorgesehenen Bußen ein Verbot für jede Begehung der Eiger-Nordwand.

Die Polizeiorgane sind angewiesen, für strikte Befolgung dieses Verbotes zu sorgen.

Für die im Gange befindlichen Bergungsarbeiten kann der Regierungsstatthalter von Interlaken Ausnahmen von diesem Verbote bewilligen.

Bern, den 25. Juli 1936.

Für den Staat Bern,
Der Präsident: Seematter.
Der Staatsschreiber: Schneider.

Bewilligt:
Der Gerichtspräsident von Interlaken i. B.:
Allenbach.

Nein oder Ja: Der Staat Bern verbot im Juli 1936, die Eigernordwand zu begehen; er musste seinen Erlass wegen rechtlicher Mängel nur vier Monate danach wieder aufheben (oben). Gut 50 Jahre später macht die private Schweizerische Bankgesellschaft mit der umstrittenen Wand Reklame für schwierige Geschäfte (rechts).

Othmar Gurtner aus Lauterbrunnen war dagegen und schrieb 1937: «Die Besteigung der Eigerwand ist verboten; nicht die Berner Regierung hat das Verbot auszusprechen – der Eiger selber redet mit unmißverständlicher Gebärde. Wer seine Stimme nicht versteht, der ist taub und müßte von Rechts wegen aus dem Gefahrenbereich weggeholt werden, wie man einen Blinden vom Tramgeleise weg auf das Trottoir führt.» Hans Schlunegger aus dem Nachbardorf Wengen war dafür und schrieb nichts, sondern handelte als Bergführer und Spitzenalpinist: Er war beim tragischen Rettungsversuch von Toni Kurz 1936 dabei und führte 1947 die erste schweizerische Begehung der Eigernordwand durch. Daniel Anker hat unterschiedliche Standpunkte der Schweiz zu ihrer berühmtesten Wand gesammelt.

Der Lauterbrunner Hoteliersohn, Alpinist und Journalist Othmar Gurtner (1895–1958) hatte eine spitze Feder. Am 24. Juli 1936 erschien in der schweizerischen Zeitung «Sport» sein ganzseitiger Artikel «Die Eigerwand-Tragödie» mit folgendem Vorspann: «Juli-Belagerung 1936 abgeschlagen. Umkehr am Schneegrab der 1935 Verschollenen. Drei Mann vom Eis erschlagen. Erschöpfungstod des Letzten. 6 Tote in der Eigerwand, 1 Toter am Schneehorn. Wird dieser Frevel fortdauern?» Am Schluss des Artikels führte Gurtner die Gedanken zum «Frevel» noch näher aus: «Der Eiger hat drei der Vermessenen erschlagen, den vierten durch Hunger und Schreck und Frost zum Erschöpfungstod gebracht. Vier Bergführer haben sieben Stunden dem Steinschlag getrotzt, um den letzten Lebensrest der Desperados zu retten, die triebhaft, von irregeleitetem Geltungswahn gejagt, die gewaltigste Wand der Alpen als Beute in den Ehrentempel ihrer neuen Götter tragen wollten.» Drei Tage nach dem schrecklichen Tod von Toni Kurz vor den Augen seiner Retter, einen Tag nach Gurtners Verdikt erliess der Staat Bern «unter Androhung der vorgesehenen Bußen ein Verbot für jede Begehung der Eiger-Nordwand». Allerdings konnte für die Bergung der Toten eine Ausnahmegenehmigung eingeholt werden.

Verbale Verurteilung der Eigernordwand-Kletterer, Verbot und in jeder Hinsicht heikle Rettungs- und Bergungsarbeiten: diese

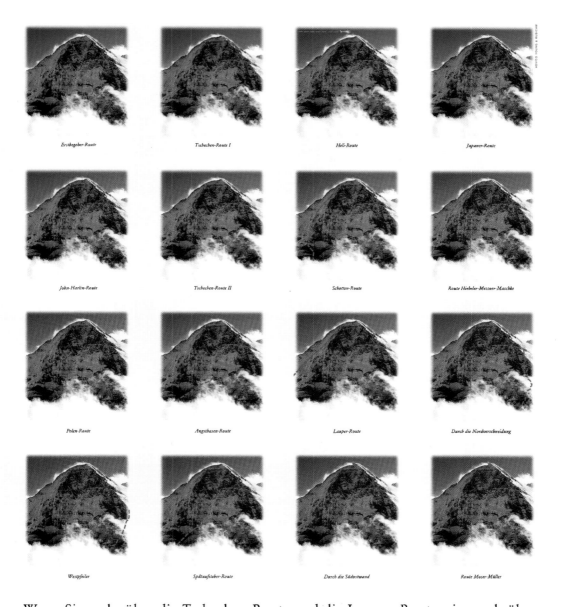

Ersthegeher-Route	*Tschechen-Route I*	*Heli-Route*	*Japaner-Route*
John-Harlin-Route	*Tschechen-Route II*	*Schotten-Route*	*Route Hiebeler-Messner-Maschke*
Polen-Route	*Angsthasen-Route*	*Lauper-Route*	*Durch die Nordverschneidung*
Westpfeiler	*Spätaufsteher-Route*	*Durch die Südostwand*	*Route Moser-Müller*

Wenn Sie mehr über die Tschechen-Route und die Japaner-Route wissen als über einen Bull- und einen Bearmarket: Überlassen Sie Ihre Geldangelegenheiten doch einem unserer Spezialisten **UBS Private Banking** für Private Banking. Mit einem Beratungsmandat oder einem *Der Spezialist für Ihr Vermögen* Verwaltungsauftrag haben Sie die Gewissheit, dass Ihr Geld in guten Händen ist. Während Sie Ihre Hände für die Dinge frei haben, die 3000 Meter und mehr über der Bahnhofstrasse liegen.

Wir machen mit.

drei Themen prägen die schwierige Beziehung der Schweiz zu ihrer berühmtesten Wand zwischen den dreissiger und sechziger Jahren. Dass die Berühmtheit und der damit verbundene Rummel vor Ort und in den Medien kaum zur Klimaverbesserung beitrugen, liegt auf der Hand.

Heuen statt sterben

Unbestritten ist auch, dass manche Dramen sich nur ereigneten, weil Eigernordwandkletterer nicht die besten Verhältnisse abwarteten. Nochmals der «Sport» im Juli 1936 über einen «strammen Grindelwaldnerführer», der auch schon mit der Wand liebäugelte: «Was tut nun dieser sozusagen legitime Eigerwand-Anwärter am letzten Sonntag, während die deutschen Seilschaften Vorbereitungen zum Einstieg trafen? – Er hat rösches, wunderbar in der Sonne liegendes Heu gezettet und die Ernte ins Scheuerlein gebuckelt. Solange der Eiger im Pulverschnee steckt, ist das Heuen rentabler, als der Selbstmord mit heldischem Einschlag.»

Das war eine weit verbreitete Haltung führender Alpinisten in den Jahren vor der ersten Begehung der Eigernordwand: Überlegenheitsgefühl ohne Tatbeweis. Othmar Gurtner im «Sport» vom 23. Juli 1937 über «die östliche Eiswand der Eiger-Nordflanke», heute als Nordostwand bezeichnet: «Kein einziger Eigerwand-Belagerer dürfte im Können an die Besten aus den Reihen unserer Bergführer heranreichen.» Diesem Urteil lag die weit verbreitete Auffassung zugrunde, dass die Nordwand von den Touristen Hans Lauper und Alfred Zürcher sowie den Bergführern Joseph Knubel und Alexander Graven (auf der sogenannten Lauper-Route in der Nordostwand) ja bereits durchstiegen worden sei. So ist auch der Aufruf eines Freundes von Lauper an die «Bergfreunde» in der «Neuen Zürcher Zeitung» (NZZ) im Juli 1936 zu verstehen: «Merkt euch den 20. August 1932: Da wurde die Eiger-Nordwand von vier der besten Schweizer Alpinisten aus einer gesunden, männlichen Freude am Bergerlebnis und einem reifen Können heraus in meisterhafter Weise bezwungen.» Noch 20 Jahre nach der Erstbegehung der eigentlichen Eigernordwand durch Heckmair, Vörg, Kasparek und Harrer fragte sich Othmar Gurtner in der renommierten Buchreihe «Berge der Welt», wofür Mehringer und Sedlmayr beim ersten Durchsteigungsversuch 1935 den «Opfertod» gestorben seien: «Für eines der ‹letzten grossen Probleme der Alpen›, das drei Jahre zuvor in geradezu magistraler Weise schon gelöst worden war; für eine Verschlimmbesserung jener schwierigen, aber sicheren Route mittels einer unverantwortlich gefährlichen Variante.»

Selbstmord und Schäferstündchen

Das Unverständnis auf schweizerischer Seite gegenüber den Eigernordwand-Kandidaten hatte dreierlei Ursachen: Auf der bergsportlichen Ebene missfiel den Schweizern die Benützung von Haken, Karabiner und Seil, wie sie in der ostalpinen Alpinistik damals gang und gäbe war. Politisch waren die deutschen und österreichischen Alpinisten suspekt; sie wurden als Aushängeschilder des nationalsozialistischen Regimes betrachtet – aus heutiger Sicht teilweise zu Recht. Und psychologisch trugen Sprüche wie: «Die Schweizerführer können doch nix; wir werden die Wand machen!» (so der Eigerkandidat Hans Teufel, der nach der Erstbegehung der Schneehorn-Nordwand verunglückte) nicht eben dazu bei, die Lage zu entfrosten. Beispielhaft ist das Urteil von Dr. med. Oskar Hug in der NZZ: «Die Bezwingung der Eiger-Nordwand ist aber fast aus-

Der letzte Blick zum Eiger: Hans Lauper auf dem Faulhorn ob Grindelwald, am 21. Juni 1936. Drei Tage später war der Erstbegeher der Nordostwand tot, dahingerafft von einer heimtückischen Krankheit. Die letzte Foto machte Dr. med. Oskar Hug, den Nachruf schrieb Othmar Gurtner; beide waren vehemente Kritiker der Begehungsversuche der eigentlichen Nordwand. Für viele Schweizer Bergsteiger war mit der Begehung der Nordostwand 1932 (im Bild der Lauper-Schild rechts des scharfen Mittellegigrats) die Erschliessung des Eigers abgeschlossen.

schliesslich eine Sache des Glücks (zu mindestens 90 Prozent)! Extreme Technik, fanatische Todesverachtung, Widerstandskraft und Zähigkeit sind hier Dinge erst zweiter Ordnung. Die Imponderabilien, der Zufall, das Glück, von objektiven Gefahren (Steinschlag, Lawinenrutsche usw.) verschont zu bleiben, sind so überwiegend, dass diese Wanderkletterung nicht mehr in das Gebiet der Bergsteigerei fällt. Sie ist vielmehr eine degenerierte Form der mittelalterlichen Kreuzzüge.» Und auf seine selbstgestellte Frage, ob eine Begehung der Eigernordwand verboten werden könnte, gab er die bezeichnende Antwort: «Nein! Selbstmord ist auch nicht verboten.» Immerhin gab es auch andere Meinungen. Der «Sport» druckte 1938 eine kernige Rede des Solothurner Politikers und ehemaligen Zentralpräsidenten des Schweizer Alpen-Clubs (SAC), Robert Schöpfer, ab, die auch in deutschen Ohren gut geklungen haben muss: «Ich betrachte die Leidenschaft nach den Nordwänden unserer Berge nicht als Entartungserscheinung für, wohlverstanden, gut trainierte, erfahrene und vorsichtige Berggänger, und sicherlich sind solche Kletterein vorzuziehen der Verweichlichung und Verzärtelung, den galanten Schäferstündchen oder gar der sitt-

lichen Verlotterung. Man muß es bedauern, wenn solche Bergfahrten Opfer fordern; aber man muß zugeben, daß auch waghalsige Kletterein im Kulturleben ihre Berechtigung haben.» Auch die Werber der Wander A.G. in Bern, welche die Ovomaltine vermarkteten, hatten Freude an den Nordwandkletterern, wie ihre Reklame beweist.

Verbieten oder retten

In den aufgewühlten 30er Jahren, in denen die Debatte von besserwisserischen Ratschlägen altgedienter Alpinisten und reisserischen Reportagen über die letzten Atemzüge von Toni Kurz geprägt ist, mag das amtliche Besteigungsverbot der Eigernordwand nicht verwundern, doch es löste das Problem nicht. Denn nun verhandelten noch die Juristen öffentlich über die ohnehin schon im Rampenlicht stehende Wand. Resultat: Das Verbot war aus rechtlicher Sicht nicht haltbar, weshalb es die Regierung im November 1936 wieder aufhob. Aber mit dem Beginn der nächsten Klettersaison entband der Regierungsrat des Kantons Bern die alpinen Rettungsstationen von der vorgeschriebenen Rettungspflicht in der Eigerwand. Man forderte auch, dass die Eigerwand-Kandidaten einen eigenen Rettungsdienst mitbringen sollten. Was ja auch geschah: Die Münchner Bergwacht, die Rettungsorganisation des Deutschen Alpenvereins, wollte schon bei der Rettung von Toni Kurz helfen, allein behördliche Hindernisse in Deutschland (!) liessen sie zu spät zum Ort des Dramas kommen, so dass ihnen nur noch die Leichenbergung übrigblieb.

Das Verhältnis zwischen einheimischen und auswärtigen Rettern sorgte später noch für einige Zerwürfnisse. So zum Beispiel bei der Corti-Tragödie im Jahre 1957 mit dem Nachspiel der Bergung von Stefano Longhi; seine Leiche hing sozusagen als menschlicher Beweis für die «selbstmörderische» Wand oberhalb des Götterquergangs – und als Beweis für eine halbwegs geglückte Rettung mit vielen unglücklichen Folgen. So wurden Bergführer und Bahnbeamte von Grindelwald gerügt, sie hätten erstens nicht retten wollen und zweitens die freiwilligen Retter aus vielen Ländern (auch der Schweiz) teilweise gar behindert. So wurde der Schweizer Alpen-Club gerügt, dass er als einziger der an der Rettung beteiligten Alpenvereine eine Rechnung stellte, worauf das Sprichwort «Wenn ein Schweizer einen Nagel isst, kommt eine Schraube heraus» vor allem in der englischsprachigen Presse wieder einmal die Runde machte.

Opfer oben, Opfer unten

Überhaupt führten die Rechnungsforderungen von Schweizer Seite in den 50er und 60er Jahren immer wieder zur Kritik, die lokalen Retter hätten kaum etwas unternommen zur eigentlichen Rettung in der Wand, aber anschliessend immer eine überrissene Rechnung gestellt. Ausgerechnet der schottische Bergführer Dougal Haston, Mitglied der Gipfelmannschaft bei der Eröffnung der John-Harlin-Direttissima im März 1966, setzte sich in seinem Werk «The Eiger» für die angeschuldigten Bergführer ein. Er wies darauf hin, dass für sie Bergsteigen keine Freizeitbeschäftigung, sondern ein Beruf sei und dass sie deshalb zu Recht Lohnforderungen gestellt hätten für diejenigen Tage, an denen sie statt Touren mit Gästen Rettungen und Bergungen von verunglückten Führerlosen machen mussten.

Doch noch einmal zurück ins turbulente Jahr 1957: Christian Rubi aus Wengen, einst einer der mutigen Fast-Retter von Toni Kurz und 20 Jahre später Präsident des Schweizerischen Bergführerverbandes, hatte seine Berufskollegen der Jungfrau-

Region heftig verteidigt, nachdem die NZZ und der SAC deren Verhalten während der Corti-Rettung angegriffen hatten. Der tiefere Grund für Rubis überspitztes und uneinsichtiges Verhalten sei jedoch ein ganz anderer gewesen, meint Jack Olsen im leider nie ins Deutsche übersetzten Buch «The Climb up to Hell», das die ganze

Beschluß des Regierungsrates des Kantons Bern betreffend die Eigernordwand

In Ergänzung von § 25 des Reglementes für die Bergführer und Träger im Kanton Bern vom 30. Juli 1914 wird verfügt:

1. Es wird in das Ermessen der Obmänner der Rettungsstationen gestellt, bei Unglücksfällen in der Eigernordwand Rettungsversuche zu unternehmen.

2. Gesellschaften, die die Eigernordwand zu besteigen beabsichtigen, sind durch die Rettungsstationen und die Führer vor dem Einstieg in die Wand zu warnen. Sie sind ausdrücklich darauf aufmerksam zu machen, daß im Falle eines Unglücks keine Rettungsversuche angeordnet werden müssen.

3. Der Regierungsstatthalter von Interlaken hat diesen Beschluß den Führer-Obmännern seines Bezirkes zuhanden der Rettungsstationen und der Führer zu eröffnen.

Bern, den 6. Juli 1937.

Im Namen des Regierungsrates:

Der Präsident: Joß.
Der Staatsschreiber i. V.: Hubert.

Corti-Longhi-Affäre ausgezeichnet und spannend beschreibt: Der aus der Arbeiterklasse stammende Rubi war gar nicht gut zu sprechen auf den bürgerlichen Hotelier Fritz von Almen, Besitzer der Hotels auf der Kleinen Scheidegg. Einerseits war von Almen Helfer, Mentor und indirekt auch Retter der Eigerwandkletterer (sie durften zu bescheidenen Tarifen bei ihm übernachten, und er überwachte ihren Aufstieg mit dem 72fach vergrössernden Teleskop), andererseits profitierte er natürlich auch gehörig vom ganzen Rummel. Bei einer

Entbunden: Vor dem allseits gefürchteten Eigersommer 1937 wurden die lokalen Bergführer aus der Pflicht entlassen, verunglückte Alpinisten in der Nordwand zu retten. Der Beschluss schreckte weder die Bergsteiger noch die Retter vor dem Einsteigen ab.

Ovo-Tatsachenbericht No 35

Am 25. Juli 1938 schrien alle Zeitungen in die Welt hinaus:

„Eiger-Nordwand bezwungen"

Man kann sich dazu stellen wie man will, die fast übermenschliche Leistung muss man anerkennen. Die Namen der vier Bergsteiger Heckmair, Voerg, Harrer, Kasparek werden so lange nachtönen wie Whymper, Burgener, Anderegg, Zsigmondy.

Zufällig finden wir in der bekannten deutschen Zeitschrift „I. B. Illustrierter Beobachter, München" einen fünfseitigen Bilderbericht, darunter auch das Bild eines Biwaks in der Wand. 61 Stunden sind die Deutschen und 86 Stunden die Oesterreicher unterwegs gewesen bis sie den Gipfel erreichten! Bei diesem Biwakbild steht der Satz:

„Biwak 3250 m Höhe. Angeseilt müssen Voerg und Heckmair die Nacht verbringen. Harrer bereitet die Mahlzeit vor: „Ovamaltini", ein kräftiges Getränk, das bei der Temperatur von durchschnittlich 10 Grad unter Null ebenso gute Dienste leistet, wie der Gummischlafsack, in dem die Bergsteiger ein paar Stunden Erholung finden".

Wenn ein Berichterstatter „Ovamaltini" statt Ovomaltine sagt, dann ist er sicher ein Münchner. Die Meldung wird übrigens durch die Berichte in andern deutschen Blättern bestätigt. Man kann sich denken, mit welcher Sorgfalt diese Bergsteiger ihren Proviant ausgewählt haben. Mit jedem Gramm musste gerechnet werden, nur das Konzentrierteste, das Hochwertigste war gut genug. Dass sie Ovomaltine wählten, ist ein neuer Beweis für den Wert des Präparates.

Verschiedene andere Bergsteigerpartien, die die Absicht hatten die Eigerwand anzugehen, haben sich an uns gewandt um Ovomaltine zu bekommen. Wir haben immer abgelehnt, im Gefühl eine schwere Verantwortung zu übernehmen, wenn wir durch unsere Zusage den Versuch der Besteigung ermutigen würden. Umso mehr freuen wir uns, dass die Bezwinger der Wand aus eigenem Antrieb unsere Ovomaltine wählten.

A 454   Dr. A. Wander A.G., Bern

Eigerwand / Übergang
vom 1. zum 2. Schneefeld

Die erste Reklame: Gleich nach der Erstbegehung erschienen in den Publikationen schweizerischer Organisationen wie Alpen-Club, Skiverband und akademischem Ski-Club ganzseitige Ovomaltine-Reklamen. Der erste Textabschnitt wirft die Problematik der Werbung und der Wand auf.

Tragödie wie 1957 war sein Hotel voll mit Touristen und Journalisten. Rubi setzte in einer seiner Erklärungen die Unterstellung in Umlauf, die ganze Aktion zur Rettung von Corti und seinen Gefährten sei aus propagandistischen Überlegungen von Reportern, Fotografen und Hotelmanagern erfolgt. Seine verbalen Attacken kosteten den Sozialdemokraten Rubi schliesslich den Sitz im Nationalrat, dem schweizerischen Parlament. Ein weiteres Opfer der Nordwand.

Feingliedrige Schweizer contra bärenstarke Österreicher

Wie Christian Rubi stammte Hans Schlunegger ebenfalls aus Wengen. Er hatte 1946 mit dem Berufskollegen Edwin Krähenbühl

die zweite Begehung der Nordwand versucht, musste aber wegen eines Schlechtwettereinbruchs vom Rampeneisfeld den Rückzug antreten. Damit hätten die beiden, so kommentierte Rubi im «Sport», eine Leistung vollbracht, «die weit höhere Anforderungen stellte als die Fortsetzung des Gipfelweges». Im nächsten Sommer mussten sich die Schweizer nicht mehr mit einem bravourösen Rückzug trösten. Der Wengener Hans Mühlemann schloss seinen Artikel über die dritte Begehung der Eigernordwand mit dem pathetischen Satz: «So sind sie denn eingestiegen in den Berg und heil ans Ziel gekommen, Hans und Karl Schlunegger und der unerschrockene Gottfried Yermann, nicht allein um eine große, aufsehenerregende Tat zu vollbringen, oder um des Ruhmes willen, sondern bewußt der Verantwortung gegenüber ihrem Beruf, ihrer Berufung, ihrer Heimat – und sogar gegenüber ihrem Leben selbst!» In dieselbe Kerbe hieb auch Max Oechslin, während Jahrzehnten Redaktor der SAC-Zeitschrift «Alpen». Nachdem seine sehr zurückhaltende Berichterstattung über dieses nationale Bergsportereignis bemängelt worden war, hob er wieder einmal den Zeigefinger: «Wir alten Bergsteiger und Bergwanderer missgönnen den Jungen die Berge und die Bezwingung schwerer Wege nicht. Aber wir billigen nicht, dass die von unsern Vätern sauber übernommenen Berge zu einem ‹Tummelplatz der Rekordler› gestempelt werden.» Nur folgerichtig, dass ein prominentes SAC-Mitglied die fünfte Begehung durch vier Jurassier im Jahre 1950 als «Dummenjungenstreich» bezeichnete. Jean Fuchs, Marcel Hamel, Raymond Monney und Robert Seiler wurden Leo Forstenlechner und Erich Waschak gegenübergestellt, denen zur gleichen Zeit in einem Tag die vierte Begehung gelungen war: «Man vergleiche die feingliedrigen Bürschlein mit

Der erste Schweizer Gipfel mit Namen

Wie Rudolf Rubi in seiner Monographie über den Eiger schreibt, ist der Eiger «der erste Gipfel der Schweizer Hochalpen, der nachweisbar einen Namen trug». In einer lateinisch abgefassten Verkaufsurkunde über einen Grundstückwechsel von Ita von Wädiswyl an die Propstei Interlaken vom 24. Juli 1252 heisst es bei der Gebietsbezeichnung: «ad montem qui nominatur Egere» – bis zum Berg, der Eiger heisst. 50 Jahre später taucht der Name wieder auf, diesmal in einem deutsch abgefassten Belehnungsbrief: «under Eigere» steht da. Rubi schreibt, dass der «Mons Egere» seine frühe Benennung sicherlich der unmittelbaren Nachbarschaft zu bewohnten und bewirtschafteten Gebieten verdanke. «Er war ein nicht zu übersehender Marchstein.»
Aber was bedeutet Eiger? Vier Erklärungen: 1) Der Ortsname «under Eigere» soll zurückgehen auf den Namen des ersten Siedlers, auf althochdeutsch Agiger und auch Aiger; deshalb hiess der Berg über dessen Weiden Aigers Geissberg, und manchmal auch nur Geissberg. Zum Glück blieb es nicht dabei: Geissberg, Mönch und Jungfrau tönt wenig werbewirksam. 2) Verwandtschaft mit dem lateinischen acer und dem griechischen akros für scharf, spitz; daraus leitet sich auch das gleichbedeutende französische aigu ab. 3) Die frühere Schreibweise «Heiger» könnte von den Mundartausdrücken «dr hej Ger» stammen; hej heisst hoch und Ger war der Wurfspiess der Germanen. 4) Oder hat der Name etwas mit dem «Oger» zu tun, dem menschenfressenden Riesen der Märchen? Seit den tragischen Durchsteigungsversuchen der Nordwand in den 30er Jahren hat der Eiger im Französischen jedenfalls den geläufigen Übernamen ogre.

den kraftstrotzenden Österreichern! Es leuchtet ohne weiteres ein, daß die bärenstarken, robusten Wiener mit den Schwierigkeiten der unheimlichen Nordwand leichter fertig wurden.»
Noch schärfer war die Schweizer Presse freilich mit Loulou Boulaz, der Zweitbegeherin der Nordwand der Grandes Jorasses,

ins Gericht gegangen, als sie mit dem Genfer Alpinisten Pierre Bonnant einen Begehungsversuch bis etwa zum Schwierigen Riss unternahm. Am 22. Juli 1937 schickte die nationale Schweizer Mittelpresse das Blatt 204 mit dem Titel «Zum Eiger-Sturm» an die Redaktionen im Land: «Es geht schlimm zu um den Eiger. Wir lesen im ‹Sport› vom Mittwoch aus der Feder von Othmar Gurtner, eines mutigen Warners vor dieser blödsinnigen Bergsteigerei, den nachfolgenden Appell an die bekannte Genfer Alpinistin und Skifahrerin Loulou Boulaz, der offenbar ihr ‹Ruhm›, die Nordwand der Grandes Jorasses erstmals bezwungen zu haben, keine Ruhe lässt: ‹Gestern früh nach zwei Uhr stieg die Seilschaft Bonnant-Boulaz in die Eigerwand ein. Sie kam bis auf die Firnbänder unter der Roten Fluh und stieg beim Wetterumsturz vernünftigerweise ab, um beim Einnachten Alpiglen zu erreichen. Die Genferin hat glücklicherweise nur diese Woche Zeit, ist aber entschlossen, die Wand anzupacken, wenn das Wetter gut wird. Auf Vorhaltungen wurde die Antwort erteilt: ‹Wir haben schon ganz andere Sachen gemacht!› Gemach, Fräulein Boulaz! Der Eiger ist stärker als Sie! Sie schaden Ihrer sportlichen Karriere und schädigen den Ruf der Schweizer Bergsteiger, unter die Sie kraft Ihrer schönen und bisher glücklichen Leistungen zu zählen die Ehre haben. Hoffentlich rettet Sie schlechtes Wetter vor dem Verderben, das Ihnen fast sicher ist, wenn Sie in die Eigerwand mit dem Willen einsteigen, den unmittelbaren Durchstieg zu forcieren. Überlassen Sie dieses frevle Spiel mit dem Tod den irregeleiteten Ehrgeizigen, die ihr Leben für eine Wahnidee in die Schanze schlagen wollen. Sagen Sie nicht, es gehe uns nichts an, was Sie unternähmen. Sie fordern die Öffentlichkeit durch Ihr Tun heraus!›»

Die erste Frau: 1937 unternahm Loulou Boulaz mit Pierre Bonnant einen Begehungsversuch der Eigerwand, was in der Schweizer Presse scharf verurteilt wurde. Dabei hatte die 1991 verstorbene Genfer Alpinistin mit der Zweitbegehung der Nordwand der Grandes Jorasses mit Raymond Lambert – im Bild zusammen vor dem Bahnhof Chamonix – bewiesen, dass sie mit den besten Alpinisten ihrer Zeit mithalten konnte. Von 1936 bis 1941 war Boulaz Mitglied der Schweizer Ski-Nationalmannschaft und gewann 1937 Bronze im Slalom.

Hinterstoisser-Quergang

Ich las auch über einen frühen Versuch der Erstbesteigung an jener Wand durch vier junge
Bergsteiger. Ihr verzweifelter Rückzug endete mit einer Katastrophe. Die Geschichte
ihres Überlebenskampfes, nur um zu sterben, als sie schon fast in der Reichweite ihrer
Retter waren, ist zur Legende geworden. Toni Kurz, der als letzter starb, blieb, hoffnungslos im Nichts baumelnd, dem Tod überlassen. Ich habe ein Foto von ihm gesehen, wie
er dort hängt, im Seil zusammengesunken, mit langen Eiszapfen, die von den Spitzen
seiner Steigeisen herabhängen, erfrierend in der letzten Sekunde seines Lebens, als er
seinen Rettern zuflüstert: «Ich bin am Ende.» Nur wenige Meter von ihnen entfernt mußte
er sterben. Die Art seines Sterbens war die ergreifendste, verzweifeltste und heroischste,
von der ich je gelesen habe.

Als ich «Die Weiße Spinne» mit vierzehn durchgelesen hatte, schwor ich mir, niemals
Bergsteiger zu werden. Ich würde beim Sportklettern bleiben. Undenkbar wäre es mir
erschienen, daß ich mich elf Jahre später in einer ähnlichen Lage wiederfinden sollte wie
Toni Kurz. Ich mußte an ihn denken, als ich ins Dunkel stürzte.

Joe Simpson: This Game of Ghosts (Wand –/ Buch 1993)

Helden oder Opfer?

«Mei, damals war's halt so, daß meistens am Sonntag irgendeiner abgestürzt ist. Am Montag war die Bergung, am Donnerstag das Begräbnis. Und nach dem Begräbnis haben wir uns fürs nächste Wochenende eine zünftige Tour ausgemacht.» Anderl Heckmair erinnert sich Jahrzehnte nach dem 36er Drama in der Nordwand an den Dienst VI, der die Spitzenleute des Münchner Bergrettungsdiensts umfasst hat. Seine Mitglieder konnten damals nur noch sterbliche Überreste der Eigerkletterer bergen.

War das Sterben der vier deutschen und österreichischen Bergsteiger Andreas Hinterstoisser und Toni Kurz, Willy Angerer und Edi Rainer ein Unglück von der mythischen Dimension einer Tragödie, wie es die Ideologie des heldischen Alpinismus darstellt? Rainer Amstädter dokumentiert am Beispiel des gescheiterten Durchsteigungsversuchs der Nordwand von 1936 die Bedeutung des deutschen Alpinismus in seiner wechselseitigen Beziehung von Kultur, Politik und Wirtschaft.

Der Münchner Alpenvereins-Jugendführer Ernst Enzensperger setzte sich in den 20er Jahren vehement für die Errichtung von Jungmannschaften ein. Er beschwor die Werte, «die das Jugendwandern zu einer Pflanzstätte der Männlichkeit machen, die unser Volk so notwendig braucht: Einfach-

heit, Unterordnung und Kameradschaft. [...] Jämmerlich wäre alles in unserer Zeit, strebe es nicht auf das eine große Ziel hin, falsch und verfehlt, hebt es sich nicht ab vom nachtdunklen Hintergrund der deutschen Not, leuchtet es nicht hinein in das prunkvolle Morgenrot eines neuen Werdens. Hinter dem Morgenrot stehe der Tag, den die Alten erleben möchten, die Jungen aber erleben müssen: Das neue, größere, herrliche, allumfassende deutsche Vaterland.» Bereits in der ersten Nachkriegshauptversammlung des Deutschen und Österreichischen Alpenvereins (DÖAV), des mit 250 000 Mitgliedern und über 400 Sektionen weltweit grössten alpinistischen Verbandes, hatte 1919 die elitäre Münchner Sektion Bayerland die Pflege des «vaterländischen Geistes» als Vereinsgrundsatz durchgesetzt. Zu was das unter anderem führte, wurde 1924 offensichtlich: An der ausserordentlichen Hauptversammlung im Deutschen Theater in München beschloss der Alpenverein mit knapp 90 Prozent Ja-Stimmen den Ausschluss der jüdischen Sektion Donauland aus dem Verein; alle dreizehn Münchner Sektionen stimmten dafür.

Von der Jugenderziehung zum Edelalpinismus

Zwei Jahrzehnte lang erzogen zahlreiche ehemalige Frontoffiziere des Ersten Weltkriegs als Alpenvereinsfunktionäre ihre Jugend zu gehorsamen Erfüllern des all-

Seilschaft
Mehringer-Sedlmayr

† 2. Biwak

3. Biwak
Oberes Schneefeld

1. Biwak

2. Biwak

Schwierige Stufe
3. Biwak
Fallender Quergang

Unteres Schneefeld

Rekognoszierungs-
Biwak

1. Biwak

†

Retter

Stollenloch

Seilschaften
Hinterstoisser-Kurz
Rainer-Angerer

Chronik der Ereignisse von 1935 und 1936 aus der Zeitung «Sport» vom 24. Juli 1936, Auszug:

21. August 1935: Einstieg der Seilschaft Mehringer-Sedlmayr. [...] Das obere Kreuz bezeichnet den Raum, in dem die beiden nach schwerer Gewitternacht am 24. August 1935 zum letztenmal durch einen Wolkenschlitz gesichtet wurden; sie sind seither verschollen.

18. Juli 1936: Einstieg der zwei Seilschaften Hinterstoißer-Kurz und Rainer-Angerer; Rekognoszierungs-Biwak zum 7. Juli 1936 um 8 Uhr erreicht. Schwere Traverse («Fallender Quergang») in zwei Stunden zum unteren Schneefeld; Aufstieg über die schwierige Stufe in fünf Stunden zum oberen Schneefeld und schräg hinauf zum 1. Biwak. Am 19. Juli um 6.45 Uhr Aufbruch zur Querung der Wand und Aufstieg (Nebel) zum 2. Biwak. Am 20. Juli wird das Schneeband der Verschollenen abgesucht und der Aufstieg in das oberste Wanddrittel aufgegeben. Um 12 Uhr Beginn des Abstiegs vom 2. Biwak zurück zum 1. Biwak und um 17 Uhr das obere Schneefeld hinab in die schwierige Stufe. 3. Biwak zum 21. Juli, erreicht um 20.30 Uhr. Am 21. Juli vormittags Abstieg über das untere Schneefeld und Versuch, die Traverse («Fallender Quergang») zu forcieren. Unter einbrechendem Wetterumschlag Abstieg auf die Wandstufe. Mittags Beginn der Abseilarbeit, vor 15 Uhr erschlägt das Eis drei Mann, Hilferufe des Überlebenden nach 15 Uhr vom Streckenwärter gehört.

deutschen Wiedervereinigungskampfes. «Die Menschen besonderer Güte ringen sich überall durch», behauptete der Wiener Alpinist Fritz Rigele im Artikel «Der Eishaken» im Jahre 1925 im «Bergsteiger», dem 1923 gegründeten und vom DÖAV unterstützten Sprachrohr der alpinvölkischen Agitation. «Uns deutschen Bergsteigern aber tut des Volkes Not weh und seine Tüchtigkeit not. Holt sie euch beim Kampf mit den Bergen! Denn Übung im Kampf werdet ihr noch brauchen können.» Rigele gilt als Erfinder des Eishakens, des Vorläufers der heutigen Eisschrauben, an denen sich moderne Eiskletterer in der Eigerwand und anderswo sichern. Bei der Erstbegehung der Nordwestwand des Grossen Wiesbachhorns (3570 m) in der Glocknergruppe im Jahre 1924 hatten Rigele und Bayerland-Mitglied Willo Welzenbach, Erstbegeher zahlreicher schwierigster Nordwände in den Berner Alpen, erstmals Eishaken eingesetzt, um das Hindernis des senkrechten Eiswulstes zu überwinden.

Den von vielen britischen und schweizerischen Alpinisten verpönten Einsatz von Fels- und Eishaken (dank ihnen war es überhaupt erst möglich, Wände wie die Eigernordwand anzugehen und vielleicht auch zu durchsteigen) rechtfertigen deutsche Alpinisten in der Zwischenkriegszeit nicht nur alpinistisch, sondern auch weltanschaulich: «Wollte man wirklich alle künstlichen Hilfsmittel ablehnen, so müßte man überhaupt den ganzen herrlichen Willen zum Kampf und Überwinden ablehnen, der den modernen Bergsteiger beseelt.»

Radikal deutschnationale Lehrer, Jugendführer und Vereine lenkten das sportliche Bewegungsbedürfnis der Alpenvereinsjugend, die Freude an Leistung und Leistungsvergleich, die Suche nach sinnvollen Aufgaben in eindeutige politische Bahnen. Keine Überraschung also, dass der nationalsozialistische Reichssportführer Hans von Tschammer-Osten die Brauchbarkeit des deutschen Tat- und Kampfalpinismus für die Erziehung der deutschen Jugend bereits 1934 bestätigte. Er liess es sich vier Jahre später auch nicht nehmen, den Erstbegehern der Eigernordwand persönlich per Telegramm zu gratulieren, und auf der bekannten Foto, die Heckmair, Vörg, Kasparek und Harrer mit Hitler zeigt, ist er ebenfalls drauf (vgl. S. 221).

Vom Bergvagabundentum zum Erfolgsfanatismus

In jener Zeit der zunehmenden politischen Frontstellungen und der wirtschaftlichen Aussichtslosigkeit reagierten einige alpine Protagonisten gezwungenermassen mit der Flucht in ein Bergzigeunerdasein. Die Probleme, welche oft aus wenig rosigen wirtschaftlichen Verhältnissen erwuchsen, kompensierten viele deutsche und österreichische Bergsteiger zwischen den beiden Weltkriegen durch ein gesteigertes alpinistisches und gesellschaftliches Aussenseitertum. Das Bergsteigen diene «als Mittel der Kompensierung des eigenen Minderwertigkeitsgefühls, – eine Flucht aus dem tragischen Erlebnis einer Niederlage oder eines Nichtbestehens in das abreagierende und erfolgversprechende Ventil der alpinen Tat», schrieb der Wiener Sepp Brunhuber 1940 im «Bergsteiger»; er hatte mit Kasparek 1938 die erste Winterbegehung der senkrechten bis überhängenden Nordwand der Grossen Zinne (Dolomiten) durchgeführt – als Training für die Eigernordwand.

Das Bezwingen langer, schwerer und gefährlicher Wände geriet in den elitären Gruppen von Jungmannschaften und Leistungs-Bergsteigerschaften zu einem

Initiationsritual. «Durchkommen oder um-
kommen» hiess die Devise. Der heldische
Alpinismus verwendete die situations-
bedingte Verbundenheit der Seilpartner zur
Stilisierung der Seilgemeinschaft als
«Verbrüderung auf Leben und Tod». Und
da knüpfte man nun wieder ein politisches
Moment an: Die Seilkameradschaft wurde
oft auch zum Symbol des gemeinsamen
Kräfteeinsatzes für ein grösseres Ganzes,
die Volksgemeinschaft nämlich.

Die letzten Probleme
des heldischen Alpinismus

In den 30er Jahren wurden im Streben,
die Grenzen des Möglichen weiter hinauf-
zuschieben, die wegen Stein- und Eis-
schlag, Lawinen und Unwetter gefährlichen
Nordwände von Matterhorn, Grandes
Jorasses und Eiger zu den «letzten drei
Problemen» der Alpen heraufstilisiert. 1931
«fiel» die Matterhorn-Nordwand, wie es
im damaligen Jargon hiess. Dafür erhielten
die Bayern Franz und Toni Schmid an
den Olympischen Spielen von 1932 in Los
Angeles den Sonderpreis für die bedeu-
tendste alpinistische Tat der vergangenen
vier Jahre. Aber nur Franz konnte die
Goldmedaillen in Empfang nehmen: Sein
Bruder war an Pfingsten 1932 tödlich
abgestürzt – in der Wiesbachhorn-Nord-
westwand. Im Erinnerungsbuch «Jugend in
Fels und Eis» stehen die markanten Sätze:
«Er ist ein zäh verbissener Ringer, für
den es nur Sieg oder Niederlage, aber keine
Verbrüderung mit dem Gegner gibt. Das
Aufgeben eines Planes, der Rückzug wird
für ihn fast zur seelischen Katastrophe.»
Nachdem die Deutschen Martin Meier und
Rudolf Peters die Nordwand der Grandes
Jorasses 1935 erstmals durchstiegen
hatten, blieb nur noch die Nordwand des
Eigers übrig.

Die Tragödie von Toni Kurz
und seinen Kameraden

Bereits im Frühsommer 1936 schlagen
deutsche Bergsteiger ihre Zelte unter der
Wand auf. Den Münchnern Albert Herbst
und Hans Teufel gelingt während ihres
Wartens auf bessere Verhältnisse in
der Eigernordwand die Erstbegehung der
Schneehorn-Nordwand – Teufel stürzt
beim Abstieg mit einer Lawine zu Tode.
Der Grindelwalder Führobmann Gottfried
Bohren erlässt im Lokalblatt «Echo von
Grindelwald» eine Mitteilung, in der
er die Bergführer von der Verpflichtung
zur Hilfeleistung in der Eigernordwand
entbindet, um nicht «unsere Führer
gezwungenermaßen in die Gefahren jener
Akrobatik hineinzutreiben, in die sich
andere mutwillig begeben». Wenige Tage
nach den Münchnern kommen die Exil-
österreicher Willy Angerer und Edi Rainer
nach Grindelwald und machen in der
Eigerwand eine erste Erkundung. Drei
Wochen vor den Olympischen Spielen in
Berlin treffen die bayrischen Gebirgsjäger
Andreas Hinterstoisser und Toni Kurz,
frisch patentierter Heeresbergführer, aus
Bad Reichenhall ein. In Berlin wird die
Nachricht mit Interesse aufgenommen. Erst

«Kruzifix nochmal, wenn
nur das Wetter hält», hoffte
Andreas Hinterstoisser im
Gespräch mit dem Grindel-
walder Fotoreporter Hans
Jegerlehner, der den letzten
Abend vor dem endgültigen
Einstieg bei ihm und seinem
Seilgefährten Toni Kurz ver-
brachte. Jegerlehner machte
auch die bekannten Fotos
der beiden Eigerwand-
aspiranten; er arbeitete für
die renommierten «Neue
Zürcher Zeitung» und
«Basler Nachrichten». Das
Wetter hielt übrigens nicht.
Aber das war nur eine
Ursache für das Unglück.

«Wenn was passiert, dann liegt der Film da drinnen, du weisst, wo er steckt»: Toni Kurz zum Reporter Jegerlehner über seinen Film vom ersten Begehungsversuch bis unter die Rote Fluh. Kurz verstaute den Film in einem Reserverucksack, der im Zelt unten blieb. Der andere Film, der vom tragischen Begehungsversuch, wurde gefunden, konnte aber nicht entwickelt werden.

am 11. Juli ist auf Drängen Nazideutschlands ein vom deutschen Botschafter Papen forciertes Abkommen mit Österreich unterzeichnet worden, von deutscher Seite bereits als ersten Schritt zum Anschluss Österreichs bezeichnet. Ein Sieg der beiden Seilschaften hätte die erwünschte Symbolkraft.

Am 18. Juli steigen die beiden Seilschaften getrennt, aber auf derselben Route in die Wand ein. Hinterstoisser gelingt dank einem fallenden Seilzugquergang der Weiterweg über eine steile, glatte Felsplatte unterhalb der Roten Fluh. Am Ende des Querganges befestigt er das Seil; die anderen folgen an diesem Geländerseil mühelos nach. Nach der Querung ziehen sie das Seil wieder ab. Damit ist der Rückweg abgeschnitten – einen fallenden Seilzugquergang kann man nicht mehr zurückklettern. Anscheinend denkt keiner der vier Männer an Rückzug. Die Partie Hinterstoisser–Kurz beginnt über das Erste Eisfeld zu führen. Als Angerer und Rainer zurückfallen, lassen ihnen die Bayern ein Seil herunter, um den durch Steinschlag verletzten Angerer heraufzubringen. Nach einem ersten Biwak am Rand des Zweiten Eisfelds klettern die vier trotz der offensichtlichen Verletzung Angerers weiter. Den ganzen Tag gewinnen die

beiden Seilschaften nur 200 Meter Höhe in der 1800-Meter-Wand und müssen ein zweites Mal biwakieren. Während des dritten Tags gelangen sie langsam zum Todesbiwak (3300 m), in dem Mehringer und Sedlmayr im Jahr zuvor erfroren sind. Angerers Verletzung bremst das Weiterkommen so sehr, dass ein gemeinsames Erreichen des Gipfels nicht mehr möglich scheint.

Allein kann Rainer den Verletzten nicht hinunterbringen, also beginnen sie alle mit dem Rückzug. Am späten Abend biwakieren sie am oberen Rand des Ersten Eisfelds ein drittes Mal. In dieser Nacht schlägt das Wetter endgültig um, es regnet in Strömen, die Temperatur sinkt ständig. Am vierten Tag sind die Felsen des Quergangs, der in der Folge nach seinem ersten Begeher benannt wird, vereist und unbegehbar. So bleibt den vier Alpinisten nur die Möglichkeit, sich direkt über senkrechte bis überhängende Steilstufen abzuseilen. Am Nachmittag entdeckt sie Albert von Allmen, der Streckenwärter der Jungfraubahn, vom Stollenloch aus. Er sieht die vier 150 Meter über sich auf einem Felskopf stehen und verspricht ihnen, heissen Tee zu kochen, bis sie beim Stollenloch sind. Doch als er nach einer Stunde wieder nach ihnen Ausschau hält, sind drei bereits in der Sturzbahn von Steinschlag und Neuschneelawinen umgekommen. Hinterstoisser ist bis zum Wandfuss gestürzt, Angerer hat sich beim Sturz ins Seil erhängt, Rainer ist im Seil hängend erfroren. Nur Toni Kurz lebt noch, schreit um Hilfe. Von Allmen ruft mit dem Streckentelefon die Bahnstation Eigergletscher an, vier Bergführer eilen trotz ihrer offiziellen Entbindung von der Hilfeleistung mit einem Sonderzug zum Stollenloch. Bedroht von Steinschlag und Lawinen gelingt es ihnen nicht, über die spiegelglatten Felsen bis zu Kurz aufzusteigen. Mit dem

Versprechen, am nächsten Tag wieder-
zukommen, klettern sie in der Dämmerung
zum Stollenloch zurück.
Währenddessen ist auch in München die
Bergwacht verständigt worden. Ihr Leiter
Ludwig Gramminger stellt eine Rettungsmannschaft aus Dienst VI (für den sechsten
Schwierigkeitsgrad) zusammen, die viele
der besten Münchner Bergsteiger der
30er Jahre umfasst. Am nächsten Morgen
startet ein Flugzeug des deutschen Innen-
ministeriums mit der Rettungsmannschaft
nach Bern. An diesem Tag stirbt Toni Kurz –
der die Sturmnacht entgegen aller Voraus-
sagen überlebt hat – beim Versuch, sich
zu den einheimischen Bergführern über
den trennenden Überhang abzuseilen. Die
«National-Zeitung» von Basel lässt am
23. Juli 1936 auf der Frontseite Bergführer
Arnold Glatthard erzählen:
«‹Kamerad, noch etwas weiter und du
bist gerettet!›
Doch plötzlich kommt Kurz nicht mehr
weiter.
Was gibt's?
Als Antwort ein schwaches: ‹Ich bringe
den Seilknoten nicht durch den Karabiner›
(um 50 Meter Distanz zu überwinden,
mußten zwei Seile zusammengebunden
werden).
‹Probiere Kamerad, es muß gehen.›
Noch fünf Meter trennen Kurz von den
Rettern.
Doch es soll nicht sein. Der Deutsche hat
in seinen dick angeschwollenen Fingern
keine Kraft mehr. Er läßt den Arm sinken.
Ein Windstoß kehrt den Körper von der
senkrechten in die waagrechte Lage. Erreichen können ihn die Führer von unten
nicht, weil der Unglückliche vier Meter von
der Wand weg im Freien hängt. Erneute
Zurufe, Mut zu fassen, hört Kurz jetzt schon
nicht mehr. Es geht rasch dem Ende zu.
‹Es geht nicht›, lallt er noch mit schwacher

Stimme, dann läßt er die Arme ganz sinken,
und fällt vollständig in sich zusammen.
Der letzte mutige Kämpfer an der Eigernordwand hat ausgelitten.»
Als die Bergführer zum Stollenloch zurück-
kehren, sind dort soeben acht Bergwacht-
leute aus München eingetroffen. Ihnen
bleibt nur noch die Bergung des Toten. Da
auch sie nicht an den weit in der Luft
am Seil pendelnden Kurz herankommen,
schneiden sie mit einem Messer an der
Spitze einer langen Stange das Seil durch;
die Leiche von Kurz stürzt in die Tiefe.
Bei der Suche nach den abgestürzten Berg-

**«Ich kann nicht mehr» oder
«Es geht nicht»: Was auch
immer die letzten Worte
waren, sie gehören zur alpinen Geschichte wie dieses
brutale Bild vom hängenden
Toni Kurz. Sowohl der
Münchner Rettungsmann
Ludwig Gramminger (für
den privaten Gebrauch)
wie der Wengener Fotograf
Walter Gabi (für die
Veröffentlichung) drückten
auf den Auslöser.**

steigern wird ausser Angerer und Rainer noch der im Vorjahr umgekommene Max Sedlmayr gefunden. Am 24. August 1936 entdecken die zur Suche abkommandierten Reichenhaller Gebirgsjäger Rudolf Peters und Hans Hintermeier die Leiche von Kurz in einer tiefen Randkluft am Fuss der Wand. Die Suche nach Hinterstoisser wird im September aufgegeben; die deutsch-österreichische Seilschaft Matthias Rebitsch und Ludwig Vörg wird ihn im Juli 1937 bei ihrem ersten Begehungsversuch der Nordwand finden.

«Sterben wollen wir nicht, wir sind noch jung und möchten noch leben. Den Rückzug halten wir uns ständig offen. Daß es aber Glück dazu braucht, das wissen wir, und mit dem müssen wir rechnen»: Die Eigerkämpfer und SA-Mitglieder Edi Rainer (links) und Willy Angerer in einem Zeitungsbericht von Jegerlehner. Gegenüber Othmar Gurtner, dem schärfsten Konkurrenten von Jegerlehner, hatten Rainer und Angerer gesagt: «Wenn die Wand zu machen ist, machen wir sie – oder bleiben drin!»

«Heimkehr eines toten Legionärs»

Am 5. September 1936 druckte das «Oberländische Volksblatt» von Interlaken eine Meldung des «Linzer Volksblattes» ab, das unter dem Titel «Heimkehr eines toten Legionärs» zur Beerdigung von Edi Rainer in Salzburg anmerkte: «Die Träume des bedauernswerten jungen Mannes haben sich im Dritten Reich (wohin er bekanntlich aus politischen Gründen geflüchtet ist. Die Red.) ebensowenig erfüllt wie die vieler anderer, denn erst nach längerem Dienst in der Legion erhielt er eine Stelle als Kontorist. Rainer war einer der besten Salzburger Kletterer, der in Bergsteigerkreisen sehr beliebt und geachtet war, so daß man seine politische Abkehr um so mehr bedauerte, weil mit ihm einer der besten Bergkameraden über die Grenze gegangen war.»

Rainer war – wie sein Seilgefährte Willy Angerer übrigens auch – Mitglied der österreichischen SA (der paramilitärischen NS-Terrororganisation «Sturmabteilung»). Nach der Machtergreifung der Nationalsozialisten in Deutschland im Januar 1933 sorgten österreichische SA und SS im Alpenland für Bombenterror. Damit sollte der im Programm von Hitlers Partei NSDAP geforderte Anschluss Österreichs erzwungen werden. Nach einem Handgranatenüberfall mit 30 Verletzten wurde die NSDAP im Juni 1933 in Österreich verboten. In steigendem Mass gingen nun junge Männer, die sich in Österreich etwas hatten zuschulden kommen lassen, über die Grenze. Edi Rainer wurde verhaftet, aber während eines Spitalaufenthaltes gelang ihm die Flucht nach Deutschland. Die Flüchtlinge wurden in Bayern zur «Österreichischen Legion» zusammengefasst, militärisch ausgebildet und zum bewaffneten Einsatz gegen Österreich an der Grenze bereitgestellt. Die Terrorakte der Nationalsozialisten nahmen ständig zu; unterstützt wurde die illegale NS-Bewegung durch deren Anhängerschaft in der Tiroler Intelligenzschicht, zum Beispiel im Lehrkörper der Innsbrucker Universität, deren Rektor Raimund Klebelsberg seit 1934 auch der Erste Vorsitzende des DÖAV war. Der Sprengstoffschmuggel von München nach Tirol und die Einschleusung von Attentätern erfolgte mit Unterstützung verschiedener Alpenvereinssektionen über AV-Hütten.

Nach dem Scheitern der Terrorpolitik der radikalen Nationalsozialisten hatte das am 11. Juli 1936 zwischen Deutschland und Österreich geschlossene Abkommen die Legalisierung der gemässigten österreichischen Nazis und damit die weitere Zunahme des nationalsozialistischen Drucks zur Folge. Auf der Alpenvereinshauptversammlung vom 27. Juli 1936 konnte

Klebelsberg bereits die Hinwendung zum Nationalsozialismus offen und begrüsst demonstrieren. In seiner Ansprache erwähnte er auch das «ehrende Gedenken der Opfer der Katastrophe am Eiger».

Schuldbekennung

Die Reaktion auf das «Drama in der Eigerwand» (National-Zeitung) reichte von Rechtfertigung und Verteidigung über Anerkennung und Einverständnis bis zu Kritik und Verurteilung als Leichtsinn und Spiel mit dem Leben. Unter den Stimmen, die vom Scheinheldentum gescheiterter Existenzen sprachen, war auch die des Südtiroler Alpinautors Gunther Langes, Erfinder des Riesenslaloms und Erstbegeher der berühmten Schleierkante an der Cima della Madonna in der Palagruppe der Dolomiten. Er sah im Kampf um die letzten Probleme ein falsches Heldentum gezüchtet. Gross sei die Schuld des ideologischen Klimas, in dem diese Bergsteigerjugend aufgewachsen sei, schrieb er im «Bergsteiger». Als einer der wenigen gestand er die eigene Beteiligung an dieser Entwicklung, die «frevelhafte Verkennung, die Unterschätzung und das Verleugnen der objektiven Gefahren» mittels eines «übermenschlichen Willens». «Damit ist ein vernichtendes Urteil gefällt über die letzte Entwicklungsstufe des Alpinismus, die wir geduldet, die wir bewundert, die wir nicht bekämpft haben. Nicht die Toten der Eiger-Nordwand sind schuldig, sondern wir, die alpine Umwelt.»

Rainer Amstädter (Jahrgang 1951) ist Bergführer, Sportklettertrainer am Universitäts-Sportinstitut Wien, Sporthistoriker und Lehrbeauftragter am Institut für Sportwissenschaften der Universität Wien, Konsulent des ORF für die TV-Sendung «Land der Berge» und Korrespondent des österreichischen Outdoor-Magazins «Land der Berge». 1996 erschien sein Buch «Der Alpinismus. Kultur–Organisation–Politik», die erste umfassende Sozial-, Kultur- und Ideologiegeschichte des deutschen und österreichischen Alpinismus.

«Bergung und Abtransport der Leiche von Toni Kurz»: Szenenausschnitte aus dem Eigernordwand-Film von 1936. Der mit den Rettungsmännern der Münchner Bergwacht gedrehte Teil des Films wird 62 Jahre nach der Tragödie aufgefunden.

Schwalbennest

Um sieben Uhr liegt der Quergang bereits hinter ihnen. Da ereilt sie etwas von oben, sie werden getroffen, aber nicht von Steinen, sondern von leeren Konservendosen. Was doch für unerwartete Gefahren auftreten können!

Sie merken, daß sie doch nicht ganz allein in der Wand sind. Es schauen aus dem Schwalbennest zwei Vorgänger zu ihnen herunter und – alle kennen sich! Die Verursacher des morgendlichen Büchsenschlages sind Jenny und Hausheer. Sie haben hier biwakiert, gekocht und gefrühstückt. Vom Besuch, den sie so frühzeitig von unten erhalten, sind sie höchst überrascht. Nicht weniger verwundert, Paul und Werner hier oben zu treffen, sind die beiden Ankommenden: Martin Epp und ich! Wir wissen, daß Paul zwar schon einige mittelschwierige Klettereien unternommen hat, jedoch im Eis sozusagen noch keine Erfahrungen besitzt. Werner hingegen soll noch gar nie eine richtige Bergtour gemacht haben. Die Eigerwand soll seine erste werden. Wenn das nur kein Unglück gibt!

Paul Etter: Gipfelwärts (Wand 1962 im Aufstieg und 1963 im Abstieg / Buch 1968)

Von der Eigerhöhle zur Ostegghütte

Natürliche und künstliche Bauten: Die 1828 erstmals erwähnte und 1984 wiederentdeckte Eigerhöhle (rechts unten). Die 1924 erbaute Mittellegihütte: im Bau mit dem Mittellegigrat-Erstbegeher Amatter im Vordergrund (oben); mit Versorgungshelikopter und dem 1986 hingestellten Erweiterungsbau (rechts oben).

Am Mönch stehen drei Hütten: auf der Nordseite die Guggi-, auf der Südseite die Mönchsjoch- und die Berglihütte. An der Jungfrau liegen bloss deren zwei: Rottal- und Silberhornhütte. Und am Eiger befand sich bis 1997 mit der Mittellegihütte nur eine alpine Unterkunft. Marco Bomio befasst sich mit 170 Jahre Baugeschichte am Eiger.

«Eigerhöhle? – Nie gehört, keine Ahnung!» Das war die übliche Reaktion auch von älteren Bergführern und Berggängern, als sie 1984 vom Lokalhistoriker Rudolf Rubi nach der sagenumwobenen Unterkunft hinter dem Eiger befragt worden waren. Bei seinen Nachforschungen für die Grindelwalder Heimatbuchreihe «Im Tal von Grindelwald» hatte Rubi nämlich in verschiedenen Tourenberichten Hinweise auf die Eigerhöhle gefunden. Nun schien diese erste alpine Unterkunft am Eiger in Vergessenheit geraten zu sein. Was blieb anderes übrig, als sich auf die Suche nach der Höhle «unter dem grossen Horn des oberen Kalli hinter dem Eiger» zu machen, wie der Zürcher Bergpionier Caspar Rohrdorf die Lage der Eigerhöhle 1828 beschrieben hatte. Und tatsächlich: An einem wolkenlosen Augustsonntag 1984 konnten wir die Eigerhöhle auf etwa 2600 Meter im Unteren Challiband, 150 Meter südlich des Punktes 2677 (beim d von Unders Challiband auf dem Blatt 1229, «Grindelwald», der Landeskarte der Schweiz 1 : 25 000), wiederentdecken.

Rohrdorfs Königliche Höhle

Der Höhleneingang ist über zehn Meter breit und mehrere Meter hoch, das Innere entspricht aber nicht der klassischen Vorstellung einer Höhle. Der Boden ist ziemlich stark geneigt und voller Unebenheiten, so dass Caspar Rohrdorfs Bezeichnung «Königliche Höhle» etwas übertrieben erscheint. Zudem mussten seine Grindelwalder Bergführer, die er für eine Besteigung der Jungfrau engagiert hatte und die unterwegs auf die Höhle stiessen, den Liegeplatz mit einer Steintreppe zugänglich und mit Platten einigermassen eben machen. Auf einer Steinplatte finden sich eingeritzte oder -gehauene Buchstaben, zum Beispiel ein R – es könnte gar wohl von Rohrdorf stammen – oder CA, was, wie Rubi vermutet, mit grösster Wahrscheinlich-

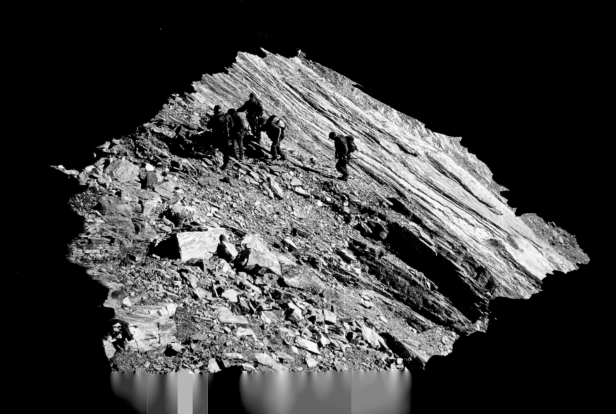

keit auf den Eiger-Erstbesteiger Christian Almer schliessen lässt.

Seit unserer Wiederentdeckung ist die Eigerhöhle wieder ab und zu von Alpinisten, die das Ursprüngliche am Bergsteigen lieben, zum Übernachten benützt worden. Die regelmässige Benützung hatte aber bereits 1869 ein Ende gefunden, als in den Berglifelsen am andern Ufer des Eismeeres die Berglihütte (3299 m) des Schweizer Alpen-Clubs erbaut worden war.

des Touristen- und Berghauses auf dem Jungfraujoch (1924–1972) und der 1979 in Betrieb genommenen Mönchsjochhütte (3650 m) verlor die Berglihütte aber an alpintouristischer Bedeutung. Kommt hinzu, dass sie nur von erfahrenen Hochtourengehern erreicht werden kann. Wer zu ihnen zählt und alpinhistorischer Romantik nicht abgeneigt ist, findet mit der Berglihütte einen einzigartig gelegenen Logenplatz im Eisgebirge hinter dem Eiger.

Yuko Makis Grathütte

Nur anderthalb Kilometer Luftlinie von der Eigerhöhle entfernt steht auf dem scharfen Nordostgrat des Eigers die nicht minder legendäre Mittellegihütte (3355 m). Ihre Geschichte liegt aber nicht im dunkeln und ist schnell erzählt: Aus Freude über die gelungene Erstbegehung des Grates am 10. September 1921 und damit nachfolgende Bergsteiger nicht wie die vier Erstbegeher ungeschützt auf dem ausgesetzten Grat biwakieren mussten, stellte der Japaner Yuko Maki den Grindelwalder Bergführern 10 000 Franken für den Bau einer Unterkunft auf dem Mittellegigrat zur Verfügung. Sie wurde 1924 gebaut und erst über sechzig Jahre später, nämlich 1986, erstmals renoviert. Dabei beliess man die Hütte im Originalzustand und ersetzte vor allem die Schindeln auf dem Dach und an den Seitenwänden. Um die dauernde Platznot etwas zu mildern, wurde im gleichen Jahr wenige Meter östlich der Mittellegihütte eine zusätzliche Übernachtungsmöglichkeit in Form einer Stahlrohrkonstruktion geschaffen. So finden nun knapp 30 Personen auf dem Mittellegigrat Unterkunft. Weil aber bei guten Verhältnissen oft noch mehr Bergsteiger in der Mittellegihütte übernachten und dabei das Kochen der Mahlzeiten und das Bezahlen der Übernachtungstaxen den anwesenden Alpi-

Der dritte Bau: Zwischen 1869 und 1903 wurde die Berglihütte dreimal gebaut und vergrössert. Seither ist die einst einzige Unterkunft auf der Rückseite von Eiger, Mönch und Jungfrau gleich geblieben – ein Juwel aus der Pionierzeit des Alpinismus.

Des Gletscherpfarrers Schwalbennest

Über den Ursprung dieser alpinen Unterkunft – es ist die achte Hütte des 1863 gegründeten SAC – schrieb der Grindelwalder Gletscherpfarrer Gottfried Strasser im «Echo von Grindelwald» vom 6. August 1904: «Die Hütte wurde im Sommer 1869 in Grindelwald gezimmert und im Herbst hinauf transportiert. Führer Christian Bohren hatte den Transport für 400 Franken übernommen. Anfangs Juli 1870 erhielt das ‹Schwalbennest› seine Vollendung. Es hatte annähernd 900 Franken gekostet, wozu noch einige Posten für die innere Einrichtung kamen.» 1883 wurde eine neue, trockenere Berglihütte erstellt, die 1903 einem dritten Bau weichen musste. Wegen

nisten immer mehr Schwierigkeiten bereitet haben, sorgt seit 1995 eine Hüttenwartin für Ordnung und gute Verpflegung in der Mittellegihütte.

Die Jubiläumshütte der Führer

Die Mittellegihütte war bis 1997 die einzige Unterkunft, die sich direkt am Eiger befindet. Die Mönchsjochhütte, welche als Ausgangspunkt für die Eigerbesteigung über die Eigerjöcher dient, liegt ja am Südostgratfuss des Mönchs. Der schwierige Verbindungsgrat zwischen den beiden Gipfeln mit dem Südlichen und dem Nördlichen Eigerjoch war 1874 erstmals von George Edward Foster, reicher Bankier aus Cambridge, mit den Führern Hans Baumann und Ulrich Rubi begangen worden; für den Weiterweg zum Eiger über den Südgrat reichte die Zeit nicht mehr. Die Erstbegeher dieses Grates machten die gleiche Partie zwei Jahre später, wobei sie das Nördliche Eigerjoch aber direkt über den zerschrundeten Eigergletscher erreichten. 1998 kann der Bergführerverein Grindelwald sein hundertjähriges Bestehen feiern. Als bleibende Erinnerung an dieses Jubiläum bauen die Grindelwalder Bergführer am Eiger eine zweite Hütte. Die mit 16 Schlafplätzen ausgestattete, einfache Bergsteigerunterkunft kommt auf den nordöstlichsten Ausläufer des Mittellegigrates, an die Ostegg auf zirka 2400 Meter, zu stehen. Von der Station Alpiglen der Wengernalpbahn kann das Hüttlein in 2 bis 3 Stunden auf einem markierten, oft ausgesetzten Pfad mit zwei Stellen wenig bis ziemlich schwieriger Kletterei (Haken) erreicht werden. Ein Besuch der Hütte lohnt sich schon alleine wegen ihrer einmaligen Lage hoch über dem Grindelwaldtal. Für Alpinisten, welche teilweise brüchiges Gelände nicht scheuen, dient die Ostegghütte als Ausgangspunkt für die Überschreitung der

Zur Mittellegihütte

Eigerhörnli Richtung Mittellegihütte. Dabei handelt es sich um eine schwierige und landschaftlich aussergewöhnliche Tour; bei der Schlüsselstelle beim Hick, die früher mit einem Fixseil entschärft war, wurden Bohrhaken als Stand- und Zwischensicherungen gesetzt. Die Überschreitung war am 6. August 1927 von den Japanern Saburo Matsukata und Samitaro Uramatsu mit den Grindelwalder Führern (und Mittellegiakteuren) Emil Steuri und Samuel Brawand erstmals durchgeführt worden. In Zukunft wird es also möglich sein, den Eiger in zweieinhalb Tagen vollständig zu überschreiten, ohne Biwakmaterial mitzuschleppen. Ein schönes Geschenk, das der Bergführerverein Grindelwald allen Bergsteigern und sich selber zum hundertsten Geburtstag macht!

Der jüngste Bau: 1998 errichtet der Bergführerverein Grindelwald die Ostegghütte am nordöstlichsten Ausläufer des Mittellegigrates. Dank ihr und der Mittellegihütte kann der Eiger von Grindelwald aus in zweieinhalb Tagen vollständig überschritten werden.

Marco Bomio (Jahrgang 1954) ist im Hauptberuf Sekundarlehrer, im Nebenberuf Bergführer und Journalist für die alpine Fachpresse. Er wohnt in Grindelwald, im Schatten des Eigers.

Rote Fluh

Die Rote Fluh ist eine Wand in der Wand. Nach dem ersten Wanddrittel sieht man ihren dunklen, etwa 300 m hohen Abbruch rechts des Ersten Eisfeldes. Eine Art Nordwand der Westlichen Zinne in der Eigerwand, sagte Hermann Buhl vor siebzehn Jahren. Kenner der Nordwand hatten schon mehrmals über die Rote Fluh gesprochen, aber alle meinten, daß sie sicher nie bezwungen würde, denn das wäre eine Tour für sich. Doch die JECC-Leute [Japan Expert Climbers Club] kamen, sahen und siegten. Vom 15. bis 30. Juli arbeiteten die fünf kleinen Männer und das zierliche Mädchen Michiko in der unteren Wandhälfte emsig wie Ameisen, entschlossen, ihre mitgebrachte Fahne, die mit vielen Unterschriften und Wünschen verziert war, irgendwann auf dem Eigergipfel zu hissen. [...]

Über dem Schwierigen Riß verließen die Japaner die klassische Route der Erstbegeher und nahmen Neuland in Angriff, nämlich die Rote Fluh in ihrem linken Teil, 180 m hoch, senkrecht, meist überhängend, auch für Meister des VI. Grades geradezu beängstigend; rotgelber Fels, kompakt, nur ab und zu ein winziger Vorsprung, ein feiner Riß, sonst nichts als Schatten, Abgrund, Haltlosigkeit.

Toni Hiebeler: Abenteuer Eiger (Japaner-Route 1969 / Buch 1973)

Die alpinistische Erschliessung der Nordseite

Übernachten in der Eigerwand: Mal gemütlich in der Hängematte, mal schlecht geschützt auf abschüssigem Band – wer in der schattigen Riesenwand alte oder neue Routen erschliesst, muss sich auf mindestens eine Nacht in der Senkrechten einrichten.

Sechzig Jahre sind seit der legendären ersten Durchsteigung der Nordwand durch Anderl Heckmair und Gefährten im Juli 1938 vergangen. Seither sind zwanzig weitere Routen dazugekommen, und ein Ende der Erschliessung scheint nicht absehbar zu sein. Jede Generation von Alpinisten hat sich gemäss dem Ausrüstungsstand, den üblichen Klettertechniken und der allgemeinen oder individuellen Bergsteigerethik die eigenen Ziele in der Nordseite des Eigers ausgesucht und verwirklicht. Die faszinierende Wand wird auch in Zukunft ein Ort für besondere Abenteuer bleiben. Ein Überblick von Daniel H. Anker, der selbst drei neue Nordwandrouten erschlossen hat.

Die grösste Herausforderung für die besten Kletterer und Alpinisten der 30er Jahre war die Erstbegehung der eindrücklichsten Wände an drei hohen und berühmten Alpengipfeln. Im Sommer 1931 durchstiegen die Brüder Franz und Toni Schmid erstmals die Matterhorn-Nordwand. 1935 gelang Rudolf Peters und Martin Meier der Crozpfeiler an den Grandes Jorasses. Übrig blieb noch der schattige Absturz des Eigers. Zwar war am 20. August 1932 den Schweizern Hans Lauper und Alfred Zürcher zusammen mit den Walliser Bergführern Alexander Graven und Joseph Knubel die erste Durchsteigung der abschüssigen Nordostwand gelungen, doch die eigentliche Nordwand, die noch riesiger, noch steiler und abweisender ist, blieb unberührt.

Die ersten ernsthaften Versuche im Jahr 1935 durch die Deutschen Karl Mehringer und Max Sedlmayr sowie 1936 durch die Viererseilschaft Andreas Hinterstoisser, Toni Kurz, Willy Angerer und Edi Rainer enden mit zwei Tragödien, wobei alle sechs Bergsteiger den Tod finden. Der Ruf der berühmt-berüchtigten Eigerwand ist geboren. Der Widerstand des Berges und seine Bekanntheit ziehen neue Anwärter an. Alle hoffen, die gefährliche Wand zu durchsteigen und den grössten Erfolg ihrer Bergsteigerkarriere zu erringen. Dafür sind sie bereit, notfalls auch hohe Risiken einzugehen. Im Juli 1937 stirbt Bertl Gollackner nach einem Begehungsversuch der Lauper-Route

hoch oben am Mittellegigrat; sein Partner
Franz Primas wird gerettet. Am 21. Juni
1938 stürzen die Italiener Bartolo Sandri
und Mario Menti in der Nordwand, auf der
Höhe des Schwierigen Risses, tödlich ab.

Im Banne der Heckmair-Route

Vier Wochen später, am 21. Juli 1938, steigen die Österreicher Heinrich Harrer und
Fritz Kasparek ein. Für die Erstbegehung
der eisdurchsetzten Wand haben sie zusammen nur ein Paar Steigeisen dabei. Auf
dem Ersten Eisfeld sehen sie die Fehlüber-
legung zwar ein, aber das Wetter ist (noch)
schön, und die deutschen Konkurrenten
Anderl Heckmair und Ludwig Vörg, die
einen Tag später den definitiven Aufstieg
begonnen haben, sind ihnen auf den
Fersen. Heckmair ist sich bewusst, dass
ein schnelles Vorankommen in dieser Wand
über Leben und Tod entscheiden kann.
Dennoch lässt er sich überreden, zusammen mit den langsameren Österreichern
weiter zu klettern. Natürlich kommt dann
nach dem Biwak im oberen Teil der Rampe
das Schlechtwetter. Trotzdem ist für ihn
klar, dass der Weiterweg nach oben führt,
denn schlechte Bedingungen am Berg
mit verschneiten Felsen und eiskalten
Fingern hat er bei seinen Winterbegehungen schon mehrmals erlebt. Obwohl
einiges nicht optimal verläuft, erreicht die
Viererseilschaft am 24. Juli 1938 den
Gipfel erstmals durch die Nordwand und
gelangt auch glücklich über die Westflanke zurück ins Leben und ins Rampenlicht.

Die grosse Herausforderung nach dem
Zweiten Weltkrieg ist eine Wiederholung
der Route der Erstbegeher. Die grosse
Bekanntheit der Eigernordwand, begründet
durch die tragischen Begehungsversuche,
die von der Nazipropaganda hochgespielte
Erstdurchsteigung sowie die alpintechni-

schen und meteorologischen Schwierigkeiten, zieht allerlei Bergsteiger an. Einigen
unerfahrenen Kletterern gelingt die für sie
sehr riskante Tour, andere verlieren dabei
ihr Leben – alles unter den Augen der
Zuschauer und Reporter an den Fernrohren
auf der Kleinen Scheidegg und in Alpiglen.
Auch die Könner unter den Alpinisten
vermögen der Faszination der Nordwand
nicht zu widerstehen. Die Wiederholung
der Route von 1938 gelingt als ersten den
Franzosen Louis Lachenal und Lionel Terray,
zwei der besten Alpinisten dieser Zeit,
vom 14. bis 16. Juli 1947. Auch die folgenden Eigerwandbegeher klettern auf der
Route der Erstbegeher. Zwar probieren
mehrere Seilschaften vom Bügeleisen
direkt hinauf zur Spinne zu klettern, aber
es geht ihnen vor allem darum, eine
Abkürzung der Originalroute zu finden.
Alle diese Versuche scheitern an den
Schwierigkeiten im nassen und vereisten
Fels unterhalb des Spinneneisfeldes.

Wettlauf um die Harlin-Direttissima

Zu Beginn der 60er Jahre kommt eine neue
Generation von jungen und leistungsstar-
ken Bergsteigern. Sie haben den Weltkrieg
nicht mehr als Soldaten an der Front oder

Posieren für eine Erinne-
rungsfoto: Jörg Lehne,
Günther Strobel, Roland
Votteler, Dougal Haston
und Siegfried Hupfauer
am 25. März 1966. Sie vollendeten in einem fürch-
terlichen Schneesturm
gemeinsam die John-
Harlin-Direttissima, die im
Expeditionsstil während
eines Monats von deutschen
und von britisch-amerika-
nischen Seilschaften als
erste neue Linie neben die
Heckmair-Führe gelegt
wurde.

30er Jahre

① Lauper-Route
20.8.1932
② Heckmair-Route
21./22.–24.7.1938

60er Jahre

③ John-Harlin-Direttissima
23.2.–25.3.1966
④ Nordpfeiler (Polen)
28.–31.7.1968
⑤ Nordpfeiler (Messner)
30.7.–1.8.1968
⑥ Japaner-Direttissima
15.7.–15.8.1969

70er Jahre

⑦ Nordpfeiler (direkt)
28.–31.7.1970
⑧ Tschechenpfeiler
4.–29.8.1976
⑨ Tschechenroute 2
16.1.–23.2.1978
⑩ Les Portes du Chaos
13.–16.8.1979

1980–1984

⑪ Nordverschneidung
26.–27.8.1981
⑫ Knez-Route
15.7.1982
⑬ Ochsner-Brunner-Route
13.8.1982
⑭ Ideal-Direttissima
20.3.–2.4.1983
⑮ Spit verdonesque édenté
3.6., 9.–12.7.1983
⑯ Piola-Ghilini-Direttissima
26.–30.7.1983

1985–1990

⑰ Slowenenroute
27.–28.7.1985
⑱ Hiebeler-Gedächtnisroute
10.–27.3.1985
⑲ Eigersanction
5.–7.8.1988
⑳ Gelber Engel
6.–11.8.1988
㉑ Löcherspiel
17.8.1988

90er Jahre

㉒ Métanoïa Jeff Lowe
19.–22.2., 24.2.–4.3.1991
㉓ Le Chant du Cygne
29.–30.7.1991
und 17.–18.7.1992

Jenseits der Vertikalen:
Ein japanisches Team mit
fünf Männern und einer
Frau überwand im Sommer
1969 die an dieser Stelle
180 Meter hohe Rote Fluh
mit 150 Bohr- und 20 Nor-
malhaken, mit Fixseilen und
Strickleitern. Im Januar
1970 wiederholten fünf
Schweizer diese zweite
Direktroute in der Eiger-
wand; die beiden Fotos
stammen von dieser
Begehung.

Heikle Kletterei in der
Gipfelwand: Einer der Wintererstbegeher im abwärtsgeschichteten, verschneiten
und vereisten Fels der
Japaner-Direttissima. In
den andern direkten Wegen
sieht das Gelände etwa
gleich einladend aus
(folgende Doppelseite).

an der Grenze erlebt. Sie suchen sich
eigene Ziele. Die Herausforderung finden
sie bei Winter- und Alleinbegehungen
schwierigster Anstiege sowie bei Eröff-
nungen neuer Routen in der Fallinie des
Gipfels. Diese jungen Kletterer kümmern
sich nicht um die Erstbegehungstraditionen
der Vorkriegsgeneration. Sie scheuen sich
nicht mehr, Dutzende von Felshaken und
Steigleitern einzusetzen. Das künstliche
Klettern von Haken zu Haken wird Mode.
Kompakte Stellen werden kurzerhand mit
Bohrhaken überwunden.
Nach der ersten Winterbegehung der
Heckmair-Route im März 1961 durch die
Deutschen Toni Kinshofer, Anderl Mann-
hardt, Toni Hiebeler und den Österreicher
Walter Almberger (Aufstieg zuerst bis zum
Stollenloch; dann eine Woche später bei
schönem Wetter aus dem Stollenloch zum
Gipfel) sowie der ersten Alleinbegehung
am 2. und 3. August 1963 durch den
Schweizer Bergführer Michel Darbellay
konzentrieren sich die Pläne vieler Spitzen-
bergsteiger auf eine Eiger-Direttissima.
Bezeichnenderweise findet die erste
Winterbegehung der Lauper-Route durch
die Schweizer Hans Peter Trachsel und
Gerd Siedhoff erst 1964 und ohne grosses
Aufsehen statt.

Von 1963 an scheint es wie eine an-
steckende Krankheit zu sein: Von überall
her kommen die Eiger-Kandidaten angereist. Die Erfahrungen im Umgang mit
Fixseilen und Zwischenlagern aus Expeditionen zu den Achttausendern des Himalaja
sowie vom Bigwall-Climbing im kaliforni-
schen Yosemite Valley werden in der
berühmtesten Alpenwand umgesetzt. Es
ist, nicht nur im Alpinismus, eine Zeit
des Aufbruchs: Alles scheint möglich. Die
Technik entwickelt sich rasant, bereits
haben die ersten Menschen in der
Raumkapsel die Erde umrundet.
Im März 1966 ist es dann soweit. Da bei
höheren Temperaturen in der Fallinie der
Spinne starker Steinschlag zu befürchten
ist, findet die Besteigung im Winter statt.
Die Neutour erfordert über einen Monat
Arbeit mit Auf- und Abstieg an Fixseilen,
ausgebauten Lagern und jeweils einer Seilschaft, die oben vorausklettert und dann
für die Nachfolgenden ein Seil für den
Aufstieg mit Steigklemmen einrichtet. Ein
deutsches und ein amerikanisch-britisches
Team suchen sich knapp nebeneinander
einen eigenen Weg nach oben. Erst als
der Amerikaner John Harlin beim Aufstieg
mit Nachschubmaterial wegen eines
defekten Fixseils in den Tod stürzt, schliessen sich die beiden Gruppen zusammen
und beenden im Schneesturm gemeinsam
die Route bis zum Gipfel.

Gedränge am Nordpfeiler, Bohrhaken in der Japaner-Direktroute

Nach der Eröffnung dieser sogenannten
Winter-Direttissima lassen die nächsten
Neuroutenerschliesser nicht lange auf sich
warten: Es fehlt noch eine Sommer-Direktroute, und auf der linken Seite zwischen
der klassischen Heckmair-Route und
der Lauper-Route wartet noch ein markan-
ter Pfeiler auf seine Erstbegeher.

Am Nordpfeiler machen sich im Sommer 1968 zwei Viererseilschaften fast gleichzeitig ans Werk. Am 28. Juli steigen die Polen Krzysztof Cielecki, Tadeusz Laukajtys, Ryszard Szafirski und Adam Zysak westlich des Pfeilers ein. Sie klettern parallel zur

Winterliche Abenteuer: Ob in den Pulverschneelawinen auf dem Centralband der Japaner-Direttissima (oben) oder im Basiscamp am Westgratpfeiler (unten) – erfolgreiche Nordwandaufstiege sind immer auch vom richtigen Wetter und Material abhängig.

Harlin-Direttissima und liebäugeln wohl mit einer neuen Direktroute links der klassischen Heckmair-Führe. Aber die zweihundert Meter hohe und zum Teil überhängende Steilstufe oberhalb der Station Eigerwand schreckt sie ab. Sie queren deshalb auf Bändern nach links hinaus, steigen schräg zum Nordpfeiler hinauf, dann gleich weiter hinüber zur Lauper-Route und erreichen über diese den Gipfel. Den Nordpfeiler als eigentliches Ziel haben die Gebrüder Reinhold und Günther Messner, Toni Hiebeler und Fritz Maschke,

welche zwei Tage nach den Polen die schwächste Stelle östlich des Pfeilers anpacken. Für die Gruppe und insbesondere für Reinhold Messner ist es selbstverständlich, eine logische Linie mit möglichst geringem Materialaufwand anzugehen. Drei Wochen früher haben die Messner-Brüder am Heiligkreuzkofel in den Dolomiten eine Neutour eröffnet, die eine sehr ausgesetzte Schlüsselstelle im achten Schwierigkeitsgrad aufweist – eine Bewertung, die zu dieser Zeit offiziell noch bei weitem nicht existiert (das Maximum ist eine VI+). Diese neue Route am Eiger verläuft links der eigentlichen Pfeilerkante.

Fast genau zwei Jahre später, nämlich vom 28. bis am 31. Juli 1970, eröffnen die drei Schotten Ian McEacheran, Bugs McKeith und Kenny Spence eine sehr schwierige Führe über die steilen Felspfeiler der Nordkante. Die ersten drei Aufschwünge, die zusammen eine Höhendifferenz von über sechshundert Metern mit Freikletterschwierigkeiten im sechsten Grad sowie sehr schwierige Hakenkletterei aufweisen, präparieren sie mit Fixseilen. Dann klettern sie über den flacher werdenden Pfeiler hinauf und überwinden den obersten Teil an der gleichen Stelle wie die aus der Nordostwand kommende Lauper-Route. Unterdessen hat sich Mitte Juli 1969 eine Gruppe von Japanern – darunter eine Frau – an eine Sommer-Direktroute gewagt. Im bewährten Expeditionsstil erschlossen sie eine gangbare Route durch die Rote Fluh, den steilsten Teil der ganzen Eigernordwand. Mit vorwiegend künstlicher Kletterei, wie sie zu dieser Zeit modern ist, vielen von Hand geschlagenen Bohrhaken und fixen Seilen erzwingen sie eine gerade Linie durch diese meist überhängende, gelbrote Wand. Darüber gelangen Takio Kato, Yasuo Kato, Susumu

Kubo, Hirofumi Amano, Satoru Nigishi und die Ärztin Michiko Imai auf das Zweite Eisfeld, wo sie dann ihre Fixseilverbindung nach unten abbrechen. Über zum Teil sehr schwierige Freikletterstellen steigen die Japaner direkt weiter Richtung Gipfel, wobei sie jeweils ein Lager eingerichtet lassen, zu dem sie am Abend an fixierten Seilen zurücksteigen, bis oben ein neuer Lagerplatz gefunden und eingerichtet ist. Nach insgesamt einem Monat steigen sie zum Gipfel aus.

Gleich im darauffolgenden Winter bekommt die Japaner-Direttissima ihre erste Winterbegehung durch die Berner Oberländer Hans Peter Trachsel, Peter Jungen, Otto von Allmen, Hans Müller und Max Dörflinger, alle Mitglieder des Extremkletterklubs «Bergfalken».

Ansturm der Tschechen und Erkundung des Westgratpfeilers

Für ein paar Jahre hat die Wand nun Ruhe vor Bergsteigern mit Erstbegehungsambitionen. Dann, im Sommer 1976, können die besten tschechischen Alpinisten endlich einmal über den Eisernen Vorhang zum Klettern in die Alpen fahren. Jiří Šmíd, Sylva Kysilková, Petr Plachecký und Josef Rybička lassen sich nicht zweimal bitten und versuchen sich an einer neuen Linie etwas rechts (westlich) der Japaner-Führe. Diese sehr anspruchsvolle Route, welche im unteren Teil durch die rechte Seite der Roten Fluh zieht, endet als erste Eigernordwandkletterei nicht direkt auf dem Gipfel (3970 m), sondern bereits auf etwa 3700 m auf dem Westgrat.

Šmíd und Rybička packt das Eigerfieber. Eineinhalb Jahre später kehren sie mit Miroslav Šmíd und Jaroslav Flejberk zur Nordwand zurück, um, diesmal im Winter, eine Route zu eröffnen. Sie wählen sich den etwa dreihundert Meter breiten und

noch routenfreien Wandteil zwischen dem Nordpfeiler links und dem unteren Teil der Harlin-Direktroute sowie der Rampe auf der rechten Seite. Mit vorwiegend künstlicher Kletterei arbeiten sie sich vom 16. Januar bis am 27. Februar 1978 durch die steile Wand hoch.

Bis zu diesem Zeitpunkt ist der ausschliesslich felsige Teil der Nordwand rechts aussen unberührt geblieben, abgesehen von einer Erkundungstour von Heckmair, der 1937, bei seinem ersten Versuch mit Theo Lesch, den schwächsten Stellen der Wand rechts des Genferpfeilers folgte und auf etwa 2800 Metern den Westgrat erreichte. Ende der siebziger Jahre beginnt sich eine neue Generation von jungen Schweizer Kletterern für den Eiger zu interessieren. Wichtig ist nicht mehr, den Gipfel des Eigers über eine möglichst direkte oder sonst eine neue Route zu erreichen, sondern ein senkrecht bis überhängender Felspfeiler unter dem Westgrat wird zum Ziel, obwohl er in der Gesamtschau des Nordabsturzes nur als kleiner Teil erscheint. Die kaum 20jährigen Genfer Michel Piola und Gérard Hopfgartner sind fasziniert von der über dreihundert Meter hohen und kompakten Wand. In den Felsen des Salève bei Genf haben sie die Technik für die

Schwierigste Felsseillängen statt steinschlägiger Eisfelder: Mit dem ersten Weg am Westgratpfeiler läuteten die Genfer Michel Piola und Gérard Hopfgartner 1979 eine neue Ära in der Nordwand ein. Der Genferpfeiler ist heute eine der bereits klassischen Freikletterrouten. Kaspar Ochsner kennt sie im Sommer (Bild) und im Winter (erste Begehung im Februar 1981).

Die andere Seite der Eigerwand: Blick vom Nordfuss des Rotstocks (rechts am Rand) auf den mächtigen Westgratpfeiler (links) und die tieferen Türme des Westgrates. In ihren Wänden verlaufen einige der Sportkletterrouten (folgende Doppelseite).

Eigermann aus Osteuropa:
Der heute in der Schweiz
wohnhafte Tscheche Jiří
Šmíd eröffnete zwischen
1976 und 1986 mit Gefähr-
ten drei neue Routen. Der
Tschechenpfeiler war
gleichzeitig die erste Führe,
die nicht auf dem Gipfel
endet. Im März 1998 war
Šmíd wieder am Werk, und
zwar im linken Wandteil.
Mit über 100 Biwaks in
der Wand ist er auch einer
der Biwakkönige.

Erschliessung von schwierigsten Neurouten
erprobt; zudem haben sie begonnen, beste-
hende Routen frei, das heisst ohne Hakenhilfe, zu klettern. Nach mehreren Versuchen
gelingt ihnen im August 1979 die Erstbegehung des Genferpfeilers. Die Route «Les
Portes du Chaos» erfordert, abgesehen
vom Zustieg über den Wandvorbau, erstmals Freikletterei im unteren siebenten
Schwierigkeitsgrad; erst Ende der 70er
Jahre war offiziell beschlossen worden, die
alpine Schwierigkeitsskala über die VI+
hinaus nach oben zu öffnen. Ein Zeichen
der neuen Zeit ist auch der Name der Neutour, analog den mehr oder weniger phan-
tasievollen Routennamen in den Kletter-
gärten. Diese Erstbegehung gibt den
Impuls für die Erschliessung weiterer Fels-
routen in diesem Wandteil des Eigers. In
der Kletterszene beginnt man von «all
free» («alles frei») und Sportklettern zu
reden, Freikletterstellen werden zuneh-
mend mit soliden Bohrhaken abgesichert.

Erstbegehungen im Multipack
In den 80er Jahren werden in der Nordwand zwei unterschiedliche Tendenzen
sichtbar. Einerseits die Eröffnung klettertechnisch schwierigster Anstiege, vor allem
durch Schweizer Seilschaften, andererseits
die Sehnsucht von guten Alpinisten aus
aller Welt, eine neue Route in der Eigerwand zu erschliessen und diese auch möglichst auf dem Gipfel enden zu lassen.
Der zentrale Wandteil bietet von der Felsstruktur her noch Möglichkeiten, zwischen
den Routen werden die Abstände aber
ständig etwas kleiner und Überkreuzungen
immer häufiger.
Im August 1981 eröffnen die zu den
Schweizer Freikletterpionieren zählenden
Hans und Christel Howald mit dem Acht-
tausendersammler Marcel Rüedi eine
naturgegebene Route durch die markante

Nordverschneidung. Erstmals erscheint in
einer offiziellen Routenskizze vom Eiger
mehrmals der siebente Schwierigkeitsgrad.
Die Erstbegeher schlagen an den meisten
Ständen zur Sicherheit Bohrhaken, die
eine Bruchlast von mehr als einer Tonne
aufweisen. Sie setzen auch Zwischenbohrhaken, die aber nicht zur Fortbewe-
gung dienen sollen, sondern zur Absicherung von schwierigen Freikletterpassagen.
1982 sind der Slowene Franček Knez solo
und die Schweizer Seilschaft Kaspar
Ochsner und Urs Brunner auf erfolgreichen
Neulandtouren im Wandteil westlich des
Genferpfeilers. Betrachtet man den Eiger
vom Männlichen aus, so erscheint dieser
Teil der Nordwand als klein und unbe-
deutend. Trotzdem hat die Wand dort noch
eine Höhe von sechshundert Metern,
und die kühle, ernste Atmosphäre mit steilen und kompakten Felszonen, die von
Schutt-Terrassen unterbrochen sind, vermit-
teln den Kletterern Nordwandstimmung.
Das Jahr 1983 bringt gleich drei, sehr
unterschiedliche, Neutouren. Am 20. März
begibt sich der Slowake Pavel Pochylý auf
seine dreizehntägige Odyssee in der Fallinie
des Gipfels. Die sogenannte Ideal-Direttissima hat bereits 1977 und 1978 je eine
Gruppe von Tschechen versucht. Die
Besteigung der zweiten Mannschaft endete
unterhalb der Fliege in der Gipfelwand
mit dem Absturz der Spitzenseilschaft.
Der untere Teil der Ideal-Direttissima
folgt der Route, welche bereits 1935 von
den Deutschen Karl Mehringer und Max
Sedlmayr bis zum Zweiten Eisfeld erklettert
wurde, bevor ein Schneesturm sie auf einem
Absatz oberhalb des Bügeleisens, dem
späteren Todesbiwak, für immer aufhielt.
Pochylý kämpft sich trotz miserablem Wetter allein die Wand hoch und überlebt, mit
unbeschreiblich viel Glück, das Abenteuer.
Vom 9. bis 12. Juli 1983 eröffnen die

Schweizer Pierre-Alain Steiner und Paul Maillefer nach eintägiger Vorbereitung die erste richtige Sportkletterroute am Eiger. Die zwei hervorragenden Kletterer seilen sich kurzerhand vom Westgrat her in die Nordseite ab und queren auf Bändern an den Fuss der kompakten Steilwand des Genferpfeilers. Die Route «Spit verdonesque édenté» wird fast vollständig mit Bohrhaken abgesichert und verlangt anspruchsvolle Freikletterei bis zum achten Schwierigkeitsgrad. Erstmals kann der Einstieg einer Route mit Turnschuhen oder Kletterfinken ohne Begehung von Schneefeldern erreicht werden; die Kletterei lässt sich problemlos in einem Tag wiederholen und beschränkt sich auf neun interessante Seillängen.

Ende Juli desselben Jahres gelingt Michel Piola, nach vergeblichen Versuchen in den vorangehenden Jahren, zusammen mit René Ghilini eine Direktroute am höchsten und markantesten Pfeiler oberhalb der Roten Fluh. Freikletterpassagen bis zum siebenten Grad wechseln ab mit Stellen künstlicher Kletterei, und an einigen Orten müssen die Steigleitern mit den wie Eisenfinger funktionierenden Cliffhängern vorsichtig in kleine Löcher gehängt werden, da in den kompakten Fels kein normaler Felshaken geschlagen werden kann. Nur an den Standplätzen und an Stellen, wo sie anders nicht mehr durchkommen, werden Bohrhaken gesetzt.

Ein Rückzug am fast ständig leicht überhängenden Pfeiler würde problematische Seilmanöver verlangen. 1983 hätten auch die Retter aus dem Helikopter an solchen Stellen noch nicht viel helfen können. Im März 1985 eröffnet Jiří Šmíd mit den Exiltschechen Michal Pitelka und Čestmír Lukeš seine dritte Eigerwand-Route, diesmal zwischen seiner Route von 1976 und der Japaner-Führe. Toni-Hiebeler-

Gedächtnisweg nennen die Erstbegeher ihre Neutour und meistern darin schwierigste Hakenkletterei, steile Eispassagen und viel kombiniertes Gelände. Im Sommer desselben Jahres kehrt der Slowene Franček Knez zur Nordwand zurück. Zusammen mit Mayan Freser und Dani Tic eröffnet der Neutourenspezialist im Schnellzugstempo innerhalb von zwei Tagen eine direkte Route im linken Wandteil, welche vor allem äusserst schwierige Felskletterei aufweist.

Kletterboom im westlichen Wandteil

Im Jubiläumsjahr 1988 erfolgt erneut ein Ansturm auf den rechten, westlichen Wandteil, wo sich in der Folge mehrere Erstbegeherseilschaften gleichzeitig tummeln. Eine Gruppe von Indonesiern versucht entlang der Nordverschneidung eine

Turnschuhe und Kletterfinken: Kaspar Ochsner in der 1983 eröffneten Sportkletterroute «Spit verdonesque édenté». Spit heisst Bohrhaken, verdonesque erinnert an das französische Kletterparadies Verdon, und édenté bedeutet zahnlos. Der Weg durch eine senkrechte bis überhängende Plattenzone zeigt mit Stellen bis zum achten Schwierigkeitsgrad aber gehörig Biss, auch wenn man mit Turnschuhen zum Einstieg gelangt.

neue Linie zu finden, wobei sie im Expeditionsstil vorgeht und eine Kette von Fixseilen installiert. Nach einem Monat hat sie ihre Route vollendet, welche wohl zum Teil gleich oder knapp neben der Howald-Route verläuft.

Am 5. August 1988 steigen Michel Piola und ich mit schweren Säcken über den Wandvorbau Richtung Genferpfeiler empor, doch nach dem ersten steileren Felsband klettern wir linkshaltend zum Fuss der

Stetige Neulandsuche: Die Italiener Andrea Forlini und Gianni Faggiano begannen im Sommer 1997 eine neue, äusserst schwierige Route am Westgratpfeiler (oben). Monsieur l'Eiger, das ist unzweifelhaft Michel Piola (rechts). Der Genfer Alpinist prägt mit vier neuen Anstiegen von 1979 bis 1992 (Le Chant du Cygne; Bild) die moderne Zeit am Eiger.

steilen und kompakten Felswand, die mehr als hundert Meter breit ist und zwischen Nordverschneidung und Genferpfeiler ein unbeachtetes Dasein fristet. Diese etwa vierhundert Meter hohe Wand trifft während des ganzen Jahres nie ein direkter Sonnenstrahl. Während wir ein schmales Band für das Biwak präparieren, schauen wir sehnsüchtig hinüber zur Nordwand, wo das rötlichwarme Licht der Abendsonne für kurze Zeit den Gegensatz mildert und auflöst, der zwischen der strengen Atmosphäre von Fels und Eis in der Wand sowie den Kuhglocken auf den grünen Alpweiden und der ameisenhaufenartigen Ansammlung von Touristen auf der Kleinen Scheidegg herrscht.

Am nächsten Morgen tauchen weiter drüben im Vorbau zwei weitere Kletterer

auf. Die tschechischen Brüder Miroslav und Michal Coubal streben hinauf gegen den schwach ausgeprägten Pfeiler zwischen Nordverschneidung und Piola-Ghilini-Route. Seillänge um Seillänge klettern sie empor, wobei sie schwierige Stellen zuerst einrichten, dann wieder abseilen und anschliessend einer der Kletterer die ganze Seillänge im Vorstieg rotpunkt begeht, das heisst, ohne sich an einer Zwischensicherung zu halten oder künstliche Fortbewegungshilfen zu benützen. Fast gleichzeitig werden so zwei neue Routen eröffnet, wobei die Schweizer erstmals nach dem in den Voralpenwänden bewährten Muster eine Bohrmaschine einsetzen, um die notwendigen Bohrhaken anzubringen. Die meisten Standplätze werden damit eingerichtet, die Kletterei selbst wird aber möglichst mit Klemmkeilen, Friends (das sind spezielle Klemmgeräte für sich nach aussen öffnende Risse) und Normalhaken abgesichert. Der Seilzweite entfernt das Material wieder. Nur an exponierten und sehr schwierigen Stellen werden Zwischenbohrhaken angebracht und auch steckengelassen. Die Route endet in der Nähe des Felspilzes auf dem Westgrat, wo im Jahr 1974 Clint Eastwood bei den Dreharbeiten zu einem Actionfilm sein Seil über dem Abgrund durchschneiden musste. Die Neutour bekommt deshalb den Namen «Eigersanction».

Eine Woche später bin ich bereits wieder am Eiger am Werk. Zusammen mit Michael Gruber suche ich in den kompakten Aufschwüngen ganz rechts aussen nach einer kletterbaren Linie. Selbstverständlich sollen auch die schwierigsten Stellen frei kletterbar sein. Zu unserem Glück weist der steile und solide Hochgebirgskalk viele schöne Löcher auf, die Absicherung erfolgt fast ausschliesslich durch Bohrhaken und Klemmgeräte. Mit ihren sieben Seillängen

Kletterei und den dazwischenliegenden Schutt-Terrassen ist die Route «Löcherspiel» eine ideale Angewöhnungstour an die Felsstruktur und die schattige Atmosphäre der Eigernordseite.

Die Erschliessung ist noch nicht zu Ende
Der Trend zum Sportklettern überträgt sich in den 90er Jahren immer stärker auch auf den Eiger. Die neueren Begehungen konzentrieren sich fast ausschliesslich auf die klassische Heckmair-Führe sowie auf Sportkletterrouten, welche sich in einem Tag wiederholen lassen. Eine krasse Ausnahme ist der bekannte Amerikaner Jeff Lowe. Während 13 Tagen in der Wand zeigt Lowe, was Abenteuer auch sein kann. Allein und ohne Bohrhaken arbeitet er sich vom 19. Februar bis am 4. März 1991 mit einem Tag Unterbruch auf einem eigenen Weg irgendwo zwischen Japaner-Direttissima und Pochylý-Route direkt zum Gipfel hinauf. 1991 begehen Michel Piola und ich den plattigen Wandsockel in der Fallinie des Genferpfeilers. Diese Routenführung erlaubt einen interessanten Aufstieg im kompakten Fels bis zum lotrecht aufstrebenden Pfeiler, und der Zustieg führt nicht mehr über Hunderte von Höhenmetern über gefährliches Schrofengelände und steile Schneefelder. Für die Erschliessung des oberen Wandteils im Juli 1992 entscheiden wir uns wegen der schweren Rucksäcke für einen Zustieg in halber Höhe von der Westflanke her. Mit mehrmaligem Abseilen und Queren gelangen wir, am Einstieg von «Spit verdonesque édenté» vorbei, zurück zu unserem Routenprojekt. Unser Ziel ist nicht mehr einfach das Irgendwie-Hinaufkommen, sondern für uns ist wichtig, dass möglichst jeder Meter in Freikletterei gemeistert werden kann. Wir sind glücklich, als es uns auch wirklich gelingt, die nächsten zehn sehr steilen Seillängen bis hinauf

auf den Kopf des Genferpfeilers für das reine Sportklettern zu erschliessen. Wir scheuen uns auch nicht, mit der Bohrmaschine die notwendigen Absicherungen anzubringen. So benötigen die Wiederholer der Route «Le Chant du Cygne» als zusätzliche Zwischensicherungen nur noch Klemmkeile und Friends, welche alle vom Seilzweiten im Nachstieg wieder ohne grossen Zeitverlust mitgenommen werden.

Seit 1997 ist wieder eine neue Route am Entstehen. Erstmals sind Italiener daran, am Eiger erfolgreich eine Erstbegehung durchzuführen. Andrea Forlini und Gianni Faggiana haben bei zwei Versuchen ungefähr zwei Drittel der Wandhöhe zwischen der «Eigersanction» und dem Genferpfeiler erreicht. Die Route soll «Il Simulacro» heissen und in einer Seillänge Freikletterschwierigkeiten bis zum neunten Grad aufweisen, so schwierig wie noch nirgends sonst am Eiger.

Was wird wohl am Eiger weiter passieren? Für Neutourenerschliesser findet sich im weitläufigen zentralen Wandteil sicher noch kletterbarer, unberührter Fels; allerdings werden sich die Routen immer häufiger kreuzen. Eine Steigerung scheint im westlichen Wandteil möglich, wo noch sehr schwere Freikletterrouten entstehen können. Zudem warten viele der bestehenden Routen auf eine (erste) Wiederholung, eine Winter- oder eine Alleinbegehung. Es gibt also am Eiger, sechzig Jahre nach der Erstbegehung der Nordwand, noch einiges zu tun.

Daniel Anker (Jahrgang 1959), Lehrer und Bergführer, durchstieg zwischen 1982 und 1992 zehn verschiedene Eigerwandrouten, darunter drei Erstbegehungen («Eigersanction», «Löcherspiel», «Le Chant du Cygne») und eine erste Alleinbegehung (Nordverschneidung). Daneben eröffnete er auch Neutouren in Kolumbien, Peru, Patagonien und viele Freikletterrouten in den Alpen. Zur Unterscheidung vom Journalisten gleichen Namens nennt er sich in seinen Texten Daniel H. Anker.

Pionierin aus dem Fernen Osten: Die Ärztin Michiko Imai ist die erste Frau, die an einer Erstbegehung in der Nordwand teilgenommen hat. Mit ihren fünf Begleitern kletterte die Japanerin zuletzt 16 Tage ununterbrochen auf der neuen Direttissima zum Gipfel. Beim Abstieg hielt das schlechte Wetter an, aber ein Lächeln für den Fotografen lag dennoch drin.

Frauen in der Eigernordwand

Im September 1964 gelang der ersten Frau die Durchsteigung der Eigernordwand: die Münchnerin und gebürtige Estländerin Daisy Voog und ihr Begleiter, der Deutsche Werner Bittner, benötigten vier Tage. Die erste Frau in der Wand war Voog freilich nicht. Schon am 21. Juli 1937 hatte die Schweizerin Loulou Boulaz, die als einzige Frau im Wettkampf um die Erstbegehung der Nordwände von Matterhorn, Grandes Jorasses und Eiger mitmachte, mit Pierre Bonnant einen Aufstieg bis 2700 m unternommen. Im Jahre 1962 versuchte es Loulou Boulaz erneut, zusammen mit Michel Darbellay sowie Yvette und Michel Vaucher; aber ein Schlechtwettereinbruch erzwang den Rückzug aus der Rampe. Die zweite Begehung des klassischen Nordwandanstieges erfolgte 1967 durch die Französin Christine de Colombelle; die ersten Schweizerinnen waren 1975 Yvette

Vaucher und Natascha Gall, zusammen jeweils mit männlichen Begleitern. Die erste Britin war 1988 Alison Hargreaves, im sechsten Monat schwanger. Im Sommer 1993 kehrte sie in die Nordwand zurück, ganz alleine. Die erste Winterbegehung durch eine Frau gelang Claudia Heissenberger im Februar 1980. Den ersten Alleingang, erst noch im Winter, schaffte die Französin Catherine Destivelle am 9. März 1992 in 17 Stunden.

Auch auf anderen als der Heckmair-Führe schrieben Frauen Eigernord(ost)wand-Geschichte. Im August 1937 wollte die gemischte Schweizer Seilschaft Lucie Durand und Hans Haidegger die zweite Begehung der Lauper-Route in der Nordostwand unternehmen. Wegen der schlechten Verhältnisse querten die beiden aber im Lauper-Schild nach links an den Mittellegigrat hinaus, den sie im sogenannten Hick am Fuss des grossen Aufschwungs auf etwa 3650 m erreichten.

Frauenpower: Die Schweizer Bergführerin Evelyne Binsack solo in der Lauper-Route. In der für 1998 geplanten TV-Sendung Eiger-Nordwand live bildet sie mit Berufskollegin Bettina Perren eine Seilschaft.

Die erste Frauenbegehung der Lauper-Route erfolgte erst 1966, wie schon in der Nordwand ebenfalls durch Daisy Voog. Bei der Erstbegehung der Japaner-Direttissima 1969 war mit Michiko Imai eine Frau dabei. Das gleiche gilt für die Tschechen-Direttissima mit Sylva Kysilková (1976) und die Nordverschneidung mit Christel Howald (1981). Und: Die zweite Begehung der Messner-Hiebeler-Route über den Nordpfeiler gelang der polnischen Frauenseilschaft Wanda Rutkiewicz, Danuta Wach und Stefania Egierszdorff im September 1973. Sie waren die ersten Frauen, die ohne männliche Begleitung durch die Nordwand kletterten.

Die zehn Schlüsselrouten und -daten der Eigerwand

Route	Erstbegeher/innen	Schwierigkeiten der Route	Verhältnisse, Besonderheiten	Begehungsstil
Lauper-Route (Nordostwand) 20. August 1932	Hans Lauper Alfred Zürcher Alexander Graven Joseph Knubel	1700 m Höhe. Fels mehrere Stellen IV. Im sogenannten Lauper-Schild 55 Grad, im kombinierten Gelände 60 Grad. Schlüsselseillänge V in Fels und Eis mit schlechten Sicherungsmöglichkeiten	Stufen in den vielen Eis- und Schneehängen gehackt. Die Führer Graven und Knubel kundschaften den Einstieg zwei Tage zuvor aus	Führertour ohne Biwak
Klassische Nordwand 21. /22.–24. Juli 1938	Anderl Heckmair Ludwig Vörg Heinrich Harrer Fritz Kasparek	1800 m Höhe. Fels bis V+. Eisfelder 50–55 Grad. Fels meist ungünstig geschichtet und stellenweise brüchig	Schlechtwetter mit Sturm und Schneefall ab Mitte der Rampe	Bis in die Rampe zwei Zweierseilschaften, dann meist zusammengeschlossen zu Viererseilschaft
1. Winterbegehung Heckmair-Route 6.–12. März 1961	Walter Almberger Toni Kinshofer Anderl Mannhardt Toni Hiebeler	Vereister Fels, Neuschnee	Recht schönes Wetter, aber windig	Viererseilschaft. 1. Versuch Ende Februar bis Stollenloch, Materialdepot. Besteigung aus dem Stollenloch
1. Alleingang Heckmair-Route 2./3. August 1963	Michel Darbellay	Umgehungsvariante des Wasserfallkamins in der Rampe (Terray-Variante, VI. Schwierigkeitsgrad)	Wetter gut	Selbstsicherung in den schwierigsten Passagen
John-Harlin-Route (Winterdirettissima) 23. Februar–25. März 1966	Dougal Haston, Siegfried Hupfauer, Jörg Lehne, Günther Strobel, Roland Votteler, * John Harlin (tödlich abgestürzt, da ein Fixseil riss) * Chris Bonington, * Layton Kor, * Don Whilans, * Karl Golikow, * Peter Haag, * Rolf Rosenzopf, * Günter Schnaidt (* Teilnehmer, die nicht bis zum Gipfel steigen konnten)	Kombinierte Kletterei in Fels und Eis. Kletterei mit Hilfe von Haken, Bohrhaken und Strickleitern in oft vereistem Fels.	1. Begehung im Winter, da im Sommer die Steinschlaggefahr aus der Spinne gross ist. Viel schlechtes Wetter mit Schneefällen.	Expeditionsstil: Eine Führungsseilschaft kletterte voraus und fixierte Seile, an denen mit Steigklemmen aufgestiegen wurde. Ein Teil der Mannschaft besorgte den Nachschub oder ruhte auf der Kl. Scheidegg aus
Japaner-Route (Sommerdirettissima) 15. Juli–15. August 1969	Michiko Imai Takio Kato Yasuo Kato Satoru Negishi Amano Hirofumi Susumu Kubo	Künstliche Kletterei in der Roten Fluh A1 bis A3 Im oberen Teil: V./VI. Grad und A2	Lange Schönwetterperiode, dann Schlechtwettereinbruch mit Schneefall	Fixseile bis über die Rote Fluh, dann Fixseile jeweils bis zum nächsttunteren Lager. Diese Seile wurden eingezogen, wenn das nächste Lager gefunden und ausgebaut war
Tschechenpfeiler 3.–29. August 1976	Jiří Šmíd Sylva Kysilková Petr Placheky Josef Rybicka	Freikletterei 700 m III–VI+. Künstliche Kletterei 600 m A0–A4	Die eigentliche Nordwandroute endet auf dem Westgrat	Fixseile jeweils bis hinunter zum letzten Lager. Unterbruch 10.–14. August wegen Schlechtwetter
Genferpfeiler (Les portes du chaos) 13.–16. August 1979	Gérard Hopfgartner Michel Piola	900 m Höhe. Hauptsächlich Freikletterschwierigkeiten V+–VII-; kurze Stellen künstliche Kletterei A2–A3	Der Gipfel wird zur Nebensache, wichtig die Suche nach logischen Aufstiegslinien im steilen Fels. Kleinere Wandhöhe	Begehung im Alpinstil, d.h. ohne Fixseile und fixe Wandlager. Zweierseilschaft: Auf die zusätzliche Sicherheit von mehr Kletterern wird verzichtet
Spit Verdonesque Édenté 3. Juni 9.–12. Juli 1983	Pierre-Alain Steiner Paul Maillefer	300 m Höhe. 9 Seillängen Freikletterei bis zum Schwierigkeitsgrad VIII	Erste Sportkletterroute am Eiger. Zustieg zur Route durch Abseilen vom Westgrat her	Nach Vorarbeit Begehung als Zweierseilschaft
Le Chant du Cygne 29./30. Juli 1991 17./18. Juli 1992	Daniel H. Anker Michel Piola	900 m Höhe. 20 Seillängen Freikletterei im Schwierigkeitsgrad V–VIII	Sportkletterroute mit Eigerambiance. Die Route sucht im untern Teil den schönen Fels. Schwierige Freikletterei möglich dank Absicherung mit Bohrhaken	Begehung der Route im Alpinstil als Zweierseilschaft in zwei Etappen

Zeitaufwand	Klettermaterial	Ausrüstung / Übernachtung	Kommunikationsmittel	Rettungsmöglichkeiten
13 Stunden	Holzpickel, Steigeisen (ohne Frontzacken), Hanfseile, keine Haken, keine Laternen	Lauper und Graven zogen in Wasserfallriss Hemd aus, um es im Rucksack trocken zu halten. Schnapsfläschchen, um Erstbegehung zu feiern	Rufen	Abstieg über die Wand, evtl. Querung hinüber zum Mittellegigrat
3 (Heckmair, Vörg) bzw. 4 Tage (Harrer, Kasparek)	Hanfseile, Felshaken, erste Steigeisen mit Frontzacken (Heckmair, Vörg), Eishaken, schwere Eisenkarabiner, Schultersicherung	Lodenhose, Baumwollanoraks. Harrer trug Schuhe mit Klauennägeln. Gamaschen, Reservekleider, Zdarskysack, Kocher, Biwakfinken (Vörg). Tee, Kakao, Kaffee, Haferbrei	Taschenlampe für Blinkzeichen. Fernrohr auf der Kleinen Scheidegg	Abstieg aus eigener Kraft. Depot für den eventuellen Rückzug im Schwalbennest: 100 m Seil, Haken, Karabiner, Seilschlingen und Proviant
6 ½ Tage	Doppelseile (Kernmantelseile), Eisbeile, Bohrhaken, speziell warme Doppelschuhe, Helme	Spezialgamaschen, Daunenkleider, Zusatzkleider für «nasse Arbeiten», z.B. Biwak schaufeln. Perlonbiwaksäcke, Benzinkocher. Sanddornsaft, gekörnte Brühe, Vollkornzwieback, Ovo, Kondensmilch, Konfitüre, Traubenzucker, Trockenfleisch, Ronicol-Tabletten gegen Erfrierungen		1957: Rettung von Claudio Corti aus den Ausstiegsrissen mit Hilfe von Stahlseilrettungsgeräten und Helikopter für Materialtransport 280 m Seil und 30 Bohrhaken für evtl. Rückzug
19 Kletterstunden. Biwak in den Ausstiegsrissen	30 m Seil, 8 Felshaken, 3 Eishaken, Hammer, Eisbeil, Steigeisen, Helm, Biwaksack	Einen halben Liter Tee, Traubenzucker	Blinkzeichen mit Taschenlampe	
30 Tage	Riesiger Materialaufwand, u.a.: Steigklemmen, Plastikfässer für den Nachschubtransport	Daunenkleider, Daunenschlafsäcke, Ersatzkleider, Matratzen. Fest eingerichtete und ausgebaute Lager, z.T. in Schneehöhlen	Fast ständiger Funkkontakt zur Scheidegg-Basisgruppe	Rückzug und Hilfe von unten durch die Fixseile möglich
30 Tage; 16 Tage ohne Unterbruch in der Wand	1000 kg Material, 250 Bohrhaken, 200 Normalhaken, 2400 m Seile	Übernachtung teilweise in Hängematten		Rückzug bis über die Rote Fluh dank Fixseilen möglich. 1971: Erste Helikopterdirektrettung aus der klassischen Route
21 Tage; 120 Kletterstunden	15 Eisschrauben, 150 Normalhaken, 7 Holzkeile, 8 Bong, 40 Klemmkeile, 35 Bohrhaken, 400 m Fixseile	250 kg Material, Daunenausrüstung, 100 kg Lebensmittel, Petroleumkocher mit 10 l Petroleum, Gaskocher		
Nach einigen Vorarbeiten wird die Route in 4 Tagen durchgeklettert	Verwendung von Zwischenbohrhaken für die Freikletterei, Kletterfinken, Klemmkeile. Die meisten Normalhaken werden wieder mitgenommen			Direktrettung aus dem Pfeiler mit dem Helikopter nicht möglich (zu steil); evtl. mit Stahlseilrettungsgerät; Kameradenrettung
5 Tage; Wiederholer 1 Tag	Bohrhaken werden von Hand gesetzt	Kletterfinken		Rückzug durch Abseilen
Untere Hälfte: 2 Tage mit Abseilen über die Route. Obere Hälfte: Mit 2 Biwaks und Zustieg von der Seite her	Bohrhaken werden mit der Bohrmaschine gesetzt. Weitere Absicherung mit Keilen und Friends	Materialsack zum Nachziehen mit Mätteli, Daunenschlafsack, Ersatzakkus für Bohrmaschine, Doppelseil 9 mm, ein Seil zum Nachziehen des Materialsackes, Kletterfinken	Freiwilliger Verzicht auf Funkgerät	Ab 1992 wird mit der Longline-Technik eine Helikopterrettung auch aus den steilsten Teilen der Wand möglich

Erstes Eisfeld

Ich bin nicht der erste Kletterer, der die Eigernordwand allein angeht; in diesen letzten
Jahren sind zwei andere vor mir eingestiegen, aber sie sind in der Wand gestorben.
Der verhängnisvolle Ruf, der dieser «Mordwand» anhaftet, ist erdrückend und steigert
meine Bewunderung für die Einzelgänger, und er läßt mich den Eiger wie in den Tagen
seiner ersten Begehungen sehen.
Ich nähere mich dem Eisfeld, als ich eine erste dröhnende Salve wahrnehme. Die Zeit
reicht noch aus, mich ins Schwalbennest zurückzuziehen, bevor der Steinhagel über
meinen Kopf hinwegpfeift. Es überrascht mich nicht; sobald die Sonne auf die oberen
Schneekuppen strahlt, lösen sich die Felsbrocken in großen Mengen. Es ist reiner Zufall,
daß der Steinschlag seinen Weg ausgerechnet in meine Richtung genommen hat. Aber
alles ist gut vorbeigegangen. Ich setzte die Besteigung des Ersten Eisfeldes fort, das
nurmehr blankes Eis zeigt.

Walter Bonatti: I giorni grandi (Wandversuch 1963 / Buch 1971)

Mit Ski auf den Eiger

Ansehen: Eiger (links), Mönch und der dazwischenliegende Eigergletscher auf einem Plakat von Paul Lecomte aus dem Jahre 1930. Walter Amstutz, Mürrener Hotelierssohn, Skipionier, Kurdirektor und Werbefachmann: «Mit dem Lunn versuchten wir den alpinen Skilauf und den Abfahrtslauf zu propagieren, und ich machte die Skitour auf den Eiger, um zu beweisen, dass das Abfahren eine wichtige Angelegenheit ist.»

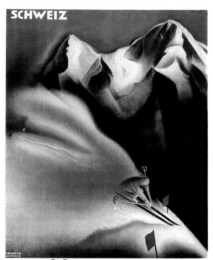

Am 18. Mai 1924 stiegen der Engländer Arnold Lunn, bekannt als Erfinder des Abfahrtslaufs und des Slaloms, der Träger Fritz Amacher, hauptberuflich Lift-Boy des Hotels «Baer» in Grindelwald, der Mürrener Hotelierssohn Walter Amstutz sowie sein Berner Universitätskollege Willy Richardet mit Ski über den wild zerschrundeten Eigergletscher zum Nördlichen Eigerjoch (3614 m) hinauf und von da zu Fuss über den Südgrat auf den Gipfel. Diese mutige Skitour im Schlüsseljahr des alpinen Skilaufs beschrieb Sir Arnold Lunn in dem von ihm herausgegebenen «British Ski Year Book». Hier ist in gekürzter Form Lunns Text, wie er in «Die Berge meiner Jugend» (1940) erschien.

Manchen Winter verlebte ich im Angesicht des gewaltigen Schneemantels, der vom Eigerjoch herabwallt zur Scheidegg. Dieser Anblick ging mir schließlich auf die Nerven. Denn ich fühlte, daß ich keinen Frieden mehr finden würde, bis ich auf jene Schneefelder die Spur meiner Ski gezeichnet hätte. [...] Der Mai schien uns für diese Tour die beste Zeit zu sein. Der Eigergletscher schaut nach Norden, und selbst im April noch konnten viele Schneebrücken unter Umständen aus weichem Schnee bestehen. Und erst wenn diese Brücken mehrfach aufgeweicht und wieder gefroren waren, so daß der Schnee teilweise zu Eis geworden, konnten wir auf einen Erfolg hoffen. Auch war es angezeigt, Auf- wie Abstieg durch den Bruch möglichst zu beschleunigen, solange der Schnee verhältnismäßig hart wäre; und die Gefahr einer Lawine vom Mönch her war ein weiterer Grund dafür, so früh wie irgend angängig aufzubrechen. In der Dunkelheit aber ließ sich der Eisbruch nicht forcieren; Mondschein mußten wir unbedingt haben. Die notwendigen Bedingungen für einen Erfolg waren also: eine klare Nacht, damit der Schnee gefroren wäre, ein früher Aufbruch, ein voller Mond – und ein bißchen Glück. [...]

Wir seilten an und verließen die Eigergletscher-Station um eine Viertelstunde nach zehn Uhr. Düstere Prophezeiungen wurden uns mitgegeben auf den Weg. [...] Mit den ersten Schritten bergauf verschwand die

Bedrückung, die Geist und Körper gelähmt hatte, bevor die Möglichkeit einer Nacht im Bett eingegangen war in den Vorhimmel frommer Wünsche. [...]

Nächtlicher Aufstieg

Wir stiegen rasch; durch ein Gewirr von Spalten mußten wir den Weg suchen. Der falsche Durchgang, den ich von unten entdeckt hatte, tat sein Bestes, um uns in eine Sackgasse zu locken; aber wir ließen uns nicht verführen; ohne Aufenthalt eilten wir bergauf. Wir waren etwa vier Stunden gestiegen, als uns ein böses Hindernis aufhielt: eine Eiswand, von uns durch eine Spalte getrennt, die gar nicht gut überbrückt war. Amstutz und ich führten, und ich befürwortete einen Frontangriff durch einen erkletterbar aussehenden Riß in der Eiswand. Amstutz war mehr für einen kleinen Eisturm, der oben durch ein zerbrechliches Schneebrückchen mit der Wand zusammenhing. Ich folgte ihm mit Mißbehagen. Er murmelte etwas von «Hilfe von unten mit der Schulter»; aber derartige Hilfen haben entschieden an Reiz verloren seit der Erfindung der Steigeisen, und ich lehnte seinen Vorschlag kaltlächelnd ab. Inzwischen war Richardet nachgekommen. Er löste die Frage sehr einfach, indem er die Eiswand anging, dort wo ich es schon für möglich gehalten hatte. Er kam gut über die Spalte und begann dann eifrig Griffe zu meißeln in einem bösen Eiswulst, der den Weg in den Riß sperrte. Es war eine Freude, ihm zuzusehen. [...] Als er den Riß erreicht hatte, zeigte es sich, daß dieser breit genug war, um den Körper darin zu verklemmen. Er arbeitete sich nach oben, indem er sich die Reibung zwischen dem Eis und seinem Rücken zunutze machte, gelegentlich einen Griff schlug und im übrigen mit den Steigeisen nachhalf. Wir hörten ihn schwer atmen,

und dann kam ein Schrei der Freude, der uns kündete, daß er es geschafft hatte. Die Ski wurden aufgeseilt, Fritz und Amstutz folgten, und dann war die Reihe an mir. [...] «Eine wunderbare Stelle», überlegte ich mir, «für Caulfields berühmte Schuß- und Schwungfahrt! Eine scharfe Abfahrt und ein Quersprung vom Rand der Wand über die Spalte – das wäre grade das Richtige.» [...]
Wir kamen ziemlich rasch voran, bis uns abermals eine Spalte den Weg sperrte. Glücklicherweise war sie von einer wenn auch recht schwächlichen Schneebrücke überspannt; auf dem Bauch kroch ich über das zerbrechliche Gebilde. Das Mondlicht spielte auf den Wänden der Spalte, die in unergründete Tiefen führte, wo dunkle Schatten hausten. Aber ich war nicht zu ästhetischen Betrachtungen aufgelegt und hatte nur den einen Wunsch im Herzen, daß Amstutz gut auf das Seil aufpassen möchte.

Durchs Gröbste hindurch

Inzwischen begann es Tag zu werden. Und noch einmal erwies sich meine Erkundung von unten als nützlich, und ich konnte Amstutz überzeugen, daß eine

Aufsteigen: Der Eiger aus ungewohnter Perspektive. Unter der Südflanke liegt die sanfte Gletschermulde, die eine Zeitlang Lunn-Mulde hiess. Die skitechnischen Schwierigkeiten sind vorerst überwunden. Rechts oben wartet das Nördliche Eigerjoch, von wo Sir Arnold und Gefolge zu Fuss auf den Gipfel gestiegen sind.

dunkle längliche Masse vor uns nicht, wie es zunächst aussah, ein Felsband wäre, sondern eine Art tiefen und gut gangbaren Kanals, der im Schatten lag. Ich wußte, daß unsere größten Schwierigkeiten jetzt überwunden waren und daß der fünfstündige Kampf mit dem Eisbruch uns zum Siege geführt hatte. Die Sonne ging auf über eine sehr glückliche Gesellschaft, die ihren Weg auf das Eigerjoch vor sich sah. Nichts hatten wir mehr zu erwarten, womit wir nicht fertig werden konnten. Wir befanden uns auf historischem Boden. Eine der ersten alpinen Schilderungen, die ich als Junge las, war Leslie Stephens Beschreibung des Eigerjochs. In einer Hinsicht war er besser dran als wir – seine Partie war im Besitz einer Leiter. Aber auch so hatte ihnen der Eiger-Eisbruch schwer zu schaffen gemacht. [...]

Um sechs Uhr dreißig, acht Stunden nach unserem Aufbruch, standen wir auf der Höhe des nördlichen Eigerjoches. Die Aussicht war wunderbar. Wir schauten hinab auf die großen Gletscher, die vom Mönchjoch gegen Grindelwald zu fließen, und jenseits erhoben sich Schreckhorn und Wetterhorn. Wir konnten auch fast die ganze Ausdehnung eines der schönsten aller Firnbecken, des Ewigschneefeldes, überblicken. Jungfrau und Mönch waren herrlich anzusehen. [...]

Der letzte Felsgrat zum Gipfel hinauf war leicht genug mit Ausnahme von zwei Stufen, die ein wenig Vorsicht verlangten. Wir erreichten die Spitze unseres Berges um neun Uhr dreißig, elf Stunden nachdem wir die Station Eigergletscher verlassen hatten. Wir wurden belohnt für unsere Mühe. Sie war kein zu hoher Preis für eine der schönsten Aussichten, die ich je gesehen habe. Die Fürsten des Berner Oberlandes, die in erhabener Pracht über ihren großen Eisströmen thronten, standen in einem eindrucksvollen Gegensatz zu dem stillen Liebreiz des schönsten aller Täler im himmlischen Kleide des Mai. Von Schwendi bis zur Großen Scheidegg lag Grindelwald zu unseren Füßen und träumte vom Sommer, der den letzten Schnee von den freundlichen Alpen von Bach, Buß und Holzmatten vertreiben würde. [...]

Wir verließen den Gipfel um elf Uhr, stiegen den Felsgrat hinab und fanden – wie erwartet – den Eishang hinunter zum Eigerjoch in sehr schlechtem Zustand. Die oberflächliche Schneelage war weich und naß und verlangte die größte Vorsicht. [...] Ich rutschte aus und fiel auf meinen Hosenboden, war aber noch ganz vergnügt dabei; denn ich war überzeugt, daß Amstutz mich schon halten würde. Aber der erwartete Zug des angezogenen Seiles blieb aus. Ich begann schneller zu rutschen. Dann plötzlich sauste Amstutz an mir vorbei, ohne jede Möglichkeit, sich zu halten, Kopf voran; vergeblich versuchte er, sein Gesicht mit den Händen zu schützen. Das Seil zwischen uns spannte sich mit einem harten Ruck, der meine Fahrt noch beschleunigte. Unter uns war der Hang konvex gekrümmt, wurde immer steiler und endete in einem Abbruch von beinahe zweihundert Meter hinunter zum Gletscher. [...] Und dann geschah ein Wunder! Plötzlich spannte sich das Seil und wir blieben liegen. Das Seil hatte sich verfangen hinter einem winzigen Felsvorsprung, etwa zehn Zentimeter breit und lächerliche drei Zentimeter hoch. [...]

Riskante Abfahrt

Auf dem Eigerjoch schnallten wir die Ski wieder an und fuhren hinab zum oberen Ende des Eisbruchs; es war eine ausgezeichnete Abfahrt in ausgezeichnetem Schnee. Hätten wir zu Fuß gehen müssen, dann wäre es ein anstrengendes Schnee-

Ankommen: Arnold Lunn am 18. Mai 1924 auf dem Nördlichen Eigerjoch (oben). 71 Jahre später haben sich wohl das Material und sein Träger, nicht aber die Szenerie mit dem verschneiten Verbindungsgrat zum Südlichen Eigerjoch verändert (rechts).

waten geworden unter einer glühenden Sonne. Alles ging nach Wunsch, bis wir an die erwähnte und beschriebene «Schuß-Quersprung-Stelle» kamen. Der Quersprung behagte uns nicht ganz! Und im übrigen erwartete uns eine böse Überraschung: die Schneebrücke unten am Fuß der Eiswand, die wir am Morgen überschritten hatten, war der Hitze zum Opfer

Abfahren: Skifahren am Seil über einen steilen Gletscher mit Eisbrüchen. So muss man sich die Abfahrt über den Eigergletscher vorstellen. Das Bild stammt allerdings nicht von dort, sondern aus Lunns bahnbrechendem Werk «Alpine Ski-ing at all Heights and Seasons».

gefallen und verschwunden. Eine andere Brücke war noch übriggeblieben, aber sie sah nicht sehr vertrauenerweckend aus. Der Schnee, aus dem sie gebaut war, hatte schon stark unter der Wärme gelitten und sah sehr faul aus. Die Brücke hinterließ einen recht schwächlichen Eindruck und schien kaum noch der Anstrengung gewachsen, sich selbst zu tragen. Fritz, der voranging, schob vorsichtig einen Fuß um den anderen vorwärts. Dann brach er mit dem rechten Bein durch, stieß einen Schreckensschrei aus und zog sich ebenso vorsichtig zurück. Wir ließen ihm zwei Paar Ski hinunter; er legte das erste Paar quer über die Brücke und schob sich langsam auf ihnen vorwärts, dann legte er das zweite Paar als Verlängerung der Unterstützungsfläche davor. Und wieder einmal waren wir unserer Ski froh.

Äußerst behutsam arbeitete sich Fritz auf allen vieren voran, ständig Hände und

Knie auf den Hölzern. Es war eine verzwickte Situation, denn er hatte es nicht nur mit einer einzigen großen Spalte zu tun, sondern mit einem ganzen Netzwerk von solchen, und die meisten waren ganz oder teilweise verborgen. Sobald er sich aufrichtete und neben die Ski trat, brach er wieder durch. Endlich, dank großer Geduld und Vorsicht, gelang es ihm, sicheren Boden zu erreichen.

Und jetzt war die Reihe an mir. Solange Amacher unterwegs gewesen war, hatten wir ihm immer Mut zugeredet mit einer gradezu geschwollenen Zuversicht. Wir hatten ihm erklärt, er brauche gar keine Angst zu haben; selbst wenn er durchbräche, könnten wir ihn gut halten; und es hatte uns, wie wir untätig und ungeduldig zusahen, geschmerzt, daß Fritz ein gewisses Mißtrauen zum Ausdruck brachte unserer Fähigkeit gegenüber, ihn zu retten, wenn er fallen sollte. Aber diese Ansicht, die so absolut richtig und selbstverständlich schien, solange ich noch vor der Spalte stand, verlor viel von ihrer axiomatischen Unfehlbarkeit in dem Moment, als ich begann, mich über diese teuflische Brücke zu schieben. Natürlich wollte ich Richardet nicht die Arbeit machen, mich aus einer Spalte zu ziehen, und seine Ungeduld schien mir recht unangebracht. Und als ich am Ende des einen Paar Ski angelangt und – meinem Vorbild getreu – auch teilweise durchgebrochen war, da schlug ich alle unzeitgemäßen Ermahnungen Richardets, mich zu beeilen, in den Wind und kehrte wieder zum relativ sichern «Ski-System» zurück. Und ich machte mich erst dann zum zweiten Male auf die Reise, als ich mich gehörig ausgeruht fühlte. Ohne Seil oder mit Seil – ich habe nicht die geringste Vorliebe für das Gefühl, in eine Spalte einzubrechen. Und das zarte Klingen der Eiszapfen, die von der Unterseite einer

Schneebrücke abbrechen und in die Tiefe einer Spalte fallen, wird mir zeit meines Lebens das unangenehmste aller Geräusche bleiben.

Es hatte uns eine ganze Stunde gekostet, über die Spalte wegzukommen, und es begann spät zu werden. Ich hatte gehofft, die Eigergletscher-Station kurz nach Mittag zu erreichen; denn ich wußte ganz genau, daß der untere Teil unseres Weges von gewaltigen Schneelawinen bedroht wurde. Wir waren gute vier Stunden zu spät dran, und ich begann unleugbar nervös zu werden. Der Schnee war zwar gut, aber das Gelände war schwierig und trügerisch; und Skifahren am Seil ist immer zeitraubend. Wir waren jetzt alle müde; ich ganz besonders. Das Labyrinth der Spalten schien kein Ende zu nehmen. Stemmbögen und Christianias reihten sich in endloser Folge aneinander; wir strengten uns auf das äußerste an, um ja jeden Sturz zu vermeiden und keine Sekunde zu verlieren in diesem Wettrennen mit der drohenden Gefahr. Unsere Furcht war nur allzu begründet: Eine Stunde nachdem wir die Station erreicht hatten, löste sich eine gewaltige Lawine von den Wänden des Mönch und brauste über die Hänge weg,

die wir heruntergekommen waren. Die Reste dieser Lawine überdauerten den ganzen Sommer. Wäre die Lawine eine Stunde früher abgegangen, dann hätte nichts uns retten können. [...] Wir erreichten die Station Eigergletscher kurz nach vier Uhr. Ungefähr achtzehn Stunden waren wir unterwegs gewesen. [...]

Der Eiger mit Ski via Eigerjoch ist eine ganz großartige Tour. Von Anfang bis Ende ist sie interessant; es gibt während des ganzen Tages nicht einen Augenblick der Langeweile. Ich habe auch noch nie, und nie wieder, eine Aussicht gesehen, die mich so gepackt hätte wie die vom Eigergipfel im Mai. Und der Gletscherbruch im Mondlicht schlägt alle anderen Bergerinnerungen durch seine ernste und einzigartige Schönheit. Auch das Skifahren als solches war keine Enttäuschung. Alles in allem hatten wir mehr als 1500 Meter Abfahrt; davon war die eine Hälfte leicht und erfreulich und die andere Hälfte schwierig, aber außerordentlich abwechslungsreich. Unsere Expedition hat von verschiedenen Seiten eine sehr scharfe Kritik erfahren. Man schalt unser Unternehmen eine Verrücktheit, als Skitour undiskutierbar und unverantwortlich nach allen normalen Anschauungen. [...] Wenn jede Fahrt, die das Risiko eines Einbrechens, eines Steinschlages oder einer Schneelawine mit sich bringt, zu unterbleiben hätte, weil sie «unvernünftig» ist, dann wären viele der großartigsten Touren in den Alpen nie gemacht worden. [...] Ich persönlich aber kann nur sagen, daß ich sehr froh bin, daß wir uns nicht abhalten ließen, die Spur unserer Ski in die Hänge unterhalb des Eigerjoches einzuzeichnen. Kein Tag in den Bergen hat sich meinem Gedächtnis so tief eingeprägt; und auf keine Fahrt sehe ich mit mehr Vergnügen zurück als auf die Stunden im Schnee und Eis des Eiger.

Sir Arnold Lunn (1888–1974) war als 10jähriger Knabe einer der ersten, der in Chamonix Ski fuhr. Er war Skierstbesteiger vieler Gipfel, Verfasser der beiden ersten Skitourenführer fürs Berner Oberland, unermüdlicher Schriftsteller sowie Erfinder der modernen Skirennen. Am 4. und 5. Januar 1924 organisierte er in Grindelwald und Mürren die ersten internationalen Skirennen mit Abfahrt, Slalom und Kombination. Am Ende dieses Monats rief er in Mürren den Kandahar Ski Club ins Leben. Im gleichen Winter fanden in Chamonix die ersten olympischen Winterspiele statt (allerdings ohne alpine Skiwettkämpfe), wurde der internationale Skiverband FIS gegründet, wurde zum ersten Mal das Parsenn-Derby in Davos durchgeführt. Und schliesslich, im November 1924, hielten Lunns Skikollegen Amstutz und Richardet zusammen mit Hermann Gurtner die erste Sitzung des Schweizerischen Akademischen Ski-Clubs ab; dessen Gründung war auf dem Nördlichen Eigerjoch beschlossen worden.

Ist der Eiger doch ein Skiberg?

Der Engländer Frank Smythe, einer der besten Alpinisten der Zwischenkriegszeit (zwei neue Routen in der Brenva-Flanke am Montblanc, Erstbesteigung des Kamet), bezeichnete die von der Partie Lunn gewählte Route über den zerrissenen Eigergletscher als «extrem gefährlich, und jeder, der auf diesem Weg den Eiger besteigen will, sollte unverheiratet und ohne Nachkommen sein». Trotzdem machte Smythe im Januar 1929 mit dem Japaner T. Y. Kagami die erste Winterbegehung dieser Route, zu Fuss, obwohl er eigentlich ein wilder Skifahrer war. Die geplante Besteigung des Eigers vom Nördlichen Eigerjoch (3614 m) über den Südgrat scheiterte an den prekären Verhältnissen und der extremen Kälte. Beste Verhältnisse fanden am 13. April 1951 die Engländerin Angela Stormonth-Darling und ihr Wengener Führer Oskar Gertsch vor. Allerdings stiegen sie nicht über den Eigergletscher auf, sondern erreichten das Südliche Eigerjoch von der leichten Rückseite, nämlich vom Jungfraujoch her. Ein Abstieg nach Norden vom Südlichen Eigerjoch über das vereiste Eisfeld kam nicht in Frage. Deshalb banden die beiden ihre Ski zusammen und kletterten vier Stunden lang über den ausgesetzten und verwächteten Verbindungsgrat hinüber ins Nördliche Eigerjoch. Dort begann – auf den Spuren von Lunn und Gefährten – die Abfahrt über den Eigergletscher hinunter zur Station Eigergletscher und auf die Kleine Scheidegg. Rechtzeitig zum Nachmittagstee waren die beiden Skifahrer zurück in Wengen. «Niemand glaubte mir, als ich erzählte, woher wir kämen», schrieb Miss Angela Stormonth-Darling in ihrem Bericht für das «British Ski Year Book».

«Der kommt nicht lebend herunter», sollen Zuschauer auf der Kleinen Scheidegg gesagt haben, als sie durchs Fernrohr Sylvain Saudan am Nachmittag des 9. März 1970 vom Gipfel des Eigers auf Ski starten sahen, um über die im oberen Teil durch-

Ski und Snowboard extrem: Toni Valeruz im Aufstieg in der Lauper-Route 1983 (ganz oben), Bruno Gouvy (oben) beim Snöben in der Eiger-Westflanke 1987, in der er als kleiner Punkt sichtbar ist (rechts). Was noch fehlt, ist die Snowboard-Abfahrt über die Nordostwand.

schnittlich 45° steile Westflanke abzufahren. Der Walliser hatte Ende der sechziger Jahre das Skifahren um eine neue Dimension erweitert. «Extremes auf Skiern» heisst das Buch über seine Erstbefahrungen: Das Couloir Whymper an der Aiguille Verte, das Gervasutti-Couloir am Montblanc de Tacul, die Ostwand des Monte Rosa. Und auch vom Eiger kam Saudan lebend herunter, nachdem ihn ein Heliko-

pter oben abgesetzt hatte. Am gleichen Tag wie Saudan wollte der Japaner Mitsu Takashaki ebenfalls vom Eiger mit Ski hinunter, verzichtete dann aber offenbar. Der erste, der Saudans Abfahrt wiederholte, war nach eigenen Angaben der Berner Hansruedi Abbühl im Mai 1982. 1985 führte er diese Extremskitour gleich zweimal aus. Auch andere Oberländer Bergführer fuhren vom Eiger mit Ski über die Westflanke hinab. Am 21. April 1987 surfte der Franzose Bruno Gouvy auf einem Snowboard hinunter. Im Februar 1996 stellte die Zeitschrift «Skiez» die Eiger-Westflanke als «très grande pente» vor, durchaus zum Nachfahren geeignet. Noch keine Wiederholer fand das, was im Mai 1983 die beiden Italiener Toni Valeruz und Bruno Pederiva vollbrachten: Sie fuhren mit Ski über die 1700 m hohe und bis 60° steile Eiger-Nordostwand, die sogenannte Lauper-Route, ab, und das gleich zweimal, weil die Abfahrten von verschiedenen TV-Gesellschaften gefilmt wurden. Der aus Ganazei im Südtirol stammende Extremskifahrer Valeruz und sein Gefährte Pederiva, damals Hüttenwart der Vajoletthütte in den Dolomiten, hatten die Abfahrt genau ausgekundschaftet. Vom Mittellegigrat aus querten sie ein paarmal in die abweisende Eis- und Felsflanke und fuhren Stück um Stück die ganze Route ab. Wo es nicht mehr weiter ging, mussten sie abseilen. Am 16. Mai hatten sie die Nordostwand so gut im Griff, dass sie die ganze Route vom Lauper-Schild bis hinunter bewältigen konnten. Drei Tage später wiederholten Valeruz und Pederiva die gefährliche Abfahrt in einer knappen Stunde.

Nun wartet man auf die erste Befahrung der Eiger-Nordostwand mit dem Snowboard.

«Où il y a de la neige, on peut toujours faire du ski» (Überall, wo Schnee liegt, kann man Ski fahren), schrieb Walter Amstutz in einem Nachruf auf Arnold Lunn. Zu ihrer Zeit fuhr man dort, wo es Schnee hatte, noch mit zwei Brettern hinunter. Am Eiger und anderswo.

Eisschlauch

Nach zwei Seillängen liegt das Feld unter uns, und wir kommen zu einem ganz verflixten Abschnitt. Das Erste und Zweite Eisfeld verbindet eine hundert Meter lange Rinne, die ganz vereist ist. Sie ist riesig steil, und manchmal fast senkrecht.

Die Wand zeigt sich, wie sie ist. Eine Stufe nach der andern muß geschlagen, Eishaken müssen angebracht werden. Und das alles in fast senkrechtem Eis. Mit der rechten Hand schlage ich eine Stufenreihe schräg rechts in die Höhe, dann wieder schräg links mit der linken Hand und so weiter. Beim Fels angelangt, sichere ich bei einem alten Haken Zdeno.

Während Zdeno die Haken wieder herausschlägt, damit wir sie wieder verwenden können, genieße ich den Rundblick in die Gegend. Der erste Zug ist nach der Kleinen Scheidegg hinaufgekrochen. Um das Hotel wimmeln schwarze Punkte – die Touristen. Eine lang-gezogene Hirtenmelodie dringt an unser Ohr. Den Urheber kennen wir. Er steht Tag für Tag vor dem Hotel und bläst auf einem altväterischen, langen Alphorn. Die idyllischen Klänge begleiten alle Bergsteiger auf ihrem Weg durch die Wand. [...] Plötzlich Motorengeräusch! Längs der Wand fliegt ein Flugzeug. Es verschwindet hinter einer Felsrippe und kehrt von neuem zurück. Man hat uns wohl auf der Kleinen Scheidegg schon bemerkt und die Presse alarmiert. Das Theater beginnt.

Radovan Kuchař: Deset Velkých Stěn / Zehn große Wände (Wand 1961 / Buch 1967)

Die eisige Westside-Story

Eiszeitliches Vergnügen: Als noch niemand vom Treibhausklima sprach und der Eigergletscher noch nicht zurückgeschmolzen war, begaben sich die Touristen von der 1898 eröffneten Station Eigergletscher (im Bild rechts oben knapp sichtbar) auf rutschigen Untergrund und in die kühle Grotte. Gefahr war keine vorhanden, höchstens für zarte Damenschuhe.

Bis vor wenigen Jahren fristete der kurze Gletscher in der Westflanke des Eigers das Dasein eines Mauerblümchens. Inzwischen ist er der am besten untersuchte Hängegletscher der Alpen. Grund: Wenn sich das Klima wie befürchtet erwärmt, könnte das Eigereis ins Rutschen kommen. Peter Krebs fasst die Lage zusammen.

Das Panorama auf der Kleinen Scheidegg ist bemerkenswert. Gegen Süden und Osten türmen sich die schnee- und eisbedeckten Felswände, die Gipfel und Grate der Drei- und Viertausender auf, und man wähnt sie in greifbarer Nähe. Vor allem den Eiger, der direkt hinter dem ehrwürdigen Hotel Scheidegg emporragt. Dabei stellt man fast etwas überrascht fest, was eigentlich selbstverständlich ist: Der Berg besteht nicht nur aus der berühmten

Nordwand, sondern er besitzt auch andere Seiten, zum Beispiel eine sehenswerte Westflanke.

Diese von den Touristenprospekten und Alpinisten gleichermassen vernachlässigte «Westside» wirkt im direkten Vergleich zur Nordwand weniger schroff, sie ist aber immer noch steil genug. Mittendrin steht der Kleine Eiger. Hinter dem Rücken dieses Nebengipfels dehnen sich die Eiswelten des Eigergletschers aus. Seine Zunge, die in den vergangenen Jahren stark zurückgeschmolzen ist, reicht heute noch bis in die Gegend der Zwischenstation Eigergletscher, wo die Jungfraubahn im Berg verschwindet.

An der anderen, uns zugewandten Seite des Kleinen Eigers erkennt man hoch oben, 1000 Meter über der Bahnstation, einen weiteren kurzen Gletscher. Er bricht auf halber Höhe der Wand jäh ab. Seine rund 50 Meter hohe zerfurchte Stirnseite ist von jenem durchsichtigen, zarten Blaugrün, das man von Pfefferminzbonbons her kennt. Das Eisfeld klebt schon lange an derselben Stelle der Eigerflanke. Eine Aufnahme aus der Jahrhundertwende zeigt es in nahezu der gleichen Position. Bis vor einigen Jahren wurde der Gletscher aber kaum beachtet. Er fristete ein Mauerblümchendasein und trug nicht einmal einen Namen. Inzwischen ist er unter Gletscherforschern und Klimafachleuten als «Hängegletscher in der Eigerwestflanke» ein Begriff.

Nicht aufs Eis gelegt: Weil im Frühjahr 1990 ein grösserer Abbruch befürchtet wurde, warnte ein Schild viersprachig vor dem Begehen des Geländes hinter der Station Eigergletscher (rechts). Derweil konnte der Biker cool vom Lauberhorn fahren; gegenüber der Eiger mit der schattigen Nordwand und der sonnigen Westflanke. Der bestens untersuchte und überwachte Hängegletscher liegt etwas rechts der Gipfelfallinie; falls es je zu einem grossen Abbruch kommt, stürzen die Eismassen gegen die Station Eigergletscher hinab. Ganz rechts die Zunge des Eigergletschers (ganz rechts).

Plötzlich im Scheinwerferlicht

Wie alle Gletscher besitzen Hängegletscher ein Nährgebiet, wo neues Eis entsteht, das dann zäh nach unten fliesst: der Gletscher wächst. Wegen der Steilheit ihrer Lage reichen Hängegletscher – im Unterschied zu Talgletschern – aber nicht bis in wärmere Zonen, wo die Zunge schmilzt. Ihr Massengleichgewicht wird vielmehr durch periodische Abbrüche von kleineren oder grösseren «Eislamellen» an der Front hergestellt. In seltenen Fällen kommt es zu gewaltigen und zerstörerischen Abbrüchen. Im Spätsommer des Jahres 1895 beispielsweise stürzten fünf Millionen Kubikmeter Eis von der Altels auf eine darunterliegende Alp am Gemmipassweg von Kandersteg nach Leukerbad. Die Eismassen wurden für sechs Hirten und ihre Tiere zum kühlen Grab. Die Druckwelle soll so stark gewesen sein, dass sie Bäume knickte und Kühe durch die Luft schleuderte.

Im Frühjahr 1990 stand auch am Eiger ein grösserer Abbruch bevor. Im März entdeckte Ueli Frutiger, Bergführer und Sicherheits-chef der Jungfraubahnen, vom Helikopter aus im vorderen Teil des Gletschers einen grossen, durchgehenden Spalt. Er teilte diese Beobachtung der Versuchsanstalt für Wasserbau, Hydrologie und Glaziologie (VAW) der ETH Zürich mit. Dies war der Start zu umfangreichen Forschungsarbeiten mit einem doppelten Ziel: Die Jungfraubahnen wollten abklären, ob der Gletscher die Anlagen bei der Station Eigergletscher bedroht und welche Sicherheitsmassnahmen allenfalls zu treffen sind. Und für die Wissenschaft war es die seltene Gelegenheit, einen Hängegletscher genauer zu untersuchen.

Diese Gletscherform war zuvor noch wenig erforscht. Das hängt damit zusammen, dass die hängenden Eisgärten nur schwer zugänglich und meist sehr exponiert sind. Auch über den rund 30° steilen Hängegletscher am Eiger fahren immer wieder Lawinen nieder. Trotzdem hat sich im Mai 1993, als die Bedingungen günstig waren, ein vom ETH-Glaziologen und Bergführer Martin Funk geleitetes Forscherteam mit dem Helikopter absetzen lassen. Der erwartete Abbruch war im August 1990 tatsächlich erfolgt, ohne Schaden anzurichten, und das Eis hatte sich seither stabilisiert. Während einiger Tage haben die Wissenschafter unter ausserordentlich schwierigen Verhältnissen gearbeitet. Sie haben mit speziellen Geräten und Methoden die Eismassen vermessen, ihre Temperaturen erfasst und die Fliessgeschwindigkeit an der Oberfläche bestimmt.

Heisse Überraschungen

Dank der so gewonnenen Resultate konnten nun die Gesetzmässigkeiten und Kräfte analysiert werden, die im Innern des Gletschers wirken. In den Modellrechnungen und Computersimulationen entpuppte sich der Hängegletscher als ein unerwartet

Gefrieren von eindringendem Regen- und Schmelzwasser sowie durch die Bewegung des Eises Wärme frei wird.

Der kälteste Teil befindet sich am Gletscherbett nahe der Abbruchfront, wo die tiefen Aussentemperaturen eindringen. In diesem Bereich ist das Eis, das dort auf einer Art Felsmulde aufliegt, am Untergrund angefroren. Hauptsächlich aus diesem Grund ist der Gletscher relativ stabil verankert. Die nachdrängenden oberen Eismassen vermögen ihn nicht aus dem Gleichgewicht zu stossen. Sie sorgen aber für beträchtliche Spannungen, die das Eis im unteren Teil bis an die Grenze der Bruchfestigkeit belasten.

In Zukunft nicht mehr kühl genug?

Ob der Hängegletscher dem Druck auch in Zukunft standhalten wird, scheint ungewiss. Die Glaziologen, die ihre Untersuchungen im Rahmen des Nationalen Forschungsprogramms «Klimaänderungen und Naturkatastrophen» durchgeführt haben, versuchten die Frage zu beantworten, wie sich der erwartete weltweite Temperaturanstieg auf die Stabilität auswirken würde. Sie haben sich dabei auf zwei Klimaszenarien des Intergovernmental Panel on Climate Change (IPCC) gestützt. Diese rechnen bis im Jahr 2100 wegen des verstärkten Treibhauseffekts mit einer globalen Erwärmung von durchschnittlich zwei beziehungsweise vier Grad. Die angefrorene Gletscherfläche würde dadurch um bis 45 Prozent abnehmen.

Eiskalte Arbeit: Die Schlaf- und Forschungszelte der Glaziologen mitten auf dem Hängegletscher im Mai 1993 (oben). Obwohl keine akute Abbruchgefahr besteht, ist der Gletscher unter strenger Kontrolle; eine automatische Kamera macht von der Station Eigergletscher aus jeden Tag eine Foto (unten).

dynamisches Naturphänomen. Seine abschüssige Lage verleiht der Bewegung des Eises eine vergleichsweise hohe Geschwindigkeit. Der ganze Gletscher erneuert sich schnell und besteht aus «jungem» Eis. Sogar tief am Gletscherbett, wo es langsamer vorwärtskriecht, wird es nur einige hundert Jahre alt.

Der Gletscher liegt auf einer Höhe zwischen 3200 und 3500 Metern, die mittlere jährliche Lufttemperatur beträgt hier minus sechs Grad. Erstaunlicherweise ist der Gletscherkörper an den meisten Stellen deutlich wärmer, oft erreicht seine Temperatur fast den Schmelzpunkt. Die Glaziologen führen das darauf zurück, dass beim

Ein genereller Temperaturanstieg hätte ausserdem zur Folge, dass mehr Regen- und Schmelzwasser in den Gletscher eindringen würde. Das würde die Frontpartie zusätzlich belasten. «Damit wäre sehr wahrscheinlich die kritische Stabilitätsgrenze des Gletschers erreicht: die Front könnte die Eismassen nicht mehr zurückhalten und der Gletscher würde abrutschen», heisst es in einer Mitteilung des Nationalen Forschungsprogramms. Ein solches Ereignis könnte auch für die touristischen Anlagen bei der Station Eigergletscher ungemütlich werden. Die Bahn selber befindet sich laut einem Gutachten des Eidgenössischen Instituts für Schnee- und Lawinenforschung ausserhalb des Gefahrenbereichs. Hingegen könnten Skilifte und Bergwege durch grosse Eisabbrüche gefährdet sein.

Täglich eine Foto

Seit einigen Jahren steht der Hängegletscher deshalb unter strenger Kontrolle der Jungfraubahnen und der VAW. An der Station Eigergletscher ist eine automatische Kamera installiert, die jeden Tag eine Aufnahme macht. Jährliche Luftaufnahmen und Erkundungsflüge per Helikopter ergänzen das Sicherheitsprogramm. Für den Fall, dass sich wieder ein grösserer Abbruch abzeichnet, sind Bewegungsmessungen vorgesehen. Gemäss Martin Funk lässt sich das Ereignis erfahrungsgemäss auf wenige Tage genau vorhersagen, was es erlauben würde, bei Bedarf rechtzeitig die nötigen Sicherheitsvorkehrungen zu treffen. Diese scheinen vorläufig aber nicht nötig zu sein. Seit 1990 verhält sich der Gletscher relativ

ruhig. Die Jungfraubahnen, die das Geschehen protokollieren, verzeichneten nur kleinere Abbrüche, die zwar manchmal viel Schneestaub aufwirbeln, sonst aber harmlos sind. Ueli Frutiger, der den Gletscher durch das Fenster seiner Rettungsstation auf der Kleinen Scheidegg sehen kann, glaubt jedenfalls nicht an eine unmittelbare Gefahr: «Es gibt überhaupt keinen Anlass zur Sorge.»

Eis ist nicht Eis: Der Eigergletscher, der von den Eigerjochen herabkommt und unter dem Klein Eiger in Richtung Station Eigergletscher fliesst (oben); der Hängegletscher in der Westflanke des Eigers mit der Abbruchzone (unten).

Peter Krebs (Jahrgang 1953) ist freier Journalist und Redaktor des SBB-Magazins «Via». 1997 publizierte er zusammen mit Dominik Siegrist das Wanderbuch «Klimaspuren, 20 Wanderungen zum Treibhaus Schweiz» (Rotpunktverlag Zürich).

Zweites Eisfeld

Das erste Eisfeld, dann das lange zweite Eisfeld, kleine Steine pfeifen von oben auf uns herab. Einer von diesen vielen kleinen trifft mich am rechten Zeigefinger. Bleiben nur noch 9 Finger zum Klettern – es reicht. Die Sonne hat die Zahnradbahnstation erreicht, regelmäßig bewegen sich die Züge auf und ab. Für die Touristen wird das sicher ein guter Tag: Die können im Fernglas uns beobachten. «Können die es schaffen?» werden sie sich beim Mittagessen fragen, während sich die zwei Ameisen unablässig nach oben bewegen. «Das sind wir.» Auf dem zweiten Eisfeld bewegen wir uns im Zentrum der Arena. Wir sind zwar nicht in einer Mordwand, aber in so was wie einer toten Zone bewegen wir uns schon. Während unten das normale Leben langweilig vor sich dahin funktioniert, sind wir hier völlig auf uns gestellt. Nur wir allein können uns selbst helfen. Gegen Mittag erreichen wir das «Todesbiwak». Zeit für eine Rast. Wir haben keine Angst, trotzdem, die Spannung bleibt. Die Rampe und der brüchige Götterquergang. Mein Gott, was ist dieser Berg für ein Schutthaufen.

Reinhard Karl: Erlebnis Berg: Zeit zum Atmen (Wand 1969 / Buch 1980)

Rettungen in der dritten Dimension

Riskante Flüge: Ob früher mit dem Flugzeug (oben) oder heute mit dem Helikopter (rechts) – Erkundungs-, Reportage- und vor allem Rettungsflüge gehören zur dramatischen Geschichte des Eigers.

Ohne die Dutzenden von Direktrettungen mit dem Helikopter aus der Eigernordwand – die erste gelang 1971 vom Zweiten Eisfeld – wären zahlreiche Alpinisten wie einst Mehringer, Kurz oder Longhi in der Wand geblieben. Aber auch heute noch, im Zeitalter von Handy, Funkgerät und «Longline», bleibt jede Helirettung ein gewisses Risiko. Alpinisten, die mehr auf moderne Rettungstechnik statt auf realistische Einschätzung der persönlichen und der Eiger-Verhältnisse setzen, gefährden nicht nur sich selbst, sondern auch die Retter. Marco Bomio verfolgt die Entwicklung der Flugrettungstechnik.

August 1935: Schweizer Militärflieger fliegen mit ihren Maschinen immer wieder möglichst nahe an der Eigernordwand vorbei. Es sind aber weder militärische noch touristische Gründe, welche die Piloten zu ihren heiklen Flugmanövern treiben. Ihre Aufmerksamkeit gilt den deutschen Bergsteigern Max Sedlmayr und Karl Mehringer, die vor mehr als fünf Tagen in die Eigernordwand eingestiegen sind, um als erste Menschen überhaupt dieses «letzte Problem des klassischen Alpinismus» zu lösen. Nach einem Wetterumsturz können die beiden von den zahlreichen Schaulustigen auf der Kleinen Scheidegg nicht mehr beobachtet werden, und man muss das Schlimmste befürchten. Mitte September entdecken das deutsche Fliegeras Ernst Udet und sein Passagier, der Grindelwalder Bergführer Fritz Steuri, einen der beiden Bergsteiger im Schnee stehend, erfroren am oberen Ende eines markanten Felsvorsprunges; vom andern fehlt jede Spur. Der Felsvorbau wird später «Bügeleisen», die Stelle mit dem erfrorenen Bergsteiger «Todesbiwak» genannt.

Bei der Erstdurchsteigung der Eigernordwand im Juli 1938 ist ein Flugzeug ebenfalls mit von der Partie. Am 23. Juli, dem dritten Tag des erfolgreichen Unternehmens, nimmt der Berner Fotograf Hans Steiner die deutsch-österreichische Viererseilschaft bei der Traverse von der Rampe zum Götterquergang auf. Während der ersten zwei Jahrzehnte der Eigernordwand-Geschichte dienen die Flugzeuge für Erkundungs- und Fotoflüge. Eine weitere Aufgabe fällt ihnen erstmals 1959 zu. Während im September 1957

anlässlich der dramatischen Rettung des Italieners Claudio Corti ein Flugzeug noch einzig für einen Rekognoszierungsflug eingesetzt worden ist, benützt man im Juli 1959 ein Flächenflugzeug für den Transport von Rettungsmaterial. Dieser Materialtransport erleichtert die Bergung von Cortis Seilkameraden Longhi, welcher beim Drama zwei Jahre vorher nicht mehr lebend gerettet werden konnte. Ein Flugzeug bringt das Material auf den obersten Teil des Eigergletschers, rund fünfhundert Höhenmeter unterhalb des Eigergipfels. Von dort müssen die Rettungsleute das Material zu Fuss auf den Gipfel tragen. Die Leiche Longhis bergen sie mit Hilfe des Stahlseilgerätes.

Die ersten Helikopter kommen

Dem Einsatz von Flächenflugzeugen für Material- oder gar Personentransporte bei Bergrettungen sind enge Grenzen gesetzt, auch wenn Gletscherflugpioniere wie Hermann Geiger (1914–1966) ihre Flugzeuge auf unglaublich kleinen und steilen Firnfeldern landen und auch wieder starten können. Eher für Bergrettungen geeignet wären da eigentlich die Helikopter, doch ihre geringe Nutzlast und ihr rapider Leistungsabfall in grösseren Höhen verhindern bis in die 60er Jahre einen erfolgreichen Einsatz. Am Eiger wird erstmals 1965 ein Heli für Materialtransporte verwendet. Bei der vergeblichen Rettungsaktion für den japanischen Bergsteiger Tsuneaki Watabe – nach einem schlimmen Sturz (Beinbruch) in den Ausstiegsrissen holt sein Kamerad via den Gipfel und die Westflanke Hilfe, während er unter nie restlos geklärten Umständen und unbemerkt über die Nordwand zu Tode stürzt – werden Retter und Material vom Jungfraujoch in die Gletschermulde des Eigergletschers geflogen, an dieselbe Stelle wie sechs Jahre zuvor, als

bei der Bergung der Leiche Longhis ein Flächenflugzeug dafür eingesetzt worden ist. Im Juli 1967 findet zum ersten Mal eine Bergung mittels Helikopter statt. Am Wandfuss müssen die Leichen von vier Bergsteigern aus der DDR geborgen werden, welche alle am Hinterstoisser-Quergang abgestürzt sind. Dabei kommt die Alouette III zu ihrem ersten Einsatz in der Eigernordwand, ein Helikopter, von dem man sich zu Recht für zukünftige Rettungen viel verspricht.

Helikopter setzen sich als Rettungsmittel durch

Das Jahr 1970 beginnt für den Grindelwalder Rettungschef Kurt Schwendener mit einem Paukenschlag: Am 25. Januar wird der Japaner Kenji Kimura, der sich in den Ausstiegsrissen der Eigernordwand den Unterschenkel gebrochen hat, in einer aufwendigen Aktion vom Eigergipfel aus gerettet. Es ist die erste Winterrettung auf dem Eigergipfel überhaupt; zum Einsatz kommt noch einmal das bewährte Stahlseilgerät. Im Unterschied zu früheren Stahlseilaktionen werden aber Retter und Material mit zwei Helikoptern direkt auf den Gipfel des Eigers geflogen. Dabei bewähren sich die von Siegfried Stangier pilotierte Alouette III und die von Jean-Bernard Schmid geflogene Bell 204/B als zuverlässige Transportmittel. Von den Piloten verlangt dieser Einsatz höchste Leistungen, denn die Retter müssen in 3970 Metern Höhe aus dem schwebenden Helikopter mit einem gewagten Schritt auf den schmalen Gipfelgrat aussteigen. Nur wenige Monate später wird bei einem ähnlichen Einsatz (Rettung von Sergio De Infanti aus den Ausstiegsrissen) diese Methode bereits abgeändert. Die Retter werden mit einer Winde aus dem schwebenden Helikopter auf den Gipfelgrat abgeseilt,

eine Technik, die für lange Zeit zum Standard werden sollte. Im gleichen Jahr 1970 findet auf der Kleinen Scheidegg das 2. Internationale Helikopter-Symposium statt. Rettungsorganisationen aus verschiedenen Ländern zeigen ihren Wissens- und Könnensstand punkto Helikopterrettung. Den Höhepunkt des Symposiums bieten die Schweizer Vertreter. Mit einem Helikopter werden Bergführer an fünf verschiedene Stellen in der Eigernordwand geflogen und dort mit Hilfe einer aussen am Helikopter montierten Rettungswinde abgesetzt und wieder zurückgeholt. Der Beweis ist erbracht: Direktrettungen mittels Helikopter aus der Eigernordwand sind möglich.
Ein knappes Jahr später, am 12. September 1971, folgt der erste Ernstfall: Die Deutschen Martin Biock und Peter Siegert werden mit dem Helikopter – Pilot ist Gunther Amann, Flughelfer Bergführer Rudolf Kaufmann – direkt aus dem Zweiten Eisfeld evakuiert, nachdem sie von einem Wetterumsturz überrascht worden sind und in der Nacht mit ihren Lampen Notzeichen Richtung Kleine Scheidegg gegeben haben.

Wenn Eigerrettungen zur scheinbaren Routine werden

Für alle Beteiligten, gleichgültig ob Einsatzleiter, Pilot oder Flughelfer, sind Rettungen aus der Eigernordwand nie eine Routineangelegenheit. Jeder Fall liegt anders: die Wandstelle, das Wetter, die Verhältnisse in der Wand, die Zusammensetzung der Rettungsmannschaft, der Zustand der in Not geratenen Bergsteiger. Einzig die Häufung der Einsätze und damit auch das abnehmende Interesse der Öffentlichkeit an diesen Einsätzen lässt Aussenstehende auf die Idee kommen, dass Eigerrettungen nichts Spektakuläres oder Aussergewöhnliches mehr, sondern blosse Routine seien! Nach der ersten Direktrettung aus der

Eigernordwand im Herbst 1971 werden praktisch jedes Jahr Bergsteiger und Bergsteigerinnen direkt aus der Wand gerettet. Es gibt einfache und komplizierte Aktionen, Rettungen, die im ersten Anlauf gelingen, andere, die mehrere Versuche benötigen, und es gibt Einsätze zu jeder Jahreszeit. Kommentare wie «Bilderbuchrettung», «Direktrettung in 50 Minuten» oder «Mit Helikopter problemlos gerettet» findet man in den Rettungsprotokollen von Rettungschef Kurt Schwendener. Nicht alle der über 25 Direktrettungen zwischen 1971 und 1987 verlaufen aber problemlos. Dies zeigen Bemerkungen wie «Helirettung unmöglich», «Starker Steinschlag, nie mehr!» oder «Aus Sicherheitsgründen Aktion eingestellt!».

Datum: 18. November 1977;
Ort: Rampe

In einer nervenaufreibenden Aktion werden die beiden spanischen Bergsteiger Jesus Fernandez und Miguel Angel Perez, letzterer mit zwei gebrochenen Unterschen-

Vom Gipfel: Der Heli ist schon im Anflug, um den verletzten Japaner Kenji Kimura am 25. Januar 1970 direkt vom Gipfel ins Spital zu fliegen. Aus der Wand ist er aber noch mit dem Stahlseil und auf dem Rücken des Grindelwalder Bergführers Rudolf Kaufmann gerettet worden.

Direkt aus der Wand: Der
Spanier Miguel Angel Perez,
der sich bei einem Sturz in
der Rampe am 12. Novem-
ber 1977 beide Unterschenkel gebrochen hatte, wurde
sechs Tage später mit dem
Helikopter hochgehoben.
Zuvor hatte Bergführer
Hannes Stähli seine Beine
geschient und ihn zu einem
Band geschleppt, wo er ans
Windenseil gehängt werden
konnte. Schlechtwetter
hatte eine Rettung zu einem
früheren Zeitpunkt verun-
möglicht.

keln, im letztmöglichen Moment aus
der Rampe gerettet. Einmal mehr gehen
auch die Retter ein erhebliches Risiko ein –
nicht zuletzt weil die Gefahr besteht, dass
sie nicht mehr rechtzeitig vor der drohenden Wetterverschlechterung aus der
Wand geflogen werden können. Die ganze
Geschichte wird im Bildband «Aus dem
Tagebuch der Schweizerischen Rettungsflugwacht» zu einer eindrücklichen Story
aufgearbeitet: «Mein Freund konnte nicht
mehr gehen. Beide Beine waren gebrochen.
Es schien zu Ende zu sein. All unsere Kraft
und unser Wille hatten uns verlassen. [...]
Die Zeit ging nur langsam voran. Wir hatten längst nichts mehr zu essen. Schnee,
der alle Tage im Überfluss fiel, diente uns
als Durstlöscher. Der zehnte Tag war der
Tag unserer Wiedergeburt: Wir sichteten
einen Helikopter. ‹Es scheint, dass sie uns
gesehen haben›, schrie ich Miguel zu, ‹sie
machen Zeichen.› [...] Einer der Rettungs-
männer gab uns aus dem Heli noch Zeichen, die wir als ‹morgen holen wir euch
heraus› deuteten. Dann verschwand der
‹rote Vogel›. Welch eine Freude in jener
Nacht. Miguels Schmerzen hatten sich in
Nichts aufgelöst. [...] Um neun Uhr

morgens hörten wir endlich den Helikopter
in der Ferne. ‹Er kommt!› Die Rotorschläge
waren immer deutlicher zu hören. [...] Der
Helikopter zog eine Schleife, anscheinend,
um einen Platz zu rekognoszieren, von dem
aus eine Rettung eingeleitet werden könnte. Dann wurde ein Retter aus dem schwebenden Helikopter auf einem winzig kleinen Felsvorsprung abgesetzt. [...] Es gab
keine Zweifel mehr: ‹Unsere Rettung ist
eingeleitet worden, sie holen uns heraus.›
[...] In unserem Eishäuschen, das uns so
viele Nächte Schutz geboten hatte, mussten wir noch dreissig Minuten ausharren,
bis die Männer uns endgültig die Gewissheit über unsere Rettung brachten. Ich
starrte sie an. Ich fand keine Worte. Ich war
gerührt. Dann reichte ich ihnen die Hand
zum Gruss, einem Gruss, fast ohne Kraft.
Ich war erlöst, am Ende.»

50 Jahre Erstdurchsteigung – der Film und die Wirklichkeit

Im Sommer 1988 jährt sich die Erstdurchsteigung der Eigernordwand zum fünfzig-
sten Mal. Rund um den Eiger hat sich bereits ein Jahr vorher eine rege Filmtätigkeit
entwickelt. Verschiedene Fernsehstationen
wollen rechtzeitig aufs Jubiläumsjahr hin
ihren Eigerfilm präsentieren können. Auch
das Schweizer Fernsehen. Die Grindelwalder Bergführer können die Fernsehver-
antwortlichen überzeugen, dass nicht ein
weiterer Eiger-Geschichtsfilm gefragt sei,
sondern eher eine Produktion, die das Ret-
tungswesen in den Mittelpunkt rückt. So
kommt es zur grössten und aufwendigsten
«Rettungsaktion» aller Zeiten auf dem
Gipfel des Eigers. Obschon in den vergangenen Jahren die meisten Eigerrettungen
mit dem Helikopter durchgeführt werden
konnten, sieht die Übungsannahme eine
Stahlseilrettung vom Eigergipfel vor. Dies
ist insofern realistisch, als es noch einige

Stellen in der Nordwand gibt, von wo aus mit der zur Verfügung stehenden Technik keine Direktrettungen möglich sind.

Nach umfangreichen Vorbereitungsarbeiten wird der erste Teil der Übung am 22. Juni 1988 gestartet und wie bei einer Live-Sendung vom Schweizer Fernsehen aufgenommen. Mit zwei Helikoptern werden in der Folge über dreissig Bergführer mit mehr als einer Tonne Rettungsmaterial und mehrere Fernseh- und PTT-Techniker auf den Eigergipfel geflogen. Ein dritter steht als Kamera-Helikopter im Einsatz. Unerwarteter Nebel behindert die Arbeiten, trotzdem können vier Männer am Stahlseil in die Ausstiegsrisse abgeseilt werden, um dort die letzten Vorbereitungsarbeiten für die eigentliche Rettungsübung des kommenden Tages zu erledigen. Alles wird gefilmt, so dass man wenigstens attraktives Bildmaterial hätte, falls das Wetter definitiv schlecht werden sollte. Doch das Wetter spielt einigermassen mit, und die ganze Rettungsaktion kann wie geplant durchgeführt werden. Ein «verunfallter» Alleingänger wird mittels Stahlseil aus den Ausstiegsrissen bis aufs Gipfeleisfeld hochgezogen. Dort wird er direkt von einem Helikopter «gerettet». Es sollte bis auf den heutigen Tag die letzte Stahlseilrettung vom Eigergipfel gewesen sein.

Die mehrstündige Eigersendung wird einen Monat später im Rahmen der Jubiläumsfeierlichkeiten «50 Jahre Erstdurchsteigung der Eigernordwand» mit grossem Erfolg am Schweizer Fernsehen gezeigt.

Am darauffolgenden Tag, dem 24. Juli 1988, ist am Eiger plötzlich die Hölle los: Trotz schlechter Verhältnisse – es liegt immer noch relativ viel Schnee, die hohen Temperaturen begünstigen den Steinschlag – sind verschiedene Seilschaften in die Eigernordwand eingestiegen, vermutlich um auf ihre Art das 50-Jahre-Jubiläum zu

feiern. Auch am Mittellegigrat sind zahlreiche Partien unterwegs. Der erste Alarm kommt denn auch von einem japanischen Bergsteiger, welcher im Abstieg in der Westflanke gestürzt ist und sich dabei ein Bein gebrochen hat. Eine unproblematische Helikopterrettung kündigt sich an, wäre da nicht gleichzeitig ein Notruf aus der Nordwand hinzugekommen. Dort ist der Engländer Edward Hard gestürzt. Seine Kopfverletzung ist aber ernsterer Natur, und das Überleben des Verunglückten

Im letzten Augenblick: Eine Stahlseilrettung für die in der Rampe blockierten Spanier Perez und Fernandez war schon vorbereitet, als es dem Piloten Günther Amann doch noch gelang, vier Bergführer abzusetzen; links Ueli Frei, rechts Edi Bohren.

135

scheint von einer möglichst schnellen Rettung abzuhängen. Gegen eine sofortige Rettung spricht der dauernde Steinschlag. Mit grosser Beharrlichkeit hat Rettungschef Kurt Schwendener seit Jahren sämtliche Direktrettungen aus der Eigernordwand in die frühen Morgenstunden verlegt, wenn die tiefen Temperaturen das Steinschlagrisiko auf ein Minimum beschränken. Diese Massnahme hat dem erfahrenen Rettungsmann bisher recht gegeben. Was nun? Noch während der Japaner aus der Westflanke geholt wird, begibt sich der Arzt und Bergführer Bruno Durrer zu Fuss zum Verunfallten im untersten Teil der Eigernordwand. Vom Stollenloch der Jungfraubahn aus erreicht er die Unfallstelle beim Zerschrundenen Pfeiler. Es ist dasselbe Stollenloch, das 52 Jahre vorher bei den dramatischen Rettungsversuchen für Toni Kurz benützt worden ist. Soll sich das Drama wiederholen? Soll wieder ein Bergsteiger kurz vor seiner Rettung sein Leben verlieren? Die Funksprüche des Arztes tönen eindringlich: «Versucht um Gottes willen den Verletzten hier herauszuholen. Er wird die Nacht nicht überleben. Der Steinschlag hat nachgelassen.» Der Pilot der Schweizerischen Rettungsflugwacht REGA nähert sich der Unfallstelle. In einer Blitzaktion kann der Arzt den Verunfallten ans Windenseil hängen. Ein kurzer Überflug zur Station Eigergletscher, wo noch der verletzte Japaner betreut wird. Nun gilt die ganze Aufmerksamkeit dem Schwerverletzten. Er wird auf den längeren Transport ins Spital vorbereitet. Sein Zustand scheint stabil zu sein, Überlebenschancen bestehen. Sechs Wochen liegt der Gerettete im Koma, dann die erlösende Nachricht: Er hat den Unfall überlebt und wird ohne bleibende Behinderungen weiterleben können. Ein mulmiges Gefühl bleibt: Hat man die Risikogrenze bei dieser 65. Ret-

tungs- und Bergungsaktion aus der Nordwand überschritten, oder war es zu verantworten, in dieser Situation eine Direktrettung zu wagen?

Eines ist klar: Die grösste Gefahr bei Direktrettungen mit dem Helikopter besteht im Steinschlag. Ein Stein auf den Rotor kann die Maschine zum Absturz bringen. Zudem müssen die Piloten teilweise unglaublich nahe an die Wand heranfliegen, um die Retter mit dem Windenseil absetzen zu können.

Dank Notfunk und Longline wird (fast) alles möglich

Auch in den Jahren nach dem Eigernordwand-Jubiläum von 1988 müssen immer wieder Alpinisten aus der Wand gerettet werden. Und immer wieder stellt sich die Frage nach dem Risiko. Ein Risiko, an das die in Schwierigkeiten geratenen Bergsteiger offenbar kaum mehr denken. Sie bezahlen nicht nur den Gönnerbeitrag für die Schweizerische Rettungsflugwacht, damit eine eventuelle Rettung sie nichts kostet, sie packen auch immer öfters ein Funkgerät ein, mit welchem sie praktisch immer Hilfe, das heisst einen Helikopter, «anfordern» können, nicht selten unter Angabe falscher Tatsachen. Es kommt mehrmals vor, dass den in Not Geratenen gar nichts fehlt, ausser etwas besserem Selbstbeurteilungsvermögen oder besseren Wetterkenntnissen.

Da kommt den Rettungsleuten zu Beginn der neunziger Jahre die Entwicklung einer neuen Methode entgegen: das Retten mit der Longline.

Als erste erproben die Bergführer aus dem Haslital diese Rettungstechnik, bei der ein Retter je nach Situation an einem bis zu 227 Meter langen Seil, der sogenannten Longline, am Helikopter angehängt wird. Der Mann unten am Seil wird dabei prak-

tisch zum zweiten Piloten, denn er muss sich mit präzisen Anweisungen vom Helipiloten in die gewünschte Position manövrieren lassen, eine äusserst anspruchsvolle und mitunter für den Retter auch heikle Arbeit. Dafür befindet sich der Helikopter ausserhalb der Steinschlagzone und meistens auch in vernünftigem Abstand zur Wand. Mit der Longline-Methode wappnen sich die Haslitaler Bergführer gegen Unfälle in den senkrechten oder gar überhängenden Kletterwänden ihres Einsatzgebietes. Dass ein Einsatz der Longline auch für die Eigernordwand von grosser Bedeutung sein könnte, erkennt Rettungschef Kurt Amacher, der 1993 Kurt Schwendener in diesem Amt abgelöst hat, sofort. Er sorgt dafür, dass verschiedene Bergführer der Rettungsstation Grindelwald mit der Longline-Methode vertraut gemacht werden. Die erste Bewährungsprobe am Eiger lässt nicht lange auf sich warten. Wenige Monate nachdem die ersten Grindelwalder Bergführer in der Longline-Technik ausgebildet worden sind – man schreibt den 26. Juli 1994 –, hören Bahnangestellte der Wengernalpbahn Hilferufe aus dem rechten Teil der Eigernordwand. Auf einem Rekognos-

zierungsflug werden zwei Kletterer im obersten Teil des Genferpfeilers entdeckt; einer von ihnen ist offenbar verletzt. Die Zeit drängt, es ist bereits 17 Uhr, und ein Gewitter zieht auf. Unter diesen Umständen entschliesst sich Rettungschef Kurt Amacher für eine Direktrettung mit der Longline, der ersten solchen Aktion am Eiger. An einem 180 Meter langen Seil wird Bergführer Edi Bohren auf die Höhe des verunfallten Bergsteigers gebracht. Nur dank Pendelbewegungen gelingt es dem Rettungsspezialisten, überhaupt an die Wand heranzukommen, die gegen oben überhängend ist. Den Helikopter sieht er nicht mehr! Das Wetter wird schlechter, die ersten Regentropfen fallen, Nebel zieht auf, ein heftiges Gewitter geht über dem Eiger nieder. Einziger Pluspunkt: Dank der überhängenden Felswand werden der Retter und die Verunfallten kaum nass! Glücklicherweise verziehen sich Gewitter und Nebel, so dass Kurt Amacher seinem Kollegen in der Wand Hilfe bringen kann. Noch einmal erleben die beiden eine Schrecksekunde: Eine Aluminiumstange, die zum Heranziehen des Seils dienen soll, hat sich während des Fluges durch die gewittrige Luft elektrisch

Nichts für schwache Nerven: Wenn nahe an die Wand geflogen werden muss, könnte der Helikopter mit dem Rotor den Fels touchieren oder von Steinschlag getroffen werden. Dank der 1993 eingeführten Longline-Technik hat sich dieses Risiko verringert.

137

Langer Leine sei Dank: Mit einem bis zu 227 Meter langen Seil, an dessen Ende der Retter mit dem Funk und einer Ankerstange hängt, muss der Helikopter nicht mehr in der Steinschlagzone fliegen und verharren. Zudem werden dank der Longline-Technik auch senkrechte bis überhängende Wandstellen direkt zugänglich. Aber wenn der Wettersturz so grausam und langanhaltend wie bei Mehringer und Sedlmayr ist (die Foto entstand beim Bügeleisen), nützen die modernsten Rettungsmethoden nichts.

aufgeladen und entlädt sich just im Moment, als die beiden Retter über die Stange miteinander in Kontakt kommen! Von nun an läuft die Rettung fast reibungslos ab. Zuerst werden die beiden Kletterer zu zweit aus der Wand geflogen, anschliessend können auch die beiden Retter noch vor Einbruch der Dunkelheit sicher zurückgeholt werden. Der am Fuss verletzte Bergsteiger wird ins Spital geflogen und sofort operiert. Hätte die Rettung länger gedauert oder sich gar bis in den nächsten Tag erstreckt, wäre der schwerverletzte Fuss kaum mehr zu retten gewesen. In jeder Beziehung eine gelungene Rettung, für die sich die Eltern des Verunfallten, seine Freundin und der unverletzt gebliebene Seilgefährte einige Tage später beim Rettungschef persönlich bedanken. Eine Geste, die einen sehr freut, die aber nach den Erfahrungen von Kurt Amacher längst nicht mehr für alle Geretteten oder deren Angehörige selbstverständlich ist.

Die Rettungstechnik am Ende ihrer Entwicklung?

1995 finden drei Longline-Rettungen aus der Eigernordwand statt, zwei davon mit der maximalen Seillänge von 227 Metern. Ein Jahr später ist kein solcher Einsatz nötig, 1997 nur einer. Dank der Longline-Technik kann man jetzt fast zu allen Tageszeiten Bergsteiger aus der Eigernordwand retten, weil der Helikopter ausserhalb der Steinschlagzone operieren kann. Im Jubiläumsjahr 1998 – die Erstbesteigung der Eigernordwand liegt mittlerweile 60 Jahre zurück – plant das Schweizer Fernsehen eine Direktreportage über eine Durchsteigung der Eigernordwand. Über ein solches Vorhaben ist schon vor 20 Jahren heftig nachgedacht und diskutiert worden. Bisher scheiterte es aber an der zu komplizierten Übertragungstechnik mit

schweren Kameras und am zu grossen Risiko, verursacht durch die zahlreichen Material- und Personentransportflüge in die Wand und zurück. Beide Hindernisse scheinen überwunden: Es gibt Helmkameras in Bleistiftgrösse und vor Steinschlag sichere Longline-Flüge!

Hat die Rettungstechnik am Eiger ihren Höhepunkt erreicht? Ist eine weitere Entwicklung überhaupt noch möglich? Kurt Amacher glaubt, dass sich die Luftrettungen in der Eigernordwand in nächster Zeit nicht grundsätzlich verändern werden, dass es jedoch noch verschiedene Verbesserungen vor allem im Materialsektor geben werde. So ist man beispielsweise laufend daran, das Ausdehnungs- und Drallverhalten der Longline in den Griff zu bekommen. Schwächstes Glied in der ganzen Rettungskette ist und bleibt der Mensch. Nur mit regelmässigem Training dieser anspruchsvollen Rettungstechnik und ständigem Erfahrungsaustausch zwischen den verschiedenen Rettungsstationen kann man das vom Menschen ausgehende Risiko auf ein Minimum beschränken. Besser als die bestorganisierte Rettung ist, wenn gar keine Rettung nötig wird! Und da hat Rettungschef Kurt Amacher ganz klare Anliegen an alle Bergsteiger, vor allem aber auch an die Eigerkandidaten: Bessere Orientierung von Angehörigen oder Freunden über die beabsichtigten Touren und Routen zur Vermeidung unnötiger Suchflüge. Mehr Verständnis von den in Not geratenen Alpinisten, wenn eine Rettungsaktion nicht sofort ausgeführt werden kann – es entscheidet immer noch das Wetter, ob geflogen werden kann oder nicht. Und ganz allgemein mehr Respekt vor dem Berg, vor den Verhältnissen und vor dem Wetter – ein uralter Grundsatz, der auch im Longline-Zeitalter noch seine Gültigkeit hat.

Bügeleisen

Während Hannes den Neuschnee für eine Plattform wegschaufelte, packte ich Stativ, Kameras und Objektive aus. Fünf Minuten später war ich bereit, und dort war auch schon Eric, der gegen uns heraufstieg. Wenn ich schon vorher aus der Distanz Angst um ihn gehabt hatte, so fürchtete ich mich jetzt noch viel stärker, wie er sich uns näherte. Sein einziges Seil hatte er um die Schulter geschlungen; er bewegte sich ohne jegliche Sicherung. Ich konzentrierte mich aufs Filmen. So weit, so gut. Alles war nach Plan verlaufen, und ich hatte ihn auf den letzten 150 Metern des Zweiten Eisfeldes gefilmt. Unterhalb des Bügeleisens verschwand er aus dem Sichtfeld. [...]

Nach einer Stunde tauchte er über dem Bügeleisen wieder auf. Beim Wechseln vom Zweiten Eisfeld in einen Kamin hatte er Probleme gehabt und wäre in der Eile beinahe gestürzt. [...]

Obwohl sich die beiden schon am Telefon gesprochen hatten, waren sich Eric und Hannes vorher noch nie begegnet.

«Hallo, Hannes, ich bin Eric.»

«Ja, ich weiss. Freut mich, dich kennenzulernen.»

Leo Dickinson: Filming the Impossible (Wand 1980 / Buch 1982)

Das Unmögliche filmen

Auf- und Abblenden: Seit 1911 ist der Eiger in Dokumentar- und Spielfilmen sowie in TV-Sendungen präsent. Die Filmographie umfasst 95 Titel: ein Rekord.

Der Bergfilm wurde schon früh zu einem wichtigen Element der Filmgeschichte. Am Eiger, besonders an der Nordwand, die sich als spektakuläre Bühne präsentiert und über eine mystisch-gefahrvolle Ausstrahlung verfügt, drängt sich der Film als Medium geradezu in den Vordergrund. Nahaufnahme von Markus Schwyn.

Dumpf ist das Knattern der Rotoren eines Helikopters zu hören, der knapp über dem Bügeleisen gefährlich nahe an der mit Schnee- und Eisfetzen bedeckten Wand schwebt. Dort müssten um diese Zeit bereits Steine die Wand herunter sausen, also was tun die dort zu dieser Zeit – es ist keine Rettung angekündigt. Wer wagt sich zum Vergnügen in die Wand, in diese Welt aus Eis und Fels? Es sind der Schweizer Hannes Stähli aus Wilderswil im Berner Oberland und der Deutsche Toni Freudig aus Pfronten im Allgäu, die sich zusammen mit einem Filmteam in die Wand einfliegen lassen. Sie sollen für das 50-Jahr-Jubiläum der Erstdurchsteigung alle Schlüsselstellen der klassischen Route durchklettern und filmen. Die Filmarbeiten beginnen beim Bügeleisen, denn dort kann die Equipe noch am besten in der Wand abgesetzt werden. Der Hubschrauberpilot muss für das nicht ungefährliche Abseilmanöver nahe an die Wand fliegen, mitten in die Steinschlagzone. Prompt wird der Rotor von einem fallenden Stein getroffen; der Hubschrauber kommt kurz ins Trudeln, und da passiert es: der Rotor berührt den Fels. Dem Piloten gelingt es, seine Maschine unter ruppigem Schütteln und Trudeln von der Wand wegzureissen und trotz beschädigtem Rotor auf einem ebenen Wiesenstück am Wandfuss eine Notlandung einzuleiten.

Risikoreich ist das Filmen unter diesen Bedingungen alleweil, aber es sind spektakuläre Bilder einzufangen, sie versprechen Hochspannung und Nervenkitzel. Der Eiger ist ein Filmberg und die Nordwand ein senkrechtes Halbrund, das alles bereithält, was eine gute Bühnenarchitektur bieten muss. Hinter der steil abfallenden Wand zieht sich die Jungfraubahn gewissermassen als Servicestollen dem Bühnenrand entlang. Ein- und Ausstieg sind durch verschiedene Löcher möglich. Eine bestens erschlossene Bühne mit einem unvergleichlichen Bühnenbild: Klappe 1, Kamera läuft.

Alptraum Eigernordwand

Die Geburtsstunde des Films schlug 1895.
Die Gebrüder Lumière bannten die ersten
Bilder auf das neue Medium, das sich in
Windeseile rund um den Erdball verbreiten
sollte. Kurz darauf brachen auch schon die
Kurbeldreher verschiedenster Nationen in
die Berge auf. Bis der Eiger ins Blickfeld der
Filmproduzenten und Regisseure rückte,
vergingen allerdings noch einige Jahrzehnte. Erst die missglückten Nordwand-Bege-
hungsversuche von 1935 und 1936, bei
denen insgesamt sechs junge Bergsteiger
ums Leben kamen, weckten das Interesse
für den Berg.

Die Wand geriet in den Mittelpunkt des
öffentlichen Interesses und sollte zum
Thema eines Naturfilmes werden. Realisiert
wurde der einstündige Film «Die Eiger-
Nordwand». Er zeigt die Münchner Bergwacht bei der Bergung von Toni Kurz, dem
jungen Alpinisten, der nach dramatischen
Rettungsversuchen vor den Augen der hilf-
losen Rettungsmannschaft sterben musste.
Der Film enthält «keineswegs Aufnahmen
tendenziöser, herausfordernder oder gar
gefühlsverletzender Art», wie das «Oberländische Volksblatt» schrieb: «Dem Publikum sollte das Ungeheure, Schreckensvolle
der gigantischen Felsenmauer des Eigers
vor Augen geführt werden.» Der junge
Berner Kameramann Max Herrmann
benutzte die Gelegenheit, sich der wochen-
langen Bergungsaktion der Münchner
Bergwacht im Sommer 1936 anzuschlies-
sen. «Kreuz und quer, auf und ab, oft nur
angeklebt an den Steinmassen, bewegte
sich die Kolonne, der sich auch Glatthard,
Steuri und Schlunegger angeschlossen hatten, an dieser Nordwand. Eisige Wasser,
heulender Steinschlag, heimtückische Eis-
bänder, plötzlich auftauchender Nebel und
wieder blendender Sonnenschein, sowie
die beissende Kälte waren Feinde, welche

**Starker Auftritt: 1936 – zwei
Jahre vor der erfolgreichen
Begehung – drehten
Schweizer und Deutsche
den ersten Eigernordwand-**
**Film. Von den ursprünglich
60 Minuten sind 35 erhal-
ten geblieben. Auch so
ein einmaliges alpinistisch-
filmisches Dokument.**

Filmwechsel: Zeitungsinserat für den Eiger-Film von 1936, bei dem Max Herrmann die Kamera bediente (oben). Hannes Stähli seinerseits blickt auf eine lange Karriere als Kameramann und Schauspieler für Eiger-Filme zurück. 1987 war er beim Jubiläumsfilm «Alptraum Eigernordwand» dabei: Der Einstieg erfolgte per Helikopter auf dem Bügeleisen (rechte Seite; rechts unten); Wolfgang Brög feierte im Todesbiwak und filmte später die Kletterer in den Ausstiegsrissen (rechte Seite; rechts oben, links unten).

die Männer nach jedem Schritt und Tritt überrumpeln konnten. Man erlebt so sämtliche Phasen der unheimlichen Aufstiegsroute Sedlmayrs anno 1935 und die der heurigen Todesexpedition», war nach der Filmvorführung im Hotel Freienhof in Thun am 29. Oktober 1936 in der Zeitung zu lesen. Die Filmequipe, die unter der Leitung des Thuner Alpinisten E. O. Stauffer lag, soll bis 60 Meter unterhalb des ersten Biwakplatzes von Mehringer und Sedlmayr vorgestossen sein. Dabei benutzte Herrmann eine Kleinkamera. Im Film wird auch die als «bequemer Anstieg» bezeichnete Normalroute auf den Eiger gezeigt. 35 Minuten sind vom Werk erhalten geblieben und wurden bei der Recherche für dieses Buch bei Josef Gloger in Wien entdeckt. Einen Dokumentarfilm besonderer Art schuf 1948 der Schweizer Otto Ritter. In seinem Film «Grat am Himmel» begleitete er eine Seilschaft bei ihrem Aufstieg

am Mittellegigrat am Eiger. Er erlebt die Strapazen des Aufstiegs mit, bleibt aber stets auch Beobachter, der die bergsteigerische Leistung dokumentiert und durch seinen gestalterischen Eingriff kommentiert. Lange Zeit schlugen sich die Filmemacher mit dem Gedanken herum, einen Film der Begehung der Eigernordwand entlang der Heckmair-Route zu realisieren. Die technischen und alpinistischen Anforderungen erwiesen sich aber als so schwierig, dass der Versuch einige Male erfolglos abgebrochen werden musste. So scheiterte Lothar Brandler erstmals 1958. 1959 wurden zwar Adolf Derungs und Lukas Albrecht vom sicheren Grat aus in der Spinne gefilmt, doch die restlichen Aufnahmen des Films «Eiger – Nordwand» mit Toni Hiebeler und Lothar Brandler wurden wegen nachgestellter Szenen arg kritisiert. 1969 filmte die BBC Chris Bonington und Dougal Haston an einigen Stellen in der Harlin-Route, die sie für eine TV-Produktion kletterten. Aber das Filmteam wagte sich auch hier noch nicht in die Wand; die Kamera wurde von der sicheren Westflanke aus auf die Kletterer gerichtet. Obwohl bis im Sommer 1969 über 250 Bergsteiger die Eigerwand durchstiegen hatten, fehlte noch ein umfassendes Filmporträt dieser grossen alpinistischen Herausforderung.

Das Ungeheuer ist bezwungen

1970 schliesslich sollte ein erneuter Versuch erfolgen. Mit Leo Dickinson betrat ein Haudegen die Bühne oberhalb von Grindelwald, fest entschlossen, mit seinen drei Partnern Cliff Phillips, Pete Minks und Eric Jones die Durchsteigung der Eigernordwand auf der Normalroute zu filmen. Es brauchte für ein Unterfangen von diesem Kaliber einen Profi an der Kamera, der gleichzeitig als überdurchschnittlicher Filmtechniker und aussergewöhnlicher Berg-

steiger auch ein Gespür für die Dramaturgie und die Filmregie haben musste. Zusätzlich zur Alpinausrüstung hatte das Team die Filmausrüstung auf den Rücken zu schnallen: zwei Filmkameras mit mehreren Objektiven, Batterien, 3000 Meter Film, ein Tonaufnahmegerät und fünf Kameras für die Fotodokumentation.

Das Unternehmen stand zu Beginn unter keinem guten Stern. Cliff Phillips glitt be-

Hinter und vor der Kamera: Der Brite Leo Dickinson hielt die Eigerwand fest im Sucher (oben). 1970 kletterte er mit drei Gefährten filmend durch die Wand – eine Premiere. Zehn Jahre später liess er für einen neuen Eiger-Film den Absturz von John Harlin mit einer Puppe täuschend echt rekonstruieren (unten).

reits auf einem der unteren Schneefelder in der Nähe des Ersten Pfeilers aus. Ungesichert vermochte er sich nicht mit dem Eispickel festzuhalten, so dass er talwärts rutschte. Und Dickinson filmte, wie sein Kollege dem sicheren Tod entgegenschlitterte, ohne den Finger vom Auslöser zu nehmen, bis er ihn aus den Augen verlor. Es gelang Phillips schliesslich doch noch, seine Rutschpartie vor einem Felsabbruch zu stoppen. Sobald er wieder ins Sichtfeld kam, rief er Dickinson zu: «Did you get it?» (Hast du alles auf dem Film?) Antwort von Dickinson: «Of course, idiot! Stunts like that will go down a bomb with the viewers.» (Natürlich, Idiot! Solche Szenen werden beim Publikum wie eine Bombe einschlagen.) In den folgenden Wochen durchstig das Team in mehreren Etappen die Wand und trotzte allen Widrigkeiten: Steinschlag, Wetterumstürzen, Kälte, Blitz

und Donner. Schliesslich hatten die vier einen Film im Kasten, von dem der Journalist William Keenan im «Daily Mirror» am 9. Dezember 1970, gleich nach seiner Ausstrahlung im englischen Fernsehen, schrieb: «Dieser Film war für mich – und ich bin sicher, das gilt genauso für alle anderen Zuschauer – der dramatischste Bergsteigerfilm, der je gemacht worden ist.» Leo Dickinson kehrte nochmals an den Eiger zurück. Eric Jones wollte die Wand 1980 als erster Brite im Alleingang durchsteigen. Die Chance, eine Solobegehung der Eigernordwand zu filmen, wollte sich Leo Dickinson nicht entgehen lassen. Nur: Wie sollte das geschehen? Ginge er mit, wäre es kein Alleingang mehr. Es blieb also nur der Helikopter. Seit im Jahre 1971 die erste Helikopterrettung aus der Eigernordwand erfolgreich durchgeführt worden war, konnten auch die Filmemacher von diesen neuen Möglichkeiten profitieren. Das Bügeleisen erwies sich dabei als eine Schlüsselstelle, die zwischen dem Zweiten und dem Dritten Eisfeld nicht nur gut gelegen, sondern auch relativ «bequem» aus der Luft zu erreichen ist. Zusammen mit Hannes Stähli – nach Schweizer Gesetz musste ein Bergführer dabei sein – filmte Leo Dickinson so den Soloaufstieg von Eric Jones vom Helikopter aus; aber die beiden liessen sich auch ans Bügeleisen einfliegen,

um näher an den Kletterer heranzukommen. Sie warteten mit Stativ und aufmon-
tierter Kamera auf Eric Jones, um ihn beim
Vorbeiklettern zu filmen.

Bereits im Jahr 1978 wurde Hannes Stähli
zusammen mit dem Bergführerkollegen Edi
Bohren beim Bügeleisen aus dem Helikopter abgesetzt, um für den Film «Der Tod
klettert mit» von Friedrich Bach Aufnahmen
aus der Wand zu drehen. Für tausend Franken pro Tag und Person wurde einiges von
den beiden verlangt: Sie mussten die
schwere mechanische Kamera über Funk-
anweisungen des Aufnahmeleiters Friedrich
Bach bedienen, der es sich auf der Kleinen
Scheidegg – so wird gemunkelt – im Liege-
stuhl bequem gemacht hatte. Einmal wurden sie in die Wand geflogen und tags
darauf auf dem Gipfel abgesetzt, um die
Ankunft der Bergsteiger zu mimen.
Gipfelszenen sind heikel, das merkte auch
Leo Dickinson beim Film über die Solo-
besteigung durch Eric Jones. Da er mit dem
filmischen Resultat der wirklichen Gipfel-
ankunft seines Hauptdarstellers nicht
zufrieden war, wurde die Gipfelszene
im Februar 1981 wiederholt. Klappe und
Schnitt. Im Film merkt es niemand.

Der Weg ist das Ziel

Der Dokumentarfilm und der Spielfilm kommen sich insbesondere bei der Darstellung
historischer Ereignisse sehr nahe. In mehreren Eiger-Filmen fügten die Regisseure hi-
storische Szenen ein oder bauten ihre Filme
auf der Rekonstruktion der Ereignisse von
1935 und 1936 auf. Hier sind Kleidung,
Ausrüstung und Technik von einst Utensi-
lien der Imagination. Gerhard Baur rekon-
struierte in den Dokumentarspielfilmen
«Der Weg ist das Ziel» an den Grandes Jorasses und am Eiger die historischen Ereignisse. Leo Dickinson liess das Geschehen
von 1935 und 1936 im Februar 1982 eben-

falls an den Originalschauplätzen nachspie-
len und baute die Szenen im Film ein, den
er von der Alleinbegehung von Eric Jones
1980 gedreht hatte. Es entstand der Film
«Eiger», der dann gar die Rekonstruktion
des Todessturzes von John Harlin aus der
Direttissima als dramaturgischen Höhepunkt enthält. Leo Dickinson sprang zusammen mit dem Fallschirmspringer Paul
Applegate, der für diese Szene wie ein
Bergsteiger angezogen war, mehrere Male
aus dem Helikopter. Dickinson filmte, selbst
im freien Fall, mit der an seiner Hand befe-
stigten Kamera Paul Applegate. Auf der
Höhe des Hinterstoisser-Quergangs öffne-
ten die beiden jeweils ihre Fallschirme und
landeten in Alpiglen. Um auch den unteren
Teil des Absturzes und das Aufschlagen
John Harlins in den Kasten zu bekommen,
warfen sie eine Puppe aus dem Fenster der
Station Eigerwand. Dickinson wendete
Mittel an, wie sie sonst nur in aufwendigen
Spielfilmen eingesetzt wurden – mit dem
Unterschied, dass es sich bei diesen Szenen
um die Rekonstruktion eines tatsächlich
erfolgten Todessturzes handelte und nicht
nur um die Umsetzung eines auf Action
ausgerichteten Filmscripts!

Kein Double: Luis Trenker
(hinten) war bekannt dafür,
dass er in den Filmen, in
denen er ebenfalls vor
der Kamera agierte, die gefährlichen Szenen jeweils
selbst spielte. Im Film «Sein
bester Freund» tat es ihm
sein Hauptdarsteller Toni
Sailer gleich. Doch auch
das künstliche Blut nützte
nichts: Trenkers Eiger-Film
wirkt blutleer.

Knalliger Stunt: Für den
Bond-Streifen «Golden Eye»
wurden ein paar heisse
Szenen vor der Kulisse des
Eigers gedreht. Im Film
spielen sie dann in Sibirien
(folgende Doppelseite).

Realität und Fiktion:
Auf der Kleinen Scheidegg
erholt sich Clint Eastwood
(oben, links vorne) vom
schwindelerregenden
Schnitt mit einem Schweizer
Sackmesser (unten) in
senkrechter Fluh. Reinhold
Messner, Heidi Brühl und
Peter Habeler leisten ihm
auf sicherem Grund hübsche
Gesellschaft.

Drama am Eiger –
nicht sein bester Film

Und was bietet nun der eigentliche Spielfilm an Spektakel am Eiger? Die Ausbeute
ist mager, es sind nur gerade zwei Spielfilme auszumachen, bei denen der Eiger
mehr als reine Kulisse, sondern Ort der
Handlung selbst ist. Im Sommer 1962
verursachte erstmals ein Filmteam Hochbetrieb auf der Kleinen Scheidegg. Luis Trenker, der grosse alte Mann des Heimatfilms,
hatte sich für seinen letzten Spielfilm den
Eiger ausgesucht und verbrachte mit seinem Filmteam einige Wochen auf der Kleinen Scheidegg. «Sein bester Freund» oder
«Drama am Eiger» handelt von der Durchsteigung der Eigernordwand. Natürlich ist
auch diesmal die Story von einer deftigen
Liebes- und Eifersuchtsgeschichte umrahmt.
Der Film brachte Trenker dann aber nur
Hohn und Spott; er fand nirgends ein Publikum: den einen war er zu melodramatisch,
den anderen schlicht zu banal. Zusätzlich
kam diesmal eine Schelte aus dem Lager
der Alpinisten, die sich gegen die im Film
gezeigte Vermarktung des Bergsteigens

wehrten: Aufstieg gegen Bezahlung – heute unter dem Begriff «Sponsoring» gang
und gäbe – war 1962 noch kein öffentli-
ches Thema. Trenker litt unter der schlechten Kritik und der Schelte aus dem alpinistischen Lager. Der Film wurde kaum zur
Kenntnis genommen und ist heute nur
wenig bekannt.

1974 herrschte erneut Hochbetrieb auf
der Kleinen Scheidegg. Angereist war Clint
Eastwood, Hollywood, USA. Für den Agen-
tenthriller «The Eiger Sanction» hat Eastwood mit seinem Team den Weg ins Berner
Oberland nicht gescheut. Wohl aber die
Wand, mit der er sich nie anfreunden
konnte. Hannes Stähli erzählt, wie er mit
Clint Eastwood aus dem Stollenloch mitten
in die Wand trat und ihn neben sich fluchen
hörte: «Oh shit! Let's get out of here.» Im
Film spielt Eastwood einen US-Superagen-
ten, der den Mörder zweier Kollegen stellt.
Gedreht wurde der Film an verschiedenen
Schauplätzen, und nur einige Szenen
wurden am Eiger aufgezeichnet. Der Film
floppte in Europa total, er kam nicht einmal in den Verleih. Vielleicht lag es am
deutschen Titel «Im Auftrag des Drachens»
– das vermutet zumindest Norman
G. Dyhrenfurth, der als bergsteigerischer
Leiter das Filmteam betreute.

Markus Schwyn (Jahrgang 1963) ist Konservator am
Schweizerischen Alpinen Museum in Bern, wo
zweimal jährlich ein Veranstaltungszyklus zum Thema
«Alpiner Film» angeboten wird.

Eigernordwand live!

Die renommierte BBC unternahm 1973 einen ersten Versuch: Geplant war, während einer zweijährigen Vorbereitungszeit alle technischen und alpinistischen Probleme in den Griff zu bekommen und 1975 eine Begehung der Eigerwand live auf den Bildschirm zu bringen. Die Schweizer Behörden untersagten aber das Unternehmen in letzter Minute. Es hiess, das ins Auge gefasste Datum kollidiere mit einem nationalen Feiertag. Der Schotte Hamish MacInnes, der während einer Everest-Expedition zusammen mit Dougal Haston den Plan zur TV-Direktsendung entworfen hat und der bei «The Eiger Sanction» nach einem tödlichen Zwischenfall als Sicherheitsberater tätig war, vermutet doch eher, «dass die Schweizer in Anbetracht der Reputation des Eigers kalte Füsse bekommen hatten». Als 1977 endlich eine Bewilligung der Behörden vorlag, misslang der Versuch der amerikanischen Fernsehanstalt Trans World International aus finanziellen Gründen.

1998 – 60 Jahre nach der Erstdurchsteigung – sendet das Schweizer Fernsehen SF DRS in Zusammenarbeit mit dem deutschen Südwestfunk seine schwierigste und steilste Direktübertragung: Vor und mit laufenden Kameras klettern eine Männer- und eine Frauenseilschaft durch die 1800 Meter hohe Eigernordwand. Im Stile der traditionellen SF-Spezial-Grossreportagen sehen die Zuschauer an eineinhalb Tagen zwischen Ende August und Mitte September 1998 erstmals Tritt für Tritt, Griff für Griff, wie vier mit modernsten Helmkameras ausgestattete Alpinisten und Alpinistinnen auf den Spuren der vier Erstbegeher von 1938 durch die Wand der Wände steigen und dabei im sogenannten Schwalbennest

biwakieren. Hauptakteure sind die Bergführer Hansruedi Gertsch (32), Leiter des Bergsteigerzentrums Grindelwald, und Ralf Dujmovits (36), Leiter des Expeditions- und Trekkingveranstalters Amical alpin im schwarzwäldischen Bühl, sowie die Bergführerinnen Evelyne Binsack (30) von Gsteigwiler und Bettina Perren (28) aus Zermatt. Reporter im Sendezentrum Männlichen oder auf dem Westgrat haben die Möglichkeit, mit den Bergsteigern per Funk zu sprechen. An den acht fixen Kamerapositionen in der Wand (Erster Pfeiler, Stollenloch, Schwalbennest, Zweites Eisfeld, Bügeleisen, Rampeneisfeld, Spinne, Ende Ausstiegsrisse) sind neben dem Kameramann zwei Bergführer zur Sicherung postiert; dass die Kamerateams überhaupt in die Wand geflogen werden können, ist nur dank der sogenannten Longline-Technik möglich (vgl. Kapitel über die Luftrettung). Im Zentrum der Sendung steht die bergsteigerische Leistung der zwei Männer und zwei Frauen. Auf diese Art und Weise verstehen die Produzenten die aussergewöhnliche Live-Reportage auch als Diskussionsbeitrag über die alljährlich wiederkehrende Auseinandersetzung über Sinn und Zweck

Alpines Reality-TV: Dank modernen Helmkameras sind die Fernsehzuschauer 1998 erstmals hautnah und live dabei. Die Bergführer Hansruedi Gertsch (Bild), Ralf Dujmovits, Evelyne Binsack und Bettina Perren sind Kameraleute und Akteure zugleich.

des Bergsteigens. Aber wie die Projektleiter Kurt Schaad, Redaktionsleiter von SF-Spezial, und Godi Egger, Bergführer und Rettungsfachmann von Grindelwald, im August 1997 an der Medienkonferenz am Fuss des Eigers und im Stollenloch mitten in der Nordwand betonten, kommt die Sicherheit für die Kletterer und die fixen Kamerateams in der für Steinschläge und Wetterumstürze berüchtigten Wand an erster Stelle. Deshalb bestimmen die Verhältnisse in der Wand (die Temperatur sollte auch tagsüber den Gefrierpunkt nicht überschreiten) und das Wetter den exakten Termin der zwei Jahre lang geplanten Live-Übertragung. Schaad: «Wir müssen nicht unbedingt auf den Gipfel.»

Todesbiwak

Wir warten. Die kostbare Zeit verrinnt, nutzlos. In dieser düsteren, mörderischen Wand erinnert alles, bis zu den verrosteten Haken, den morschen Seilen von den früheren Versuchen her, diesem Steinmäuerchen um unseren Frühstücksplatz herum, das damals Sedlmayer und Mehringer in ihrer letzten Nacht etwas Schutz gewährte, ehe sie dann später von Lawinen fortgerissen wurden – erinnert alles eindrücklich daran, daß Erfolg und Sicherheit schwer gefährdet sind, sobald das Vorrücken gegen den Gipfel stockt. Das ist nicht nur ein schmerzendes und deprimierendes Gefühl, sondern schlichte Tatsache. In dieser riesigen, konkaven Wand mit ihrer gewundenen Route ist man wie verloren. Den dritten Teil seiner Zeit verbringt man mit horizontalen Quergängen, ohne einen Meter Höhe zu gewinnen.

Gaston Rébuffat: Étoiles et tempêtes (Wand 1952 / Buch 1954)

Karl und Max hängen im Blankeis
und reden in Blankversen

Die ersten Toten auf der letzten Fahrt: Karl Mehringer (links) und Max Sedlmayr reisten nobel und gutgelaunt zur Eigernordwand (oben). Doch der Berg ist ein unberechenbarer Riese, der infernale Bäche, Steine und kleinere Lawinen über seinen Leib hinunterfliessen und -rollen lässt (rechts).

Die erste Tragödie in der Eigernordwand hat die Schriftsteller immer wieder bewegt. So auch den Zürcher Roland Heer. Sein Stück «Karl und Max» aus dem Jahre 1997 ist, wie er schreibt, «ein polyphoner Sprachanlass, eine wortbrüchige Partitur, ein poetisch-brachialer Singsang, eine Sprechoper». Von der Regie und von den Schauspielern fordert der Autor, dass bei der Inszenierung kein wie auch immer gearteter Realismus angestrebt werden dürfe und dass eine grösstmögliche Distanz zum alpinen O-Ton à la Luis Trenker oder Reinhold Messner erforderlich sei. Das Stück, so Heer, schwingt zwischen verschiedenen Polen: Aussichtslosigkeit der Situation steht gegen Exzesse von Grössenwahn, Grenze gegen Kontinuum, Nichts gegen Alles, Lyrisches gegen sprachliche Kraftmeierei, Fragilität der Figuren gegen Derbheit ihres Gehabes, Leben gegen Tod. Das Stück weist in seinem Verlauf stark unterschiedliche Tempi auf, von presto furioso über andante bis zu lento gelato, dem fast gänzlichen Gefrieren der Sprechhandlung gegen den Schluss hin. Wir bringen hier den Anfang.

Es ist der 25. August 1935. Die zwei Münchner Kletterer Max Sedlmayr und Karl Mehringer, beide zwischen 25 und 30 Jahre alt, sind seit fünf Tagen in der noch unbestiegenen Eigernordwand. Die zwei Bergsteiger sind in der Nacht vom 20. zum 21. August bei bestem Wetter in die Wand eingestiegen und – von vielen Schaulustigen durchs Fernrohr beobachtet – zuerst flott vorangekommen. Nach zwei Biwaks geht aber alles immer langsamer, vermutlich wegen zunehmenden Steinschlags oder weil einer der zwei sich verletzt hat. Und dann ereignet sich am dritten Tag ein fürchterlicher Wetterumschlag. Am Sonntag, dem 25. August, werden die zwei zum letzten Mal lebend gesehen, wie sie sich langsam hinauf bewegen in Richtung des sogenannten «Bügeleisens». Hier setzt das Stück ein.

Karl und Max · Sprechoper in einem Akt

Figuren:

KARL, der jüngere der zwei Kletterer

MAX, der ältere der zwei Kletterer

(Langes, ohrenbetäubendes Getöse, dann wird es hell)

MAX Herrgott, wo bist du, he!––So sag was! Hörst du?
Ob du noch da bist, frag ich, Karl––wie's geht.
KARL Da, ja, doch, au! Am Kopf, verdammt, da hat's mich––
(Steigt halb kriechend, Tritte stampfend, herüber)
erwischt, am Kopf, hat's mich––der Rucksack du,
– der ist––verfluchter Steinschlag––aua, meine Hand,
mein Kopf––
(Sie kauern jetzt zusammen auf einem abschüssigen,
sehr exponierten Band)
MAX   Ich mach dich erst mal fest, drück mich
zur Seite, so. –– Mein Gott, der Sack! Den hat's
glatt fortgerissen, der ist weg––und da,
da läuft dir 's Blut raus, unten, bei der Kappe.
KARL Mensch Scheisse, tut das weh––hab ich's dir doch
gesagt, dass mir die Rinne nicht gefällt,
verdammt auch. Wär ich Depp doch hier geblieben,
statt mir den Arsch so aufzureissen und
den Kopf. Ist Mist doch, klar, bei den Lawinen.
Von wegen weiterklettern, vorwärtsmachen!
Mir dreht sich's, du, ich kriege gleich das Zittern.
MAX Komm Karle, ruhig bleiben, du. Ganz ruhig.
Hast recht, hier geht es nicht, doch weiter links––
na komm––wenn du dich wieder besser fühlst––
ein Affenschwein hast du gehabt. Es ist
ja bloss der Rucksack weg.
KARL   Was Schwein gehabt!
Dass ich nicht lach: Mein Arm kaputt, mein Schä-
del brummt, der Rucksack fort, es stürmt––und
unter uns ein Kilometer Fels––verdammt!
Scheisswand, Scheisswetter, Scheisssteinschlag, Scheisswelt!
MAX Komm lass dich anschaun––bist voll Blut da.
KARL   Au!
MAX So zeig doch her––dass ich das zumach mit
dem Tuch da.
(bindet ihm eine groteske Schlaufe, die seinen
Kopf umgibt,
als hätte er Zahnweh)

«An Frau Jossi hingen wir
voller Dankbarkeit
Ob ihrer Uneigennützigkeit;
Sie griff uns immer hilfreich
unter den Arm;
Zwei arme Bergsteiger
danken warm.»
Eintrag von Karl (rechts)
und Max ins Logierbuch
des Hotel des Alpes auf
Alpiglen.

KARL   Sagt ich's doch, hat keinen Sinn,
wir bleiben besser, wo wir sind, hab ich
gesagt, da sind wir vor dem Steinschlag sichrer,
hab ich gesagt——wo es doch schneit seit bald
zwei Tagen————(erschrocken) du, verflucht———im Rucksack war,
verdammt———der Kocher———und der Proviant———
MAX Der Kocher!——ist nicht wahr!——Der Frass——das kann nicht————
vergessen, streichen———fressen wir halt Schnee!———
Wir müssen weiter, wie auch immer, Mensch.
Es gibt nichts andres. Weiter, durchziehn, ohne
das Zeug. Kommt keiner helfen, Karle. Warten
ist sinnlos. Besser, glaub mir, wird es nicht.
KARL Vielleicht tut's auf – wer weiss. Es kann doch nicht
so bleiben, ewig. Ist doch Sommer, he,
mein Gott, August——wenn's besser wird, wer weiss,
vom Stollen her, das müssten sie doch schaffen——
denn wo Gefahr wächst, wachsen auch die Retter——
MAX Bei diesem Schnee schafft's keiner, ausgeschlossen——
kommt keiner hoch, auch wenn es besser wird –
und runter kommen wir von hier schon gar nicht:
Fünf Tage doktern wir schon rum——drum rauf
jetzt, kost' es was es wolle, Teufel auch!
Die Dreckswand will uns wohl verscheissern——rauf!
Wir müssen rauf, Mensch Karl, verlieren doch
nur Zeit mit Warten.
KARL   Nein, ich bleib!
MAX   Du kommst!
KARL Mach keinen Schritt mehr. Warte da.
MAX   Komm Karl,
ich steig ja vor, ich sichre dich, wir müssen——
KARL Was müssen—— muss nichts müssen. Bleibe da.
Noch einmal halt ich nicht den Kopf hin——sinnlos.
MAX Was sinnlos, sinnlos. Wird doch immer später.
KARL Dann soll es später werden! Scheisse, hab
ich Schädelbrummen! Scheisse, mir wird schlecht.
MAX Zusammenreissen, auf die Zähne beissen,
he Karle, Mann, warst doch auch sonst kein Schlappschwanz.
(steht auf)
Wir müssen es probieren——und zwar jetzt.
KARL Dann geh du halt allein, versuch dein Glück.
MAX   Ha, ohne Seil——es fehlt noch fast die Hälfte,
und weiss doch keiner, wie das oben wird.
Alleingang jetzt———und dich hier lassen———Blödsinn!
KARL Ich rühr mich nicht, ich kann jetzt nicht, brauch Ruhe.

**Basislager Alpiglen: In einer
Alphütte schliefen Karl
(links) und Max seit dem
16. August 1935 und warteten auf gutes Wetter. Nach
ihrem Einstieg besuchte
ein Reporter die Hütte: «Da
liegen die Pässe, lautend
auf einen Max Sedlmayr
und Karl Mehringer aus
München, die Fahrausweise
für das Auto, das bei der
Station Grindelwald-Grund
parkiert ist, neben der
Barschaft, bestehend aus
60 Schweizerfranken, offen
auf einem Holzklotz.»**

Mir fallen gleich die Augen zu——will nicht——
will lieber hier erfrieren als runterstürzen.
MAX Erfrieren? Blödsinn! Hoch geht's! Karl, ich bitt dich!
KARL Kann nicht mehr klettern——
MAX   Bitte!
KARL   Kann nicht mehr——
hab keine Kraft——will nicht mehr weg—— ka-putt!
MAX Ja so, und also was? (will wegklettern) Wenn du nicht jetzt,
grad jetzt, mit mir, hier hoch——————

(wieder Lawinen- und Steinschlaggetöse, es wird dabei dunkel)
KARL Wo bist du, he?
——So sag etwas! Bist du noch ganz——du, Max?——

Der Weg ist das Ziel, aber das Ziel ist zu weit und zu hoch: Das Schicksal von Karl und Max wurde 1982 in einem Eiger-Film nachgestellt. Die Berner Oberländer Bergführer Hannes Stähli und Jürg von Känel (mit Hut) spielen die beiden Münchner Hochtouristen.

MAX Da, ja, doch, au!——am Bein, Mensch Karl, da hat's mich—————
am Bein erwischt hat's mich——
KARL   Komm setz dich hin,
ich mach dir Platz hier neben mir.
MAX   Ich glaub,
es ist kaputt——schwillt an wie ein Ballon——
kann's nicht mehr biegen——Schweinepech, verdammtes.
KARL Ich sag ja, zwecklos jetzt bei diesem Wetter.
Hier bleiben wir. Wir haben keine Wahl.
MAX Komm hilf mir mit dem Sack, na, bind ihn fest.
Ich muss mal kurz verschnaufen hier, bevor
wir wieder——au——pass auf——verfluchtes Bein———
kurz warten, bis der Schmerz vergeht——Mensch Karl,

Der Kampf um die Eiger-nordwand: «Man gab die beiden noch nicht auf, denn die gute und rasche Arbeit in der Wand zeugte von hervorragendem Können, und die Ausrüstung, das gute Training sowie die Zähigkeit der Touristen liessen darauf hoffen, dass sie doch die Gewitternacht überstanden hatten. Am Samstag verhüllten Nebel die Wand, und in der Höhe fiel Schnee.» Aus dem ersten Eigernordwand-Buch von 1936.

der Steinschlag hier– –na immerhin, was drun-
ten ist, ist drunten, kann uns nicht mehr treffen.
Verdammter Sturm– –und schweinisch steil hier alles.
Wenn bloss die Sicht sich bessern tät, verdammt,
mein Bein, noch immer– –
KARL   Hab dich nicht berührt.
MAX Verdammt, es muss doch gehn– –auch wenn's nicht geht– –
das hätt ja noch– – –von wegen kneifen– –Scheisse– –
mein Bein– –
KARL   Das wird schon wieder– –müssen warten
MAX Mensch Karl, so langsam seh ich nicht mehr durch.
KARL Ich seh zurzeit rein gar nichts. Will nichts wissen.
Hier sitz ich. Kann nicht anders. Ruhe will ich.
MAX Mein Bein am Arsch, Lawinen dauernd, Scheisssteinschlag, die Seile steif wie Judenschwänze,
heilandsack– –so idiotisch soll
das aufhörn– –gibt's ja nicht– –so grenzenlos
gemein– –von hinten– – –wir's nicht schaffen?– –Karl!
KARL Karl Karl, was Karl, ich bin der Karl schon nicht mehr.
Der Karl erfriert mir von den Fingern her.
Karl fühlt sich wie ein Schneemann, fehlt nur noch
die Rübe.
MAX   Sollen wir denn sang- und klang-
los hier verrecken? Mit dem Gegner uns
so feig verbrüdern? Ohne Widerstand,
uns ohne Kampf der Wand ausliefern, was?
KARL Mein Kampf, du Karl, hat ausgekämpft. Mag nicht mehr.
MAX Und unten hocken sie, die Flachlandheinis,
und fressen, saufen, während wir hier auf

dem Trocknen sitzen – hübsch durchnässt bis auf
die Knochen – nein, nicht sitzen mal, nur hängen!
KARL Ja Max.
MAX   Und gucken geil durchs Rohr, zu sehn,
wie wir hier blau und blauer werden – Scheisse!
KARL Wie Karl der Schneemann seine Rübe sucht.
MAX Verkeilen ihre Ärsche in den Sesseln––
und warten, bis sich hier was Tolles tut––
KARL Dass Karl mitsamt der Rübe runterkollert.
MAX Die schaun uns zu, wie wir erfrieren – Schämt euch!––––––
Ja steckt das Geld nur in den Schlitz und reibt
euch euer Rohr––doch müsst ihr euch beeilen,
wenn ihr noch etwas sehen wollt.
KARL   Denn wir
verschwinden. Max und Karl empfehlen sich.
MAX Der Vorhang fällt. 'S ist Schluss. Wir hören auf
für heut. He ihr da: Aus ist's. Tschüsschen!
Wir danken für das Interesse. Fertig––
Ihr dürft nach Hause gehn. Applaus, bravo!
KARL Applaus!
MAX   Glotzt nicht so blöd! – Ist alles doch
bloss Pappmaché––die Wand nur hingemalt
aufs Rohr.
KARL   Der Schneemann ist in Wahrheit Karl.
MAX Der Steinschlag kommt ab Grammofon––
KARL   Applaus!
MAX Ist alles falsch––nur Schein––ihr braucht gar nicht
zu warten, Geier ihr – 's gibt nichts zu fressen!
Verpisst euch, ihr, sonst scheiss ich auf euch runter!––––
KARL Und immer blauer werden––weiss––dann klar––
Kristall–von unten kriecht's zum Körper rein––
zuerst ganz kalt, dann heiss – und langsam wirst
du Schnee––wirst hell und leicht wie eine Flocke––
MAX Mit all dem Eis in Kleidern, Schuhen, Haaren––
ha flockig leicht––und hellgefroren. Toll!
KARL So leicht und hell––Kristall––das klingt––––das klirrt––––

Getöse

**Am Fernrohr in Alpiglen:
Heini Sedlmayr, der Bruder
von Max, sucht zusammen
mit dem Bergwachtmann
Ludwig Gramminger
(links) die Nordwand ab –
vergeblich.**

«Wir träumen bloss und
wachen jetzt dann auf—
hast recht—bloss war-
ten—wird schon
werden—ja.
Und morgen schlafen wir
vielleicht im Warmen,
mit vollem Bauch, auf Stroh.
Es lohnt sich doch
zu warten, nicht?»
Die (fiktiven) letzten Worte
von Max im Todesbiwak,
an Karl gerichtet.

(Der Schluss)

Nach einer sehr langen Schlechtwetterperiode, nämlich erst in der
zweiten Septemberhälfte 1935, wird vom tollkühn nahe an die Wand
heranfliegenden deutschen Piloten Ernst Udet und vom Passagier,
dem Grindelwalder Bergführer Fritz Steuri, einer der zwei Kletterer
entdeckt – erfroren, bis zu den Hüften im Schnee steckend oben am Bügeleisen; der Ort heisst seitdem Todesbiwak. Max Sedlmayrs Leiche wird
im nächsten Jahr, anlässlich der Bergung von Toni Kurz und Gefährten,
vom eigenen Bruder am Wandfuss entdeckt, diejenige von Karl Mehringer
erst 27 Jahre später, am Rand des Zweiten Eisfeldes.

Der letzte Gruss der toten
Helden: «Biwackplatz am
21/8/35. Max Sedelmajr,
Karl Mehringer. München
H. T. G. Sekt. Oberland».
H. T. G. bedeutet Hoch-
touristengruppe. Wahr-
scheinlich hat Mehringer
die Notiz geschrieben, da
er den Namen seines
Seilgefährten falsch notierte. Eine tschechische
Viererseilschaft fand die
Zigarettenschachtel
mit der vergilbten Notiz
am 21. Juni 1976.

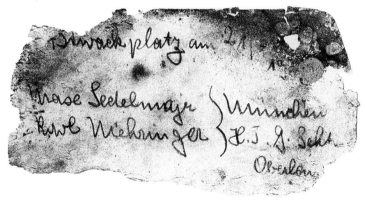

Der Zürcher Roland Heer (Jahrgang 1959) ist Schriftsteller, Deutschlehrer und Alpinist. Sein «Kadash
am Berg», ein 1995 uraufgeführtes Wortkonzert mit
Jazz-Septett und Vokalist, ist die sprachlich-
musikalische Umsetzung eines Absturzes in den
Bergen; als CD erhältlich. Weitere Werke: «Gleitschirm-
fliegen» – Texte zum Fotoband von Robert Bösch,
Stürtz Verlag, Würzburg 1993; «das meer ist leer»,
Gedichte, Verlag im Waldgut, Frauenfeld 1993.

Drittes Eisfeld

Punkt 12 Uhr mittags gehe ich das Dritte Eisfeld an. Mehr als die Hälfte der Wand haben wir jetzt hinter uns. Von Lois gesichert, steige ich hinaus in die 60 Grad geneigte Eisflanke. Hier finden wir noch die Spuren des tödlich abgestürzten Tiroler Bergsteigers Adi Mayr. Die übergroßen Stufen im Eis müssen von ihm sein, denn nur ein Mensch in Todesangst schlägt solche, um sich dadurch eine etwas größere Sicherheit vorzugaukeln. Hier dürften ihn endgültig die Nerven verlassen haben. Im Bereich der Rampe stürzte er dann in den Tod. Wir haben keine Zeit, den Unfall zu rekonstruieren, sondern verabschieden uns im Gedanken von Adi Mayr, der dasselbe Ziel hatte wie wir, dem das Schicksal aber nicht gnädig gewesen war. Etwa 300 Meter über diesem Eisfeld befindet sich die Spinne. Durch ihren Trichter schleudert die widerspenstige Gipfelwand Geschosse aller Kaliber zu Tal. Sekunden vor dem Aufschlag hört man die Steine und Eisklumpen schon heranheulen. Man gewöhnt sich schließlich daran.

Leo Schlömmer: Meine Welt die Berge (Wand 1961 / Buch 1973)

Die Trilogie der Alpinisten

Trilogisten: Der Deutsche Anderl Heckmair (zweiter von rechts) publizierte 1949 den Klassiker «Die letzten drei Probleme der Alpen», der Franzose Gaston Rébuffat (zweiter von links) ist der erste, der alle drei Nordwände durchstiegen hat: 1945 Grandes Jorasses, 1949 Matterhorn, 1952 Eiger; in der Eigernordwand war auch Hermann Buhl (rechts aussen) dabei. Georges Tairraz (links) und Léon Claret-Tournier (Mitte) sind mit auf dem Bild.

Das Lexikon ist ganz präzis: Eine Trilogie ist eine Einheit von drei Tragödien zum gleichen Thema und, im weitesten Sinn, eine Folge von drei Werken, die ein Ganzes bilden. Sicher, die drei Nordwände, welche die alpinistische Trilogie ausmachen, nämlich diejenigen des Eigers (3970 m), des Matterhorns (4477 m) und der Grandes Jorasses (4208 m), haben einige Tragödien erlebt. Aber in der Geschichte der Trilogie fehlen die Dramen fast völlig, wie Sylvain Jouty herausgefunden hat.

Am Anfang des Alpinismus gab es die Idee der Trilogie selbstverständlich noch nicht. Man begnügte sich ganz einfach damit, auf einer bestimmten Route den Gipfel zu besteigen, eventuell auf einer anderen abzu-

steigen und am nächsten oder übernächsten Tag wieder von vorne zu beginnen. Aber schon bald – früher, als man denkt – kam man auf den Geschmack des Sammelns: ein Gipfel genügte nicht mehr, man musste mehrere besteigen, die irgendwie zusammengehören, geographisch, zeitlich, thematisch und touristisch. Vielleicht hatte die Nordwand-Trilogie einen solchen Erfolg, weil sie diese vier Kriterien verbindet: es geht um drei berühmte Berge, drei der beeindruckendsten Wände der Alpen und drei mythische, innerhalb weniger Jahre entdeckte Routen in drei zwar unterschiedlichen, aber nahe beieinander liegenden Bergketten, die erst noch die höchsten und am stärksten vergletscherten der Alpen sind. Dazu kommt, dass es sich um drei nach Norden exponierte, also furchterregende und vereiste Wände handelt. Und schliesslich liegen am Fuss der drei berühmten Berge drei der bedeutendsten Fremdenverkehrszentren der Alpen: Chamonix, Zermatt und Grindelwald. So versteht man, dass die Trilogie etwas Definitives und Endgültiges in der Geschichte des Alpinismus darstellt, zumindest gemessen daran, wie er sich bis in die sechziger Jahre entwickelte. Zugegeben, sie ist nicht die erste Trilogie des Bergsteigens. Es gab zum Beispiel diejenige des Bergführers Emile Rey am Peuterey-Grat: Aiguille Noire, Aiguille Blanche und der eigentliche Peuterey-Grat am Montblanc; oder diejenige der grossen

Routen von Graham Brown in der Brenva-Flanke desselben Gipfels: Sentinelle Rouge, Major und Poire; oder die weniger bekannte der Spanier Alberto Rabadà und Roberto Navarro: Westwand des Naranjo de Bulnes, Ostpfeiler des Gallinero, die Route Las Brujas am Tozal del Mallo: innerhalb dreier Jahre waren die drei «letzten Probleme» der Pyrenäen von der hervorragenden Seilschaft gelöst worden. Danach trauten sich die beiden zu, die Eigernordwand anzugehen – was sich als fatale Fehleinschätzung erwies, denn ihnen fehlte die Erfahrung im Eis. Am 15. August 1963, nach fünftägigem Aufstieg, starben sie in der Spinne an Erschöpfung.

Kasparek und Heckmair sprechen von den drei Wandproblemen

Zum ersten Mal vereint sind unsere drei Nordwände im ersten Buch, das über die Erstbegehung der Eigernordwand erschien. Im Buch «Um die Eiger-Nordwand» von 1938, das bekanntlich von der nationalsozialistischen Partei finanziert war, schrieb der österreichische Alpinist Fritz Kasparek von den drei «grossen Wandproblemen», welche unsere Trilogie-Wände darstellen, wobei die Eigernordwand die schwierigste ist. Im Jahr 1949 nahm sein bayerischer Eiger-Kollege Anderl Heckmair das Thema in seinem bekannten Buch «Die drei letzten Probleme der Alpen» wieder auf. Man war sich von da an einig, dass die Bezwingung dieser drei Wände die bedeutendsten Ereignisse des Alpinismus vor dem Zweiten Weltkrieg darstellte. Sie haben «bei der Eroberung der Alpen den Schlusspunkt» gesetzt, konnte Guido Tonella in seinem Vorwort zur französischen Ausgabe des Heckmair-Buches (1951) noch schreiben. Egal, dass seither noch ein paar Kapitel geschrieben wurden, zum Beispiel dasjenige der Trilogie!

Rébuffat erklettert gleich sechs Nordwände

Unmittelbar nach dem Krieg konnten die Alpinisten aus aller Welt keine besseren Aufgaben finden, als die in den dreissiger Jahren bezwungenen grossen Nordwände zu wiederholen. Das war besonders für die Alpinisten aus Frankreich der Fall. 1954 veröffentlichte Gaston Rébuffat das Buch «Etoiles et Tempêtes»; es lag bereits ein Jahr später unter dem Titel «Sterne und Stürme» auf Deutsch vor. Es erzählt die Geschichte der Ersteigung von sechs berühmten Nordwänden: denjenigen unserer Trilogie, aber auch denen des Piz Badile (3308 m), der Grossen Zinne (2999 m) und des Petit Dru (3733 m). Sechs Wände, die zwischen 1931 und 1938 bezwungen worden waren und die mit Sicherheit als die grössten Exploits der Vorkriegszeit gelten, Glanzleistungen von Bergsteigern aus Österreich, Deutschland, Italien und Frankreich.

Rébuffat durchstieg als erster (und als Bergführer mit einem Gast) alle zusammen und war dadurch so nebenbei der erste, der die Trilogie schaffte! Es ist paradox, dass zu jener Zeit die sechs Nordwände von Rébuffat ein Ziel darstellten, und nicht die drei der Trilogie. Die Trilogie gibt es, nur weiss noch niemand davon! Viele Bergsteiger wollten in seine Fussstapfen treten, aber es entstand daraus dennoch keine «Hexalogie»: Zwischen Cima Grande und Eiger waren die Distanzen zu gross und die Unterschiede in Atmosphäre, Stil und Anforderung allzu offensichtlich.

Es war schnell klar, dass von Rébuffats sechs Nordwänden diejenigen der Trilogie mit Abstand die gefürchtesten waren. Vor noch nicht einmal 20 Jahren bedeutete die Ersteigung der drei Wände mehr als eine noch so lange Liste von Erstbegehungen.

Solisten: Der Franzose Yvano Ghirardini (oben) schaffte 1977/78 als erster im Alleingang in einem Jahr die drei Wände, und dies erst noch im Winter. Der Slowene Tomo Cesen (unten) tat es ihm 1986 gleich, und zwar innerhalb von sechs Tagen. Schneller konnte er nicht, weil er für den Transport von einem Berg zum andern seinen alten Zastava brauchte.

Schlömmer schafft's erstmals in einem Jahr

Es lag zudem auf der Hand, dass jemand alle drei innerhalb eines Jahres durchsteigen würde. Dem Österreicher Leo Schlömmer gelingt dies zum ersten Mal. Ende August 1961 klettert er mit dem zufällig auf der Kleinen Scheidegg angetroffenen Schweizer Alois Strickler (dieser hatte eine Begehung wegen Erkrankung seines Partners abbrechen müssen) die Eigerwand. Im Februar nimmt Schlömmer an der ersten

Duellisten: Der Franzose Christophe Profit (Bild) raste am 25. Juli 1985 in 22 ½ Stunden durch die drei Nordwände. Als er das gleiche im Winter versuchte, tauchte mit dem Landsmann Eric Escoffier ein Konkurrent auf. Profit gewann 1987 im zweiten Anlauf, innerhalb von 42 Stunden.

Winterbegehung der Matterhorn-Nordwand teil. Und im darauffolgenden Sommer macht er mit zwei Kameraden auch den Walkerpfeiler, zufälligerweise zur gleichen Zeit wie Strickler, der mit Fredy Hächler am Seil ist; diese Seilschaft hat 1959 schon die Matterhorn-Nordwand durchstiegen.

Hasegawa und Ghirardini liefern sich ein Fernduell

Anfang der 60er Jahre begann die Zeit der grossen Winterbegehungen. Die Trilogie im Winter? Walter Bonatti oder Toni Hiebeler (einer der vier Wintererstbegeher der Eigerwand im Jahre 1961 sowie unermüdlicher Eigerchronist) hätten mit dem Gedanken spielen können, aber in den sechziger und siebziger Jahren ging alles so schnell, dass es die Winteralleingänge waren, welche die Trilogie als solche bekannt machten.

Die Sache lag 1977 in der Luft, ausgelöst durch ein eigenartiges Fernduell zwischen einem Franzosen und einem Japaner. Zuerst, im März, tritt Tsuneo Hasegawa mit der Solo-Wintererstbegehung der Matterhorn-Nordwand auf den Plan. Im Dezember folgt ihm Yvano Ghirardini, der seinerseits im Januar 1978 die Wintererstbegehung des Croz-Pfeilers der Grandes Jorasses folgen lässt, worauf wiederum Hasegawa Ende Februar mit der Wintererstbegehung der Eigerwand antwortet. Ghirardini macht es ihm ein paar Tage später nach und wird damit der erste Alpinist, der innerhalb der gleichen Saison allein die drei Nordwände im Winter durchstiegen hat. Ihn kann man also als den eigentlichen Erfinder der Trilogie bezeichnen, denn im Zusammenhang mit ihm spricht man erstmals von der Trilogie als solcher. Hasegawa revanchiert sich mit der ersten winterlichen Alleinbegehung des Walkerpfeilers der Grandes Jorasses. Unentschieden: Die Winter-Trilogie in der gleichen Saison für den einen, drei Wintererstbegehungen für den anderen.

Profit schafft's erstmals an einem Tag

Ebenfalls in dieser Zeit unternehmen Marc Batard, Patrick Bérhault und Jean-Marc Boivin die ersten modernen Enchaînements; so nennt man im Französischen das Begehen mehrerer (schwieriger) Routen nacheinander. Die ersten Verknüpfungen finden auf nahe beieinander liegenden Routen statt, aber schon bald können dank dem Gleitschirm geographisch weiter entfernte Routen aneinandergehängt werden. Einen eigentlichen alpinistischen Quanten-

sprung stellen Christophe Profits Unternehmungen im Jahre 1985 dar. Der Franzose
hatte am 1. März 1985 als erster allein die
Eigernordwand im Winter in einem Tag
durchstiegen (er benötigte bloss zehn
Stunden) und hielt es für möglich, die drei
Wände in Folge zu erklettern. Viele
hielten die Aufgabe für verrückt, aber Profit
löste sie am 25. Juli 1985 in meisterhafter
Manier. Er stieg jeweils zu Fuss vom
Eiger und vom Matterhorn ab und liess
sich vom Helikopter von Massiv zu Massiv
transportieren. Allerdings beschloss der
französische Alpinist, als er zu vorgerückter
Stunde am Fusse der Grandes Jorasses
war, über das Linceul zu klettern; eine
Route, die schneller und einfacher ist als
der Walkerpfeiler, weil sie fast vollständig
im Eis verläuft. Nach 22 ½ Stunden hat
er es geschafft.

Cesen schleicht sich durch die Wände

Kurz nach seinem Erfolg gibt Christophe
Profit bekannt, dass er die Trilogie wiederholen will, im Winter und ebenfalls in
weniger als 24 Stunden. Da taucht ein Aus-
senseiter, aber kein Unbekannter, auf:
Eric Escoffier, der im Magazin «Alpinisme &
Randonnée» Profit als seinen «grössten
Rivalen» bezeichnet. Doch Profit demen-
tiert diese Rivalität: «Wenn Eric die Idee
der Enchaînements vor mir gehabt hätte,
hätte ich nicht versucht, das Gleiche zu
machen», sagt er im Magazin. Er packt die
Sache am 8. März 1986 am ihm unbekannten Croz-Pfeiler der Grandes Jorasses an
und fliegt per Gleitschirm zu Tal. Transfer
mit dem Helikopter ins Wallis, aber das
minutiös geplante Unternehmen kommt
ins Stottern. Profit verirrt sich in der
Finsternis in der Matterhorn-Nordwand.
Gescheitert. Das schlechte Wetter
hindert aber auch Escoffier daran, seinerseits die Herausforderung anzunehmen.

**Heliflüge: Ohne Unterstüt-
zung aus der Luft sind die
Enchaînements zwischen
Grandes Jorasses (Bild),
Matterhorn und Eiger kaum
möglich. Vermarktbar auch
nicht: Die modernen Trilogisten müssen fotografiert
und gefilmt werden.**

Spinnenmann: Dreimal stieg Christophe Profit allein durch die Eigerwand: 1985 je einmal im Winter und im Sommer, 1987 wieder im Winter. Einstieg um 16 Uhr, Ausstieg um 9.30 Uhr: Da blieb nicht viel Zeit zum Schlafen. Und dann kam noch die Matterhorn-Nordwand.

Zu dieser Zeit gelingt einem noch unbekannten jungen Alpinisten aus Slowenien, Tomo Cesen, ohne Pauken und Trompeten das erste Enchaînement im Winter – nicht in 24 Stunden, sondern in sechs Tagen, denn er benützt seinen alten Zastava für den Transport vom einen Massiv zum nächsten, und er hat weder technische Hilfe noch moralische Unterstützung durch ein Team.

Escoffier verliert den Winter-Zweikampf gegen Profit

Das Duell Escoffier – Profit findet im Winter 1987 seinen Fortgang, und diesmal, um

der Sache noch mehr Pfeffer zu geben, brechen beide am gleichen Tag, dem 11. März, auf. Profit beginnt am Croz-Pfeiler der Grandes Jorasses (der etwas leichter und kürzer ist als der Walkerpfeiler), fliegt am Gleitschirm zu Tal, nimmt sich die Zeit für eine Dusche und reist weiter zum Eiger, den er um 16 Uhr in Angriff nimmt. Er kennt die Wand gut, aber diesmal muss er sie in der Nacht durchsteigen. Vor allem die schneegefüllte Rampe erweist sich als äusserst heikel, die immer schwächer werdende Stirnlampe verschlimmert die Sache zusätzlich, die Temperatur beträgt −30°. Um 9.30 Uhr ist er auf dem Gipfel: «Lebend komme ich aus diesem nächtlichen Alptraum heraus, und das ist ein enormes Glück.» Ein Flug mit dem Gleitschirm ist wegen des Windes unmöglich. Christophe fliegt im Helikopter nach Zermatt, und um 20.30 Uhr liegt die Nordwand des Matterhorns unter ihm, 42 Stunden nach dem Start am Fusse der Jorasses. Man ist weit von den geplanten 24 Stunden entfernt, aber beeindruckend ist die Leistung allemal. Escoffier beginnt am Eiger, um Mitternacht am 11. März. Da er die Wand noch nie erstiegen hat, verirrt er sich bei der Suche nach dem Hinterstoisser-Quergang und zieht es vor abzusteigen. Erneuter Start am nächsten Tag. Er erreicht den Gipfel nach 17 Stunden. Im Auto fährt er nach Zermatt, wo Profit sein Unternehmen bereits erfolgreich beendet hat. Zusätzliches Pech für Escoffier: In der Nacht ist Schnee gefallen, und die Matterhorn-Nordwand ist weiss überzuckert. Am Abend des Freitags, dem 13. März – bekanntlich der Unglückstag –, befindet sich Eric 400 Meter unter dem Gipfel. Er hat kein Biwakmaterial bei sich und verliert, als ihm der von einem Freund aufgebotene Helikopter an der Leine einen Sack mit Ausrüstung und Verpflegung herablässt, einen Pickel. Ihm bleibt nur eines: aufgeben und sich selbst an die Leine klinken! Der Neuschnee hinderte ihn ohnehin daran, die Nordwand der Grandes Jorasses in einem vernünftigen Tempo zu durchsteigen. Das Duell, eines der wenigen in der Geschichte des Alpinismus, ist zu Ende. Dass andere Wettläufe ebenfalls an den drei berühmten Bergen stattfanden, erstaunt kaum: Whymper gegen Carrel bei der Erstbesteigung des Matterhorns 1865, die Seilschaft Peters–Meier gegen französische und schweizerische Seilschaften bei der Erstbegehung des Croz-Pfeilers Ende Juni 1935, das britisch-amerikanische Team gegen das deutsche Team bei der winterlichen Eröffnung einer Direktroute in der Eigernordwand im Februar und März 1966 – erst nach dem Absturz von John Harlin schlossen sich die Mannschaften zusammen.

Gouvy macht seine Trilogie mit dem Snowboard

In der zweiten Hälfte der 80er Jahre entwickelt sich auch das Extremskifahren, zumal sich nun ebenfalls Snowboarder in die Steilflanken und -rinnen hineinwagen. Der Zusammenhang mit der Trilogie mag minim sein, denn keine der drei Wände eignet sich zum Hinunterschwingen. Dennoch: Sylvain Saudan ist über die Westflanke des Eigers und die Südflanke der Grandes Jorasses abgefahren und Jean-Marc Boivin über die Ostflanke des Matterhorns. Bruno Gouvy, der Snowboard-Pionier, nimmt 1987 die Idee auf – auch wenn sie an den Haaren herbeigezogen ist, denn die Trilogie charakterisiert sich viel mehr durch die drei Wände als die Gipfel selber. Am 22. April 1987 gelingt ihm das Enchaînement. Wie Boivin kann er auch am Matterhorn nicht vom Gipfel abfahren, sondern schnallt das Brett erst unterhalb der Schulter an.

Destivelle und Hargreaves schreiben Frauen-Geschichte

Die Geschichte des Alpinismus ist bis hierher eine Geschichte der Männer, sowohl in bezug auf die Winter- wie die Solobesteigungen. Catherine Destivelle kommt die Ehre zu, eine neue Kategorie in die Annalen des Alpinismus eingeführt zu haben: erste Solo-Winterbegehung einer Frau. Es wird

kaum jemand erstaunen, dass diese Premiere an unseren Trilogie-Wänden stattfand, die in der Zwischenzeit dank dem von den Medien ausführlich begleiteten Duell Escoffier–Profit in der breiten Öffentlichkeit am bekanntesten geworden sind. Im Rhythmus von einer Wand pro Saison ersteigt sie zwischen 1992 und 1994 alle drei; den schönen Schlusspunkt setzt sie mit der Wiederholung der Bonatti-Route am Matterhorn. Im Schatten dieser weiblichen Trilogie gelingt der Britin Alison Hargreaves ein besonderer Exploit: Sie durchsteigt im Sommer 1993 solo die sechs Nordwände, die Gaston Rébuffat so lieb waren. Es ist wie ein Zurück zu den Anfängen und vielleicht der Schlusspunkt der Geschichte der Trilogie.

Spinnenfrau: Die Französin Catherine Destivelle führte mit Solo-Wintererstbegehungen durch eine Frau eine neue Kategorie in der alpinen Chronik ein. Orte der Pioniertaten: Jorasses, Cervin, Eiger. Wo denn sonst?

Übersetzung aus dem Französischen von Emanuel Balsiger

Rampe

Es trifft zu, dass wir die Eiger-Nordwand in der Zeit zwischen dem 30. Juli und 2. August 1964 durchstiegen haben. Über unser Vorhaben wurden nur unsere Eltern und einer unserer besten Freunde orientiert, um dadurch den üblichen Rummel der Presse auszuschalten. Mein Vater, Postverwalter in Engelberg, wurde durch Herrn Michel, Postverwalter in Grindelwald, über die Vorgänge in der Wand auf dem laufenden gehalten, soweit diese bei dem zeitweise schlechten Wetter verfolgt werden konnten. [...]

Wir kletterten über einen kleinen Überhang, dann durch ein Couloir auf die Kante des Bügeleisens und von hier zum «Todesbiwak». Anschliessend folgte die Querung des dritten (60° steilen) Eisfeldes hinüber zur Rampe. Der Niederschlag hatte aufgehört, und wir legten in schwieriger, aber genussvoller Kletterei Seillänge um Seillänge zurück, bis uns ein grosser schwarzer Kamin Halt gebot, da ein Wasserfall durch diesen herabschoss. Es war jetzt 20 Uhr, und die Sonne versank glutrot am Horizont. Wir suchten uns einen Biwakplatz, aber die Auswahl war nicht gross, denn es gab keine ebene Stelle. Den günstigsten Platz bot uns eine abschüssige Felsplatte. Wir schlugen zwei Haken ein, an denen wir unsere Rucksäcke aufhängen und uns selber sichern konnten.

Brief von Kurt Güngerich an den Kurverein Grindelwald (Wand 1964 / Brief 1968).

Auf der offiziellen Liste aller Begehungen zum 40. Jahrestag

der Erstbegehung fehlte diejenige von Kurt und Rolf Güngerich

«Fernrohre auf die Eishölle des Eiger gerichtet»

Brennpunkt: Paul Etter über seinen Mitkletterer Ueli Gantenbein, mit dem er und Sepp Henkel Ende Dezember 1963 den ersten Abstieg durch die Eigerwand unternahmen: «Er müsse, da es nun endlich dunkel geworden sei, sich zuerst einmal erleichtern. Schon den ganzen Nachmittag habe es ihn geplagt. Bei Tag hatte er aber nicht den Mut zu dieser ‹öffentlichen Tat›. Die richtige Vermutung, daß viele Leute hinter den Fernrohren stehen und uns beobachten, habe sie ihm verunmöglicht.»

«Eine wichtige Aufgabe fällt im Kampfe gegen das Nordwandfieber der Presse zu. Sie sollte darnach trachten, die unersättliche Sensationslust des Publikums nicht zu befriedigen», erklärte Samuel Brawand, Grindelwalder Bergführer und Erstbegeher des Mittellegigrates am Eiger, im Sommer 1937, als die Belagerung der Wand durch Alpinisten, Journalisten und Touristen nach den ausgeschlachteten Tragödien von 1935 und 1936 wieder voll einsetzte. «Man hat leider schon Bilder publiziert, die zum Pietätlosesten gehören.» Der Appell von Brawand in der «Neuen Zürcher Zeitung» nützte gar nichts, die Eigerwand und ihre Begeher blieben hemmungslos im Rampenlicht. Daniel Anker, selbst Bergsport-Journalist, hat sich Dutzende von Artikeln angeschaut.

Es muss an der Wand liegen. Drei Jahre bevor der Rummel begann, schrieb Hans Lauper in seinem Bericht über die 1932 realisierte erste Durchsteigung der Eiger-Nordostwand auf der Route, die heute seinen Namen trägt: «Als ich nach Grindelwald hinunterblickte, hatte ich für einen Augenblick das unangenehme Gefühl, durch Teleskope beobachtet zu werden. Aber der einzige Mensch, der um unser Vorhaben wusste, war Herr Seiler vom Hôtel des Alpes auf der Kleinen Scheidegg. Selber ein Bergsteiger, hat er das versprochene Stillschweigen bis zu unserer Rückkehr gehalten.»

Voilà! Da ist die natürliche Bühne. Da sind die (unfreiwilligen) Schauspieler. Da sind die Zuschauer – in Laupers Fall nur einer, aber ein entscheidender: Er ist sozusagen der Dirigent auf dem besten Beobachtungsposten. (Fritz von Almen, der spätere Hotelier auf der Kleinen Scheidegg, spielte jahrzehntelang eine wichtige Rolle im Eiger-Theater.) Und da ist – nicht ausgeführt in diesem Fall – die Vermittlung des Schauspiels durch professionelle Zuschauer. Herr Seiler hätte ja jemandem Dritten mitteilen können, dass Lauper und seine drei Gefährten Alexander Graven, Joseph Knubel und Alfred Zürcher am 20. August eine so kühne Tour an dieser wuchtig emporragenden Wand unternahmen. Ebenfalls gut wäre gewesen, wenn einer der vier Alpinisten selbst die Besteigung angekündigt hätte. Dass dies nicht geschehen war, wurde denn auch am nächsten Tag, nach der Bekanntgabe der Erstbegehung, in der Presse kritisiert: «Schade war's, daß niemand von der Tour wußte, denn dieser Kletterei mit bewaffnetem Auge folgen zu können, wäre ein selten schöner Genuß für viele geworden.»

«Hoffnungslose Lage an der Eiger-Nordwand»

Ab 1935 wurde die Situation für die Zuschauer – und für die Leser – viel besser. Nicht unbedingt für die Alpinisten selbst. Doch greifen wir nicht vor. Am 25. August wurde, wie man am folgenden Tag lesen konnte, dem «Oberländischen Volksblatt» in Interlaken gemeldet: «Am Mittwoch unternahmen die zwei Münchner Alpinisten Max Sedelmeier und Karl Meringer den Versuch, die bisher noch niemals vollständig durchstiegene Nordwand des Eigers […] als Erstbesteigung zu erklettern. Von bekannten Bergkennern wurden den beiden trefflich ausgerüsteten und durchtrainierten Deutschen alle Chancen für eine erfolgreiche Tour gegeben – sofern eben nicht äußere Umstände ihrem Vorhaben Schwierigkeiten bereiten würden.» Doch genau das traf ein. Unter dem Titel «Hoffnungslose Lage an der Eiger-Nordwand» druckte das «Volksblatt» am 27. August eine entsprechende Mitteilung des Kurvereins Grindelwald ab. Der Aufstieg sei Tagesgespräch und werde genau verfolgt. Ob bloss von der lokalen Bevölkerung oder auch von (extra herbeigeeilten) Touristen, geht aus der Mitteilung des Kurvereins leider nicht hervor. Die Rettungsstation Grindelwald habe, so heisst es da, eine Hilfsaktion vororganisiert, doch könne der Entscheid zum Aufbruch erst nach einer Wetterbesserung getroffen werden. Weiter lesen wir in der kurzen Meldung, dass man nach dem schweren, anhaltenden Hoch-

gebirgsunwetter in Alpinistenkreisen je länger, je weniger Hoffnung hege, dass die zwei kühnen Kletterer mit dem Leben davonkämen. Zwar habe der Alphornbläser, mit dem die beiden Alpinisten Grusszeichen vereinbart hätten, am Sonntag nach seinen Hornstössen Rufe vernommen, die sich über fehlenden Proviant beklagten. Aber es würden ohnehin zahlreiche falsche Gerüchte zirkulieren.

«Die Toten an der Eigerwand»

Wir wissen es: Sedlmayr und Mehringer kamen nicht lebendig zurück. Was wir nicht wissen: Haben sie den Alphornbläser noch gehört? Er hatte im Sensationstheater am Eiger mehr als eine Nebenrolle. Er wollte den Kontakt zwischen den Beobachtern und den Beobachteten herstellen, zwischen unten und oben. Das gleiche versuchte ein paar Tage nach dem Verklingen der letzten Alphornklänge ein schweizerisches Militärflugzeug zu tun – vergeblich. Mehr Glück hatte ein paar Wochen später der deutsche Kriegs- und Filmheld Oberst Ernst Udet mit seinem Eindecker und mit dem Grindelwalder Bergführer Fritz Steuri als Passagier. Die beiden entdeckten eine Leiche an einer

Tagesschau: «Am Montag wurde sowohl von Gletscherpilot Geiger als auch von den Beobachtern am Teleskop der Kleinen Scheidegg deutlich beobachtet, dass Longhi leblos, den schweren Körper eingeknickt, im Seil hängt. Er ist zweifellos in der Nacht verschieden.» Pressebericht von 1957 zur Corti-Longhi-Tragödie, während der die Foto entstand. Journalisten und Zuschauer konnten sich noch zwei Jahre lang vor dem Fernrohr drängeln, um die Leiche hängen zu sehen. Und als die Bergungsaktion anlief, wurde das Gedränge noch dichter.

Der Ort der Tragödie: die Eiger-Nordwand, die wieder vier Todesopfer forderte, mit den eingetragenen Routen ihrer Opfer. Die ausgezogene Linie zeigt die Route der vier Kletterer Rainer und Angerer, die österreichische Emigranten in München wohnten, und der Berchtesgadener Andreas Hinterstoisser und Anton Kurz, die alle vier nach bewundernswürdigen Kletterleistungen den Bergsteiger-Tod in diesen Tagen fanden. Die gestrichelte Linie markiert die Route der heuer im August 1935 tödlich verunglückten Münchener Alpinisten Max Sedlmayr und Karl Mehringer. Die kleinen Kreise geben die Biwakplätze an. Rechts der Berchtesgadener Bergsteiger Toni Kurz, der nach heldenhaftem Ausharren beim Abseilen vor den Augen der schweizerischen Rettungsmannschaft, den Bergführern Christian und Adolf Rubi, Hans Schlunegger und Glatthard, die für dessen Rettung ihr Menschenmöglichstes einsetzten, am Seil hängend verschied.

Tagesgespräch: «Im ganzen Volke, besonders in den Berggegenden, wird die Tragödie in der Eigerwand besprochen. Als auf den Mittwoch nachmittag durch den Landessender eine unmittelbare Berichtsübertragung der versuchten Bergung angemeldet worden war, rückten in den Stuben, in denen ein Rundspruchkasten steht, ganze Nachbarschaften zusammen.» So die «National-Zeitung» von Basel am 25. Juli 1936. Die Wochenillustrierte «sie und er» berichtete am gleichen Tag ebenfalls auf dem Titelblatt.

Wandstelle, die seither Todesbiwak heisst. Und, so Steuri im Interview, das der Reporter Hans Jegerlehner im «Volksblatt» vom 28. September unter dem Titel «Die Toten an der Eigerwand» veröffentlichte: «Udet liess sogar zu meinem grossen Schrecken das Steuer fahren und machte Leika-Aufnahmen auf 20 Meter Distanz. Ob daraus etwas geworden ist, wird er mir heute abend telegraphieren.»
Auch das wissen wir nicht. Schade. Die Fotos wären einmalige Dokumente gewesen. Der erste Tote in der Wand, vom Flugzeug aus fotografiert. Und unten die einheimische Rettungsmannschaft, zögernd. Oben die Wetter-, unten die Gerüchteküche. Alles live – soweit es damals eben ging. Mehr Werbung konnte sich der Kurverein Grindelwald nicht wünschen. Und im folgenden Jahr ging das Eiger-Spektakel erst recht los.

«Die Tragödie in der Eigernordwand»

«Gefechtspause am Eiger» meldete das «Oberländische Volksblatt» in seiner Ausgabe vom 18. Juli 1936. Schon am nächsten Tag musste korrigiert werden: «Neue Angriffe». Und am 20. Juli 1936 steht in der Rubrik «Oberländische Neuigkeiten/Von der Eigerwand» folgendes: «Mit fieberhaftem Interesse werden die Kletterer von allen Seiten aus in ihrer waghalsigen Arbeit beobachtet und verfolgt. Die Teleskope werden von Einheimischen und Fremden gestürmt.» Die Fortsetzung findet sich in der gleichen Rubrik: «Der Angriff auf die Eiger-Nordwand gescheitert!».
Und dann, am 23. Juli 1936, der Schock: «Die Tragödie in der Eigernordwand. Alle 4 Bergsteiger tot.»
Seither forderte die Eigerwand noch mehr Todesopfer. 1967 stürzten beispielsweise vier Kletterer aus der ehemaligen DDR aufs Mal ab. Das machte kaum mehr Schlagzeilen. Nicht nur, weil sich das Publikum inzwischen an Triumphe und Tragödien in der Wand gewöhnt hatte. Der entscheidende Grund: Die Dramaturgie fehlte, im Gegensatz zu 1936.
Eine unbezwungene, tödliche Wand. Die Erkundigungen. Der entscheidende Versuch. Der vom Steinschlag verletzte Kletterer. Der Wetterumschlag. Der Rückzug. Der Nebel als alles verhüllender Vorhang. Die Falle (der Seilquergang, den Hinterstoisser als erster meisterte, konnte in der umgekehrten Richtung nicht begangen werden, da das Quergangsseil abgezogen worden war). Das Unglück. Der einzig Überlebende (ausgerechnet der sympathische, lachende Toni Kurz). Die Rettungsaktivitäten durch zwei Mannschaften (einheimische Bergführer und die deutsche Bergwacht). Das miterlebte Sterben. Die Bergung. Das Begräbnis. Wenn das keine Story ist!

Es ist die Eiger-Story. Das erbarmungslose Ende von Toni Kurz ist neben dem Absturz von vier Alpinisten bei der Erstbesteigung des Matterhorns 1865 der bekannteste Unfall der Alpinismusgeschichte. Die «National-Zeitung» von Basel zum Beispiel widmete dem «Drama in der Eigerwand» in der Morgenausgabe vom Donnerstag, dem 23. Juli 1936, mehr als die ganze Titelseite, mit Fotos der vier Toten (als sie noch lebten). Weitere Berichte wurden nachgeschoben, mit Fotos selbstverständlich. Die Illustrierte «sie und er» zeigte auf der Titelseite vom 25. Juli gross die Eigernordwand und etwas kleiner Toni Kurz, wie er in die Kamera von Hans Jegerlehner lachte. Eine Woche später sehen die Leser noch mehr. Und was sie sehen: Toni Kurz, zusammengeklappt frei am Seil hängend. Kommentar in der Bildlegende: «Welch erschütternder Anblick!»

Fotograf des Bildes, das nichts von seinem Schrecken verloren hat, war Walter Gabi von Wengen. Er begleitete die Retter vom Stollenloch zur Unglücksstätte. Mit seinen Spezialaufnahmen gestaltete die «Schweizer Illustrierte Zeitung» am 29. Juli ein «Aktuelles Extrablatt» zur Bergtragödie am Eiger und – welch verkaufsförderndes, zufälliges Zusammentreffen der Ereignisse! – zum beginnenden Bürgerkrieg in Spanien. Auf der einen Seite wieder das Bild von Toni Kurz, diesmal noch deutlicher: der Körper eiszapfenbehängt am Seil vor senkrechter Wand. Auf der Rückseite die ersten Szenen des blutigen Krieges.

Nur nebenbei: Ludwig Vörg, einer der vier Erstbeher der Wand im Jahre 1938, starb am 21. Juni 1941, am Vorabend von Hitlers Russlandfeldzug. Im Bericht über seine Begehungsversuche im Jahr nach der Kurz-Tragödie schrieb er den bemerkenswerten Satz: «Die Fernrohre in Grindelwald waren wie Flakgeschütze auf uns gerichtet.»

«Ausbeutung der Eigerwand»

Die Reaktionen auf das Bild vom baumelnden Helden sowie auf andere Fotos von der Rettungs- und Bergungsaktion (die Stange mit dem Messer, mittels deren Kurz' Leichnam heruntergeschnitten wurde; der Abtransport der in Säcke verschnürten Toten am Wandfuss und in der Eisenbahn) blieben nicht aus. «Warum muß der Masse zu-

Illustrierter Bericht über die Tragödie 1935 und 1936 in der Eiger-Nordwand

Preis 90 Rp.

lieb ein solches Bild publiziert werden?», fragte sich ein Leser des «Volksblattes». Die «Ausbeutung der Eigerwand» (so der Titel eines Leserbriefs in der Berner Tageszeitung «Der Bund») ging freilich unbeirrt weiter. Einen Monat nach der Tragödie erschien eine 48seitige Broschüre auf dem Markt: «Der Kampf um die Eiger-Nordwand. Illustrierter Bericht über die Tragödie 1935 und 1936 in der Eiger-Nordwand». Das erste Buch zur Eigernordwand. Weitere sollten noch folgen.

Nicht genug: 1936 kam auch der erste Eiger-Film in die Säle, der mit Hilfe der Münchner Bergwacht und von Bergführern aus Grindelwald gedreht wurde. Kommentar im «Volksblatt» nach der Aufführung in Interlaken: «Mit Bildern von der Bergung

Bestseller: «Wir verurteilen diese jungen, wagemutigen, braven Kletterer nicht, die in der Wand geblieben sind. Ihre Umwelt hat sie so geschaffen. Ihr Heldentum ging nur falsche Wege.» Schlussfazit von Autor Otto Zwahlen in der ersten Nordwand-Publikation von 1936; sie erlebte mehrere Auflagen und kostete 90 Rappen. Kommentar in einem Leserbrief: «Schon die Tatsache, daß aus einem tragischen und vielumstrittenen Fall Geld geschlagen werden soll, ist empörend.»

Extrablatt: «Neben interessanten Bildern über diese neueste Bergtragödie bringen verschiedene illustrierte Blätter auch Aufnahmen von der am Seil hängenden Leiche des zuletzt verstorbenen Toni Kurz. Man braucht gar nicht übertrieben gefühlvoll zu sein, um zu erschauern von einer solch rohen Darstellung des unglücklichen Toten, der in der furchtbarsten Situation um sein Leben gekämpft hat.» Reaktion im «Oberländischen Volksblatt», die immer noch nachvollziehbar ist (folgende Doppelseite).

Ankunft der Münchner Rettungsmannschaft «Bergwacht» auf der Scheidegg. Die «Bergwacht» traf an der Unglücksstätte erst ein, als der letzte Ueberlebende, Toni Kurz, bereits verschieden war. Unsere tapfern Oberländer Bergführer hatten ihr möglichstes getan, um den zu Tode erschöpften Toni Kurz zu retten. Vier Meter über ihnen starb er am Seil.
(Phot. H. Jegerlehner, Grindelwald.)

Alle Fernrohre in Grindelwald und auf der Scheidegg waren ständig belagert. Hunderte von Feldstechern richteten sich auf die Eigerwand. In atemloser Spannung verfolgten die Leute der Umgebung den Verlauf der Tragödie, die sich dort drüben in den Felsschründen und Eisbändern abspielte.

Den Mitgliedern der «Bergwacht» bot sich ein erschütternder Anblick: Ueber ihnen an der Wand, unter einem überhängenden Felsen, hing frei in der Luft am Seil die Leiche von Toni Kurz.

Der Eiger trotzt...

Ein Berg ist wider den Willen der Menschen

Die Münchner Rettungsmannschaft am Werk zur Bergung der Leichen. Befestigung eines Seils zur Sicherung des Rückweges. Rechts die Stange, mit der Toni Kurz heruntergeschnitten wurde.

Wie die «Bergwacht» Toni Kurz angetroffen hat. Schneebedeckt und vereist hing er am Seil. Bis zum letzten Atemzug hatte sich sein junges Leben tapfer gegen das Schicksal gewehrt. Mit einem Messer, das an einer langen Stange befestigt war, wurde das Seil durchschnitten. Der tote Bergkamerad stürzte in die Tiefe. (Spezialaufnahmen von W. Gabi, Wengen.)

Nr. 31 / 29. Juli 1936
XXV. Jahrgang. Zofingen.

Preis 35 Cts.
Erscheint Mittwochs.

Schweizer
Illustrierte Zeitung

...lag Ringier & Co. AG., Zofingen. Filialen Zürich, Lausanne

Aktuelles Extrablatt
Das Unglück an der Eigerwand
Der Bürgerkrieg in Spanien

Die vier Oberländer Bergführer

die unter Einsetzung ihres Lebens vom Stollen der Jungfraubahn aus in die Eigerwand einstiegen, um den überlebenden Toni Kurz zu retten.

Adolf Rubi, Wengen.

Christian Rubi, Wengen.

Bild rechts: Hans Schlunegger, Wengen.

Arnold Glatthard, Scheidegg.

Blick vom Stollenausgang der Jungfraubahn gegen die Eigerwand. — Die vereisten Felsbänder boten für die Traversierung große Schwierigkeiten. Man sieht drei Mitglieder der Münchner Rettungsmannschaft «Bergwacht», die an Seilen gesichert bis zur Stelle vordringen, wo Toni Kurz verschied. (Spezialaufnahmen von W. Gabi, Wengen.)

Die Bergtragödie am Eiger

Sensationsbilder: Anderl
Heckmair wehrte sich 1938
umsonst dagegen, dass
Ludwig Vörg seine Contax in
die Wand mitnahm – und
noch im Biwak in der Ram-
pe (oben) schussbereit trug.
Der «Jllustrierte Beobachter» von München publizierte nach der Erstbegehung
einen Bericht «mit eigenen
Aufnahmen der vier kühnen
Bergsteiger, mit Bildern,
wie sie noch nie eines Menschen Auge sah». Ein paar
von Vörgs Fotos sind auch in
diesem Buch zu sehen. Aus
dem privaten Album von
Heckmair stammt die Auf-
nahme rechts: Sie zeigt ihn
zusammen mit Theo Lesch
(hinten) im Schwimmbad
von Interlaken, wo sich die
beiden 1937 vor neugieri-
gen Reportern versteckten.

der Überreste von Toni Kurz schloß der
Film; mögen sie auch als eindrucksvoller
Abschluß an das Ende dieses Streifens
gehören, so kann man sich trotzdem des
Gedankens nicht erwehren, daß dort, wo
der weiße Tod in so tragischer Weise einge-
griffen hat, die Kamera ruhen sollte.»

«Jeden Armzug und Pickelschlag der Belagerer registrieren»

Sie ruhte nicht, so wenig wie die nächsten
Eiger-Kandidaten. Einer von ihnen nahm
eine Kamera mit: Ludwig Vörg. Ausgerechnet die Zeitung «Sport», in welcher der
Lauterbrunner Othmar Gurtner die Begehungsversuche der eigentlichen Nordwand
als «Wahnidee» und «ostalpine Technokra-
tie» bezeichnet hatte, brachte zum Abschluss der Eigernordwand-Belagerung im
Sommer 1937 «Eine authentische Bilder-
Reportage der deutschen Seilschaft Re-

bitsch und Vörg». Stolz vermerkte Gurtner,
dass der «Sport» die erste Zeitung der
Schweiz sei, welche die «Contax-Aufnah-
men von Ludwig Vörg» veröffentliche. Man
sieht Matthias Rebitsch in der Hänge-Tra-
verse («Die Schlüsselstelle») und im unteren Schneefeld; die Namen Hinterstoisser-
Quergang und Erstes Eisfeld waren damals
noch nicht geprägt. Ein paar Wochen zuvor
hatte Gurtner in einem «Sport»-Artikel
geschrieben: «Als Linderung der Sensationsgier wird die Presse fortfahren, jeden
Armzug und Pickelschlag der Belagerer zu
registrieren.» Um das «heikle Berichter-
stattungsproblem» zu lösen, gründete man

in Grindelwald im Sommer 1937 einen
«Ausschuss Offizieller Eigerbericht». Am
22. Juli 1938 meldete dieser um 10 Uhr:
«Zwei Partien in der Eigernordwand».

«Die Eiger-Nordwand bezwungen!»

Um sich dem Eigernordwand-Rummel
zu entziehen, hatten Anderl Heckmair und
sein damaliger Gefährte Toni Lesch 1937
im Schwimmbad von Interlaken logiert.
Trotzdem wurden sie von Bildreportern
erwischt, die eine Foto mit der Legende
publizierten: «Zwei anonyme Eiger-Nord-
wand-Anwärter, die ihren Namen nicht
nennen wollen». War der Wunsch nach
Anonymität auch der Grund, dass Heckmair
bei der Materialzusammenstellung für die
erste erfolgreiche Durchsteigung der Wand
im Juli 1938 gegen die Mitnahme der Contax durch Vörg protestierte? «Wiggerl aber
bestand darauf mit dem Hinweis, daß die
Aufnahmen, die wir eventl. herausbräch-
ten, wichtige Dokumente sein würden.»
Sie waren es.
Vörg fotografierte noch im Schneesturm
im obersten Teil der Wand und lieferte damit sozusagen den bildlichen Beweis zu
einem Zeitungstitel vom 24. Juli 1938, in
welchem von der «Eishölle des Eiger» die
Rede ist. Als der erfolgversprechende Aufstieg von Heckmair, Vörg, Kasparek und
Harrer bekannt wurde, sandten die
«Münchner Neuesten Nachrichten» sofort
einen Journalisten per Flugzeug in die
Schweiz: «Um 6 Uhr sind wir dann am
großen Fernrohr vor dem Bahnhof in Grindelwald und eilen in beinahe schmerzhaft
anstrengendem Schauen zu den Vieren dort
oben hinauf.» Der Aufstieg wurde nicht nur
von unten verfolgt, sondern auch vom Flugzeug aus. Der Berner Fotograf Hans Steiner
charterte, als das Wetter noch gut war, ein
Flugzeug und fotografierte die vier Alpinisten auf dem Brüchigen Band und im

Brüchigen Riss. Dieses Bild brachte dann die «Schweizer Illustrierte Zeitung» in der aktuellen Beilage zur Ausgabe Nr. 30. Titel: «Die Eiger-Nordwand bezwungen!»

«Chronik der Eigernordwand»

In 26 orangebraune Umschläge hat der Grindelwalder Rudolf Rubi die herausgeschnittenen und gesammelten Eigernordwand-Artikel seines Chefs auf der Redaktion des «Oberländischen Volksblattes» von 1932 (Lauper-Route) bis 1947 (dritte und erste schweizerische Begehung der Heckmair-Route) geordnet. Die Nr. 20 trägt die Überschrift «Eiger-Nordwand: Nach der Eroberung». Nach 1947 setzte Rubi die «Chronik der Eigernordwand» mit eigenen Heften fort; insgesamt sieben sind es heute, vollgestopft mit Artikeln. Setzen wir die Erkundigung fort:

«Drama in der Eigernordwand» überschrieb die «Schweizer Illustrierte» im Sommer 1956 einen «Exklusivbericht von der Bergungsaktion» der Abgestürzten Franz Moosmüller und Manfred Söhnel. Noch bevor die Bergungskolonne eintraf, war der Reporter schon zum Wandfuss aufgestiegen. Dass die Reporter auch bei der im nächsten Jahr stattfindenden Corti-Tragödie knallhart dranblieben, versteht sich von selbst: Fotograf Hans Steiner kletterte mit den Rettern auf den Eiger-Gipfel. «Die Eigerwand behält ihre Opfer», musste das «Volksblatt» seinen Lesern mitteilen. Das Publikum fieberte mit, jahrelang. Denn erst zwei Jahre nach der Rettung von Claudio Corti bargen Lauterbrunner Bergführer die Leiche seines Gefährten Stefano Longhi. Die Aktion war von einem holländischen Presseunternehmen finanziert, das sich dafür von der Bergungsmannschaft die absolute Exklusivität der Berichterstattung eingehandelt hatte – sogar der Luftraum sollte für fremde Reporterflugzeuge ge-

sperrt werden! Solche «abstossenden» Begleitumstände, wie sie der «Bund» kritisierte, heizten die Stimmung unter der schattigen Nordwand, auf den Aussichtsterrassen und am Kiosk zusätzlich an. Polemik verkauft sich immer gut.

«Reporterflugzeug mit 3 Insassen stürzt ab»

Im Jahr 1958, als «Die Weiße Spinne. Die Geschichte der Eiger-Nordwand» von Erstbegeher Heinrich Harrer erstmals herauskam, wurden die Alpinisten Kurt Diemberger und Wolfgang Stefan der Geschäftemacherei mit Auskünften und Wandfotos bezichtigt. Die angeschuldigten «Bezwinger der Eigernordwand» mussten sich wehren. Ob sie es wollten oder nicht: Die Nordwand-Aspiranten hatten keine Ruhe, nicht einmal in der Wand selbst. Dort wurden sie von Flugzeugen belästigt. Wer einsteigen wollte und wer vom Gipfel hinuntersteigen konnte, musste – oder durfte – Zeitungs- und Radiojournalisten Red und Antwort stehen. Der «Bund» veröffentlichte 1958 ein Bild, das «drei wagemutige Alpinisten in ihrem Biwak auf Alpiglen kurz vor dem nächtlichen Aufbruch» zeigt. Sie sehen nicht glücklich aus. Geschickter machte es der Brite Chris Bonington im Jahre 1962:

Pressewirbel: Don Whillans und Chris Bonington (links) starten auf dem Motorroller in Hampstead zur geplanten ersten britischen Begehung der Wand; sie hatten die Story dem «Daily Mail» verkauft. Toni Hiebeler (unten), Kopf des Wintererstbegehungsteams von 1961, brachte in der «sie und er» einen Exklusivbericht unter dem Titel «Die Wand und wir»; der Bericht erschien auch in anderen Illustrierten, sogar in den USA. Dumm war nur, dass Hiebeler (vergeblich) zu vertuschen versuchte, dass er und seine Gefährten die Wand dank dem Stollenloch in zwei Etappen mit einem einwöchigen Unterbruch erklettert hatten. Der Skandal war gross, und Ulrich Link stellte im «Münchner Merkur» die Frage: «Wird München die den vier Bezwingern der Nordwand verliehene Auszeichnung zurückverlangen?»

Er verkaufte die geplante erste britische Begehung zusammen mit Don Whillans von Anfang an der Zeitung «Daily Mail». Der Durchstieg gelang ihnen nicht, weil

Schlagzeile: «Barry Brewster war die meiste Zeit bewusstlos. Einmal konnte er leise sagen: ‹Brian, I am so sorry, so sorry.› Ich wusste, dass es auch für mich Schluss war.» War es nicht, sonst hätte der «Blick» nicht noch mit Brian Nally sprechen können.

sie den in Notlage geratenen Brian Nally vom Zweiten Eisfeld retten mussten. Dessen Kollege Barry Brewster war tödlich abgestürzt. Das war natürlich eine noch viel bessere Geschichte: «Brewster ist tot» setzte die Schweizer Boulevardzeitung «Blick» in fetten Lettern auf die Titelseite. Bereits 1961 hatten sich die Ereignisse überstürzt. «Der Aufstieg der Winterbezwinger der Eigernordwand führte an einem Toten vorbei», schrieb das «Volksblatt» unter ein vom Flugzeug aus ge-

schossenes Bild, auf dem neben den vier Wintererstbegehern noch ein fünfter Mann sichtbar sein soll. Der angebliche Tote entpuppte sich als kleine Felspartie. Er geriet aus den Schlagzeilen, als bekannt wurde, dass die Wintererstbegeher nicht, wie von ihrem Chef Toni Hiebeler behauptet, in einem Zug vom Einstieg durch die Wand geklettert waren, sondern in einem ersten Anlauf bis zum ominösen Stollenloch kamen und dann nach einem einwöchigen Schlechtwetterunterbruch die Begehung dort wiederaufnahmen und zu Ende führten. Und weiter ging es Schlag auf Schlag. Unter dem Titel «Tot zu Tal» hiess es am 30. August 1961: «BLICK-Redaktor Victor Stoll berichtet aus der Eigernordwand von der Bergung des Alleingängers Adi Mayr.» Das «Emmentaler Blatt» meldete ein paar Tage danach: «Dramatisches Wochenende am Eiger. 8 Männer bezwangen die Wand – Reporterflugzeug mit 3 Insassen stürzt ab.»

«Ein Riegel der Eigerwandkraxlerei!»
Kein Wunder, dass das Lokalblatt «Oberhasler» von Meiringen in dieser «immer neu ausbrechenden Eigerwandpsychose» einen «Riegel der Eigerwandkraxlerei» forderte. Das «Echo von Grindelwald» druckte die Aufforderung, «den Totentanz in dieser Eis- und Felswüste» endlich und für immer zu stoppen, am 12. September 1961 bereitwillig nach. Der «Oberhasler» liess es aber nicht bei markanten Worten bleiben, sondern veröffentlichte konsequent keine Eigerwandberichte mehr. Der Redaktor vom «Echo» glaubte seinerseits: «Wenn eine Vereinbarung innerhalb der Schweizerpresse angestrebt würde, derzufolge fortan keine Eigerwandberichte mehr erscheinen – man dürfte Wunder erleben, wie rasch die Kraft dieser magischen Wand verebbt!» Denn diese Berichte werden für den Eigerwandgänger «immer einer der Hauptgrün-

de sein, warum er einsteigt: Lärm um seinen Namen!»

Die «Wiener Arbeiter-Zeitung» forderte «die komplette Zivilisierung und Konzessionierung dieser Wand, die man ja doch nicht von Lebensüberdrüssigen freihalten kann». Das «Volksblatt» druckte am 29. August 1962 den sarkastischen Vorschlag aus Österreich zur Lösung des «Eiger-Nordwand-Problems» nach: «Es wäre zum Beispiel günstig, von allen Anwärtern auf Eigerruhm ein saftiges Eintrittsgeld einzuheben und dieses zur Errichtung von kleinen, durch Seilzüge leicht erreichbaren Betonhäuschen in der Wand zu verwenden. Bergretter vom Dienst können dort warmen Tee servieren und Passierscheine stempeln, die künftig häßliche Auseinandersetzungen vor Gericht über die Frage, wer die Wand durchstiegen hat und wer nicht, überflüssig machen würden. Steile Couloirs wären durch Nylonnetze zu sichern, die das kostspielige Aufsuchen von Leichen unnötig machten.»

«Sie riskierten mutwillig den Tod»

Nüchtern erkannten die «Basler Nachrichten» am 3. August 1962: «Mit der Regelmässigkeit der Sommersonnenwende tauchen Jahr für Jahr die Nachrichten, Reportagen und sensationell aufgemachten Berichte von den neuesten Eskapaden der Eigernordwand-Aspiranten auf. Und parallel dazu die Missfallensäusserungen der ‹zünftigen› Bergsteiger von ‹altem Schrot und Korn›, denen diese ganze Betriebsamkeit zuwider ist und die sich dagegen auflehnen, dass alpinistische Sonderleistungen publizistischen Lärm verursachen.›» 1963 war zum Beispiel so ein Sommer. «‹Ein grosser Berg› sagte der Sieger», titelte «Blick» für die erste Solobegehung der Eigerwand durch den Walliser Bergführer Michel Darbellay. Kaum war dieser Triumph

aus den Schlagzeilen, kam es zur Tragödie um die zwei Spanier Alberto Rabadà und Roberto Navarro, die, ohne Erfahrung im Eisklettern, in der Weissen Spinne ihr Leben liessen. Kommentar der bernischen «Tages-Nachrichten»: «Sie riskierten mutwillig den Tod». Die Schweizer Paul Etter, Ueli Gantenbein und Sepp Henkel bargen beim ersten Abstieg durch die Wand die Leichen der beiden Spanier. Überschrift in der Schweizer Boulevardzeitung: «Ein Juchzer kündet die Küsse für Eigerbezwinger.»

Rampenlicht: «Selbst die sonst eher zurückhaltende Frau von Almen lässt sich zu einem Siegerkuss hinreissen.» Legende des «Blick» zum Empfang von Alleingänger Michel Darbellay (oben). Hearing auf der Kleinen Scheidegg, 1962, mit Hotelier von Almen (Mitte), Loulou Boulaz (links), Yvette Attinger-Vaucher und Michel Vaucher (rechts).

Personality-Show: Der Amerikaner John Harlin (oben) sah aus wie ein Hollywood-Star; er verunglückte am Frühlingsanfang 1966, als ein Fixseil in seiner Direttissima riss. Daisy Voog (unten) kletterte 1964 mit dem Begleiter Werner Bittner als erste Frau durch die Nordwand. Die Berner Tageszeitung «Der Bund» notierte neckisch: «Bei einem Interview nach der Rückkehr war Frl. Voog ‹pudelmunter›, Bittner dagegen nickte mehrmals ein...»

«Sensationsgier mit dem Tode bezahlt»
Und gleich ging's weiter mit der nächsten Sensation, dem Versuch einer Direktroute im bitterkalten Januar 1964. Vier Alpinisten liessen sich von der deutschen Boulevardzeitung «Bild» sponsern. Aber sie erreichten die im Vertrag abgemachte Mindesthöhe in der Wand nicht. Ausschnitt aus einer Reportage der angesehenen deutschen Wochenzeitung «Die Zeit», welche das «Volksblatt» nachdruckte: «Die vier jungen Handwerker aus München waren ‹gestorben›: Für die Illustrierte ‹Quick›, die ihnen viertausend Mark für die Zweitveröffentlichungsrechte in Aussicht gestellt hatte, für eine Schweizer Agentur, die die Weltrechte für die Direttissima-Ersteigung erwerben wollte, aber auch für viele ihrer Freunde. Auf der Scheidegg baute man die Fernsehkameras und Teleskope wieder ab, die Journalisten verliessen das Hotel, die Schau war zu Ende. Es wird nicht die letzte am Eiger gewesen sein.»
Wie recht dieser Reporter hatte! Exklusivbericht des «Quick» am 20. September 1964: «Mehr Mut als tausend Männer». Die Rede ist vom «26jährigen Mädchen» Daisy Voog, das als erste Frau «kaltblütig und sicher» durch die Nordwand kletterte. Noch frecher titelte der «Blick»: «Blonde

Münchner Sekretärin Daisy brach ein Tabu an der mörderischen Wand». Schade, dass der schöne Toni Kurz diesen Satz nicht mehr lesen konnte.
Der Amerikaner John Harlin wiederum hätte nicht Freude gehabt am Titel, den das «Thuner Tagblatt» nach seinem Absturz wegen Seilriss am 21. März 1966 setzte: «Sensationsgier mit dem Tode bezahlt: Absturz am Eiger». Der «Blick» wusste es besser in seiner Beschreibung des 28. Opfers der Nordwand: «Hellblond, fröhlich, männlich, bärenstark. Ein ganzer Mann. Ein Mann, der den Bergen verfallen war.» Sein Traum (nicht seine Gier) war eine Direktroute. Nach seinem Tod schlossen sich die zwei um eine Direttissima konkurrenzierenden Teams zusammen und vollendeten den John-Harlin-Climb, die erste neue Route neben der klassischen Heckmair-Führe.

«Ein Unglück in der Eigernordwand»
«Eigernordwand lockt weiter», überschrieb der «Bund» im Januar 1970 eine Meldung, wonach schweizerische und japanische Seilschaften Winterbegehungen der beiden Direktrouten, der John-Harlin-Direttissima und der im Sommer 1969 eröffneten Japaner-Direttissima, planten. Das Erstaunliche aber: Je mehr neue Routen eröffnet und wiederholt wurden, desto stiller wurde es in der Presse um die Wand. Der andere Grund, warum die Sensationsmeldungen nicht mehr dauernd die Titelseiten füllten: Dank der ständig verbesserten Helikopterrettung verringerte sich die Zahl der Dramen. Aber es gab sie noch.
Im «Berner Tagblatt» vom 21. Juli 1970 lese ich die folgende Eiger-Geschichte: «Der italienische Bergsteiger Sergio Insanti [richtig: De Infanti], der am Sonntag aus der Eigernordwand gerettet wurde, verdankt sein Leben einem Zufall: Der Besitzer des Hotels Kleine Scheidegg, Fritz von All-

men [Almen], suchte am Samstagnachmittag mit seinem Teleskop die Wand ab, wobei er versehentlich gegen das Instrument stiess. Als er erneut durch das Teleskop schaute, glaubte er seinen Augen nicht zu trauen. Auf einem Felsvorsprung knapp unterhalb der sogenannten Ausstiegsrisse winkte jemand verzweifelt mit dem Taschentuch, um die Aufmerksamkeit auf sich zu lenken. Es war, wie sich später herausstellte, der 26 Jahre alte Alpinist Sergio Insanti aus Udine (Italien), der acht Tage zuvor heimlich mit seinem Seilgefährten Angelo Urdella [Ursella] in die Wand eingestiegen war. Von Allmen verständigte sofort den Bergrettungsdienst, der Insanti mit Erfrierungen bergen konnte. Für seinen Seilgefährten Urcella kam jede Hilfe zu spät. Auch er wäre sicherlich noch am Leben, wenn die beiden Bergsteiger die zuständigen Stellen von ihrem geplanten Aufstieg unterrichtet hätten.» Da irrte der Journalist: Ursella brach sich laut Rettungsbericht beim Sturz das Genick. De Infanti harrte neben dem Toten aus, wie einst Kurz neben Willy Angerer.

«Den Tod vor Augen»

Die «Schweizer Illustrierte», die schon 1936 ein «Extrablatt» herausgegeben hatte, blieb immer am Ball. Den Bericht über die Tschechenroute von 1978 betitelte sie mit «32 Tage den Tod vor Augen». Das haben auch die, die nicht hochklettern. Glasklar hat das Hans Jegerlehner in seiner Betrachtung «Zum Angriff auf die Eiger-Nordwand» («Neue Zürcher Zeitung» vom 14. Juli 1937) gesehen: «Nur wenige Kilometer Luftlinie trennen die Bergsteiger, deren Kampfgelände einsam und verlassen ist wie der Pol, von Plätzen und Orten, wo sich Menschen vieler Länder tummeln, verwöhnt von allen Errungenschaften des Fremdenverkehrs. Ich entsinne mich heute

noch mit einem gewissen Grauen dieses Gegensatzes, als am Tage nach dem Tod von Kurz Damen in Fünfuhrteekleidchen und Herren in spielerischer Alpentracht, frischweg vom Schneider aus London oder Paris, durch den Zauber des Fernrohrs in das Grauen der Wand geführt wurden, wo unablässig die Vorhänge der Staublawinen niederflatterten. Und wie sie sich dann wieder wandten, angenehm durchgruselt und nun stärker der Geborgenheit der warmen Hotelhalle bewusst.»
Die Faszination der Eigernordwand. Bergführer Edi Bohren, der 1978 als erster Grindelwalder die Wand durchstieg, brachte an der weltweit Echo findenden 50-Jahr-Feier der ersten Durchsteigung die besondere Situation auf den Punkt: «Wenn die Wand um 180 Grad gedreht wäre, gäbe es den ganzen Rummel nicht.»

Aufhänger: «Ein Berg macht Geschichte», überschrieb das «Echo von Grindelwald» trocken seinen vierseitigen Bericht über die zweitägige Veranstaltung zum 50. Jahrestag der Erstbegehung. Unter dem Regenschirm lauschten Harrer und Heckmair der Bergpredigt auf Alpiglen, an der ein Kreuz aus drei mit einem Bergseil zusammengebundenen Pickeln hochgehalten und ein Stein «Zum Gedenken an die Verunglückten in der Eigernordwand» eingeweiht wurde.

Wasserfallkamin

Aus der Rampe sieht man sehr gut die Kleine Scheidegg, das Hotel, in dem sie waren, und nie hatte ich mit einer solchen Schärfe den Kontrast zwischen dem Leben dort unten und meiner so prekären Lage hier oben wahrgenommen. Ich sprach mit ihnen per Funk, und nur eine halbe Sekunde später konnte ich wegen einer Kleinigkeit stürzen und 1000 Meter über die Wand hinunterpurzeln. [...] Ich hatte gar keine Möglichkeit, mich selbst zu sichern, alles war mit Schnee bedeckt, und ich war gezwungen, auf gut Glück weiterzuklettern. Es kam mir vor wie russisches Roulett. Ich stand auf den Spitzen meiner Steigeisen, und alles konnte passieren. Das Funkgerät war mein Zigaretten-päckchen, und instinktiv, ohne zu zögern, nahm ich Kontakt auf. Dann kam ich zur Schlüsselstelle der Rampe, dem Kamin: Da war es nun wirklich gemein. Drei grosse Zapfen aus gut gehärtetem Schnee versperrten übereinander den Kamin.

Christophe Profit: La trilogie en hiver (Wand zum dritten Mal 1987 / Bericht 1987)

Allein in senkrechter Flur

Catherine Destivelle:
«Gegen oben hin wurde
es schwierig, ja gemein.
Schrecklich unstabile
Schneehaufen, brüchiger
Fels, trügerische Absätze.
Da musste ich wirklich sehr
aufpassen. In diesem
Gelände ist es unmöglich,
sich selbst zu sichern,
und du darfst dir nicht den
kleinsten Fehler erlauben.»

«Allein in die Eigerwand? Da muss
jemand schon spinnen, damit er
(oder sie) das tut!» Diese Aussage ist
begreiflich, wenn wir die Absturzbilanz
der ersten Alleingänger in der Nordwand anschauen. Aber in neuerer
Zeit scheinen die Kandidaten und
Kandidatinnen einer Solobegehung
begriffen zu haben, dass nebst hervorragendem technischem Können auch
eine spezielle Eiger-Psyche notwendig
ist! Daniel H. Anker, Autor des Solo-
Kapitels, ist auch schon alleine durch
die Wand geklettert.

Je mehr die Eigernordwand in den Nach-
kriegsjahren erfolgreich begangen wird,
desto mehr verliert sie für die besten
Alpinisten den Nimbus der grössten Herausforderung. Eine Generation von jungen
Kletterern sucht sich neue und höhere
Ziele. Zwar locken die Achttausender des
Himalaja, aber nur einige auserwählte Bergsteiger erhalten die Möglichkeit, bei einer
Expedition mitzumachen. Die Jungen beweisen in den 60er Jahren ihren Mut und ihr
Können bei Winterbesteigungen, einer Neutour oder Soloerstbegehung.
Aber wie bereits bei den Erstdurchsteigungs-
versuchen in den 30er Jahren erweist sich
die Eigernordwand als harter und unberechenbarer Brocken. Auch dieses Mal sind es
nicht die rein klettertechnischen Schwierigkeiten, die verschiedenen Alleingängern das
Leben kosten, sondern die psychischen
Anforderungen und die Notwendigkeit von
mindestens einem Biwak in der belastenden
Atmosphäre der Nordwand.

Gefährliches Ringen um
die erste Alleinbegehung

Bei seinem Alleinbegehungsversuch im
Juli 1957 erkennt der Deutsche Günther
Nothdurft die Gefahren. Da sich das Wetter
verschlechtert, steigt er vom Beginn des
Zweiten Eisfeldes gleich noch in der Nacht
zurück. Wenige Wochen später geht er mit
Franz Mayer unter dramatischen Umständen
durch die Nordwand. Während die mit
ihnen kletternden Italiener Stefano Longhi
und Claudio Corti nach einem Sturz
von Longhi und später auch von Corti in der
Wand zurückbleiben und auf Hilfe hoffen,
klettern die Deutschen im Wettersturz auf
den Gipfel und sterben beim Abstieg im Nebel durch die Westflanke an Erschöpfung.

Im August 1961 glauben die Beobachter an den Fernrohren auf der Kleinen Scheidegg zu sehen, wie der Österreicher Adi Mayr in der Rampe nach einem schwierigen Quergang mehrmals versucht, einen Spreizschritt auf einen wahrscheinlich von Wassereis überzogenen Tritt zu machen. Warum klettert er nicht zurück, solange die Kraft noch ausreicht, um anschliessend die Stelle mit Selbstsicherung nochmals zu versuchen? Will er keine Zeit verlieren, weil er bereits eine lange, zermürbende Nacht im Todesbiwak hinter sich hat? Niemand wird den genauen Hergang jemals kennen. Nur eins ist klar: Adi Mayr, dreiundzwanzig Jahre jung, gleitet aus und stürzt in den Tod.

Am 31. Juli 1962 steigen der Bündner Adolf Derungs – er hat im August 1959 mit Lukas Albrecht die 16. Begehung gemacht – und am 27. August des gleichen Sommers der Österreicher Diether Marchart in die Wand ein. Beide stürzen im unteren Teil ab, bevor die grössten Schwierigkeiten überhaupt begonnen haben. Sind sie mit ihren Gedanken bereits viel weiter oben in den grossen Eisfeldern oder im Wasserfallkamin und lassen sich nicht die nötige Zeit und Ruhe, um den nächsten heiklen Meter konzentriert anzugehen?

Am 28. Juli 1963 unternimmt der sehr bekannte und erfahrene Walter Bonatti einen Alleinbegehungsversuch. Bereits haben die extra mitgekommenen Medienleute seinen Einstieg in die berüchtigte Wand in die ganze Welt hinausposaunt. Trotzdem entschliesst er sich unter dem Zweiten Eisfeld für einen Rückzug. Er fühlt sich im Moment der Wand nicht gewachsen und zieht sich souverän zurück. Der grosse Walter Bonatti gibt sich geschlagen – eine psychologisch reife Leistung. Oder fällt ihm dieser Entscheid gerade deshalb leichter, weil er so bekannt ist?

Am 2. und 3. August 1963 gelingt dem Walliser Bergführer Michel Darbellay der grosse Streich, der ihn mit einem Schlag bekannt werden lässt: In eineinhalb Tagen durchsteigt er scheinbar mühelos die grosse Wand. Jede Schwierigkeit geht er ruhig und konzentriert an. Schliesslich kennt er die Wand vom Vorjahr her zur Genüge, als er mit Loulou Boulaz, Yvette und Michel Vaucher bei Nebel und Schneefall aus der Rampe den Rückzug antreten musste. Für ihn ist jeder Klettermeter wichtig, nicht nur der Gipfel. In erster Linie zählt das Erlebnis am Berg, erst dann kommt das unvermeidliche Rampenlicht.

Vom ersten Wintersolo bis zur Trilogie

Nach dieser ersten Solobegehung müssen sich die Spitzenkletterer am Eiger eine neue Herausforderung suchen – und finden sie in der 1966 vollendeten Direttissima. Bereits Anfang März 1967 macht sich der Franzose Roland Travellini auf den Weg, um den John-Harlin-Climb im Alleingang zu wiederholen. Ein gewagtes Unternehmen, auch wenn Walter Bonatti 1965 bei seiner Winter-Soloerstbegehung in der Matterhorn-Nordwand gezeigt hat, was alles möglich ist. Aber der Eiger ist nicht das Matterhorn, und Travellini ist nicht Bonatti: Der Franzose ist seit seinem Einstieg in den Wandsockel verschollen.

Die Zeit für ein so schwieriges Unternehmen ist am Eiger noch nicht reif, denn sogar die erste Wintersolobegehung der klassischen Heckmair-Route lässt noch mehr als zehn Jahre auf sich warten. Im März 1978 klettern dann allerdings gleich zwei Alleingänger kurz nacheinander durch die winterliche Eigernordwand. Während sieben Tagen, vom 3. bis zum 9. März, ist der Japaner Tsuneo Hasegawa in der Wand. Ihm folgt vom 7. bis zum 12. März der Franzose Ivan Ghirardini. Andere Alpinisten

Michel Darbellay: «Ich war bei den Ausstiegsrissen und tropfnass vom Wasser, das herunterkam. Ich wollte nicht in diesem Zustand auf dem Gipfel ankommen, wo es von allen Seiten zieht. Zudem hatte ich einen wirklich guten Biwakplatz gefunden. Ich wollte eine Zigarette rauchen, um mich zu beruhigen. Aber es ging nicht. Ich hatte zwar ein volles Päckchen Zigaretten, aber es war durch und durch nass.»

In der Rampe: Catherine Destivelle, die erste Alleingängerin, und erst noch im Winter. Schlüsselstelle ist der Wasserfallkamin, wo Adi Mayr 1961 seinen letzten Schritt gemacht hat, während die Leute unten am Fernrohr hingen (folgende Doppelseite).

Pavel Pochylý: «Über mir sehe ich den Strang eines Fixseiles im Sturm baumeln. Das haben vor fünf Jahren die Tschechen hier zurückgelassen. Soll ich? Kletternd würde mich der zweite Steilaufschwung bei diesem Hundewetter einen ganzen Tag kosten. Ob das Seil noch in Ordnung ist? Der arme John Harlin ist 1966 durch den Riß eines Fixseiles, das nur einige Wochen in der Wand gehangen hatte, in den Tod gestürzt.»

und Alpinistinnen bringen neue Aspekte in die Geschichte der Alleinbegehungen am Eiger: Eric Jones lässt sich 1980 als erster Brite solo in der Wand von Leo Dickinson filmen. Im Sommer 1981 eröffnet der Schweizer Ueli Bühler ungewollt das Rennen um die kürzeste Begehungszeit. Eine neue Spielart zeigt im Sommer 1985 Christophe Profit mit seiner Aneinanderreihung der Nordwände von Grandes Jorasses, Eiger und Matterhorn innerhalb von 24 Stunden. Allerdings ist dazu eine grosse Infrastruktur mit Helikoptereinsatz und Interviews während der Verbindungsflüge unumgänglich. Deshalb ist Profits Steigerung mit der Winter-Trilogie innerhalb von 42 Stunden im März 1987 zugleich Höhepunkt und Ende dieser Form des Bergsteigens. Der Schweizer Michel Wirth braucht am 10. Februar 1989 für die Wintersolobegehung der Lauper-Route sechs Stunden. Und am 9. März 1992 klettert die Französin Catherine Destivelle als erste Alleingängerin durch die Eigerwand. Es ist zugleich die erste Wintersolobegehung einer Frau, und erst noch in einem Tag!

Die Suche nach der Ideal-Direttissima

Am 15. Juli 1982 eröffnet der Slowene Franček Knez gleich im Alleingang eine neue Route rechts des Westpfeilers. Während sich in der Heckmair-Route die Solosprinter um eine neue Rekordzeit bemühten, suchte sich der Slowake Pavel Pochylý eine Herausforderung ganz anderer Art. Im März 1983 wagt er sich als erster Alleingeher an die Begehung einer grossen, neuen Route. Allerdings kann er von den zwei Begehungsversuchen von Tschechen in den Jahren 1977 und 1978 profitieren. Am 29. April 1978 stürzte die vorauskletternde Seilschaft mit Jiří Pechous und Jiří Slégl unterhalb der Fliege (das ist das Eisfeld rechts oberhalb der Spinne) tödlich ab.

Die beiden überlebenden Alpinisten Heinz Skopec und Viktor Jarolim seilten über die Route ab und liessen Material und Fixseile am Berg zurück.

Nach einer Woche im Schneesturm erreicht Pochylý die Steilstufe zwischen dem Ersten und dem Zweiten Eisfeld. Um Zeit zu sparen, benützt er ein altes Fixseil der Tschechen. Während er im Überhang pendelt und sich mit den Steigklemmen am alten Seil hocharbeitet, entdeckt er plötzlich, dass das Seil weiter oben eher einem Faden als einem Strang gleicht; durch die Windbewegungen ist es am Fels langsam durchgescheuert worden. Pochylý stockt der Atem. Aber nach einem Stossgebet erreicht er wohlbehalten den nächsten Standplatz. Trotz diesem Vorfall arbeitet sich der Slowake unverdrossen höher und höher. Im unteren Teil der Gipfelwand helfen ihm noch brauchbare Fixseile der Tschechen. Den Verlust seiner zwei Steigklemmen kann er ausgleichen, da er unterhalb der Fliege drei Jümarklemmen der Tschechen findet. Aber dann wird die Besteigung je länger, je mehr zu einem Gang an oder über der Grenze. Pochylý ist abgehärtet von langen und sehr schwierigen Winteralleinbegehungen in der Tatra. Zwar hat er seit zwei Jahren kaum mehr trainiert, dafür ist er offensichtlich psychisch völlig auf der Höhe und lässt sich durch nichts aus der Ruhe bringen, weder durch den Verlust der letzten Handschuhe noch durch den zweimaligen Defekt seiner neuen Steigeisen. Zwei Nächte im Sturm durchharrt er nur mit Daunensack, aber ohne Biwakhülle; diese hat er im Glauben, den Gipfel am selben Tag erreichen zu können, mit weiterem Material in die Tiefe geschmissen. Am 2. April erreicht er nach dreizehn Wandtagen, bei Dunkelheit und Nebel, völlig erschöpft den Eigergipfel, ohne Kenntnis des Abstiegs über die Westflanke. Trotz einer Rutschpartie mit einigen Saltos und einem Knacken in der Halswirbelsäule beim Aufprall erreicht der Slowake um Mitternacht die Station Eigergletscher. Bei diesem Abenteuer von Pavel Pochylý haben nicht nur viel Mut und Ausdauer eine Rolle gespielt, sondern offenbar auch ein ganzer Schwarm von Schutzengeln.

Mein Abenteuer
in der Nordverschneidung

Anfang September 1985 mache ich mich nach einer unruhigen Nacht, die ich im Schlafsack neben den Gebäuden der Station Eigergletscher verbracht habe, auf den Weg über den Vorbau hinauf Richtung Nordverschneidung. In einer kurzen Steilstufe gerate ich unversehens auf Wassereis, der schwere Rucksack schränkt meine Bewegungsfreiheit ein – und schon finde ich mich einige Meter tiefer auf einem steilen Schuttband wieder. Das hätte ins Auge gehen können, genau wie bei vielen anderen Alleinbegehungsversuchen. Weshalb bin ich hier, weshalb gehe ich trotzdem weiter? Am Vortag habe ich doch bereits ein eindrückliches Abenteuer erlebt, zusammen mit Freunden konnte ich die Route «Spit verdonesque» klettern. Nach der Tour hatten alle drei anderweitige Verpflichtungen – oder auch einfach für dieses Jahr genug vom Eiger. Und ich?

Eigentlich habe ich es schon zum voraus geahnt und bereits mit dem Gedanken an einen Alleingang gespielt. Ich will mich an allen schwierigen Stellen selber sichern und mir Zeit lassen. Ich bin mir bewusst, dass ich im Grunde genommen recht ängstlich bin, für das wirkliche Soloklettern ohne Seil brauche ich eine grosse Sicherheitsreserve. Ein Sprint durch die Heckmair-Route wäre mir viel zu gefährlich. Aus diesem Grund habe ich mir eine Tour ausgesucht, in welcher die klettertechnischen

Schwierigkeiten und Unbekannten genügend gross sind, dass sich bisher kein Alleingänger dafür interessiert hat. Für mich liegt der magische Reiz darin, das Abenteuer allein zu bestehen, ohne physische und psychische Unterstützung eines Kameraden. Die Herausforderung, die aufkommenden Ängste ganz allein zu überwinden.

Sobald das Gelände steiler und schwieriger wird, entscheide nur ich, wann gesichert wird und wann nicht. Fühle ich mich sicher genug, diese Stelle anzugehen, den Rucksack am Rücken oder am letzten Standplatz stehend, mit einem Seil mit mir verbunden, so dass ich ihn später hochziehen kann? Oder soll ich mit Seil und Selbstsicherung hochklettern, anschliessend abseilen und mich die Seillänge nochmals mit dem schweren Sack am Rücken mit Steigklemmen hocharbeiten?

Das Wetter ist prächtig. Ich brauche mich nicht darum zu kümmern, ob ein Christophe Profit die gleiche Seillänge seilfrei und in der halben Zeit klettern würde. Nähmen solche Überlegungen einen Grossteil der Gedanken ein, würde das Solobergsteigen zu einem gefährlichen Spiel. Seillänge um Seillänge klettere ich hinauf, dem Westgrat entgegen. Die Arme und Schultern werden immer müder vom Rucksackaufziehen, und

Daniel H. Anker: «In einer kurzen Steilstufe gerate ich unversehens auf Wassereis, der schwere Rucksack schränkt meine Bewegungsfreiheit ein – und schon finde ich mich einige Meter tiefer auf einem steilen Schuttband wieder. Das hätte ins Auge gehen können, genau wie bei vielen anderen Alleinbegehungsversuchen.»

Im Götterquergang: Der 10. März 1992 – ein historisches Datum. Catherine Destivelle steigt um 6 Uhr in die Wand ein und erreicht nach 17stündiger Kletterei den Gipfel, wo sie Jeff Lowe weckt, der auf sie wartet (folgende Doppelseite).

die Hände sind geschwollen vom rauhen Fels. Am Abend des zweiten Tages steige ich aus dem Dunkel der Verschneidung in die untergehende Sonne.

Rekord in der Harlin-Direttissima

Im Januar 1990 durchsteigt der Slowene Slavko Sveticic die Harlin-Direttissima in siebenundzwanzig Stunden, einer nicht für möglich gehaltenen Zeit. Dieser Exploit ist

Jeff Lowe: «Nie in meinem Leben ist so auf mich eingetrommelt worden. Alle fünf Minuten schoss eine grosse Lawine herab. Ich konnte mich nicht bewegen, selbst wenn ich es gewollt hätte. Trotzdem muss ich mich da herauswuchten und einen besseren Biwakplatz suchen. Es wird wie unter Zwang geschehen.»

Realität geworden durch die konsequente Umsetzung des Mottos «möglichst leicht und möglichst schnell». Was bedeutet das nun aber in der technisch sehr schwierigen Harlin-Route, für deren Wiederholung eine Seilschaft normalerweise mehrere Tage braucht? Sveticic kommt entgegen, dass die Harlin-Direttissima, abgesehen von der klassischen Heckmair-Führe, die am meisten wiederholte Route im zentralen Wandteil ist. Da bei jeder Begehung meist ein paar neue, zusätzliche Haken zurückbleiben, ist die Zahl der vorhandenen Sicherungspunkte gestiegen. Am 31. Juli 1983 ist der Franzose Jean-Marc Boivin bei seiner Eigersolobegehung in kürzester Zeit vom Todesbiwak über die Harlin-Route zum Gipfel geklettert. Das bedeutet für den Spitzenkletterer Sveticic, dass er diese Strecke wohl auch in einer vernünftigen

Zeit wird meistern können. Dazu kommt noch ein weiterer Vorteil: Im Winter 1990 herrschen in der Nordwand seit Dezember Traumverhältnisse. Durch Tauwetter nach den frühen Schneefällen und eine anhaltende lange Schönwetterperiode hat sich der Schnee in griffigen Firn verwandelt.

Auf der Suche nach der eigenen Identität

Auf ein Eigerabenteuer ganz besonderer Art lässt sich der Amerikaner Jeff Lowe im Winter 1991 ein. Seit einem Jahr ist bei ihm alles schief gelaufen: Seine eigene Firma ging Konkurs, eine Affäre mit Catherine Destivelle (zusammen kletterten sie eine neue Route am Nameless Tower im Karakorum) liess seine Ehe endgültig scheitern, und in der Folge musste er sich von seiner dreijährigen Tochter trennen. Zusätzlich kam dann auch noch sein vierzigster Geburtstag. Während er in Depressionen versank, reifte in ihm der Plan einer speziellen Berg-Therapie: «Eine Route an der Eiger-Nordwand – eine saubere, direkte Linie zwischen der Tschechen-Route und der Japaner-Direttissima. Solo. Im Winter. Ohne Bohrhaken.» Aber der sehr erfahrene Lowe ist kein Selbstmordkandidat; er sucht eine persönliche Bestätigung, einen Weg zurück zu sich selbst, zurück zu seiner Identität als Extrembergsteiger. In dieser Stimmung schafft er das schier Unmögliche. Im ersten Anlauf überwindet er in vier Tagen die Steilstufe bis zum ersten Eisfeld. Um sich zu erholen und sein Material zu ergänzen, steigt er dann ab. Bei schönem und mildem Wetter steigt er zwei Tage später, am 24. Februar, wieder in die Wand ein. Zuerst kommt er rasch vorwärts. Am Fuss der Gipfelwand holt ihn dann aber ein Schneesturm ein. Dank Informationen aus dem Funkgerät und seiner weisen Voraussicht gräbt er sich eine Schneehöhle

und übersteht die Pulverschneesturzbäche
– abgesehen von nassen Kleidern und
gefrorener Ausrüstung – schadlos. Trotz
aller Widerwärtigkeiten arbeitet er sich
langsam, aber sicher irgendwo zwischen
Pochylý-Route und Japaner-Direttissima
durch die Gipfelwand hinauf. Mit viel Geduld, Ausdauer und technischer Raffinesse
gelingt es ihm, schwierigste Passagen und
auch Stellen mit miserablen Sicherungs-
möglichkeiten zu überwinden. Das letzte
Stück wird zu einem Wettlauf mit dem hereinbrechenden Schlechtwetter. Wenige
Meter unter dem Westgrat und dem Gipfel
hat Lowe sein Seil ausgeklettert. Trotz
mühsamer Suche findet er keine Möglichkeit, Klemmkeile oder Haken oder eine Eis-
schraube zu setzen – alles Gestein ist völlig
locker. Nach Rücksprache mit seinen Ver-
bindungsmännern auf der Scheidegg löst er
sich vom Seil und lässt sein gesamtes Material am Berg zurück. Seilfrei steigt er die
letzten Meter zum Westgrat empor, wo ihn
bald darauf ein REGA-Helikopter aufnimmt.
Der Schluss dieser Besteigung entspricht
zwar nicht Jeff Lowes Ethik, aber er zeigt
damit, dass er nicht ausschliesslich das
Abenteuer liebt, sondern ebenfalls das
Leben.

Unabhängig davon, ob seine Route nun
wirklich neu ist oder teilweise identisch mit
bereits bestehenden – die Leistung ist,
ähnlich wie diejenige von Pochylý, enorm
und kaum nachvollziehbar. Offenbar finden
die älteren Herren (Pochylý war bei der
Besteigung 38 Jahre alt, Lowe 40) mehr
Gefallen an einer solchen Murks-Tour als
die jungen, technisch hervorragenden
Kletterer. Oder sind die erfahrenen Alpinisten gesetzteren Alters den speziellen
Eigeranforderungen einfach besser
gewachsen?

Eines wird klar: Wer heute als Alleingänger
oder Alleingängerin noch Neues leisten

Wer ist am schnellsten?

Bereits 1969 versucht der bekannte Südtiroler
Reinhold Messner, die klassische Nordwandroute in einem Tag und solo zu begehen.
Wegen Steinschlags durch die vorauskletternden Seilschaften kehrt er wieder um. Am
15. August 1974 holt er dann das Versäumte,
diesmal freilich in Seilschaft mit Peter Habeler,
in 10 Std. nach: Ein neuer Rekord.
Am 25. August 1981 durchsteigt der junge
Schweizer Ueli Bühler die Heckmair-Route in
knapp 8 ½ Std.
In den folgenden Jahren durchrennen folgende
Alleingeher die Eigernordwand:
1982: der Slowene Franček Knez in 6 Std.;
1983: der Österreicher Thomas Bubendorfer in
4 Std. 50 Min. (noch heute gültiger Rekord);
ein paar Tage zuvor lernt er die Route mit Peter
Rohrmoser kennen;
1983: der Südtiroler Reinhard Patscheider
in 5 Std.;
1983: der Franzose Jean-Marc Boivin in 7 ½ Std.
(dabei begeht er vom Bügeleisen bis zum Gipfel und erstmals im Alleingang die obere Hälfte
der Harlin-Direktroute);
1984: der Slowene Slavko Sveticic in 8 Std. bei
schlechten Wandverhältnissen;
1988: der 17jährige Franzose Jean-Christophe
Etienne in 9 Std. 20 Min.
Im März 1985 durchsteigt der Franzose
Christophe Profit die Heckmair-Route als dritter Solo-Kletterer im Winter in 10 Std.
Ohne Medienrummel und Helikopterbegleitung
klettert im Januar 1992 der Exiltscheche
Michal Pitelka nach sorgfältigem und hartem
Training den gleichen Weg in 8 ½ Std. Danach
wird es still um Rekordzeiten in der klassischen
Nordwandroute.
Noch dies: Der Schweizer Köbi Reichen durch-
läuft 1986 die kürzere Lauper-Route in 3 Std.!

Thomas Bubendorfer: «Ich
mußte nicht mehr über-
legen, welchen Griff ich
mit welcher Hand packen
sollte, auf welche Stelle die
Pickel zu schlagen waren;
noch bevor ich rationale
Gedanken hätte anstellen
können, hatten Körper und
Instinkt bereits fraglos
das Richtige, das Einzige,
ausgeführt.»

will, dem (oder der) bleiben folgende zwei
Möglichkeiten: Entweder eine Blitzbege-
hung einer gut bekannten Route versuchen oder ein mehrtägiges Abenteuer in
einer der vielen, zum Teil noch überhaupt
nie wiederholten Routen zu wagen.

Rampeneisfeld

Um Mitternacht entdecken wir auf dem Grat des rechten Couloirrandes einen annähernd annehmbaren Biwakplatz. Wir sind zwei Meter voneinander entfernt. Dieses zweite Biwak ist äusserst ungemütlich. Unsere Kleider und der Inhalt der Rucksäcke sind durchnässt. [...]

Ein Graupelschauer zieht über die Wand. Wir sind nahe daran, zu denken, dass sich unsere Namen gewiss der makabren Liste unserer Vorgänger anfügen werden. Lionel meint, wir könnten vielleicht absteigen, bevor sich das schlechte Wetter festsetzt. Ich für mich rechne mit einer Milderung der Elemente und finde, wir sollten versuchen, oben herauszukommen. [...]

Um fünf Uhr morgens ist das Wetter noch immer düster. Nicht sehr fröhlich suchen wir uns den Weg in dem gestern von Terray vorgeschlagenen System von Absätzen. Unserm von der Müdigkeit des gestrigen Tages und der nächtlichen Kälte starren Körper fällt es unsäglich schwer, der sofort ernsthaften Schwierigkeiten Herr zu werden. Nach einer Traversierung von zwei Seillängen über sehr glitschigen Schiefer erleben wir eine ungeheure Freude. Wir stossen auf einen Mauerhaken und eine noch kaum rostige Laterne. Sie wurden von der Seilschaft Krähenbühl-Schlunegger hier zurückgelassen und bezeichnen den höchsten Punkt ihres Aufstiegsversuches.

Louis Lachenal: Carnets du Vertige (Wand 1947 / Buch 1956)

Dürfen Bergführer die Eigernordwand führen?

Am Bahnhof: Die Brüder und Bergführer Karl und Hans Schlunegger aus Wengen und ihr Gast Gottfried Jermann aus Dittingen (von links nach rechts) durchstiegen am 4./5. August 1947 die Eigernordwand. Diese dritte Begehung war gleichzeitig die erste schweizerische und die erste Führertour.

Bergführer, die in der gefürchteten Eigernordwand ihren Beruf ausüben: Sind es Helden, halsbrecherische Spinner, fahrlässige Draufgänger oder Spitzenkönner ihres Fachs? Die warten können und erst dann die heikle Arbeit an die Hand nehmen, wenn Vorbereitung, Verhältnisse in der Wand, Wetter und auch die Form von Führer und Gast stimmen? Ueli Kämpf, selbst Bergführer, gibt die Antwort.

Drei Stirnlampen erscheinen beim Stollenloch, am oberen Rand des Vorbaus der Nordwand. Erst leuchten sie zögernd in verschiedene Richtungen, als möchten sie die mondlose Nacht an diesem einsamen Ort aufhellen. Nun formieren sie sich zu einer Reihe und setzen sich mit zunehmender Entschlossenheit flach querend in

Bewegung. Das Vorwärtsschreiten wirkt ruhig und umsichtig, doch getragen von einem starken Willen. Noch schlummert der Tag – es ist 2 Uhr 30 am 5. Oktober 1997. Eine moderne Führerseilschaft ist in die klassische Heckmair-Route eingestiegen.

Der älteste Gast

Der italienische Gast Benedetto Salaroli, der seit längerer Zeit in der Schweiz lebt, ist mit seinen 72 Jahren noch fünf Jahre älter als Jean Juge, der 1975 den Altersrekord aufgestellt hat. Seine Bergführer sind zwei bestausgewiesene Eiger-Routiniers. Der 37jährige Kobi Reichen aus Lauenen hat am Eiger unter anderem die dritte Begehung der Direttissima Piola-Ghilini und eine der ersten Wiederholungen der Nordverschneidung durchgeführt. Daneben stellte er sein Können mit der Erstbegehung der direkten Nordwand der Jungfrau und der ersten Skiabfahrt durch die Mönch-Nordwand unter Beweis. Ueli Bühler aus Gsteigwiler ist 31 Jahre alt und vor kurzem Vater geworden. Ihm gelangen unter vielen anderen extremen Touren auch mehrere Erstbegehungen an den Wendenstöcken im Berner Oberland und im Februar 1989 eine Winterbegehung der Japaner-Direttissima in nur 15 Stunden, die er mit seinem bald darauf tödlich verunfallten Bruder Heinz durchführte. Das stabile und auch in der Höhe sehr warme Herbstwetter ermöglicht den drei Alpinisten eine Begehung ohne Angst vor meteorologischen Überraschungen. Auch die Schnee- und Eisverhältnisse haben sich in der über längere Zeit niederschlagsfreien Periode stabilisiert. Kobi steigt vor, er braucht die Route nicht zu suchen, denn er kennt den Weg von drei früheren Begehungen mit Freunden und Gästen; Ueli klettert direkt neben Benedetto durch die Wand, entfernt Eisschrauben, Klemmgeräte und Haken, zeigt den Weg und ermöglicht so ein gleichmässiges Aufstiegstempo. Wie ein Uhrwerk können die drei den aufgestellten Zeitplan innehalten. Als der Morgen graut, kann bereits die lange Querung über das Zweite Eisfeld begonnen werden. Es ist meist blank und verlangt so viel Konzentration. In der Rampe müssen auch von der Technik her alle Register gezogen werden. Der rüstige Gast, in bester körperlicher Form, trittsicher in diesem schwierigen Gelände und klettertechnisch auf der Höhe, meistert auch die schwierigsten Risse und Aufschwünge ohne Jümarklemmen und Steigleitern aus eigener Kraft. Am Mittag quert die Seilschaft aus dem eisüberzogenen Götterquergang in die Spinne, und schon dreieinhalb Stunden später durchsteigt sie das im zarten Abendlicht leuchtende Gipfeleisfeld und steht um 19 Uhr auf dem 3970 Meter hohen Gipfel. In gleichmässigem Tempo bewegen sich wieder drei Lichter über die Westflanke hinunter, der Station Eigergletscher zu.

Der erste Bergführer

John Percy Farrar bezeichnete im englischen «Alpine Journal» vom August 1913 den Berchtesgadener Bergführer Johann Grill von Ramsau, nach seinem Hof Köderbacher genannt und bekannt als Erstbegeher der Watzmann-Ostwand (der höchsten Wand der Ostalpen), als einen der stärksten Bergsteiger, die er je getroffen

Auf dem Gipfel: Der Bergführer Kobi Reichen und der italienische Gast Benedetto Salaroli, fotografiert vom Bergführer Ueli Bühler am Sonntag, dem 5. Oktober 1997, um 19 Uhr. Salaroli ist mit 72 Jahren der älteste Eigerwandbegeher: «In 24 Stunden hat sich ein Lebenstraum erfüllt.»

habe. Zu viert waren sie im Sommer 1883 in den Berner Alpen unterwegs gewesen und hatten manch grossen Gipfel bestiegen. Als sie auf dem Weg von Grindelwald zur geplanten Überschreitung der Jungfrau in Alpiglen vorbeikamen, faszinierte die Nordwand des Eigers Johann Grill so stark, dass es nur mit Mühe gelang, ihn vom Einstieg in die Wand abzuhalten. Selbstverständlich wollte er seine Gäste mitnehmen! Da sein Verlangen so gross war, etwas «wirklich Schweres» zu machen, durchstieg er schliesslich mit Farrar die abweisende Westwand des Walliser Weisshorns auf einer neuen Route.

Der erste Gast

Mitte der 40er Jahre kannte niemand die Wand besser als der Wengener Hans Schlunegger. Er war 1936 beim Rettungsversuch von Toni Kurz dabei gewesen. Während der Erstbegehung 1938 folgte er der Partie von Heckmair über den Westgrat zum Gipfel. Am 16. August 1946 wollte Schlunegger zusammen mit dem jungen Berner Bergführer Edwin Krähenbühl die zweite Begehung durchführen. In einem Tag erreichten die beiden trotz denkbar ungünstiger Verhältnisse auf 3600 Metern das obere Ende des Rampeneisfeldes, wo sie ein schlechtes Biwak bezogen. Um vier

Uhr morgens begann es zu schneien. Während vier Stunden versuchten die beiden Bergführer, einen direkten Aufstieg durch die Fortsetzung der Rampe zur Nordostwand und zur Lauper-Route zu finden (was bis heute noch niemand gemacht hat), aber das schwierige Gelände und die miesen Verhältnisse liessen den Versuch scheitern.

Im Notbiwak: Der Genfer Jean Juge (67 Jahre alt) schaffte 1975 nach zwei strapaziösen Biwaks in der Wand den Abstieg über die Westflanke nicht mehr. Sein Bergführer Michel Vaucher sowie Thomas Gross harrten mit ihm im Schneeloch und -sturm zwei Nächte aus, bis der Helikopter endlich fliegen konnte.

Sie mussten den ganzen Weg von so hoch oben zurück, abkletternd und abseilend, bis sie sich endlich ins Stollenloch retten konnten.

Ein Jahr später ging Hans Schlunegger die Wand erneut an. Begleitet wurde er diesmal von seinem Bruder Karl und einem Gast, dem ausgezeichneten Jurakletterer Gottfried Jermann. Zuvor hatten sich die drei auf anspruchsvollen Touren auf ihr Ziel vorbereitet und waren dabei zu einem eingespielten und schlagkräftigen Team zusammengewachsen. Am 4. August 1947 gingen sie am Morgen um 2 Uhr los, um die dritte Begehung der Eigerwand zu versuchen; zwei Wochen zuvor war den französischen Bergführern Louis Lachenal und

Lionel Terray die zweite Begehung gelungen. Der Eiger schenkte den Schlunegger-Brüdern und ihrem Gast nichts. Wetterumstürze mit Regen, Schnee, Sturm und den dazugehörenden Folgen wie Schneerutschen und Steinschlag plagten die Seilschaft nach dem Rampeneisfeld. Die nassen Kleider erstarrten zu Eis, doch die Glieder bewegten sich weiter. Trotz dieser Widrigkeiten erreichte die Gruppe nach 38 Stunden, der bislang kürzesten Zeit, den Eigergipfel.

(Fast) die letzte Tour

Am 9. August 1975 begab sich eine achtköpfige Gruppe aus der Westschweiz in den Schatten der Nordwand: Michel Darbellay (acht Jahre zuvor glückte ihm die erste Alleinbegehung) mit seinem Gast Louis Frote, Tomas Gross mit Natacha Gall, Yvette Vaucher mit Stéphane Schafter und schliesslich Michel Vaucher mit seinem 67jährigen Gast Jean Juge. Bei der Besteigung mit dem zu dieser Zeit ältesten Eigerwandbegeher lief einiges nicht so rund wie 1997 bei der Führungstour von Benedetto Salaroli. Beim ersten Biwak auf dem Rampeneisfeld entglitt Jean Juge der Rucksack mit Kleidern, der unentbehrlichen Biwakausrüstung sowie den Steigeisen. Beim Weiteraufstieg litt er stark unter der Nässe und Kälte des hereinbrechenden Schlechtwetters und bremste so die ganze Gruppe auf dem Weg zum Gipfel. Während die anderen über den Westgrat abstiegen, blieben Tomas Gross und Michel Vaucher beim total entkräfteten Jean Juge und warteten auf den sprichwörtlichen Lichtblick und die Hilfe aus der Luft. Erst zwei Tage später konnte der Helikopter Juge und seine Betreuer retten. Die Strapazen liessen den Nordwandhunger des alten Chemieprofessors und Präsidenten der internationalen Union der Alpinistenverbände allerdings nicht vergehen. Drei Jahre später starb der Genfer nach der Durchsteigung der Matterhorn-Nordwand im Abstieg an einem Herzversagen.

Keine Führertour

Von Zeit zu Zeit tauchen immer wieder Gerüchte auf über Eigerwandbegehungen mit Gästen, die nie stattgefunden haben, und der vermeintliche Bergführer-Held sonnt sich gelegentlich in seinem Kreis im falschen Glanz. Ganz anders der 1909 geborene Grindelwalder Bergführer Hermann Steuri. Der Steuri Mändel verfügte zur Zeit der Erstbegehung über das nötige alpinistische Können, kannte den Berg mit seinen Tücken, hätte von Grindelwald aus günstige Verhältnisse abwarten können und verfügte in seinem Bruder Fritz und in einigen Gästen wie Mäusi Lüthy und Hans Haidegger über starke Partner. Seine Fähigkeiten stellte er zum Beispiel 1935 unter Beweis, als ihm die Drittbegehung der Matterhorn-Nordwand (und die erste ohne Biwak) mit dem Gast Arthur Bauer gelang. Auf die Frage, warum er die Eigernordwand nicht versucht habe, meint Mändel heute: «Jeder Gast hat eine Familie, und der Ruf der Wand damals war schlecht. Ich durfte und wollte nicht zum Extremist werden und das Vertrauen der Angehörigen aufs Spiel setzen.» Zudem hätte sein Vater ein solches Unternehmen gar nicht gern gesehen. Fritz Steuri sen. hatte im September 1921 für Aufsehen gesorgt, als er an der ersten Begehung des Mittellegigrates am Eiger teilnahm. Die Begleiter waren zwei andere Bergführer – und ein Gast, der Japaner Yuko Maki.

Im Hinterstoisser-Quergang: Bergführer Edwin Krähenbühl fotografierte seinen Berufskollegen Karl Schlunegger in einer der Schlüsselstellen der Wand. Die beiden wollten am 16. August 1946 die zweite Begehung machen. Ein Wetterumsturz zwang sie zum Rückzug vom Rampeneisfeld, rund 300 Meter unter dem Gipfel.

Der Preis für die Eigernordwand

Immer wieder wird die Frage gestellt: Wann ist ein Gast reif für eine Durchsteigung der Eigerwand? Die Antwort lautet gleich wie für jedes andere hochalpine Unternehmen in den Bergen: Ein guter Führer prüft den Kandidaten oder die Kandidatin auf mehreren Touren über längere Zeit. Dann muss gewartet werden, bis alle Bedingungen für eine erfolgversprechende Wandbegehung zusammenspielen. Die Kosten für eine Tour von diesem Kaliber werden von Führer und Gast gemeinsam abgemacht und variieren stark. Hans und Karl Schlunegger erhielten 1947 als Lohn zusammen 1000 Franken. Toni Hiebeler schreibt in seinem Werk «Eigerwand», dass spätere Führer das Dreissigfache kassierten.

Der Zeitaufwand für den Führer mit Rekognoszierung, Vorbereitung, Tour und anschliessender Erholungszeit umfasst, wenn alles rund läuft, ungefähr eine Woche. Es ist also nicht einfach möglich, ins Bergsteigerzentrum Grindelwald zu gehen und für den folgenden Tag einen Bergführer für die Eigernordwand zu buchen!

Ueli Kämpf (Jahrgang 1955) ist hauptberuflich als Bergführer tätig. Im Winter führt der Berner Oberländer viele Eiskletterkurse und Skitouren durch. Die Heckmair-Route am Eiger kennt er von einer Winterbegehung, allerdings ohne Gast.

Brüchiges Band
und Brüchiger Riss

Dann das Rampeneisfeld, das **Brüchige Band** und der **Brüchige Riß**. Den **Brüchigen Riß**
hatte Mark als «pretty scary» beschrieben – als «ziemlich gruselig» –, also sichere
ich mich wieder selbst. Zum ersten Mal lege ich die Steigeisen ab. Die Stelle ist ungeheuer
ausgesetzt, denn man hat genau hier einen besonders steilen Wandteil unter den Füßen,
was den Eindruck der Tiefe noch enorm verstärkt. Der erste Meter weg von einem kleinen
schneebedeckten Absatz in den Riß hinauf ist trotz des brüchigen Gesteins tatsächlich
überhängend. So schwer wie befürchtet ist diese Seillänge hinauf in den **Götterquergang**
allerdings nicht, und vor allem habe ich mittlerweile kapiert, wie ich die Selbstsicherung
fädeln muß, damit ich das Seil von oben abziehen kann. Es ist überhaupt ein überaus
exquisites Vergnügen, so viele berühmte Passagen an einem einzigen Tag zu klettern:
Alle fett gedruckten Stellen kann so ziemlich jeder Bergsteiger auswendig der Reihe nach
hersagen, denn sie tauchen in all den Geschichten, Büchern und Tragödien über diese
berühmteste Klettertour und ihre sechzig oder siebzig Toten auf.

Malte Roeper: Auf Abwegen (Wand 1988 / Buch 1995)

Die Rückseite der Nordwand

Tummelplatz: Als 1905 die Station Eismeer am Fuss der Südostwand des Eigers eröffnet wurde (die Löcher im Fels sind auf der gegenüberliegenden Foto oberhalb des Seilschaftsführers sichtbar), stiegen Touristen, manchmal mit Hilfe einer Strickleiter, zum Gletscher ab und oft auf diesem weiter. Aber erst während des Nordwandrummels wagten sich die ersten Kletterer in die Sonnenwand des Eigers vor.

Wo sonst im Berner Oberland, vielleicht sogar in den gesamten Alpen, findet man eine 800 Meter hohe Felswand mit nur zwei Routen auf einer Breite von nahezu 200 Metern? Dazu Fels, der nicht immer ganz fest, aber doch keineswegs so brüchig ist, wie Anblick und Vorurteil vermuten lassen. Und, nicht zu vergessen: Der Einstieg ist nur 30 Minuten von der Station Eismeer der Jungfraubahn entfernt. Die unbekannte Südostwand des Eigers liess den Nordwandspezialisten Hannes Stähli nicht mehr los.

1. Szene, September 1987: Werner Burgener und ich sind als Bergführer mit einem Filmteam in der Eigernordwand unterwegs. Wir sollen zum 50-Jahr-Jubiläum der Erstdurchsteigung einen Film über die Heckmair-Route drehen. Bei einem Helikopterflug in die Nähe des Schwierigen Risses touchiert der Pilot mit dem Rotor die Wand. Mit viel Glück und Können dreht er den Heli weg und macht eine Notlandung am Wandfuss. Der Schock sitzt tief, die Filmarbeiten werden unterbrochen, auch wegen der zu hohen Temperaturen.

Einige Tage später kehre ich trotzdem an den Eiger zurück, mit einem Gast in die Lauper-Route der Nordostwand. Ganz oben trifft mich überraschend eine sturmartige Bö, als ich ungeschützt und ohne Zwi-

schensicherung vom Lauper-Schild auf das Gipfeleisfeld der Heckmair-Route aussteige. Das moderne Eiswerkzeug und eine Schar Schutzengel helfen Schlimmeres verhüten. Wieder im Tal unten rufe ich Werner an.

Rückblende Sommer 1937: Parallelen zur Erstbegehung der Eiger-Südostwand kommen mir in den Sinn: Damals kamen die beiden Nordwand-Kandidaten Eidenschink und Moeller wegen des unsicheren Wetters und der schlechten Verhältnisse in der Nordwand auf die andere Seite des Berges. Die Südostwand als Verlegenheitstour? Wir werden sehen.

2. Szene, September 1987: Nachdem Werner und ich den dunklen Stollen bei der Station Eismeer verlassen haben, ändert sich nicht nur der Schauplatz radikal: Wir fühlen, dass auch unser Gesichtsausdruck von Nordwand-Bedrücktheit zu Südwand-Heiterkeit wechselt. Ist das der Grund, dass wir die Wand unter- und uns überschätzen? Jedenfalls glauben wir, die 800 Meter am Abend mehr oder weniger im Sack zu haben! Der Zustieg zum Wandfuss ist problemlos, weniger einfach der Übergang vom Gletscher zum Fels. Erst nach dem zweiten Versuch können wir Hand an den Felsen legen und unsere Abenteuerreise beginnen. Nach all der Zeit, welche seit der ersten Idee einer Route im östlichen Sektor der Südostwand verstrichen ist, folgt auch gleich die Frage, ob wir überhaupt noch die ersten hier sind. Doch wir finden nur unbegangenen, rauhen Fels vor. Nach den ersten zwei Seillängen erreichen wir den untersten, flacheren Teil der Wand und können von hier auch einen Grossteil der weiteren Linie einsehen. Zügig kommen wir die nächsten 150 Meter höher, was uns zuversichtlich stimmt. Doch nur zu bald hört der «Spaziergang» auf. Denn anders als der zentrale wird unser Abschnitt der Südostwand gegen oben zu immer steiler.

Man könnte ihn vom Profil her am ehesten mit einer riesigen Sprungschanze vergleichen. Der Anfang besteht aus dem steilen Unterbau, dann folgen der eher flache Schanzentisch und schliesslich die immer steiler werdende Anlaufspur, welche auf dem Mittellegigrat endet.

Der Kalkfels ist gut, manchmal erinnert er an die Engelhörner. Wasserrillenplatten wechseln mit Verschneidungen und Rissen ab. Eine Höhle zu Beginn des steileren Mittelteils lädt geradezu zum Biwakieren ein. Das Panorama mit Schreckhorn, Finsteraarhorn und Fiescherwand ist im Übernachtungspreis inbegriffen. Nun wird aber die Anlaufspur immer steiler, und wir realisieren, dass wir wohl kaum in einem Tag durchkommen werden. Nach etwas mehr als der Hälfte der Wand seilen wir ab, um noch die letzte Bahn zu erwischen. Wir haben nämlich nur einen Tag zur Verfügung. Die Temperatur ist gesunken. Der Berg – das heisst der Filmregisseur – ruft.

3. Szene, September 1987: Unsere Gesichter werden wieder etwas düsterer, aber wir haben ja Sonne getankt fürs Schattenleben. Und das Filmabenteuer, das mit dem Heliflug zum Todesbiwak beginnt, endet nach zweieinhalb Tagen glücklich auf dem Gipfel. Die Aufnahmen sind im Kasten. Der Kopf wäre frei für die Südostwand, aber uns fehlen Zeit und Gelegenheit.

4. Szene, September 1988: Diesmal geht alles etwas einfacher. Werner und ich stossen bis unter die sehr steile Schlusswand vor, wo wir zum zweiten Mal aufgeben müssen. Erstens schneit es, und zweitens fehlt uns das nötige Material. In den folgenden beiden Jahren mache ich mich schon mit dem Gedanken vertraut, die Route nicht weiter zu erschliessen und sie auf den Namen «Die Unvollendete» zu taufen. Ein schlechter Gedanke.

5. Szene, September 1991: Wieder Filmarbeiten am Eiger, diesmal mit Amerikanern am Gipfel. Das bringt mich auf die Idee, vom Mittellegigrat zu unserem Endpunkt der Route auf der Südseite abzuseilen und anschliessend die restlichen Seillängen zu klettern. Behängt mit genügend Material seilen mein Bruder Ueli und ich zum grossen Band ab. Schon im Vorbeigleiten kann ich erahnen, was auf uns wartet. In fünf Seillängen ausgesetzter und anstrengender Kletterei erreichen wir wieder den Grat. Was lange währt, wird endlich gut.

6. Szene, September 1997: Das möchte ich noch: Die Route in einem Zug von unten durchsteigen, als Lohn für die vielen Stunden am Berg, die zerschundenen Hände und die einer Erstbegehung eigene Unsicherheit. Ueli und ich ziehen das «Biwak» im warmen Wärterstübli der Station Eismeer der Wandhöhle vor, obschon diese sicher das schönere Erlebnis gebracht hätte. Im Schein der Lampe queren wir über den Gletscher zum Einstieg. Im Morgengrauen beginnen wir mit Klettern, und schon nach kurzer Zeit erreichen uns die Sonnenstrahlen. Das stabile Herbstwetter, der leichte Rucksack und die Gewissheit, der Route gewachsen zu sein, machen die Begehung zu einem unvergesslichen Erlebnis. Nach acht Stunden stehen wir auf dem Mittellegigrat, dieser imposanten Schneide zwischen

Schatten und Sonne. Dort die Nordwand, der Tummelplatz der Bergsteiger aus aller Welt, da die Südseite ohne Medienrummel und Massenandrang. «Panoramaweg» nennen wir die dritte Route durch die Eiger-Südostwand. Nach der langen Abseilerei zurück über die Sonnenseite marschieren wir zufrieden dem Eismeerstollen zu. Ein letzter Blick zurück zu unserer Wand, und schon hat uns der Berg verschluckt. Ein paar Schritte später sitzen wir in der Jungfraubahn, inmitten japanischer Touristen. Ein Szenenwechsel, wie ihn nur der Eiger kennt.

Abseilstelle: Um eine dritte Route in die 800 Meter hohe Südwand zu legen, waren vier Anläufe und unzählige Abseilmanöver nötig. Im September 1997 kletterten Hannes und Ueli Stähli den neuen «Panoramaweg» in einem Zug durch und seilten sich danach wieder zum Eismeer ab.

Hannes Stähli wurde 1947 in Grindelwald geboren und lebt seit 1952 in Wilderswil am Eingang zu den Lütschinentälern. Er ist Bildhauer, Bergführer und Skilehrer, war jahrzehntelang Bergführerausbilder und Skitrainer. Daneben hat er als Kameramann und Darsteller an mehreren Eiger-Filmen mitgewirkt und an zahlreichen Rettungsaktionen in der Nordwand teilgenommen. Er machte über 50 Erstbegehungen im Fels und kombinierten Gelände, insbesondere im Berner Oberland. Am Eiger eröffnete er nicht nur eine neue Route in der Südostwand, sondern auch den Ostegg-Südostpfeiler an den Eigerhörnli (im August 1977 mit Edi Bohren).

Sonnenwand mit Schattenflecken

Gehört Ludwig Vörg, einer der vier Erstbegeher der Eigernordwand im Jahre 1938, auch zur Seilschaft mit Otto Eidenschink, Ernst Moeller und Hias Rebitsch, die im Jahr zuvor als erste die Südostwand des Eigers durchklettert hat? Das jedenfalls ist immer wieder zu lesen. Nur: Diese Erstbegehung fand am 11./12. August 1937 statt. Zur gleichen Zeit aber, nämlich vom 11. bis 14. August 1937, unternahmen Rebitsch und Vörg ihren dritten, am höchsten vordringenden Versuch in der Nordwand und kamen ein paar Seillängen weiter als das Todesbiwak. Nach einem Wettersturz kehrten die beiden als erste lebend aus dem zentralen Wandteil zurück.

Damit ist klar: Mitte August 1937 waren tatsächlich alle vier genannten Alpinisten am Eiger, aber nicht in der gleichen Wand! Die Verwechslung kommt vielleicht daher, dass die vier ein paar Tage früher, nämlich am 6. August, gemeinsam eine Nordwand durchstiegen: diejenige des Grossen Fischerhorns. Sie liegt übrigens fast nur einen Steinwurf von der Eiger-Südostwand entfernt. Was aber nicht klar ist, ob Eidenschink und Moeller wirklich die Erstbegeher der Südostwand sind.

Am 24. August 1934 meldete die lokale Presse, dass «die Südwand des Eigers bezwungen» sei, und zwar von Kurt und Georg Löwinger aus Dresden. Die beiden hatten im Juli zusammen mit Willy Beck den ersten Versuch einer Durchsteigung der Eigernordwand unternommen, konnten sich aber nach einem Sturz ins Stollenloch retten (andere Quellen nennen die Fenster der Station Eigerwand). Zuvor sollen die drei Alpinisten die Ostwand des Eigers (es könnte sich da um eine Route bei den Eigerhörnli handeln) erstgegangen haben; genauere Hinweise fehlen, und die Tour wurde in Grindelwald stark bezweifelt. Ebenfalls nur Vermutungen lassen sich über die Route in der Südostwand anstellen.

Plattenpanzer: «Eidenschink an der Arbeit. Leica-Aufnahme von Moeller» – Originallegende aus dem Zürcher «Sport» vom 1. September 1937 (oben). Ähnliche Haltung bei Werner Burgener in der jüngsten Südostwandroute (rechts).

Von der Mittellegihütte aus, so der Zeitungsbericht, sollen die Gebrüder Löwinger links unterhalb des Grates abwärts haltend in die Wand eingestiegen, nach ungefähr zweieinhalb Stunden in die ungefähre Wandmitte oberhalb der Gletscherzunge gelangt und dann mit Hakenhilfe «in völlig gerader Linie über glatte Wandflächen und Felsriffe» in nur fünf Stunden durch die 650 Meter hohe Wand auf den Mittellegigrat etwas östlich des Gipfels geklettert sein. Eine fast unglaublich kühne Leistung, die von massgebenden Führerpersönlichkeiten wohl zu Recht nicht anerkannt wurde.

Bleibt also die gesicherte Erstbegehung durch Eidenschink und Moeller. Am Können dieser beiden gibt es nichts zu zweifeln; Eidenschink eröffnete 1943 mit Rudolf Peters, einem der Erstbegeher der Nordwand der Grandes Jorasses, einen direkten, äusserst schwierigen Westwandanstieg am Totenkirchl im Wilden Kaiser. Vor dem Eiger wiederholten Eidenschink

und Moeller (oft als zweite Seilschaft) die vom Deutschen Willo Welzenbach und seinen Gefährten nur ein paar Jahre zuvor erstmals durchstiegenen Nordwände von Gspaltenhorn, Lauterbrunner Breithorn, Grosshorn, Gletscherhorn und eben Gross Fiescherhorn. Die beiden wären also für die Eigernordwand bestens vorbereitet gewesen, allein der schlechte Sommer 1937 verhinderte das Vorhaben. Statt dessen gelang ihnen fast so nebenbei die erste Durchsteigung der Sonnenseite des Eigers, die sie in knapp 24 Stunden durchkletterten, mit einem 12stündigen Biwak etwas oberhalb der Wandmitte. Die Route weist mehrere Seillängen im fünften Schwierigkeitsgrad auf.

Der Einheimische Othmar Gurtner, Alpinismus-Mitarbeiter des Zürcher «Sport» und scharfzüngiger Kritiker der oft tragisch verlaufenen Eigernordwand-Versuche durch deutsche und österreichische Seilschaften («Wird dieser Frevel fortdauern?»), schrieb als Oberland-Korrespondent im «Alpine Journal» (Organ des englischen Alpine Club) über diese Erstbegehung am Eiger: «Ich denke, dass dies eine sehr gute Leistung (a very fine performance) ist. Es tut mir aber für die beiden Kletterer leid, dass sie nicht das direkte Risssystem angegangen sind, das vom Hauptgipfel herabkommt. Dieser kleine Fehler dürfte im nächsten Jahr einen Haufen deutscher Seilschaften auf den Platz rufen.» Die Prophezeiung erfüllte sich, wie viele andere von Gurtner, nicht.

Die zweite Begehung der Originalroute erfolgte im Sommer 1964 durch die Schweizer Albin Schelbert und Geni Steiger. Vom 21. bis 23. Dezember 1972 machten Kurt Haas, Walter Müller, Ernst Ott und Markus Wacker die erste Begehung im Winter. Müller und Karl Moser eröffneten am 24. August 1974 einen direkten Anstieg entlang dem zentralen Risssystem. Die dritte (und mit VI/A0 auch schwierigste) Route, der «Panoramaweg», ist das Werk von Werner Burgener, Hannes und Ueli Stähli.

Götterquergang

«Wollt ihr mit uns kommen – wir können alle zusammen hinaufgehen. Ich glaube,
wir sollten vor dem Einnachten so weit als möglich klettern.»

«Nein. Es ist schon gut so. Wir werden hier bleiben und morgen weitergehen.»

Wir verliessen sie mit gemischten Gefühlen, halb erleichtert und halb schuldbewusst,
und gingen den Götterquergang an, eine Reihe schuttbestreuter Bänder, die sich an
die senkrechte Wand festklammern. Wir hörten die schwermütigen Melodien der Kühe
drunten auf der Kleinen Scheidegg und, näher, das Rattern der Zahnradbahn; diese
Geräusche betonten unsere Abgeschnittenheit stärker, als dies der abgelegenste Berg
hätte tun können. Wir schienen so nahe vom sicheren Boden zu sein, und doch, wenn
irgend etwas schief ging, konnte uns nicht geholfen werden.

Christian Bonington: I Chose to Climb (Wand 1962 / Buch 1966)

Drama an der Bücherwand

«Aber sieh! Der
neue Morgen
Bringt einen Tag voll
Mühen und Sorgen:
Lawinen streichen,
Steinschläge hallen –
In großen Fetzen die
Nebel sich ballen –
Kameraden, jetzt gilt's!»
aus: Margrit Volmar:
An der Eigernordwand
(um 1936)

Es gibt nur wenige Gipfel, die Gegenstand einer literarischen Fiktion sind:
Montblanc, Matterhorn, Mount Everest
zum Beispiel, also die für die Bergsteiger faszinierendsten Gipfel der Welt.
Und natürlich der Eiger. Über ihn
sind 34 literarische Werke erschienen.
Davon befassen sich nur vier nicht mit
der Nordwand – aus dem einfachen
Grund, weil sie vor den ersten Tragödien in den 30er Jahren erschienen
sind. Aber schon die erste Novelle von
1892 trägt, gleichsam prophetisch,
den Titel «Der Held des Eiger». Daniel
Anker ist durch den Bücherberg
geklettert.

Jörg Binder, 23jähriger Bergführer aus
Wengen, machte Ende der 70er Jahre eine
Entdeckung, die ihn beinahe nochmals

abstürzen liess. Und dabei hatte eine Lawine ihn und seinen Seilgefährten doch erst
vor ein paar Minuten fast durch die Eigernordwand hinuntergefegt. Da kauerte auf
einer schmalen Leiste etwas unterhalb des
Götterquergangs ein toter Mann. Binder
näherte sich ihm vorsichtig. Auf dem Kopf
hatte der Tote noch eine Mütze, wie sie die
Gebirgsjäger des Deutschen Alpenkorps
trugen. Als Binder die gut erhaltene Leiche
näher betrachtete, sah er auf dem Anorak
das Adler-Emblem aus der Nazizeit. Um
den Hals hing eine Kette mit einem Medaillon. Binder nahm es in die Hand, entzifferte
auf der Rückseite einen Namen und ein
Datum: Erich Spengler, Oktober 1942. Dann
öffnete er das Medaillon. Darin befand
sich die Foto einer bildhübschen Frau,
deren Namen der Oberländer Bergführer
auf der Rückseite lesen konnte: Helene
Rössner.

Dramatisch beginnt der Thriller «Traverse
of the Gods» des Engländers Bob Langley.
Warum ein deutscher Soldat im Zweiten
Weltkrieg beim Götterquergang hoch oben
in der Eigernordwand starb (oder sterben
musste?), erfahren die Leser auf den restlichen der 250 Seiten. Es ist, wie schon der
Einstieg zeigt, eine ungeheure Geschichte,
und doch so geschickt erzählt, dass wir
am Ende fast glauben, Spengler und
Rössner wäre 1944 die zweite Begehung
der Wand gelungen. Aber Spengler ist
doch tot? Mehr sei an dieser Stelle nicht
verraten.

«Der Held des Eiger»

Nordwand, Mordwand. Im Netz der Spinne zappeln. Überlebenskampf im Todesbiwak. Geheimgänge im Berginnern. Eine bessere, spannendere Szenerie als die Nordwand des Eigers kann man sich für einen alpinen Spionagekrimi tatsächlich kaum vorstellen. Damit spielt auch der Autor Trevanian im Buch «The Eiger Sanction», das mit Clint Eastwood in der Hauptrolle verfilmt wurde. Jonathan Hemlock heisst der fiktive Frauen- und Bergsteigerheld, der als einziger seiner Seilgefährten den Kampf gegen die Wand und gegeneinander überlebt. «Der Held des Eiger»: So genial betitelte der Berner Schriftsteller Joseph Victor Widmann eine Geschichte aus dem Werk «Touristennovellen». Der Held ist der 24jährige Engländer Sir Robert Doll, der mit einem Führer ohne Mühe und Schwierigkeiten den Eiger bestiegen hat; er erinnert darin an den sportlichen, aber keineswegs alpinistischen Eiger-Erstbesteiger Charles Barrington. Gleich heisst übrigens auch ein Nordwandkletterer im Roman «The Ice Mirror» von Charles Machardy; nur kommt dieser Barrington nicht auf den Gipfel, sondern ums Leben. Aber zurück zu unserem ersten Eigerhelden: Im Glücksgefühl seiner locker vollendeten Tat kehrt Doll in einem Gasthaus im Lauterbrunnental ein, wo sich eine gemischte Gesellschaft am Gästetisch befindet. Und da beginnen nun die Probleme. Denn Doll verteidigt Fräulein Angélique, eine hübsche Französin, gegen die verbalen Angriffe eines deutschen Professors, und zwar so vehement und zugleich charmant, dass es zu ganz unterschiedlichen Begegnungen von Angesicht zu Angesicht kommt: die eine mit Pistolen, die andere mit Küssen. Widmann schrieb eine höchst witzige und immer noch lesenswerte Novelle, in der er sich im Vorwort bei einem

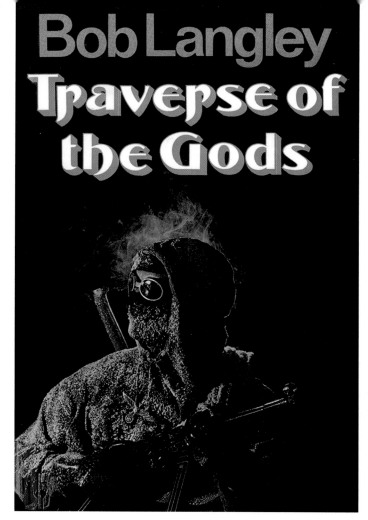

Bob Langley
Traverse of the Gods

Teil der deutschen Leserschaft schon vorsorglich entschuldigt, weil ihre Landsleute darin nicht eben gut wegkommen.

Die Touristen: Die «Eigervögel», wie Trevanian sie nennt, spielen am Eiger eine wichtige Rolle. «Alle Köpfe äugen stumm zum Eigergrat empor, zu der messerdünnen Kante, von Wetterwunden zernarbt und zerhackt und von Blitzhieben zerschmettert. In schwindelhohen brüchigen Zacken und Zähnen flieht sie zur Höhe, diese Hünensturmleiter, und mündet in der weißen gigantischen Kuppel von dreitausendneunhundert Metern über Meer.» Kräftig schildert der Schweizer Autor Johannes Jegerlehner in seinem 1929 erschienenen Werk «Bergführer

«Der Arm ist ganz kaputt, zweifellos. Wenn du von diesem Band weg willst, wirst du auf deinem Bauch kriechen müssen. Gut, dann werde ich kriechen, sagte er zu sich selbst. Für Helene, für Henke, und für Dr. Lasser. Ich werde durch diese verdammte ‹Spinne› hochkriechen und, wenn es sein muss, auch noch durch diesen verdammten Ausstiegsriss.»

«‹Vorwärts!› drängt Fred. Er ist ein Teufelskerl, ein grimmiger, entschlossener Kämpfer. Er möchte den Berg am liebsten in sich hineinfressen und ihn wie eine Steinbrechmaschine zu Sand zermahlen.»

«Der Obmann starrt immer noch vor sich hin und verzieht jetzt sein hageres Gesicht zu einer Grimasse und ringt nach Worten: ‹Sie ist ein schreckhaftes Ungeheuer, die Wand, ein Höllenwerk und die Besammlung aller Teufel. Etwas so Unerhörtes und so Erbarmungsloses wie sie ist mir noch nicht vor die Augen gekommen.›»

Melchior. Ein Jungfrau-Roman» den Mittellegigrat des Eigers und seine Erstbesteigung. 1935 erreichte der Roman eine Auflage von 10 000. Aber genau dann verschwand der Mittellegigrat aus dem Blickfeld der Zuschauer und Leser; die Nordwand rückte in den Mittelpunkt. Und wie sie das tat!

«Das Drama am Eiger»

Das Todesbiwak-Schicksal von Mehringer und Sedlmayr von 1936 war noch längst nicht publizistisch verarbeitet, da fand im darauffolgenden Jahr die noch heute aufwühlende Tragödie um Toni Kurz und seine Gefährten statt. Bereits wenige Monate nachdem der letzte Überlebende eines Rückzugkampfes aus der Schlechtwetterfalle vor den Augen seiner Retter die letzten Worte «Ich kann nicht mehr» sagte und ins Seil kippte, versuchten zwei Bücher, das tragische Geschehen in Worte zu fassen. «Das Drama am Eiger» nannte Theo Lütolf sein Versepos, womit er seinen Inhalt bereits in kürzester Form zusammengefasst hat. Einen andern Zugang wählte Erika Jemelin. Sie schrieb ein fiktives Tagebuch von Toni Kurz, das man fand, «als der Berg dich freigab, als man deinen jungen Körper kalt und starr zu Füßen der verschneiten Felsen fand. Stumm sind deine Lippen, für ewig geschlossen, aber das kleine Heft erzählt von heldenhaftem Kämpfen, vom Ausharren in Todesgrauen.» Dass sich der alpine Vielschreiber Gustav Renker einen solch heroischen Stoff nicht entgehen lassen durfte, liegt auf der Hand. Im Roman «Das Schicksal in der Nordwand» schreibt er über «das noch immer unerreichte Ziel der sonst völlig bezwungenen Alpen, das letzte Symbol des Kampfes zwischen der großen Natur und dem kleinen Mensch» (Klappentext). Der Schriftsteller Edgar Winkler und sein Kamerad Peter Lohmayer nehmen den Kampf auf; der erste stirbt im Biwak, den andern retten die Führer. Als das Buch 1938 auf den Markt kam, war die Nordwand, dieses «grauenvolle Wunder» (Renker), noch nicht durchstiegen. Fritz Kasparek hielt sich mit seinen drei Gefährten bekanntlich nicht an die Romanvorgabe. Renker war ihm deshalb aber nicht böse und verfasste für

Kaspareks 1939 publiziertes Werk «Ein Bergsteiger» ein Vorwort, das linientreuen Gebirgsjägern tief aus dem Herzen sprach.

«Alpiner Totentanz»

30 literarische Werke, in welchen die Eigerwand als Vorder- oder Hintergrund herhalten muss, konnte ich aufstöbern. Davon sind 13 Romane (darunter 4 Krimis), 6 Erzählungen, 2 Schauspiele, 7 Gedichte, 1 Epos und 1 sprachwissenschaftliches Werk; nach Sprachen aufgeteilt: 15 Werke in Deutsch, 12 in Englisch, 3 in Französisch. Acht Publikationen erschienen zwischen 1956 und 1963, als das Eiger-Fieber nach dem ersten Höhepunkt in den 30er Jahren einen neuen, noch stärkeren Schub machte. In Stichworten: Corti-Tragödie, an die noch zwei Jahre lang die oberhalb des Götterquergangs hängende Leiche von Longhi erinnerte; Wintererstbegehung; Frauen in der Wand; die tödlichen Soloversuche; die in der Spinne festgefrorenen Spanier Rabadà und Navarro. 13 Tote in acht Jahren. Da gab es etwas zum Schreiben.

Den «alpinen Totentanz» (so heisst, nur nebenbei, eine Erzählung von Konrad Falke, die am Fuss der Eigersüdostwand spielt) eröffnete 1956 Ernst Nobs, Zürcher Stadtpräsident, erster sozialdemokratischer Bundesrat und Ehrenbürger von Grindelwald, mit der Novelle «Die Wand». Im Mittelpunkt steht die reiche Amerikanerin Peggy, die unbedingt die Eigernordwand machen will. Der besonnene Bergführer Menk Rubi (er gleicht Hermann Steuri) versucht ihr diese Idee auszureden, allein das «Satansweib» schnappt sich den lockerer eingestellten Bruder Petsch, und die Eigerfalle schnappt ebenfalls zu. Wen wundert's?

Im Buch «Im Schatten der großen Wand» setzt Oswald Frey dem Bündner Bergsteiger Adolf Derungs ein literarisches Denkmal.

Ihm gelang 1959 zusammen mit Lukas Albrecht die 16. Begehung der Heckmair-Route. Fünf Jahre später versuchte er es nochmals, diesmal alleine. Die bösen Folgen kennen wir, das gute Buch weniger. Kaum lesenswert ist hingegen Otto Zinnikers Roman «Die Nordwand»: Er sucht oberlehrerhaft und bemühend nach den Gründen fürs Extrembergsteigen.

«Die Wand des Menschenfressers»

Ja, warum riskieren Alpinisten in dieser verdammten Wand ihr Leben? Darauf versuchen die Schriftsteller immer wieder eine Antwort zu geben. Die von Georges Sonnier ist sehr literarisch und barock: Er leuchtet den Aufstieg von Vincent und

«Vom Nachrichtenwert her ist Bergsteigen out. Heute macht das Privatleben königlicher Hoheiten und gutgebauter Filmstars Schlagzeilen. Natürlich, wenn ein bekannter junger Mann Brigitte Bardot oder Marilyn Monroe zum Klettern überzeugen könnte, dann wäre das eine Nachricht.»

Renaud psychologisch bis in die hinterste Ritze aus. Die beiden kommen knapp davon. Die Leser auch. Mit «La face de l'ogre» von Simone Desmaison geht ihnen der Aufstieg wesentlich leichter vonstatten, und trotzdem erhalten sie erhellende Einblicke in die Psyche der Bergsteiger. Und in diesem Fall – das hebt den von der Frau des französischen Extremalpinisten René Desmaison geschriebenen Roman deutlich hervor – ebenfalls Einsicht ins schwierige Leben einer Frau, die unten warten muss, während ihr Liebster, durchs Fernrohr gut sicht- und mit dem Funkgerät erreichbar, oben kämpft – und verliert.

> «Sie waren beide baumelnde Männer an ihren verschiedenen Arten von Nylonschnüren – Holden an der Drachewand, Crow ohne Absicht von einer Frau zur andern schwingend am weniger greifbaren Berg des Lebens.
> Es war Zeit, dass beide mit dem Baumeln aufhörten. ‹Lebewohl› flüsterte er, und sein Abschied galt nicht nur dem toten Mann, sondern auch dem Seth Crow, der er einst war. Mit einem schnellen Pickelschlag durchtrennte er das Seil, an dem sie zusammengebunden waren.»

Der Eiger als «ogre», als Menschenfresser: Im Französischen eine geläufige Bezeichnung. Hélène, die Heldin von Desmaisons Roman, nennt den Berg gar «ogresse». Weiblich ist der Gipfel auch in Christopher Burns' Roman «The Condition of Ice»: Ernst Tinnion und Hansi Kircher wollen die Nordwand der «Versucherin» besteigen. In ihrem Roman «The Climb», der die katastrophale Begehung dreier aus sehr unterschiedlichen Gründen eingestiegener Engländer zum Hauptthema hat, nennt Diana Raymond den Eiger «Heide» und Grindelwald «Lundervald».

In «Man on a Nylon String» von Whit Masterson heisst das Dorf am Fuss des Eigers «Zauberwald», und der Berg «Weis Drache». Um die Verfremdung noch ein bisschen weiter zu treiben, erhebt sich auch sonst noch ein Eiger. Zauberwald löst das Namensversprechen gar nicht ein: Einheimische Führer prügeln den Helden Seth Crow, welcher Douglas Holden (alias Longhi), der an einem Nylonseil in der Drachewand hängt, gegen Bezahlung runterholen will. Das wollen einige verhindern, weil dann vielleicht ein Verbrechen entdeckt würde. Und weil dann das Bergdorf weniger Einnahmen hätte, da die sensationsgierigen Touristen ausblieben. Am Ende schneidet Crow die baumelnde Leiche herunter, so wie es weiland mit Toni Kurz geschehen ist. Crow erledigt den gefährlichen Job allerdings nicht alleine: Eine Frau ist mit hochgeklettert, die – wir ahnen es schon … Was wäre ein Roman ohne Liebesgeschichte?

«Der Mann am Ende des Seils»

Noch besser als Mastersons Werk, weil weniger phantastisch, dafür schonungslos den ganzen Eigernordwandrummel sezierend, ist der 1960 herausgegebene Roman von Paul Townend mit dem Titel «The Man on the end of the rope». Auch hier geht der Autor vom Corti-Longhi-Desaster aus, mit dem Wettlauf um Leben und Tod der Kletterer, der Retter und – der Journalisten. Und genau das ist die Schlüsselstelle des Thrillers: Hier wird die Rolle der Presse, die auf der Nordwand-Bühne eine Hauptrolle spielt, kritisch hinterfragt. Der englische Chefreporter Paddy Chipperfield verursacht auf der Jagd nach einer exklusiven Bildstory mit dem Beobachtungsflugzeug einen Unfall in der Eigernordwand, den er dann auch noch weidlich ausschlachtet. Ganz zu Beginn des Buches sitzt dieser unsympathische Eiger-Held in einem Restaurant in Interlaken und überlegt sich: «Vom Nachrichtenwert her ist Bergsteigen out. Heute macht das Privatleben königlicher Hoheiten und gutgebauter Filmstars Schlagzeilen. Natürlich, wenn ein bekannter junger Mann Brigitte Bardot oder Marilyn Monroe vom Klettern überzeugen könnte, dann wäre das eine Nachricht.» Ersetzt man Marilyn oder Brigitte mit Diana, erhält man die Aktualität des Romans, der dringend ins Deutsche übersetzt werden sollte.

«Einbruch der Dunkelheit»

Die einzige Eiger-Geschichte, die, neben Trevanians Thriller und Renkers Roman, je in eine andere Sprache übersetzt wurde, ist Tom Pateys Satire «A Short Walk with Whillans». Der Schotte Patey, der 1970 an seiner heimatlichen Küste beim Abseilen verunglückte, war einer der ganz grossen Eiskletterpioniere; am Ben Nevis eröffnete er 1957 mit Zero Gully eine mythische Eisroute. Patey konnte aber nicht nur mit dem Eispickel zuschlagen, sondern auch mit dem Schreibstift. Er verfasste zwei Eiger-Gedichte sowie «Ein kurzer Spaziergang mit Don Whillans». Darin beschreibt er den (fiktiven?) Versuch einer Nordwandbesteigung mit diesem legendären schottischen Kletterer, der 1962 die erste britische Besteigung versuchte, aber dann einen Verunglückten bergen musste. Patey verwendet viele Zutaten, die einen durchschnittlichen Eigerwandbericht ausmachen, doch er pfeffert ihn mit bissigen Hieben und lustigen Begegnungen. Ein Lesevergnügen, dem man am besten auf Alpiglen nachgeht, bei einem Bier in der Spätnachmittagssonne, die oben die Wand erwärmt und die Steine fallen lässt.

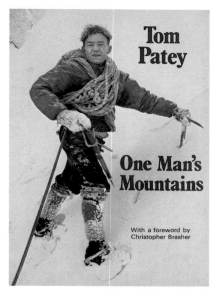

Tom Patey
One Man's Mountains

With a foreword by
Christopher Brasher

In Deckung! Der irische Kletterer R sieht die Steine über die Rote Fluh hinunterfallen. Und gleichzeitig hört er durch den Kopfhörer seines Taschenradios, wie Alarm gegeben wurde, sich sofort in die Schutzräume zu begeben. Der irische Alpinist und Schriftsteller Dermot Somers verknüpft in der 1983 zum ersten Mal publizierten Kurzgeschichte «Einbruch der Dunkelheit» die letzte Begehung der Nordwand mit dem Ausbruch des atomaren Weltkrieges. Apokalypse oben und unten. Während des Kletterns auf der Heckmair-Route, «the most poetic route in the world», erzählt der ältere R dem jüngeren L die Geschichte der Wand. Zum Beispiel so: «Toni Kurz überlebte eine Nacht und einen Tag, hängend im Seil, verwundet, mit erfrorenen Gliedern, langsam an Unterkühlung sterbend. Er lebte zehnmal länger als Christus am Kreuz, und das einzige, was ihm fehlte, war die Dornenkrone. Die ganze Zeit hoffte er auf Rettung.» Die beiden Kletterer hoffen, noch vor dem angedrohten meteorologischen und nuklearen Sturm den Gipfel zu erreichen. Auf dem Götterquergang ereilt sie – und uns – das Ende.

«Dann geschah etwas völlig Unerwartetes. Aus einer Nische in der Wand trat ein sehr normaler Schweizer Tourist, gefolgt von seiner sehr normalen Frau, fünf kleinen Kindern und einem Pudel. Ich hörte sofort auf zu summen. Ich hatte von tränenschweren Abschieden gelesen, mit Ehefrauen und Freundinnen, die ihrem Geliebten klagend nachriefen, aber das hier war lächerlich. Was für ein würdeloser Aufbruch! Die fünf Kinder begleiteten uns den ersten Schneehang hinauf, sie liefen glücklich hinter uns her und tappten mit neugierigen Fingern auf unsren Rucksäcken herum.
‹Verschwindet›, sagte Whillans gereizt, doch erfolglos. Wir waren ziemlich erleichtert, als sie schliesslich zurückgepfiffen wurden und wir nicht mehr Rattenfänger von Hameln spielten. Der Hund hielt noch eine Weile durch, bis ihn ein paar gutgezielte Steinwürfe zur Umkehr bewegten.»

Spinne

Man hat den steilen Firn- oder Eisflecken inmitten der fast lotrechten Gipfelwand
«die Spinne» genannt, weil von dem Schneefeld weiße Streifen wie Beine und Fangarme
nach allen Seiten ziehen. Vor allem nach oben hin – die Risse und Rinnen gegen den
Gipfelfirn – und nach unten gegen das Todesbiwak. Wie zutreffend aber die Bezeichnung
Spinne ist, hat vor uns noch niemand gewußt. Auch wir wissen es noch nicht, als wir
die erste Seillänge aufwärts steigen. Wir wissen nicht, daß diese Spinne aus Schnee, Eis
und Fels eine furchtbare Falle werden kann. Daß bei Hagel und Schneefall Eiskörner
und Schnee, die vom steilen Gipfelfirn abgleiten, in den Rinnen und Rissen kanalisiert
werden, mit Druck in die Spinne schießen, sich dort vereinen zu vernichtender Wucht, über
den Leib der Spinne fegen, um zuletzt hinaus-, hinunterzuschießen, alles vernichtend
und mitreißend, was nicht an dem Felsen festgewachsen ist. Es gibt keine Flucht aus der
Spinne, wenn man in ihr vom Unwetter und den Lawinen überrascht wird.
Das wissen wir noch nicht. Aber wir lernen es kennen.
Bald. Jetzt...

Heinrich Harrer: Die Weiße Spinne (Wand 1938 / Buch 1958)

Hitler kletterte mit

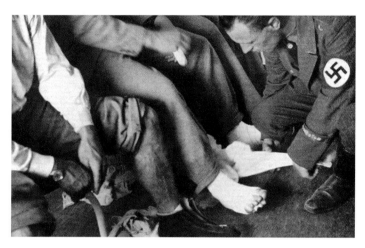

«Die Spuren des Kampfes»: Originallegende zum Eiger-Buch aus dem Nazi-Verlag. «Um die Eiger-Nordwand» war ein voller Erfolg und erlebte mehrere Auflagen.

Die Spinne – ein Eisfeld inmitten der Gipfelwand des Eigers. In der Sturzbahn einer Neuschneelawine wehren sich 1938 die Deutschen Heckmair und Vörg, die Österreicher Kasparek und Harrer mit aller Kraft dagegen, mitgerissen zu werden. Der verletzte Kasparek wird geborgen, bis zum Gipfel klettern die vier in einer gemeinsamen Seilschaft weiter. Hitler schlachtet den Erfolg als Beweis der Überlegenheit der deutschen Herrenrasse propagandistisch aus. 59 Jahre später holt die nationalsozialistische Vergangenheit den Eiger- und Tibet-Helden Harrer endgültig ein. Diesmal kann der ehemalige SS-Oberscharführer, der im Rucksack eine Hakenkreuzfahne durch die Nordwand getragen hat, den Sturz nicht mehr abwenden. Rainer Amstädter berichtet.

Hitler gibt an der Berliner Olympiade im August 1936 das Versprechen, den Bezwingern der Eigernordwand eine Goldmedaille zu verleihen. In diesem Sommer ist es für einen erneuten Versuch zu spät, zumal die Tragödie von Toni Kurz und seinen drei Gefährten vom Juli 1936 immer noch für traurige Schlagzeilen sorgt. Im Juli 1937 sind am Eiger wieder einige deutsche, österreichische, italienische und schweizerische Seilschaften zum Durchsteigungsversuch bereit. Unter ihnen ist Anderl Heckmair, der wochenlang die Wand beobachtet und vergeblich auf bessere Begehungsverhältnisse wartet. Heckmair erzählt in seinem Erinnerungsbuch «Mein Leben als Bergsteiger», dass er bis zum Sommer 1938 mehr als ein Jahrzehnt ohne festen Wohnsitz und Arbeit gelebt habe.

Von dieser Zeit des ungebundenen Bergsteigerlebens berichtet auch Fritz Kasparek in seiner 1939 erstmals erschienenen alpinistischen Autobiographie «Ein Bergsteiger». Kasparek ist das Wiener Beispiel einer Bergsteigerjugend, die aus der ständig wachsenden Menge von Arbeitslosen hervorgegangen ist. Anfang der 30er Jahre lernt Kasparek den Kärntner Heinrich Harrer im Südtirol kennen. Der 1912 in Kärnten geborene Harrer übersiedelt 1927 nach Graz, wird Alpenvereins- und Turnvereinsmitglied. Nach der Reifeprüfung beginnt er dort ein Lehramtsstudium in Geographie und Leibeserziehung.

«Der schönste Lohn»: Hitler zwischen den SS-Mitgliedern Harrer (links) und Kasparek (rechts). Neben den Österreichern stehen die Deutschen Heckmair (ganz links) und Vörg (mit eingebundenem Arm). Ganz rechts die beiden Nazi-Grössen Reichssportführer von Tschammer-Osten und Innenminister Frick.

Harrer als früher Nazi

Mit der Weltwirtschaftskrise von 1930 setzte in Deutschland der grosse Aufschwung der Nationalsozialisten und ihrer Partei, der NSDAP, ein. Die Verelendungswelle im Gefolge der Weltwirtschaftskrise, die Aussichtslosigkeit für zahlreiche junge Leute, Arbeit zu finden, löste den Zustrom zu den Nazis mit aus. Vermittelt wurde der Übergang durch zahlreiche nationalistische Vereine, besonders die deutschen Turnvereine und den Alpenverein. In diesen Interessensverbänden wurde die Jugend geistig wie körperlich als Elite für kommende grössere Aufgaben geschult. Der Grossteil der deutschnational dominierten Grazer Studentenschaft dieser Jahre trat zum Beispiel kollektiv in die österreichische SA ein. Von 1933 bis 1938 destabilisierten SA (Schutzabteilung) und SS (Schutzstaffel) Österreich durch systematischen Bombenterror.

Noch vor der Machtergreifung der Nationalsozialisten in Deutschland tritt Harrer am 1. Januar 1933 dem österreichischen NS-Lehrerbund bei. Bereits im Oktober 1933 tritt er auch in die SA ein, deklariert sich damit als aktiver Träger der illegalen NS-Bewegung an vorderster Front. Zwei Tage vor dem Anschluss Österreichs am 13. März 1938 beantragt Harrer die

NSDAP-Mitgliedschaft, die er am 1. Mai erhält. Am 1. April 1938 wird er auf sein Ansuchen in die SS aufgenommen.

Heckmair als Bergführer einer NS-Ordensburg

Am Eiger beginnt der Sommer 1938 mit dem Tod der Italiener Mario Menti und Bartolo Sandri, die beim Rückzug in der Nähe des Schwierigen Risses abstürzen. Heckmair kommt mit Ludwig Vörg, mit dem er im Wilden Kaiser Trainingstouren unternommen hat, am 12. Juli 1938 nach Grindelwald. Die beiden haben die beste und modernste Ausrüstung bei sich. Darüber spricht Heckmair im Eiger-Buch von 1938, das im Zentralverlag der NSDAP herauskommt: «Da kam Hilfe im letzten Augenblick aus der Ordensburg Sonthofen! Gerade heuer wurden Bergsteiger als Sportführer gesucht. Wir hatten uns beide gemeldet, zugleich aber auch um Aufschub gebeten, weil wir ein großes Vorhaben hätten. Die Antwort kam prompt: Bewerbung angenommen, viel Glück zu Eurer Sache! Wenn etwas an Ausrüstung fehlt, ergänzen auf Rechnung der Ordensburg!» Im alpinen Klassiker «Die drei letzten Probleme der Alpen» von 1949 sagt der Seilschaftsführer der Nordwand-Erstbegeher, dass sie die Ausrüstung beim Sporthaus Schuster be-

«So begrüße ich es denn, daß die beiden Angehörigen der Stammannschaft Vörg und Heckmair im Verein mit den beiden Kameraden der Ostmark Harrer und Kasparek die Nordwand bezwangen, als Ausdruck unseres Wollens und als Symbol des harten Erziehungssystems des Führernachwuchses der NSDAP»: Dr. Robert Ley, Reichsorganisationsleiter der Nationalsozialistischen Deutschen Arbeiter-Partei, im Vorwort des Eiger-Buches von 1938.

sorgt hätten. Im Oktober 1997 schreibt Heckmair dem Verleger Michel Guérin, der eine reichbebilderte französische Übersetzung seiner Autobiographie unter dem Titel «Alpiniste» herausgibt, einen Brief, der im Buch veröffentlicht wird. Ausschnitt: «Natürlich fanden Wiggerl Vörg und ich bei unseren Vorgesetzten in der Ordensburg für unser Vorhaben, die Erstbesteigung der Eiger-Nordwand zu versuchen, offene Ohren. Man bot uns auch Geld zur Finanzierung an, das ich aber strikt ablehnte. Ich wollte in meinen Entscheidungen unabhängig und frei bleiben und nicht zu einem Erfolg unter allen Umständen durch Annahme von Geld gezwungen sein. Lediglich die uns angebotene Vervollständigung unserer Bergausrüstung (Seil, Haken, Karabiner) haben wir akzeptiert.»

Etwas unklar sind die Daten von Heckmairs Tätigkeit als Bergführer der Ordensburg Sonthofen im Allgäu. In seinem Werk von 1949 wird Sonthofen nicht erwähnt. In den Versionen von 1972 («Mein Leben als Bergsteiger») und 1991 («So war's») gibt er an, erst nach der Nordwand-Durchsteigung in das Stammpersonal von Sonthofen aufgenommen worden zu sein.

Dagegen schreibt er im oben erwähnten Brief: «Mein Gefährte im Juli 1938 bei der Erstbesteigung der Eiger-Nordwand, Wiggerl Vörg, war als Erzieher für Sport (insbesondere Bergsteigen) an der Ordensburg Sonthofen tätig und vermittelte mir dort eine Anstellung als Bergführer, die ich im Frühjahr 1938 antrat. Das war das 1. Mal, daß ich als Bergführer mit einem festen Monatsgehalt von Reichsmark 300 angestellt war.»

Was war die Ordensburg? Heckmair schreibt im Brief an Michel Guérin: «Der ursprüngliche Zweck der Ordensburg (Ausbildung von Junkern) war mir damals unbekannt. Bis zum Beginn des Krieges im

Sept. 1939 war ich dort tätig. Dann wurde ich wegen politischer Unzuverlässigkeit der Wehrmacht zur Verfügung gestellt.» In den Ordensburgen der NSDAP sah die Phantasie der Nazis die Geburtsstätte einer Elite. So wollte Hitler jenen barbarischen Typus des nationalsozialistischen Soldatentums hochzüchten, mit dem er Europa zu überfluten beabsichtigte: «In meinen Ordensburgen wird eine Jugend heranwachsen, vor der sich die Welt erschrecken wird. Eine gewalttätige, herrische, unerschrockene, grausame Jugend. [...] Sie sollen mir in den schwierigsten Proben die Todesfurcht besiegen lernen. Das ist die Stufe der heroischen Jugend.» Wie der Alpinismus leisteten die Leibesübungen insgesamt einen bedeutenden Anteil an der Machtentfaltung des nationalsozialistischen Regimes. In der Ordensburg im Allgäu wurde den Führeranwärtern bei Ski- und Kletterfahrten das Letzte an Mut, Ausdauer und Widerstandsfähigkeit abverlangt. Aus ganz Deutschland wurde diese Jugendelite ausgesucht. Einer der Jugendlichen war der heute zweiundsiebzigjährige Hannes Schwarz. Er erinnert sich an das Training von Härte und an die Forderung, den Tod für die Volksgemeinschaft zu sterben, als höchste Ehre zu betrachten. Schwarz erlebte Heckmair und Vörg als Skikursleiter, wurde von ihnen auf Nachtmärschen stark gefordert. Er erinnert sich auch, dass Heckmair seinen Schülern von der Erstdurchsteigung der Eigernordwand als grosser Tat berichtete. Begreiflich, waren er und seine Gefährten doch die alpinen Helden.

Kasparek als SS-Mitglied

«Im Toben entfesselter Lawinen hatten sie den Weg zu Ende gebahnt, hatten mit beispielloser Härte, allen Unkenrufen zum Trotz, einen herrlichen Sieg errungen.» So sieht es der Wiener Rudolf Fraissl, der zusammen mit Leo Brankovsky eigentlich beim erfolgreichen Durchstieg dabei sein wollte, aber wegen einer Steinschlagverletzung aufgeben musste. Fraissl stürzt, sobald er Heckmair, Vörg, Kasparek und Harrer über die Westflanke heruntersteigen sieht, zum Telefon der Station Eigergletscher, «und wenige Augenblicke später durchraste die Siegesnachricht den Äther … Sieg heil, ihr braven Jungen!» Fraissls Lob für die Eiger-Jungen und ihren «Titanenkampf» findet sich in seinem Beitrag für das wenig bekannte Nazi-Bergbuch «Weg ins Licht». Aus heutiger Sicht selbstkritisch meint er ein paar Zeilen später: «Man kam nicht mehr zum Nachdenken.» Höchste Zeit also, das nachzuholen.

Der nationalsozialistische Alpinismus feiert die Lösung des sogenannt letzten alpinen Problems als Zeugnis des «unbeugsamen Siegeswillens unserer Jugend». Und der Österreicher Karl Prusik, der Erfinder des genialen Klemmknotens, der schon viele Alpinisten vor dem Tod gerettet hat, bekennt stolz: «Ein Volk, das solche Söhne hat, kann nicht untergehen!»

Hitler, der sich während der ganzen Besteigung stündlich über den jeweiligen Stand berichten lässt, schlachtet den Erfolg als Beweis der Überlegenheit der deutschen Herrenrasse propagandistisch aus. In Bern gibt der deutsche Gesandte Köcher einen Festabend, dann stehen bereits Autos zur Fahrt nach Sonthofen bereit. Heckmair gibt vor der gesamten Führerschaft der Ordensburg einen Erlebnisbericht der Erstdurchsteigung. Reichssportführer Tschammer-Osten übermittelt die Einladung zum deutschen Turn- und Sportfest vom 29. bis 31. Juli in Breslau, wo die vier einer begeisterungstobenden Menge vorgeführt werden. Das von Hitler angeordnete erste grosse Fest des Reichsbundes für Leibesübungen in Breslau gerät zur effektvollen

Inszenierung nationalsozialistischer Massenlenkung. Es mündet in die von Tschammer-Osten vorgetragene Forderung der totalen Mobilisierung des «Volksleibes», der im Krieg seine Bewährungsprobe ablegen soll.

Hitler empfängt die vier Männer zum Fototermin, überreicht ihnen als Anerkennung sein Bild mit einer Widmung, preist das Zusammengehen der beiden Seilschaften

als symbolhaftes Beispiel für den Anschluss Österreichs an Deutschland. Anschliessend begleitet sie SS-Mann Felix Rinner auf einen Erholungsurlaub nach Norwegen. Er hat die vier Alpinisten in Breslau im Auftrag von Tschammer-Osten zu Hitler geführt. Mittelstreckenläufer Rinner gehörte zu den österreichischen Olympiasportlern, die sich in Berlin 1936 öffentlich zum Nationalsozialismus bekannten.

1938 bringt der Zentralverlag der NSDAP die Geschichte der deutschen Versuche an der Eigernordwand bis zur Erstbegehung 1938 als Buch heraus. Harrer bekennt in seinem Beitrag, von Hitlers Worten in Breslau zu Tränen gerührt gewesen zu sein. Hitler: «Kinder, was habt ihr geleistet!» Harrers letzter Satz: «Wir haben die Nord-

«Die Gemeinschaftsführer Heckmair und Vörg werden in die Ordensburg Sonthofen heimgeholt»: Die Vereinnahmung der Alpinisten durch die Politik – erduldet, gewollt, bewusst, unbewusst? Heckmair schaut stolz und skeptisch, Vörg lacht. Und was denkt der Uniformierte?

wand durchklettert über den Gipfel hinaus
bis zu unserm Führer!» Vom Journalisten
Gerald Lehner 1997 auf seinen Beitrag in
diesem Buch angesprochen, behauptet
Harrer, den Artikel nicht selbst verfasst zu
haben. Beim Fototermin in Breslau dürfen
Harrer und Kasparek als SS-Mitglieder
neben Hitler stehen, Heckmair und Vörg
werden aussen plaziert.

«SS-Sturmbannführer Felix
Rinner hat den Auftrag vom
Reichssportführer erhalten,
unser Begleiter zu sein»:
Heinrich Harrer (Mitte hin-
ten) 1938 über den Mann
(zweiter von rechts), der
die «Bezwinger der Eiger-
Nordwand» in Breslau
zu Hitler und dann auf den
Erholungsurlaub nach
Norwegen führte; rechts
Vörg, links Heckmair
und Kasparek.

Auch Kasparek preist die Eigernordwand
als «Symbol des deutschen Schicksals».
In Breslau erhält er vom Reichsführer der
SS Heinrich Himmler persönlich das Ange-
bot zur Aufnahme in die SS. Er kann nun
mit Hilfe des Nationalsozialismus von seinem erwerbslosen Bergvagabundendasein
loskommen. Kasparek war früher Mitglied
der Alpinistengilde der sozialdemokrati-
schen Wiener Naturfreunde, wechselte aber
nach dem Verbot der Naturfreunde und unter dem Druck der wirtschaftlichen Not die
Fronten.

Vörg als Opfer, Harrer als Held

Heckmair wird zu Weihnachten 1938 von
Reichsorganisationsleiter Robert Ley zu
Hitler geschickt. Er sucht beim Gespräch
den Diktator für die Bewilligung einer
Nanga-Parbat-Expedition zu gewinnen.
Doch Hitler «runzelte die Stirn und sagte:

Ich brauche euch für eine ganz andere
Aufgabe» (Heckmair in «So war's»). Im
Russlandkrieg sind alle Stammführer der
Ordensburgen für einen Sondereinsatz
vorgesehen. Am 22. Juni 1941 wälzt sich
ein riesiges Heer über die sowjetischen
Grenzen. Der Eigerheld Vörg ist bereits am
Vorabend des Ostfeldzugs gefallen.
Heckmair erlebt die ersten Kriegsmonate
als Infanterist an der Ostfront. Doch der
Blitzkrieg im Osten scheitert. In dieser
Situation bittet Heckmair den Münchner
Alpinisten und Grandes-Jorasses-Sieger
Rudolf Peters, nun Bergführerausbilder an
der Heereshochgebirgsschule Fulpmes im
österreichischen Stubaital, um Hilfe. Peters
fordert Heckmair über das Oberkommando
der Wehrmacht als Spezialausbilder an.
Heckmair kann dort bis Kriegsende bleiben.
Harrer wird zu Kriegsbeginn 1939 fern von
Deutschland gefangengenommen: Auf dem
Sportfest in Breslau ist er von Himmler zur
Nanga-Parbat-Expedition 1939 eingeladen
worden. Bei Kriegsausbruch wird die deutsche Expedition von den Engländern inter-
niert, 1944 gelingt Harrer die Flucht nach
Tibet, 1952 kehrt er nach Graz zurück.
Harrers Buch «Sieben Jahre in Tibet», 1953
veröffentlicht, wird als internationaler Bestseller in 48 Sprachen übersetzt; seine weiteren Expeditionen, Reisebücher und Fern-
sehfilme machen ihn zum Nationalhelden
der österreichischen Identität. Die histo-
risch-politischen Fakten dagegen zeigen
den Widerspruch zwischen dem Bild des
engagierten Menschenrechtlers Harrer und
seinem NS-Anteil. 1997 stolpert Harrer
endgültig über seine immer geleugnete
Nazi-Vergangenheit.
Dabei hätte es ganz anders kommen sollen:
Die 90 Millionen Schweizer Franken teure
Hollywood-Verfilmung seiner Tibeterlebnis-
se sollte die endgültige Heiligsprechung
der Ikone Harrer werden. Als der österrei-

Wegen eines Hakenkreuzwimpels

Im Sonderbericht des NS-Hetzblattes «Völkischer Beobachter» schreibt ein Andreas Heckmaier am 31. Juli 1938 zu der vor Wochenfrist geglückten Ankunft auf dem Eigergipfel: «Harrer, der SS-Mann aus Graz, holt aus seinem Rucksack einen Hakenkreuzwimpel heraus und pflanzt ihn im Schnee auf. Der Sieg ist unser!» Heute behauptet Heckmair, nicht der Verfasser dieses Artikels zu sein (vgl. Probleme mit Texten, S. 235). In einem Interview mit dem österreichischen Journalisten Gerald Lehner sagt er 1997: «Heini hatte tatsächlich eine Hakenkreuzfahne im Rucksack, und er wollte sie am Gipfel einsetzen. Er hat es aber nicht getan. Wegen des Sturmes konnten wir am Gipfel nichts anderes tun als uns die Hände reichen.» Und im Brief an Michel Guérin, den französischen Verleger seiner Autobiographien «Mein Leben als Bergsteiger» und «So war's», schreibt er am 13. Juli 1997: «Zum anderen hätte ich diese Fahne sofort hinuntergeworfen, weil ich es taktlos erachtete, diese Fahne in der Schweiz zu hissen und Wiggerl Vörg und ich den Eiger nicht aus nationalen Gründen bestiegen. Soweit ich weiß, hatte Kasparek keine Hakenkreuzfahne im Rucksack.» Vielleicht hing sie am Zelt von Kasparek und Harrer, und es war diejenige, von welcher der Eiger-Mitbewerber Rudolf Fraissl in seinem Bericht «Rund um den Kampf an der Eiger-Nordwand» für das nationalsozialistische Bergbuch «Weg ins Licht» erzählt: «Gewissenlose Lausbuben hatten dem Zelt, das Heini und Fritz am Fuße der Wand aufgestellt hatten, einen Besuch abgestattet und den darin befindlichen Proviant gestohlen, und das alles wegen eines Hakenkreuzwimpels, der am Giebel des Zeltes gehangen hatte.»

---

chische Journalist Gerald Lehner 1997 Harrers Nazi-Vergangenheit im deutschen Magazin «Stern» aufdeckt und diese in den USA gewaltigen Staub aufwirbelt, sucht der Filmregisseur Jean-Jacques Annaud durch nachträgliche Änderung der Filmdialoge den Schaden zu begrenzen. Von Lehner nach Jahrzehnten des Verschweigens und Leugnens im Mai 1997 in einem Interview

des Österreichischen Rundfunks mit den Beweisen für seine Nazi-Mitgliedschaften konfrontiert, streitet Harrer bis zum letztmöglichen Zeitpunkt seine Verbindungen zu den NS-Terrororganisationen ab. Nach dem Erscheinen des Stern-Artikels lässt sich Harrer zur Schadensbegrenzung zu einem Teilgeständnis herab. Gleichwohl verharmlost er weiterhin die Mitgliedschaft in Nazi-Organisationen.

Er bleibt hartnäckig, wie damals unter der Lawine in der Spinne. «Ich bin nie bei der SA gewesen», behauptet er in einem Interview mit dem deutschen Nachrichtenmagazin «Der Spiegel» im November 1997. Seine SS-Mitgliedschaft gibt er jedoch zu. Und zum Eiger sagt er: «Ich wollte, daß man auf mich aufmerksam wird. Und als Heckmair, Vörg, Kasparek und ich dann 1938 zu viert die Erstbesteigung der Eiger-Nordwand in Angriff nahmen, da ahnte ich schon: Wenn wir das schaffen würden, dann können die für die Nanga-Parbat-Expedition nicht an mir vorbei. Aber es ist absoluter Unsinn, daß wir die Eiger-Nordwand für die Nazis bestiegen haben. Wir haben das gemacht, weil das eine Herausforderung war.»

Reinhold Messner, der mit Harrer wegen dessen NS-Engagement schon wiederholt in Konflikt geraten ist, kommentiert 1997 in der österreichischen Zeitschrift «News» die damalige Überlagerung von Alpinismus- und Nazi-Ideologie, deren Dimension vom Deutschen wie vom Österreichischen Alpenverein auch heute noch verharmlost bis geleugnet wird: «Ich verstehe nicht, daß Harrer nie hinterfragt hat, wie sehr der Nationalsozialismus in der Bergsteigerei verwurzelt war. Ihre Tugenden wie Seilschaft, Bergkameradschaft, zäh wie Leder waren Synonyme für ‹das Deutsche›. Mit ihren ‹Berg-Heil›-Idealen haben sie das Futter für den NS-Aufbau und den Krieg geliefert.»

«Ich werde die Eiger-Nordwand nie vergessen; sie war gleichsam das Symbol des deutschen Schicksals. Sechs deutsche Bergsteiger hatten in ihr das Leben gelassen. Und uns war es beschieden, ihrem großen Opfer die letzte Erfüllung zu geben.» Zitat aus Kaspareks Buch von 1939. In der Neuausgabe von 1951, die unter dem Titel «Vom Peilstein zur Eiger-Nordwand» erschienen ist, hat man das «deutsche Schicksal» durch die «nie rastende Sehnsucht des Menschen nach dem Großen, dem Unbekannten» ersetzt, und aus den «sechs deutschen Bergsteigern» sind «acht Bergsteiger» geworden.

Ausstiegsrisse

Da wir das Risiko eines vierten Freilagers nicht mehr auf uns nehmen konnten, stiegen wir bei denkbar schlechtestem Wetter durch steile Risse hoch. Dabei mußten wir darauf bedacht sein, zum Aufstieg nur die Ruhepausen nach einem Lawinenabgang zu benützen. Wir hatten schon am Vortage die Beobachtung gemacht, daß sich nach jeweils 30 bis 35 Minuten eine Lawine löste. In diesen kurzen Pausen konnten wir ungehindert vordringen. Trotzdem gab es genug heikle Lagen, in die wir durch die abgehenden Schneemassen gebracht wurden. So wurden von denselben unweigerlich alle Griffe und Tritte zugedeckt, was unseren Anstieg wesentlich erschwerte. Dann wieder geschah es, daß Heckmair unversehens seinem Kameraden Vörg mit den Steigeisen auf den Handballen sprang und diesem so eine äußerst schwere Verletzung zufügte. Auch Vörg mußte die Zähne zusammenbeißen, denn hätte in unserer Lage auch nur einer schlapp gemacht, dann hätte dies auch auf die anderen übergegriffen und das wäre das Ende gewesen.

Fritz Kasparek: Vom Peilstein zur Eiger-Nordwand (Wand 1938 / Buch 1951)

Die Durchsteigung 1938

Vor der Besteigung: Die Zusammenstellung des richtigen Materials wie Fels- und Eishaken ist entscheidend. Heckmair und Vörg hatten die beste und neueste Ausrüstung, zum Beispiel auch zwölfzackige Steigeisen, während Kasparek nur zehnzackige hatte – und Harrer gar keine. Und das in einer Wand, die nur scheinbar eine Felswand ist.

«Heute Sonntagabend um 19 Uhr 45 sind die beiden deutschen Seilschaften Vörg-Heckmeier aus München und Harrar-Kaspareck nach Bezwingung der Eiger-Nordwand wohlbehalten auf der Station Eigergletscher eingetroffen», telefonierte der Sonderkorrespondent der Zeitung «Sport» am 24. Juli 1938 aufgeregt und etwas fehlerhaft auf die Redaktion nach Zürich: «Für das letzte Stück am Sonntag hatten sie nochmals furchtbares Wetter angetroffen.» Wie es den Deutschen Heckmair–Vörg und den Österreichern Harrer–Kasparek nach ihrem zweiten gemeinsamen Biwak in den Ausstiegsrissen erging, erzählt der Seilerste Anderl Heckmair in seinem klassischen Bericht. Er erschien erstmals 1938 im umstrittenen Buch «Um die Eiger-Nordwand».

Die Notwendigkeit, aus unserem geschützten Platz hinaus in den Sturm zu gehen, war hart, aber nach kurzer Überlegung fiel der Entschluß hierzu nicht schwer. Wir hätten zwar die Möglichkeit gehabt, eine Wetterbesserung abzuwarten, aber woher sollten wir die Sicherheit nehmen, daß das Wetter wirklich besser werden würde. So etwas kann oft tagelang, ja wochenlang auf sich warten lassen, und dann ist die Wand auch noch nicht gleich in einem gut gangbaren Zustand. Wir waren uns daher einig, wenn es schon das Schicksal will, daß wir fallen, dann lieber im Kampf als untätig. Hat die Vorsehung uns bisher so gut geleitet, so wird uns die höhere Macht, an die wir glauben, auch weiter sicher geleiten.

So traten wir ruhig und sicher, nachdem alles wieder verpackt und wir zu viert zusammengeseilt waren, zu den letzten und schwersten Stunden in der Wand an. Sofort erwartete uns wieder ein mit Eis belegter Überhang, über den wir hinweg mußten. Darauf folgte eine seitliche Querung zu einem Köpfel. Als ich dies erreicht hatte – ich mochte ungefähr eine halbe Stunde dazu gebraucht haben –, blickte ich zu den seitlich unter mir befindlichen Gefährten. Die standen regungslos wie Eiszapfen an die Wand gelehnt. Es hatte nämlich gerade, als wir bereit waren zu gehen, heftiger als zuerst und anfänglich sogar etwas feucht (ein ganz schlimmes Zeichen) zu schneien begonnen. Der Fels war ganz gemein mit Blankeis überzogen und daran klebte dieser Neuschnee. Herrlich anzuschauen, aber scheußlich zum Klettern. Zum Weiterweg blieben zwei Möglichkeiten: eine Rinne zu nehmen, durch die nach unseren Beobachtungen der seitliche Hauptstoß der Lawine herabkam, oder einen viel sichereren, seichten Kamin zu wählen. Weil Wiggerl bei mir war, entschloß ich mich für das letztere. Aber, o weh – zu den ersten Metern brauchte ich schon drei Mauerhaken und dann brachte ich gleich gar keine mehr an. So schwer bei dieser Vereisung zu klettern, war eine zu große Zumutung.

«Da gehe ich doch lieber in die Rinne. Warten wir halt den nächsten Duscher ab, der sowieso bald fällig sein muß!»

Zur Rinne mußte man absteigen, also ließ ich gleich einen Haken stecken und seilte mich ab.

Noch auf ein kleines Köpferl hinauf, dann hatte ich vor der Rinne einen prächtigen und gesicherten Platz. Auf dem Köpfl war ich zwar noch nicht oben – mit der Rechten hatte ich einen unbändigen Griff,

mit der Linken fand ich aber in dem verdammten Eis nicht den geringsten Halt. Als ich mich hinaufschwindeln wollte, rutschte ich ab und stand zwei Meter tiefer auf einer kleinen Eisplatte, wo ich mit den Steigeisen sofort zum Halten kam, wie ein Baum angewurzelt. Wiggerl, der mich ganz sicher am Seil gehalten hatte, grinste unverschämt herunter. Gleich packte ich nochmals an und rutschte genau so wieder ab, nur daß ich diesmal nicht zum Stehen kam, sondern in die Rinne pendelte. Diesmal hatte Wiggerl nicht gegrinst, sondern gehalten. Und ich hatte mir den Hintern angeschlagen, der aber von der frühesten Schulzeit her schon mehr Leid gewohnt war. Trotzdem wurde ich jetzt klein und bescheiden, umging das Köpfl und von der drüberen Seite war es ganz leicht. Kaum hatte ich mit dem Pickel den Eisspitz abgeschlagen und so einen guten Stand erhalten, als auch schon wie ein dichter Nebelschleier die Lawine über die Wand herabgefegt kam. Alle standen wir gedeckt und gesichert, es brauste uns ein bißchen um die Ohren, konnte uns aber nichts an-

Im Biwak: Auf schmaler Leiste, aber vor Steinschlag und Lawinen gesichert, verbrachten die Erstbegeher die letzte Nacht in der Gipfelwand. Für Kasparek und Harrer (im Bild) war es das dritte, für Vörg und Heckmair das zweite Biwak. Der Kocher funktionierte noch, aber Kaspareks Zigaretten waren nass.

haben. Als nach einer Zeit die letzten Nachläufer verrauscht waren, stieg ich in die Rinne ein, durch die vor knapp fünf Minuten die Lawine niederging.

«Eine Stunde lang wird's nun wieder aushalten! Bis dahin muß ich aber über dem steilen, fast senkrechten Ansatz der Rinne oben sein. Ein Zaudern gibt es also nicht!»

Das Eis war viel härter als gestern abend. Es kostete schon viel Kraft, ohne Stufen nur mit den zwei vordersten Zacken hinaufzugehen. Anders wäre es bei diesen Verhältnissen überhaupt nicht möglich gewesen. Nach zirka 10 Metern neigte sich die Rinne etwas, und ich konnte wieder einen Stand herauspickeln. Daß die Rinne irgendwo hinausführte, konnte ich bereits von hier aus sehen. Deshalb sandte ich den Freunden (das wurden wir in diesen Nächten) einen freudigen Jodler zu. Wiggerl, der Bär (wegen seiner Bärenkraft so genannt), stand bald wieder neben mir. Da fing es schon wieder an, diesmal tauchte ganz an der rechten Seite der Wand zuerst der weiße Strahl auf. Nach etwa drei bis vier Minuten würde die Lawine bei uns sein. Nun aber standen wir in der Rinne, in der sie uns, wenn auch nur mit einem Seitenarm, unbedingt erwischen mußte. Zur Sicherheit schnell noch einen zweiten Haken ins Eis.

Dann war sie auch schon da! Der Druck riß uns jedoch nicht aus dem Stand, sondern preßte die Zacken der Steigeisen nur noch tiefer in das Eis. Wir mußten nur dafür sorgen, daß es keinen Schneekegel zwischen uns und dem Eis der Rinne gab, denn das hätte uns hinausdrücken können. Steine waren nicht dabei, dazu waren wir schon zu hoch und der Schnee war ganz fein. So hatte er keine allzu große Wucht. Schon wurden wir wieder übermütig und freuten uns, daß es so zuging.

«Die wäre wieder gut überstanden!»

Wir schüttelten uns ab wie nasse Pudel, und während Wiggerl, Fritz und Heini nachsicherten, ging ich gleich eine Seillänge weiter. Nun richtete sich die nicht mehr allzu steile Rinne nochmals auf.

«Wiggerl, paß auf, es wird nochmals schwer!»

Der Schneefall selbst, der ununterbrochen herabkam, störte uns nicht. Nur wenn er in großen Flocken kam, wußten wir, jetzt ist's wärmer geworden, die Lawine kommt etwas später, dafür aber mit um so größerer Wucht.

Jetzt eben schneite es direkt naß und schwer. Lange war es auch schon her, seit die Lawine da war. Darum schnell auf den Überhang hinauf. Gemein – das Eis war nicht mehr so dick! Es hielten keine Haken mehr! Nach dem zweiten Schlag fielen sie hohl durch oder verbogen sich im Fels. Am Überhang selbst konnte ich mit den Steigeisen nur noch übereinandertreten, weil das Alteis nur noch ein schmaler Streifen war und das neue Eis viel zu hart, blank und zu dünn den Fels überzog. Die Spitze des Eishakens, den ich in der Hand hatte, drang nur ganz wenig ein und die Eispickelspitze ebenso. Plötzlich rutschte mir der Haken ab und gleichzeitig auch der Pickel.

Da gab es kein Halten mehr.

«Wiggerl, Achtung!» – und schon ging's dahin.

Wiggerl war da. Er zog soviel Seil ein als nur möglich. Ich kam aber direkt auf ihn zu, so daß er das Seil losließ und mich mit den Händen abfing. Dabei drang ihm einer meiner Zacken in den Handballen. Die Wucht war so groß, daß es auch ihn aus dem Stand warf. In diesem Bruchteil einer Sekunde erwischte er nochmals mein Seil. Das gab mir einen Ruck und ich stand. Zwar ohne Stufe, aber fest mit allen 12 Zacken im Eis. Wiggerl neben mir ebenso. Ein Schritt, und wir waren wieder im Stand. Die Haken hatte es natürlich herausgerissen.

Ich schlug gleich wieder neue. Indessen hatte Wiggerl den Fäustling von der Hand gezogen. Das Blut spritzte nur heraus, aber ganz dunkel, das konnte keine Schlagader sein. Ein Blick auf die Wand: «Nein, Gott sei Dank, eine Lawine kommt jetzt gerade nicht!» Den Rucksack ab, das Verbandzeug heraus und eingebunden.

«Wird dir schlecht?» Er war ganz grün.

«Ich weiß nicht», meint er.

Ich stellte mich gleich so, daß er auf keinen Fall stürzen konnte.

«Reiß dich zusammen, jetzt gilt es alles!»

Da kam mir im Medizinbeutel gerade ein Fläscherl Herztropfen in die Finger, die mir die besorgte Frau Doktor aus Grindelwald für alle Fälle mitgegeben hatte. Es stand etwas darauf von 10 Tropfen – – –. Ich schüttete aber gleich die Hälfte davon Wiggerl in den Mund. Die andere Hälfte trank ich selbst aus. Ein paar Traubenzucker nachgeschoben, und wir waren wiederhergestellt! Von der Lawine war noch nichts zu sehen.

«Du – ich pack den Überhang gleich wieder an!»

«Fall mir aber bitte net nochmal nauf», meinte Wiggerl leise lachend mit ganz schwacher Stimme.

Ich reiße mich zusammen und gehe in voller Sicherheit über die schwere Stelle. Haken bringe ich keinen an. Fast 30 Meter – das ganze Seil – muß ich ausgehen, bis wenigstens einer der kleinen Felshaken sitzt. Da kommt sie schon – die Lawine. Ein gütiges Geschick hat sie so lange zurückgehalten. Jetzt aber bricht sie wirklich gewaltig herein. Mich kann sie nicht mehr so treffen, da die Rinne seitlich herausgeht. Aber Fritz und Heini bekommen die ganze Wucht ab. Auch Wiggerl kann sich nicht beklagen, daß er zu wenig abbekommt. Die anderen schützen sich, indem sie die Rucksäcke über die Köpfe ziehen und im übrigen auf die wackligen Eishaken vertrauen. Ich beobachtete die Stärke der Lawine, und wenn sie ganz dicht kommt, rufe ich: «Jetzt, jetzt – – – aushalten! – – Jetzt kommt's ganz dick!»

Da bekomme auch ich wieder eine hinauf, daß ich mit dem Kopf an die Wand schlage. Ein paar Augenblicke, und ich bin wieder frei. Auf die Kameraden prasselt's noch immer herunter. Die Lahn will kein Ende nehmen.

Das war der nasse Schnee und die lange Pause.

«Jetzt wird's leicht – – nein – – Achtung! – – Achtung!!» Da kam der Hauptschub. Von dem bekam ich auch wieder etwas ab. «Es dauert nicht mehr lang, aushalten – aushalten!!»

Scheinbar nach unendlicher Zeit für uns hörte es endlich auf.

Wiggerl kam rauf, die anderen rückten nach und ich konnte weiter. Au weh, mein Knöchel, den hat's mir beim Sturz verbogen. Gebrochen kann er nicht sein, sonst hätte ich mehr davon gespürt. Alles andere gilt nicht, auch wenn's weh tut!

Die Rinne wurde flacher. Die Sicherungsmöglichkeit jedoch immer noch geringer. Da oben mußte das Ende sein. Vom West-

grat hörten wir auf einmal deutliche Rufe. «Nicht antworten», ging es bei uns von Mund zu Mund. Sofort erfaßten wir, daß da jemand ist, der uns Hilfe bringen will, und jeder Laut von uns hätte zu einem Mißverständnis geführt.

Zu sehr sind wir mit diesen Dingen vertraut. Erst kommt ein einzelner, sieht nach, und wenn er etwas hört, wird der ganze Rettungsapparat in Bewegung gesetzt. Bei den Riesenausmaßen dieses Berges hätte es Stunden gedauert, bis er wieder unten und die Rettungskolonne oben ist. Einstweilen kommen wir selbst heraus. Zwar hat jeder schon etwas abbekommen, aber kampfunfähig sind wir noch lange nicht.

In den oberen Ausstiegsrissen: Heckmair ist im Begriff, in den überhängend ansetzenden Riss einzusteigen. Ungefähr da stürzte er, riss Vörg aus dem Stand, und um ein Haar wären beide ins Leere gefallen. Ob Kasparek gehalten hätte?

Doch freute uns dieses Anzeichen, daß sich jemand um uns kümmerte (wir wußten ja nicht, daß die halbe Welt am Radio hing und alles, was gesehen werden konnte, übertragen wurde). Als Bergsteiger aber respektierten wir die Leistung und den Einsatz eines Schweizer Bergführers, bei diesem Sturm da heraufzukommen und uns Hilfe bringen zu wollen.

Nach der Besteigung: Die Eigernordwand liegt hinter ihnen, ein anderes Leben vor ihnen. «Trotz starker Erschöpfung Freude über den Sieg» lautet die Originallegende aus dem umstrittenen Eiger-Buch von 1938.

Bald darauf hatten wir den Ausstieg aus der Rinne erreicht. Es war 12 Uhr mittags. Bis der letzte heraus war, wurde es 1 Uhr. Wir waren noch lange nicht oben. Ein steiles Eisfeld, in dem wir die letzten Haken brauchten, führte empor. Lustig schneite es dauernd weiter und zwar immer dichter und dichter. Die Lawinen sausten nun ununterbrochen die Wand hinunter. Uns aber konnten sie nichts mehr anhaben. Je höher wir kamen, um so mehr nahm der Sturm zu. Auf eine Seillänge hin konnte man sich längst nicht mehr verständigen. Das ganze Überzugsgewand vereiste so, daß man die Bewegungen nur noch ruckartig ausführen konnte. Die Steigeisen-

riemen fingen an, einzuschneiden und die Füße wurden gefühllos.

Aber wir sind heraus aus der Wand und jetzt kommen wir durch, kann's gehen wie es will. Es liegt nur noch an uns. Die Gefahr des Berges haben wir überwunden und der Sturm darf uns auch nicht mehr umbringen!

Trotzdem – angenehm war es nicht und beinahe wären wir noch über die Gratwächte abgestürzt.

Der Grat ist in seinem obersten Stück fast waagrecht. In dem düsteren Nebel aber glaubte ich, er steigt noch steil empor. In Serpentinen hatten wir den Schneehang, der jedoch durch den Wind blankgefegt war, genommen. Eben machte ich wieder eine Kehre und beim nächsten Schritt stand ich draußen auf der Wächte. Wiggerl einige Meter hinter mir ebenso. Plötzlich brüllte er: «Halt! Zurück! Da unten sind ja Felsen!» Ganz schwach schimmerten ziemlich steil unter uns die Konturen der Felsen herauf, aber auf der Südseite des Berges.

Das wäre doch ein Pech gewesen, auf der Nordseite durchzukommen und über die Südseite hinabzustürzen, weil man den Gipfel übersehen hat!

Um ½ 4 Uhr war der Gipfel erreicht.

Anderl Heckmair (Jahrgang 1906) führte seine Gefährten Ludwig «Wiggerl» Vörg, Heinrich Harrer und Fritz Kasparek vom 22. bis 24. Juli 1938 durch die Eigernordwand. Das machte den autorisierten Berg- und Skiführer (seit 1933) mit einem Schlag berühmt. Aber schon vorher hatte er schwerste Touren unternommen (1. Durchsteigung der direkten Nordwand des Grand Charmoz, Nordwand der Grossen Zinne, Civetta-Nordwestwand). Am Walkerpfeiler der Grandes Jorasses, an dem er Anfang der 30er Jahre einen Versuch gewagt hatte, machte er die achte Begehung. Später folgten Expeditionen in viele Gebirge der Welt. Heckmair war 15 Jahre lang Bergführer-Ausbilder im Deutschen Alpenverein. Auf seine Initiative hin wurde 1968 der Berufsverband der Deutschen Berg- und Skiführer gegründet. Er ist Ehrenbürger von Oberstdorf und Träger des Bundesverdienstkreuzes am Bande.

Probleme mit den Texten

«Einen ‹echten Urtext› oder ein Tagebuch habe ich nie verfaßt», schreibt Anderl Heckmair im Brief vom 2. Januar 1998 an den Herausgeber vorliegender Bergmonographie. «Ich habe damals meinen Bericht dem Buchverlag abgegeben und mich dann nicht mehr gekümmert.» Darum steht nun am Schluss seines Berichts «Die Durchsteigung 1938» der dumme Satz: «Der Führer hat recht, wenn er sagt, das Wort ‹unmöglich› gilt nur für Feiglinge.» Dieser Satz, so Heckmair, sei von den Herausgebern hinzugefügt worden.

Das Buch «Um die Eiger-Nordwand», in dem Heckmairs Bericht der Erstbegehung der Eigernordwand zum ersten Mal gedruckt ist, erschien im Zentralverlag der NSDAP, der Nationalsozialistischen Deutschen Arbeiter-Partei. Darin schildern die Erstbegeher die «Kämpfe und Opfer an der Nordwand» (Kasparek), «Die Versuche 1937» (Vörg) und «Die Durchsteigung 1938» (Heckmair). Unter dem Titel «Ausklang» berichtet Heinrich Harrer vom triumphalen Empfang der Bergsteiger in Deutschland und von der Ehrung durch Adolf Hitler persönlich. Heckmair übernahm seinen Bericht von 1938 (der hier wiedergegeben wird) für seinen 1949 erstmals publizierten Klassiker «Die drei letzten Probleme der Alpen». Der Text, nun unter dem Titel «Die Lösung des Problems», ist mehr oder weniger der gleiche. Es ist die gleiche Sprache, auch wenn einzelne Wörter ausgewechselt, Abschnitte weggelassen oder hinzugefügt wurden. Der dumme Satz vom Führer ist selbstverständlich herausgestrichen. Etwas allerdings ist in den Ausgaben vor und nach dem Zweiten Weltkrieg jeweils ganz anders dargestellt: Die zweite Begegnung der getrennt in die Wand eingestiegenen Seilschaften Heckmair/Vörg und Kasparek/Harrer.

Die erste Begegnung fand am 21. Juli 1938 oberhalb des Zerschrundenen Pfeilers statt. Da waren die Deutschen und die Österreicher nur Konkurrenten. Und weil plötzlich noch eine dritte Seilschaft auf-

Politische Schlüsselstelle: Jodelten sich Kasparek/Harrer und Heckmair/Vörg fröhlich zu?

tauchte, zogen es Heckmair und Vörg vor, abzusteigen. Doch die Wiener Leo Brankowsky und Rudi Fraißl mussten wegen einer Steinschlagverletzung ebenfalls den Rückzug antreten. Deshalb stiegen, da nun das Feld wieder frei war, Heckmair und Vörg am frühen Morgen des 22. Juli in die Wand zurück und holten die nur langsam vorankommende österreichische Seilschaft (Harrer hatte keine Steigeisen!) auf dem Zweiten Eisfeld ein. Und da beginnen nun die Probleme mit den Texten.

«Fröhlich jodelten wir einander zu und um ½ 12 Uhr mittags hatten wir sie erreicht.» Soweit stimmen beide Ausgaben wörtlich überein. Aber dann steht in derjenigen von 1938, die ja nur ein paar Monate nach dem erzwungenen Anschluss Österreichs an das Deutsche Reich herauskam: «Wir drückten uns herzlich die Hände und von diesem Moment an waren wir nur noch eine Seilschaft. ‹Wir werden jetzt zusammen gehen und passieren darf nichts!› Ist es nicht wie eine Fügung? Zwei Münchener gingen einst mit zwei Österreichern in den Tod. Zwei Österreicher gehen jetzt mit zwei Münchnern in den Sieg.» Die beiden letzten Sätze finden sich übrigens auch in Heckmairs Bericht «Die Bezwingung der Eiger-Nordwand» in der Zeitschrift «Der

Bergsteiger» von 1938 (sowie übersetzt in der renommierten französischen Zeitschrift «Alpinisme»); sonst aber unterscheidet sich dieser Text von denjenigen aus Heckmairs Büchern.

Ganz anders stellte der Münchner Heckmair die Begegnung mit den Österreichern Kasparek und Harrer im Buch von 1949 dar: «Ich machte sie darauf aufmerksam, daß sie bei diesem Tempo wenig Chancen hätten, durchzukommen und riet ihnen zum sofortigen Rückzug. Kasparek hatte aber auch seinen Dickkopf. ‹Wir werden es schon packen, wenn wir auch etwas länger brauchen!› meinte er. Es war eine heikle Minute, und unser Entschluß sehr schwerwiegend: Sollten wir an ihnen vorbei und weiter stürmen und sie, die Kameraden, ihrem Schicksal überlassen. Vörg, der weitaus gutmütigere von uns beiden, fand das erlösende Wort: ‹Es ist wohl das Beste, wir schließen uns zusammen und bilden eine Seilschaft!›» Im Buch «Mein Leben als Bergsteiger» von 1972 ergänzte Heckmair gar: «Ich wollte keinen Streit anfangen, doch meine Einwilligung war ziemlich widerwillig.»

Das stellte der «Völkische Beobachter», die Zeitung der Nazis, ganz anders dar. Am 29. Juli 1938, also nur fünf Tage nach der erfolgreichen Durchsteigung, hiess es über das Zusammentreffen im Zweiten Eisfeld so: «Wir stehen nebeneinander, die Wiener und wir. Und da gibt es jetzt nur noch eines: Zusammen weiter, durchhalten, durchkämpfen bis zum Sieg! [...] Wir sind zu einer Einheit geworden.» Geschrieben haben soll dies Heckmair selbst. Denn der Titel dieses Artikels (dessen zweiter Teil am 31. Juli erschien) lautet: «So wurde die Eiger-Nordwand bezwungen. Sonderbericht für den ‹Völkischen Beobachter› von Andreas Heckmaier.» Kommentar von Heckmair im eingangs erwähnten Brief: «Den ‹Sonderbericht› im Völkischen Beobachter habe ich bestimmt nicht verfaßt. Er enthält so viele Fehler und Unrichtigkeiten (nicht einmal mein Name wurde richtig geschrieben), daß es mir nicht möglich ist, diese alle in einem Brief richtigzustellen.»

Corti-Biwak

Wie aus einem Alptraum erwacht, begreife ich die Situation: Angelo wird nicht aus diesem Riss heraufsteigen. Kräftig wie er war, hätte er sich auch trotz eines gebrochenen Beckens mit den Händen am Seil hochgezogen. Aber nur mir gelang es mit äusserster Anstrengung, mich einige Meter hochzuziehen.

Ich halte das Seil in der Hand; ich schaue es an, knie mich nieder auf die kleine Terrasse [es dürfte sich um das sogenannte Corti-Biwak handeln], die mich aufnehmen muss, tot oder lebendig; befestige das Seil an einem Karabiner und beginne zu schluchzen, weil ich unfähig bin, etwas zu unternehmen. Schnee, Tränen, Blut und Rotz vermischen sich, während ich rufe, und auch seine Rufe vernehme, aber wegen des Heulens des Windes nichts verstehen kann. Ich weiss, und er weiss es auch, was uns erwartet.

Wie lange das alles gedauert hat, werde ich nie wissen. Ich weiss nur, dass der Morgen schön war, der Morgen vom Freitag, dem 17. Auf die letzten meiner Rufe antwortete das Schweigen. Ich war allein, mein Freund Angelo kletterte auf jenen Bergen, wo das Wetter nie umschlägt, und wo man nicht stürzen kann.

Sergio De Infanti: Tragico Eiger (Wand 1970 / Buch 1973)

Der Überlebende hat recht

Bei der Eiger-Tragödie 1957 verloren drei Kletterer ihr Leben. Ein Bergsteiger konnte dank des Einsatzes einer internationalen Helferschar gerettet werden. Diese Geschichte ist oft aufgeschrieben worden. Deshalb stellt Horst Höfler mehr den unglücklichen Claudio Corti in den Mittelpunkt seiner Überlegungen.

Alfred Koch ist vier Jahrzehnte danach noch bewegt. «Ihr müsst ihn mir bringen», habe der alte Vater von Günter Nothdurft am Telefon gesagt. Er, der Vater, wäre im Ersten Weltkrieg durch einen Giftgasangriff blind geworden, und zwei seiner drei Söhne seien im Zweiten Weltkrieg gefallen. Nur Günter habe er noch.

Koch fiel die Antwort schwer. Man wisse noch gar nichts; man habe zwar einen roten Zeltsack gesehen und Rufe gehört, diese jedoch nicht verstanden. Es gäbe noch Lebenszeichen in der Eigernordwand, aber mehr könne man nicht sagen. Alfred Koch, Extrembergsteiger aus München, ist Teilnehmer der vom Deutschen Wiggerl Gramminger zusammengestellten Rettungsmannschaft, die die vier wegen ihres überaus langsamen Fortkommens in Todesnot geratenen Kletterer Günter Nothdurft, Franz Mayer, Claudio Corti und Stefano Longhi aus der Eigernordwand herausholen will. Die SAC-Rettungsstelle Grindelwald nämlich hatte keine Rettungsmassnahmen geplant, weil das Wetter zu schlecht und die Wand vereist gewesen sei …

Es ist Samstag, der 10. August 1957. Koch hatte sich, trotz Grippe und Bronchitis, bis weit hinauf in die Westflanke geschleppt, wo ihn ein Hustenanfall schüttelte. «Du huast' ja Bluat!», stellte Gramminger fest, «da müß' ma di obabringa.» «Da kimm i alloa 'nunter», erwiderte Koch. Es tat ihm schon weh, dass er nun nicht bei der Rettungsarbeit am Berg mithelfen konnte. Aber die Vernunft gebot ihm abzusteigen.

Am frühen Morgen des 3. August 1957 waren die Italiener Claudio Corti (29) und Stefano Longhi (44) in die 1800 Meter hohe Eigernordwand eingestiegen. Es sollte die 14. Begehung – und die erste

durch eine italienische Seilschaft –
werden. Doch die beiden kletterten nicht
auf der üblichen Route, sondern, wie
1935 Max Sedlmayr und Karl Mehringer,
direkt über den unteren Wandteil. Bis
Corti und Longhi ihren Irrtum bemerkten,
sich abseilten, abkletterten und die
Originalführe erreichten, war es Sonntag,
vielleicht sogar Montag (5. August)
geworden. Fest steht, dass am Beginn des
Hinterstoisser-Quergangs die Deutschen
Nothdurft (24, aus Pfullingen) und Mayer
(etwa gleichaltrig, aus Rottweil) zu den
Italienern aufschlossen.

Der Bericht des Claudio Corti

Was sich in der Folge zwischen dem
4. oder 5. und dem 11. August 1957 in der
Eigerwand abspielte, hat Claudio Corti –
der einzige Überlebende des Dramas – in
einem Bericht für den Club Alpino Italiano
niedergeschrieben. Diesem Bericht ist
zu entnehmen, dass den Deutschen
ein Rucksack mit Proviant über die Wand
hinuntergefallen war, dass Nothdurft

erkrankte und sich deshalb ab dem Zweiten Eisfeld die beiden Zweierpartien zu
einer Viererseilschaft zusammenschlossen;
dass die vier versehentlich 100 Meter
oberhalb des Götterquergangs (auf der
Waschak-Forstenlechner-Variante) die
Querung in Richtung «Spinne» vollzogen;
dass Longhi in dieser Querung stürzte
und nach dreistündigen, vergeblichen Ber-
gungsversuchen auf einem Band – mit
Cortis Biwaksack ausgerüstet – zurückgelassen werden musste. Dass Corti oberhalb
des Quarzrisses (in den Ausstiegsrissen)
von einem Stein getroffen worden war und
dadurch seinerseits dreissig (!) Meter ab-
stürzte; dass Franz Mayer den Sturz hielt,
nun aber auch der verletzte Corti nicht
mehr weiterklettern konnte. Und dass
die Deutschen Corti ihren Biwaksack über-
liessen und begannen, sich in Richtung
Gipfel durchzuschlagen.
Letzteres geschah am 9. August 1957, etwa
um 15 Uhr. «Von diesem Augenblick bis
zum Sonntag, den 11. August, der Ankunft
des deutschen Bergwachtmannes Helle-

**Mutiger Aufstieg: Die offi-
zielle Rettungsstelle von
Grindelwald wollte wegen
schlechter Verhältnisse
vorerst keine Rettung für
die vier in der Nordwand
Gestrandeten unternehmen.
Alpinisten aus vielen Ländern starteten deshalb eine
eigene Rettungsaktion.**

239

part, verbringe ich Augenblicke der Hoffnung und der Verzweiflung. Ich denke an Stefano und auch an die beiden Deutschen. Das Wetter bleibt weiterhin hässlich; auf Sturm und Schneefall folgt Regen. Ich war sehr glücklich, dass der Samstag (10. August) und Sonntag (11. August) durch das gute Wetter meine Bergung zuliessen. Mein Stefano hatte nicht das gleiche Glück, denn im Augenblick seiner Bergung verschlechterte sich das Wetter, und meinen mutigen Rettern war es nicht möglich, ihn in Sicherheit zu bringen» (Corti).

Die vier Bergsteiger

Nur Corti konnte berichten, und sein unkommentierter Bericht klingt glaubhaft. Alles, was in ihn hineininterpretiert worden ist, sind Vermutungen, Spekulationen. Was waren die vier für Bergsteiger? Von den beiden Württembergern wusste man nur das Beste. Über Nothdurft sagen manche, er sei im Fels sogar dem grossen Hermann Buhl überlegen gewesen. Vielleicht liegen derlei Werturteile in der Tatsache begründet, dass Nothdurft die Nordostwand des Pizzo Badile wie Buhl alleine, aber noch schneller als dieser bewältigt hatte. Doch auch der kompetente

Martin Schließler schätzte Nothdurfts Können hoch ein. Der junge Pfullinger hatte 1957 an der Eigerwand bereits einen Soloversuch bis ins Zweite Eisfeld hinein gewagt, musste jedoch wegen Schlechtwetters umkehren. Und mit Mayer zusammen war Nothdurft die erste Winterbegehung der «Peters-Eidenschink» an der Totenkirchl-Westwand gelungen. Soviel zur Qualifikation der beiden Deutschen. Warum sie – wenn Nothdurft wirklich so krank gewesen war, wie Corti schrieb – nicht zurückgeklettert sind, wird für immer ein Rätsel bleiben. Ein Urteil über das Können der Italiener, beide Mitglieder der legendären «Ragni dei Lecco», erwies sich als etwas schwieriger. «Von den Bergsteigern und Bergführern in Lecco als guter Alpinist anerkannt zu werden, bedeutet soviel wie ein Meisterbrief. Besitzen ihn auch Longhi und Corti?» So schrieb 1959 Heinrich Harrer, einer der Erstdurchsteiger der Eigernordwand, in seinem Buch «Die Weiße Spinne». Nun, Harrer hätte zumindest herausfinden können, dass Claudio Corti am 17./18. August 1953 zusammen mit Felice Battaglia eine 600-Meter-Route sechsten Grades an der Ostnordostwand des Pizzo Badile eröffnete. (Und sogar 1972 glückte Corti noch eine Bergell-Neutour: die «Via Vera» an der Badile-Südostwand; V+/A2.) Die in Chiavenna lebende Bergführerin Renata Rossi schreibt und spricht mit einigem Respekt über den Bergell-Pionier Corti. «Er ist ein ... » – und anstatt den Satz zu vollenden, zieht sie ein entschlossenes Gesicht und bewegt energisch die Faust. Ein «Haudegen» also. Auch Reinhold Messner hält Claudio Corti für einen «ordentlichen Kletterer».
Longhi, der – wie Alfred Koch zu wissen glaubt – eine Frau und zwei Kinder hinter-

liess, war fraglos ein zäher Seilzweiter
gewesen. Dass er Durchhaltevermögen
besass und dass er verzweifelt ums Überleben kämpfte, ist dokumentiert. Als man
am 11. August, nachdem die Rettung Cortis
gelungen war, den berühmten Franzosen
Lionel Terray in die Wand hinunterliess
und dieser – man hatte die Abseilfahrt
wegen eines technischen Defekts an den
Funkgeräten gestoppt – aus Langeweile
zu einer sich am Westgrat befindlichen
Seilschaft hinüberrief, erhielt er Antwort.
Aber nicht vom Westgrat her, sondern
«[...] andere Rufe antworten aus der Tiefe
des Abgrunds: das ist der alte Longhi,
der sich weigert zu sterben, der immer
noch hofft.» (Terray musste seinen Versuch,
Longhi zu finden, wegen jenes Defekts –
eine Funkverbindung zwischen Gipfel-
besatzung und dem Franzosen war nicht
mehr möglich – aufgeben und wieder
hochgezogen werden.) Und nachmittags,
als die Retter Corti über die Westflanke
hinunterbrachten und von der Gratkante
noch einmal in die Nordwand hinein-
riefen, Longhi zuschrieen, dass man ihn
anderntags herausholen würde, antwortete
er ein letztes Mal. Er rief nur zwei Worte:
«fame, freddo». Hunger, kalt.

Verantwortungslose Spekulationen

Der arme Stefano Longhi starb am Montag,
dem 12. August 1957. Seine Leiche hing
als makabre Attraktion für die Fernrohr-
Touristen der Kleinen Scheidegg noch fast
zwei Jahre lang in der Eigerwand, bis
Grindelwalder Bergführer im Juli 1959
den vollständig erhaltenen Körper unter
schwierigen Bedingungen bargen.
Ich hätte mit Corti, der Hauptperson des
1957er Eiger-Dramas, gerne selber gesprochen. Renata bemühte sich um einen
Treff, doch Freunde Cortis sagten ihr,
Claudio erinnere sich nicht mehr so recht
an jene Augusttage '57. Möglicherweise
hat er dieses fürchterliche Erlebnis auch
verdrängt. Er soll unmittelbar nach seiner
Rettung gesagt haben: «Grossartig,
das ist für mich gut ausgegangen. So kann
ich im nächsten Jahr wieder einsteigen.»
Und in Gegenwart Cassins habe Corti
den Journalisten Guido Tonella gefragt:
«Glauben Sie, dass meine Besteigung
als erste italienische gewertet wird?» Ich
zweifle daran, dass der fraglos ehrgeizige
Corti beides so gesagt hat. Es passt einfach
nicht zusammen. Und sollte er ähnliches
doch geäussert haben, muss man sich

Letzter Gruss: Stefano
Longhi stürzte oberhalb des
Götterquergangs auf ein
Band; seine Seilgefährten
konnten ihn nicht hochziehen. Später winkt er einem
vorbeifliegenden Flugzeug
zu (links). Die Rettung von
Longhi mit dem Stahlseil-
gerät klappte wegen eines
Funkdefekts nicht (unten).
Bevor das Wetter wieder
endgültig umschlug, hörten
die Retter seine letzten
Worte: «fame, freddo.»

Anstrengende Rettung: Alfred Hellepart wird mit dem Stahlseil 370 Meter in die Nordwand hinabgelassen. Er findet Corti auf einem Absatz und lädt ihn auf den Rücken – die erste Rettung eines Alpinisten aus der Wand.

vor Augen halten: Claudio Corti hatte fast neun Tage in dieser grauenhaften Eigernordwand überleben müssen; er hatte bravourös Longhis Sturz aus dem Quergang zur Spinne gehalten, wusste den Freund hilflos mit erfrorenen Händen auf einem Band stehen – durch das Seil fixiert, quasi «an den Fels geschmiedet» wie Prometheus. Und oberhalb der Spinne war Corti ja selber gestürzt, von Mayer gehalten und kletteruntüchtig geworden. Der Italiener sah sich – gleich seinem Freund – dazu verdammt, allein auf einem Felspfeiler zurückbleiben zu müssen (dem heutigen «Corti-Biwak»), während die Deutschen ins Ungewisse kletterten. Was machen Menschen wie Corti und Longhi in solchen Situationen durch? Corti stand nach seiner Rettung höchstwahrscheinlich unter Schock.
Harrer behauptete, Corti hätte Mayer und Nothdurft noch stundenlang bei ihrem Aufstieg beobachten können. Eine Falschannahme, wie Toni Hiebeler eindeutig zu beweisen vermochte. Denn dieser wusste, dass man vom «Corti-Biwak» nicht in den weiteren Routenverlauf hineinsehen kann.

Nachdem man Nothdurft und Mayer nicht fand, spekulierte man gar, «Corti habe sich ihrer Ausrüstung bemächtigt, das Seil der Deutschen durchschnitten und sie in den Abgrund befördert. Corti hatte dies zwar immer bestritten, doch ganz konnte er sich in diesen vier Jahren (bis man die Leichen von Nothdurft und Mayer an der Eiger-Südwestflanke entdeckte; Anm. d. V.) nie vom Verdacht befreien, zumal er sich in vielen Interviews und Befragungen widersprach und eigenartig argumentierte. Corti war jedenfalls mit diesem Fund voll rehabilitiert, alle Verdächtigungen erwiesen sich als haltlos» (Gramminger/Steinbichler, 1986).

Die Ehre wiederhergestellt

Voll rehabilitiert. Was sonst? Spekulationen obiger Art, wer immer sie geäussert haben mag, sind eine unfassbare Ungeheuerlichkeit! Es war Toni Hiebelers Verdienst, dass er sich in seinem Buch «Eigerwand» (1976) deutlich für Corti aussprach: «Das Verschollensein der Deutschen belastet einen lebenden Menschen, der verzweifelt um seine Ehre ringt. [...] In der italienischen Illustrierten ‹Epoca› schrieb er (Corti; Anm. d. V.): ‹Ich bin kein Verbrecher.›»
1961 fand man durch einen Zufall Günter Nothdurft und Franz Mayer, noch durch das Seil verbunden und nebeneinander liegend, an der Eiger-Westflanke – abseits der normalen Route, «dreißig Minuten oder höchstens eine Stunde von der rettenden Station Eigergletscher entfernt» (Hiebeler). Die Württemberger hatten also, so erschöpft Nothdurft auch gewesen sein mag, tatsächlich den Gipfel erreicht, sich während des Abstiegs bei schlechter Sicht verirrt und waren im Biwak für immer eingeschlafen...

Corti hatte also stets die Wahrheit gesagt und geschrieben! Wie furchtbar musste es für ihn gewesen sein, mit derart schrecklichen Verdächtigungen zu leben.

Helleparts grosser Tag

Was sich nach 40 Jahren zu feiern lohnt, sind Einsatz und Solidarität der internationalen Retter und Helfer. Über 50 Männer waren zum Eiger gezogen und beschämten die «offizielle» einheimische Bergrettung. Unter diesen vielen befanden sich Wiggerl Gramminger mit seinem unschätzbar wertvollen Stahlseilgerät, und aus den Bergwachtbereitschaften Franz Fellerer, Martin Weixler, Emil Proksch, Alfred Hellepart und Hubert Bail. Diese wurden unterstützt von Alfred Koch und Hermann Huber, die nicht nur als extreme Felsgeher galten, sondern die sich mit ihrer 1955er Anden-Expedition auch als exzellente Eisgeher qualifiziert hatten. Und solche glaubte der Wiggerl am Eiger – mit Recht – zu brauchen. Dann waren da der Schweizer IKAR-Delegierte und Rettungsfachmann Erich Friedli mit seinen Männern aus Thun, Max Eiselin, Lothar Brandler, die italienischen Spitzenalpinisten Riccardo Cassin und Carlo Mauri, Lionel Terray und dessen bergsteigerisch hochkarätiger holländischer Gast Tom de Booy, der dank seinen exzellenten Sprachkenntnissen als Dolmetscher die Übersicht behielt. Dazu kamen acht polnische Kletterer und nicht zuletzt Robert Seiler, Fünftdurchsteiger der Eigernordwand, mit seinen «Steinböcken». Seiler, der als 21jähriger vom 25. bis zum 27. Juli 1950 zusammen mit Marcel Hamel, Raymond Monney und Jean Fuchs die Eigerwand durchstiegen hatte und der deshalb von seiner SAC-Sektion wegen «Verstosses gegen die alpine Ethik» um ein Haar aus dem Schweizer Alpen-

Club ausgeschlossen worden wäre, hatte eine Rettungsgruppe aus «führerlosen Extremen» ins Leben gerufen, die sich «Die Steinböcke» nannte. «Seiler holte für die Eiger-Rettungsaktion zwei seiner Leute bis von Chamonix und aus Marseille! Innerhalb der Gruppe galt das ungeschriebene Gesetz, daß – wenn man gerufen wird – ohne Wenn und Aber zur Hilfeleistung zu eilen sei; egal, wie viel Arbeit oder was immer auch sonst noch anstand» (Hermann Huber). Alfred Hellepart aber wurde am Sonntag, dem 11. August 1957, für ein paar Stunden zum Helden. Er «fuhr», von Gramminger gesichert, 370 Meter weit in die Eigernordwand hinunter, fand Corti, lud ihn sich im Tragesitz auf den Rücken und brachte ihn zurück ins Leben. Das muss tierisch anstrengend gewesen sein. Mannschaftszug war angesagt; man brachte die beiden also relativ schnell herauf, und Corti wog einiges. «Nachdem wir noch eine Eisrinne hinaufgestiegen waren, empfand ich einen Augenblick unermeßliche Freude, als ich meine Kameraden auf dem Gipfelgrat wiedersah. Der Italiener ließ vor Erschöp-

Voller Einsatz: Der Franzose Lionel Terray, einer der Zweitbegeher der Nordwand, trägt Corti am 11. August 1957 im sogenannten Gramminger-Sitz über den Gipfelgrat des Eigers. Am 9. oder 10. August sind Mayer und Nothdurft im Sturm den gleichen Weg gegangen, um sich zu retten und Hilfe für die Italiener zu holen – vergeblich.

heit, als um halb acht Uhr ein Gewitter-
sturm mit Regen und Schnee losbricht und
alle bis auf die Haut durchnäßt» (Hermann
Huber). Aber das war nur der Auftakt. Die
nächsten Stunden wurden zum Inferno.
«Flammende Blitze zischten in fortwähren-
der Folge um uns nieder [...], es dröhnte
und zischte, heulte und pfiff, man kann
sagen, die reinste Höllensymphonie. [...]
Am meisten hat sich wohl Corti geängstigt,
denn er rief immer wieder nach seinen
Kameraden» (Hellepart). Diese furchtbare
Eigernacht gab wohl auch dem zähen
Longhi den Rest.

Claudio Corti aber konnte heil herunter-
gebracht werden. Ein grossartiger Erfolg.
Denn in der Tat war es nur möglich
gewesen, diesen einen zu retten. «Des
gibt's net, daß ma da nichts machen
kann», hatte Gramminger noch in München gesagt. Er behielt recht. Und die
Hilfsbereitschaft kannte im Sinn des
Wortes keine Grenzen. Alfred Koch meint,
dass die internationale Helferschar weniger
die Tragödie bedrückte, als vielmehr der
Gedanke anspornte, gemeinsam etwas
erreichen zu können.

Horst Höfler (Jahrgang 1948) war Cheflektor eines
alpinen Fachverlags, Werbeleiter einer Bergsport-
Ausrüstungsfirma und Redaktor bei zwei renommierten
Bergsteigerzeitschriften. Zehn Jahre lang verstärkte
der Autor zahlreicher Bergbücher das hauptamtliche
Team des deutschen Alpenvereins. Seit Sommer
1996 ist der Münchner mit einem breiten Spektrum
alpinpublizistischer Aktivitäten freiberuflich tätig.
In die Eigerwand hat sich Höfler nie hineingetraut,
obwohl er sie, wie er schreibt, technisch und –
zumindest Mitte der 80er Jahre – auch konditionell
eventuell «gepackt» hätte.

**Schwieriger Abtransport:
Zwei Mitglieder der 50köp-
figen internationalen
Helferschar transportieren
Corti in einem Rettungs-
schlitten über die steile
Westflanke hinab. Dabei
werden sie von oben
gesichert.**

**Erste Zigarette, erstes
Lächeln: Corti mit italieni-
schen Arbeitern bei der
Station Eigergletscher
(rechts oben). Die deutschen
Bergrettungsmänner nach
dem Einsatz auf der Kleinen
Scheidegg: Wiggerl
Gramminger, Hermann
Huber, Lothar Brandler,
Hubert Bail, Alfred Koch
und Emil Proksch
(rechts unten, von links).**

fung den Kopf sinken. Die Kameraden
auf dem Gipfel nahmen irrtümlich an, daß
er bewußtlos geworden sei und beschleu-
nigten nun das Tempo. Ich mußte nun
meine ganze Kraft zusammennehmen,
um noch mitzukommen. Ich erreichte mit
letzter Kraft und völlig ausgepumpt den
Gipfel, konnte Friedli noch zurufen, mich
schnellstens von der Last zu befreien,
dann legte ich mich der Länge nach in
den Schnee. [...] Der gerettete Corti wurde
versorgt, so gut es eben den Umständen
angemessen ging. Als ich zu ihm hinging
und er bereits eine Zigarette geraucht
und heißen Tee getrunken hatte, lächelte
er mich schwach an und sagte ‹Grazie›. Ein
warmes Gefühl ging durch mich, und ich
wußte, daß ich nicht umsonst Angst hatte
in dieser höllischen Wand» (Hellepart).

Inferno beim Abtransport

Corti wurde über den Gipfelgrat getragen
und anschließend mit der auch als Schlitten verwendbaren Kurztrage über die Westflanke hinuntergebracht. «Abenteuerlich
ist der Transport über die steilen Eishänge,
begleitet von stürmischen Schneeschauern.
Langsam nur kommen wir vom Fleck. [...]
Bald spüren wir es deutlich: Es gibt ein
zweites Biwak. Schrecklich wird die Gewiß-

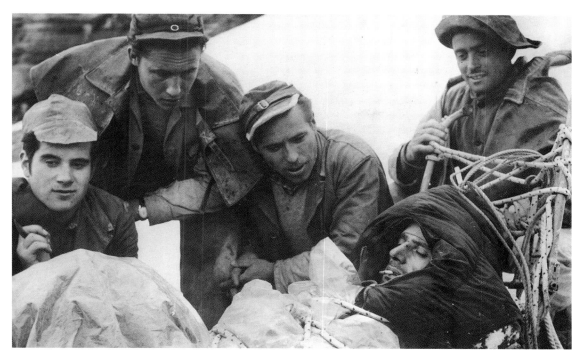

Gipfeleisfeld

Endlich wurden wir nicht mehr von der Masse der schwarzen Wand oberhalb unserer Köpfe erdrückt, und wir erblickten mehr Himmel. Wir entkamen dem «Ogre», dem «Menschenfresser»! Es war eine Freude, klettern zu können, sich zu entspannen, zu bewegen und ein wenig zu erwärmen. Die Hände schmerzten in den weicher werdenden Wollhandschuhen, und auch die Seile verloren nach und nach ihre kabelähnliche Steifheit; am Morgen hatten wir sie wie Heizungsrohre durch die Karabiner geführt und alle zwei oder drei Meter verbogen.

Wir alle waren beunruhigt wegen unserer Füsse, die mehr oder weniger gefühllos blieben. Nach den vereisten, schrecklichen Rissen mussten wir die letzten Überhänge überwinden und dann Fuss fassen auf dem Eis- und Schneefeld, das sich bis zum Gipfelgrat hinaufzog. Guido hatte ein Steigeisen verloren, und wir mussten ihm jede zweite Stufe hacken, was in der weissen Wand wie die Spur eines Riesen aussah.

Pierre Leroux: Guide (Wand 1952 / Buch 1989)

Von der Bedeutung des Eigers in Grindelwald und Japan

Wichtiger Berg im Dorf: Der Eiger ist Teil des Grindelwalder Bühnenbildes. Zum Verreisen, zum Übernachten, zum Verschicken, zum Essen – und zum Mitnehmen. Der langjährige Kurdirektor Joe Luggen hält ein Stück Nordwand in der Hand: «This stone is from the Eiger Mountain North-Face.» Ein sinniges Geschenk von Grindelwald für japanische Journalisten und Reiseveranstalter.

Abgesehen von effektvollen Gags mit Eiger-Felsbrocken und Eiger-Eis hat es der langjährige Grindelwalder Kurdirektor Joe Luggen eigentlich stets vermieden, den Eiger zum sicheren Fundament der Grindelwalder Tourismuswerbung zu machen. Der Eiger sei für Grindelwald zwar ein unschätzbarer Markenartikel, sagt er, doch man habe darauf verzichtet, ihn zusätzlich zu vermarkten. Erst allmählich werde der Eiger wohl «vermehrt in die Werbung einbezogen». Walter Däpp besuchte das Dorf am Fuss der berühmtesten Wand der Welt.

Der Eiger samt seiner imposanten Nordwand ist schon seit etlichen Jahren nicht mehr das, was er früher einmal war: Einige Felsbrocken fehlen ihm – sie sind aus der Wand herausgebrochen worden zwecks Herstellung von PR-Souvenirs für japanische Presseleute und Reiseveranstalter. Als kleine Original-Felsklümpchen auf soliden Holzsockeln zieren sie nun wohl diverse japanische Schreibtische oder Vitrinen. Und schmucke Gravurplättchen erinnern an die Herkunft der eigentümlich urtümlichen Gesteinsmüsterchen: An Grindelwald und seine spektakuläre Felswand. «This stone», steht auf dem Plättchen, «is from the Eiger Mountain North-Face.»

Eiger-Ice

Nicht nur mit Eiger-Felsbrocken, sondern auch mit Eiger-Eismocken hat die Schweiz ihre Vorzüge als Touristenland den reiselustigen Japanerinnen und Japanern vor Jahren schon wärmstens empfohlen: als dem Eiger ein echter Zacken aus seiner eisigen Krone gezwackt wurde, damit rührige Schweizer Kurdirektoren mit diesem «Original-Eigermountain-Ice» mitten in Tokio einen werbewirksamen Wirbel entfachen konnten. Mit Erfolg, wie Josef «Joe» Luggen, seit bald drei Jahrzehnten Kurdirektor von Grindelwald, rückblickend sagt – und mit stolzen Logiernächtezahlen auch belegt: 20 Prozent der Grindelwalder Hotelgäste sind Japaner, 1997 sind in Grindelwald respektable 91 569 Hotelübernachtungen von Japanerinnen und Japanern verzeichnet worden.

Doch nicht erst der eiskalt kalkulierte touristische PR-Gag mit dem Eiger-Eis und die Aktion mit dem Eiger-Fels haben zum unaufhaltsamen Run der Japaner ins Land des «Eigermountain» geführt. Schon seit vielen Jahren ist der Eiger für die Japaner das, was das Matterhorn für die Amerikaner ist. Luggen: «Für viele Japaner ist der Eiger fast so etwas wie ein heiliger Berg. Er lässt sich denn in Japan auch gut vermarkten. Aber nur dort.»

Am Anfang des japanischen Eiger-Fiebers stand, wie im Beitrag von Suke Okazawa geschildert wird, ein gewisser Yuko Maki. Er bestieg am 10. September 1921 zusam-

men mit den Grindelwalder Bergführern Fritz Amatter, Samuel Brawand, und Fritz Steuri als erster den Eiger über den spektakulär-exponierten Mittellegigrat. Diese bergsteigerischen Leistungen und nachfolgende Besuche gekrönter japanischer Häupter ebneten für viele Japanerinnen und Japaner den Weg nach Grindelwald und von dort mit der Jungfraubahn gewissermassen «durch die Eigernordwand hindurch» aufs Jungfraujoch.

Eiger-Schlagzeilen

«Gewiss», sagt Luggen, «Grindelwald hat im Laufe der Jahre vom Eigernordwand-Rummel und von all den vielen Bergtragödien am Eiger enorm profitiert. Die Tatsache, dass die Eigernordwand deswegen oft in den Schlagzeilen war, hat uns bekannt gemacht. Doch wir haben bisher bewusst darauf verzichtet, den Eiger in den Vordergrund der Tourismuswerbung zu rücken – weil das, erstens, nicht nötig ist (der Eiger gibt auch ohne unser Dazutun in den Medien immer wieder zu reden) und weil das, zweitens, einen bitteren Beigeschmack hätte. Der Berg hat zu viele Opfer gefordert. Und viele empfinden ihn auch heute noch so, wie ihn schon 1791 Georg Altmann in seiner Beschreibung der ‹Helvetischen Eisberge› charakterisiert hat: Als ‹furchtbaren Berg›.»

Für Luggen steht der Eiger auch nicht isoliert da, sondern «als Teil des weltbekannten Dreigestirns Eiger, Mönch und Jungfrau», das – wenn es nach den Vorstellungen einer Initiativgruppe mit dem Wengener Hotelier Andrea Cova und dem Berner Geographieprofessor Bruno Messerli geht – ins prestigeträchtige UNESCO-Verzeichnis der besonderen Naturschönheiten der Welt («World Heritage List») aufgenommen werden soll. Luggen weiss auch, dass viele Grindelwalder Gäste die gigantische Nordwand des Eigers, die dem Ort im Winter tage- und stundenlang in der Sonne steht, als bedrückend oder gar als bedrohlich empfinden. Jedenfalls auf den ersten Blick: «Vielen ist die Umgebung zu wuchtig – doch trotzdem kommen sie wieder. Weil eben gerade dieser Kontrast zwischen grünen Alpweiden einerseits und Bergen und Gletschern andererseits, dieses Ineinandergreifen von alpiner Wucht und lieblicher Landschaft, reizvoll ist.»

In der Grindelwalder Tourismuswerbung hat das natürlich längst seinen Niederschlag gefunden. «Die weltberühmte eisgekrönte Bergkulisse Wetterhorn, Eiger, Mönch und Jungfrau», ist für einen Farbprospekt einst schwungvoll getextet worden, «ist für Grindelwald das Bühnenbild. Der Name des schmucken Dorfes am Fusse der Eigernordwand wurde von mutigen Gipfelstürmern in alle Welt getragen.»

Eiger-Schoggi

In Grindelwald selber begegnet man dem «Markennamen» Eiger allerdings erstaunlicherweise weit weniger oft als beispielsweise dem Bild des Matterhorns in Zermatt. Doch wenn man genau hinsieht, gibt es ihn natürlich schon, den Eiger – in verschiedensten Facetten: Auf Kugelschreibern und Spazierstöcken, auf Klebern und Stoffabzeichen, auf T-Shirts und Pullovern, auf Sackmessern und Feuerzeugen. Es gibt auch ein Hotel Eiger und ein Hotel Eigerblick, ein Reisebüro Eiger, eine Eiger-Garage und eine Eiger-Apotheke.

Und, beinahe hätte ich es vergessen: In der Bäckerei Burgener gibt's für Fr. 15.50 auch Schoggi-Eigerli zum Essen.

Walter Däpp (Jahrgang 1946), Journalist und Redaktor bei der Berner Tageszeitung «Der Bund». Er hat viele Reportagen auch zu bergsteigerischen Themen verfasst, schätzt selber jedoch auf Berg- und Skitouren «einigermassen sicheren Boden unter den Füssen».

Yuko Maki und die Folgen

«Die Sache mag klein sein, doch wenn ich daran denke, dass ich den Namen ‹Japan› zusammen mit dem Eiger vereweigte, kann ich nicht umhin, dass mir das junge Blut heiss wird», schrieb der 27jährige Yuko Maki am 10. September 1921 nach der Erstbegehung des Mittellegigrates in japanischer Schrift ins Führerbuch des Grindelwalders Fritz Amatter. «Der Ostgrat des Eigers! Dies war das, was seit 50 Jahren denjenigen unerschlossen blieb, die sich schworen, Hochtouristen zu sein. Dies, die Bezwingung des Ostgrates, hat ein Jüngling aus dem Fernen Osten, zusammen mit den drei Führern Amatter, Steuri und Brawand vollbracht.»

Der Alpinismus wurde in Japan erst durch Yuko Maki bekannt. Und damit auch der Eiger. Maki hatte schon in Japan mit dem Bergsteigen begonnen und 1915 den Akademischen Alpen Klub Keio gegründet. Er hatte damals bereits genügend alpinistische Kenntnisse erworben. Während seiner Studienzeit in England riet ihm Pastor Walter Westen, lieber nach Grindelwald statt nach Zermatt zum Bergsteigen zu gehen. Weston selbst war Mitglied des englischen Alpine Club sowie des Schweizer Alpen-Clubs und hatte während seines Aufenthaltes in Japan viele Berge bestiegen. Aber in Grindelwald lernte Maki als erstes nicht Fels- und Eistechnik, sondern Deutsch beim jungen Lehrer Samuel Brawand, um sich mit den Bewohnern und auch mit den Bergführern zu verständigen. Nach Makis Rückkehr nach Japan kam das Bergsteigen dort immer mehr in Mode, denn die Spitze der damaligen japanischen Regierung war nun der Ansicht, dass der Alpinismus, obwohl sie ihn nur als Erholung betrachtete, das Prestige ihres Landes in der Welt erhöhe.

Nicht nur Maki und seine Altersgenossen, sondern auch der zweite Sohn des damaligen japanischen Kaisers, Prinz Chichibu, besuchten in der Folge Grindelwald und unternahmen mit schweizerischen Bergführern Touren in den Alpen. Bis zum Zweiten Weltkrieg kamen junge Vertreter Japans

Hoher Besuch aus Japan:
Prinz und Prinzessin Chichibu am Fuss des Eigers im Sommer 1937.

während ihrer Sommerferien nach Grindelwald – und auch nach Zermatt –, weil sie fast alle in England, Frankreich oder Deutschland studierten. Viele von ihnen waren Bergsteiger und hatten in ihrem Heimatland auch schon Touren unternommen, lernten aber den echten Alpinismus aus Makis Werk «SANKOH» (1923) kennen. Und dann machten sie selbst Erstbegehungen. Am 6. August 1927 unternahmen Samitaro Uramatsu und Saburo Matsukata mit Grindelwalder Führern die erfolgreiche Erstbegehung des Hörnligrates des Eigers. Uramatsu glückte auch die Erstbegehung des Westgrates am Wetterhorn am 24. August 1928. Am 25. August 1938 führten die Gebrüder Taguchi mit Samuel Brawand und Christian Kaufmann die Erstbegehung der Nordostwand des Schreckhorns (4078 m) durch. Nach dem Zweiten Weltkrieg war es für die japanischen Alpinisten schwierig, eine Auslandreisegenehmigung zu erhalten. Erst 1964, anlässlich der Sommerolympiade in Tokyo, wurden die Bestimmungen gelockert. Aber schon ein Jahr zuvor hatten Mituhiko Yoshino und Daihachi Ohkura die erste japanische Begehung der Heckmair-Route versucht, mussten aber vom Schwalbennest zurücksteigen. Über diesen Rückzug berichteten die japanischen Medien. Kein Glück hatten auch Tsuneaki Watabe und Hattori Yoshino im folgenden Sommer. 1965 wagte es Watabe nochmals, diesmal mit Mitsuma-

sa Takada. In den Ausstiegsrissen stürzte Watabe und brach sich ein Bein. Takada kletterte allein zum Gipfel weiter und stieg in der Nacht ab, um Hilfe zu holen. Wegen schlechten Wetters verzögerte sich die Rettungsaktion um einen Tag, und bevor sie dann richtig zu laufen begann, fand man Watabe zerschmettert am Wandfuss. Er hatte seine verzweifelte Situation nicht mehr ausgehalten und den Knoten des Sicherungsseils gelöst.

Positive Schlagzeilen löste im Sommer 1969 eine japanische Seilschaft (fünf Männer und eine Frau) durch die Eröffnung einer neuen Direktroute aus, die als Japaner-Direttissima bekannt zum Klassiker geworden ist. Weitere Exploits durch japanische Alpinisten: 1970 die jeweils zweite Winterbegehung des John-Harlin-Climb sowie der Heckmair-Route, 1978 die erste Solobegehung der Heckmair-Route im Winter (durch Tsuneo Hasegawa). Über diese Touren publizierten die Akteure Bücher. Und heute? Einerseits gehört der Besuch von Grindelwald und die Fahrt aufs Jungfraujoch zur Standardroute einer Europareise japanischer Touristen. Andererseits finden sich im elektronischen Telefonadressbuch Japans nur gerade 14 Geschäfte mit dem Namen «Eiger». Der Besitzer des «Restaurant Eiger» in Tokyo kennt jemanden, der die Eigernordwand begangen hat. Der Chef der Autolackierungsfirma «Eiger International Co. Ltd.» wählte diesen Namen, weil er sich bei der Geschäftsgründung 1977 daran erinnerte, dass er im Sommer 1965 seine Landsleute Takada und Watabe von der Kleinen Scheidegg aus durch ein Teleskop in der Wand klettern sah. Der Besitzer der Firma «Eiger Stainedglass» schliesslich ist ein Liebhaber des Bergsteigens. Aber insgesamt sind in Japan Matterhorn, Monte Rosa, Jungfrau oder Weisshorn geläufiger als der Eiger.

Suke Okazawa (Jahrgang 1933) war von 1980 bis 1989 Chefredaktor der Zeitschrift des Japanischen Alpenklubs und ist Autor des Buches «Japanerführern auf der Spur. Bergsteiger in japanischem Geist – aus den Bergführerbüchern der Schweiz».

Mittellegigrat

Öfters müssen wir kurze Rastpausen einschalten. Herz und Lunge wollen nicht mehr recht mitmachen. Endlich sind die letzten Felsen erreicht. Sonne umkost uns, die ersten wärmenden Strahlen seit zwei Tagen. Langsam tauen wir wieder auf. Wir warten aufeinander; noch 100 Meter trennen uns vom Grat. Durch Nebellöcher sehen wir hinab zu den winzig kleinen Häusern von Grindelwald. Die Franzosen seilen sich von uns ab, sie wollen etwas später nachkommen. Im Anblick des nahen Gipfels steigert sich wieder unsere Lebenslust. Trotz des Neuschnees glänzt blankes Eis. Ein letztesmal werden die Knöchel beansprucht, die widerwilligen, steifen Muskeln zur Arbeit gezwungen. Dann stehen wir auf der scharfen Schneide des Mittellegigrates.

Hermann Buhl: Achttausend drüber und drunter (Wand 1952 / Buch 1954)

Die Erstbegehung des Eiger-Nordostgrates

Was für Männer: Samuel Brawand, Yuko Maki, Fritz Steuri und Fritz Amatter (von links) nach der Erstbegehung des Mittellegigrates. Die Fahrgäste der Wengernalpbahn schauen fasziniert zu.

Am 9. September 1921 bezogen vier Bergsteiger ein Freilager auf dem luftigen Mittellegigrat des Eigers: Fritz Amatter, der den Grat schon im Abstieg begangen hatte; Fritz Steuri, der erste Schweizermeister im Skifahren; Samuel Brawand, späterer sozialdemokratischer National- und Regierungsrat des Kantons Bern. Gast der drei Grindelwalder Bergführer war der Japaner Yuko Maki: Sport, Politik und Tourismus auf engstem Raum. Im 1923 publizierten Buch «SANKO» (Bergsteigen) schrieb Yuko Maki 23 Seiten über die Erstbegehung des Eiger-Nordostgrates. Daraus hat Keizo Miyashita die alpinistisch wichtigsten Abschnitte zum ersten Mal ins Deutsche übersetzt.

Irrsinnig stolz ragte die hohe Felswand des Eigers auf, mit neuem Schnee dünn geschminkt und in der Abendsonne rotgefärbt. Mein Wunsch wäre beinahe erloschen, denn ich hatte gehört, der verschneite Ostgrat sei zu gefährlich und lasse sich überhaupt nicht begehen. Ich sagte mir selbst trotzdem: «Du sollst es doch wagen, du sollst dich nicht einschüchtern lassen. Egal, ob es dir gelingt oder nicht. Die Hauptsache ist, auf jeden Fall deinen lang gehegten Plan auszuführen.» Sofort liess ich Brawand zu mir rufen und gestand ihm meinen Wunsch. Sein Vater, ein weitbekannter Bergführer, war am Wetterhorn durch einen Blitzschlag gestorben. Samuel Brawand war als Lehrer der Dorfschule und auch als Bergführer tätig. Zuerst war er über mein Vorhaben erstaunt. «Schule oder Berg? Die Gefahr ist gewiss sehr gross, aber wenn wir es schaffen, werden wir eine grosse, durchs ganze Leben anhaltende Freude haben!» So verlangte ich von ihm eine Antwort. Und er nickte zustimmend. Der zweite Mann war Fritz Steuri, mit dem ich in der Umgebung von Zermatt mehrere Bergtouren gemacht hatte. Er hatte die Viertausender schon über 400 Mal bestiegen, und sein Name war allen Alpinisten bekannt. Der dritte Mann hiess Fritz Amatter und galt als erstklassiger Bergführer. Er hatte nämlich die Erstbegehung der Nordostwand des Finsteraarhorns und mehrere grossartige Leistungen dieser

Sorte hinter sich. Ausserdem hatte dieser Mann mit seinem Kollegen Gustav Hasler zweimal – obwohl es ihm beide Male nicht gelungen war – den Eiger-Ostgrat herausgefordert, und sein Wunsch, am Grat noch einmal sein Glück zu probieren, blieb heiss.

Neuartige Ausrüstung

Diese drei Männer und ich besprachen am Abend des 7. September auf dem Vorhof des Hotels «Adler» unseren Plan eingehend. Und schon am nächsten Abend waren bereits alle notwendigen Sachen da. Darunter waren auch einige ganz neu erfundene Requisiten:
Eine 6 Meter lange Holzstange, die am oberen Ende ein Häkchen hatte und am unteren Ende drei metallene Spitzen, wovon eine ein Loch hatte und dadurch frei drehbar war, damit beim Steigen an einer steilen Felswand alle drei Spitzen immer gleichzeitig die Wandfläche berühren konnten.

4 Sorten von Haken, insgesamt 30 Stück. 1 Eisenhammer. Hölzerne Keile. Die speziellen Haken hatte der alte Pickelmeister Schenk extra für uns geschmiedet, und zwar innerhalb von 24 Stunden!
3 Bergseile: 2 30-Meter-Seile und 1 60-Meter-Seil. Alle waren vom englischen Alpenklub garantiert.
Biwakwaren: 2 Wolldecken, grosse Überschuhe aus Wolle. Keine Zelte, weil am so schmalen Grat ein genügender Platz für Zelte nicht denkbar war und sie sowieso allzu schwer zu tragen gewesen wären.
Kochapparate und 3 Liter Alkohol.
2 Lampen.
Nahrung: 2 Dutzend (ungekochter) Eier. 1 gebratenes Huhn. Würste. Kekse. Zitronen. Butter. Marmelade. Brot. Branntwein. Zucker.

Welch ein Grat: Der stolze Eiger mit der westlichen Begrenzung der Nordwand rechts und dem Nordostgrat links; markant der grosse Aufschwung über dem steilen Eisschild. Links hinten versteckt sich der Mönch.

255

«Keine Zelte hatten wir, denn der Grat war zu schmal für ein Zelt, und die Zelte wären sowieso zu schwer zum Tragen gewesen. Dafür nahmen wir zwei Wolldecken mit. Als Schutz gegen die Kälte hatten wir ausserdem Überschuh-ähnliches aus Wolldecken. Dieses sah so grotesk dick aus, dass wir es Elefantenfuss nannten.» Yuko Maki fotografierte 1921 seine drei Führer im Biwak und erinnerte sich daran im Buch «Meine Bergtouren» von 1968.

Am 8. September gingen wir zu viert zum alten Schenk, um die Haken zu holen. Die drei wunderbaren, zum Alpinisten geborenen Führer konnten ihre innere Spannung nicht verbergen und blieben unterwegs ganz schweigsam.
[Am nächsten Morgen fuhr Maki mit Brawand und Amatter um 8 Uhr 15 mit der Bahn von Grindelwald ab. Sie gesellten sich in der Eismeer-Haltestelle zu Steuri, der mit einem früheren Zug angekommen war. Nach einer kurzen Rast machte sich die vierköpfige Seilschaft auf ins Abenteuer.]
Von der Eismeer-Haltestelle der Jungfraubahn seilten wir an der Eiger-Südostwand direkt zum Eismeer ab. In nordöstlicher Richtung stiegen wir auf – Amatter war der erste der Seilschaft und ich der letzte –, überquerten das Firnfeld und gelangten endlich an den Fuss der südlichen Felswand

des Ostgrates. Die kalkartigen glatten Felsen, aus denen der Eiger besteht, sind höchst schwer zu erklimmen. Die Neigung der Wand beträgt da offensichtlich mehr als 60 Grad. Brawand, der nun am Ende unserer Seilschaft stieg, glitt plötzlich aus. Die lange Holzstange, die er auf der Schulter trug, flog durch die Luft. Sofort warf sich Brawand auf die Stange und rutschte

damit weiter hinunter. Zugleich aber sicherten wir ihn mit dem Seil gegen den weiteren Absturz. Sein ganzer linker Arm blutete wegen Schürfwunden. Der ganze Vorfall dauerte nur einen Augenblick. Ohne die Holzstange hätte sich unser Unternehmen nicht mehr durchführen lassen. Auf eigene Gefahr hin rettete Brawand unser aller Hoffnung vor einem zu frühen Ende.

Kalte Nacht im Felsriss
Allmählich wurde die Wand steiler, und um so schwieriger wurde der Aufstieg. Eis hielt lose Steine zusammen; diese brachen plötzlich unter unseren Füssen weg. Bei allzu steilen oder gar überhängenden Stellen musste einer dem anderen auf die Schultern klimmen, um Griffe zu fassen. Nach einer solcherlei langen und strapaziösen Arbeit fanden wir gegen 17 Uhr auf der südlichen Seite des Grats einen kleinen Riss. Auf der Stelle beschlossen wir, ihn als Biwakplatz zu benutzen. Mit Pickeln schaufelten wir kleine Steine heraus und legten sie vor dem Riss auf einen Haufen, woraus wir dann einen Sitzplatz machten. Es konnten nicht alle von uns gleichzeitig liegen. Vorerst legten sich Steuri und ich im Riss nieder, während Amatter und Brawand draussen auf dem etwa 30 Zentimeter breiten Steinhaufen sassen. In der Nacht tauschten die Bergführer jede zweite Stunde ihre Sitz- und Liegeplätze und wärmten sich dabei mit einem heissen Getränk. Sie liessen mich die ganze eiskalte Nacht hindurch im Riss liegenbleiben, und ich konnte verhältnismässig lange (etwa 4 Stunden) schlafen.
Um 6 Uhr begannen wir wieder, angeseilt aufwärts zu steigen. Die Wolldecken und alle anderen Biwakwaren liessen wir im Riss liegen. In den Alpen geht man normalerweise früher, längst vor Sonnenaufgang, mit Laternen los. Der obere

Teil des Ostgrats war aber vor uns von niemandem erklettert worden, und es wäre deshalb ausserordentlich gefährlich gewesen, im Dunkeln zu starten. Bald nahm der Grat an Steilheit zu.

Ab und zu stiegen wir über die Gratschneide, die scharf wie eine Messerklinge war; gleichzeitig blickten wir auf beiden Seiten in tiefe Abgründe hinunter. Hie und da überwanden wir mehrere Meter hohe Felsblöcke, indem einer auf dem Kopf oder auf den Schultern des anderen stand und so nach richtigen Griffen suchte. Nachdem wir einen 30 Meter hohen Felsturm erklettert hatten, erreichten wir einen Sattel (3500 m ü. M.) am Fuss eines Aufschwunges, den man Gendarm hiess. Die Alpinisten, die vor uns am Grat ihr Glück versuchten, waren bis hierher heraufgestiegen. Nun ragte vor uns die riesengrosse Felswand auf, die unseren Vorgängern das Weitergehen verweigert hatte. Im Sattel rasteten wir. Drei Dohlen flogen vorbei, als segelten sie mit einem Wolkenschiff übers Eismeer, und ihr scharfes Geschrei betonte nur den entsetzlichen Eindruck, den wir von der Felswand hatten. Sie ist rund 80 Grad steil, und ihre Schichtung läuft schräg nach unten. Starker Wind erhob sich nun mit wirbelndem Schnee.

Die Holzstange kommt zum Einsatz

Wir fassten uns wieder. Wir hatten uns inzwischen auf den letzten Kampf vorbereitet. In einer neuen Reihenfolge (Amatter–Steuri–Brawand–ich) nahmen wir die härteste Arbeit in Angriff. Die abwärts geschichteten Felsen boten uns weder Griffe noch Tritte. Endlich kam die Zeit, die lange Holzstange zu gebrauchen. Amatter, Seilerster, lehnte sie an die Felsfläche. Steuri, der zweite Mann, steckte das untere Ende in einen kleinen Spalt und stemmte sie mit seinem ganzen Gewicht

fest. Amatter streckte das Seil, machte daraus einen Ring und hängte diesen an den oberen Haken der Holzstange. Das war alles ein Mittel, bei einem möglichen Absturz den Schlag zu mildern. In dieser Weise sich selbst sichernd, schlug Amatter mit seinem Pickel winzige Trittflächen in den Fels. Bei jedem Pickelschlag gossen Steine wie Regentropfen auf die anderen Gefährten, die, ohne sich bewegen zu können, auf einem kleinen Platz standen und deren Gesichter und Hände durch Steinschläge verwundet wurden. Amatter und Steuri wiederholten in Kälte und Wind diese Arbeit, um Griff- und Trittmöglichkeiten zu finden. Ich als letzter der Seilschaft musste mit der Stange steigen. Mit einer einzigen freien Hand konnte ich freilich nicht klettern. Ich knüpfte mich

«Der Ostgrat hatte viele Alpinisten zurückgewiesen und gehörte damals immer noch zu den unbezwungenen schwierigen Routen. Amatter, einer der besten Schweizer Bergführer, hielt nach seinem zweimaligen Versuch das Besteigen des Grats für sein Lebensziel.» – Yuko Maki, Bild und Text.

in ein zusätzliches Seil und wurde damit von den anderen Männern hinaufgezogen. Ich musste dabei oft in der Luft schweben und sah unter mir nur den 2000 Meter hohen, mit Wolken- und Nebelflocken bestreuten Abgrund. Ich hatte keinen Sinn mehr für die Zeit. Angstgefühl war mir auch schon längst verlorengegangen.

Zwischen Hütte und Himmel: Yuko Maki blickt in der von ihm gestifteten Mittellegihütte von der Wand auf die Besucher (oben). Am nächsten Tag steigen diese auf dem messerscharfen Grat eigerwärts, während hinten Schreck- und Lauteraarhorn hoch und stumm stehen (rechts).

Mit dem gleichen Tempo und mit der gleichen Arbeit eroberten wir die Strecke von 150 Metern. Da stand aber vor uns eine viel steilere, fast vertikale, ungefähr 50 Meter hohe Felswand. Und plötzlich fiel Amatters Rucksack sausend durch die Luft und in die Wolken hinunter. Katastrophe! Dieses Wort lief mir wie ein Blitz durch den Kopf, und ich zog aus allen Kräften am Seil. «Was ist los, Amatter?» rief ich nach oben. Amatter war auf dem Felsvorsprung über mir, und ich hörte nur seine ruhige Stimme: «Nichts, mein Herr. Hinuntergefallen ist mein Sack. Das ist alles. Und wie geht's Ihnen?» Er setzte seine Arbeit fort, als wäre nichts Besonderes geschehen.

Endlich nahm der Grat allmählich an Steilheit ab. Wir hatten nun den schwierigsten Teil des Aufstiegs hinter uns. Um 200 Höhenmeter zu bezwingen, hatten wir acht Stunden von 9 bis 17 Uhr gebraucht. Diese acht Stunden schienen uns allen dennoch nicht länger gewesen zu sein als höchstens

eine knappe Stunde. Die körperliche und geistige Spannung hatte uns nämlich von jederlei Gedanken über die Uhrzeit entfernt. «Wir haben gewonnen!» Niemand von uns aber rief: Bravo! Wir gaben einander nur die Hand. Schweigend ritzte Steuri an einer Felsfläche das Datum ein: «10. 9. 1921». Dann brach er die Holzstange entzwei und band sein Schweisstuch an eine der so entstandenen kürzeren Stangen. Amatter steckte die Stange in den Steinmann, den er inzwischen aufgeschichtet hatte.

Nächtlicher Abstieg

Wir stiegen weiter auf und erreichten den verfirnten Gipfelgrat. Auch er war sehr steil, wir gingen, wie vom Trägheitsgesetz bewegt, pausenlos hinauf. Es war noch nicht Viertel nach sieben Uhr abends, als wir auf dem Eigergipfel standen.

Länger als fünf Minuten konnten wir dort nicht stehenbleiben, so kalt war es. In einer neuen Reihe (Amatter–ich–Steuri–Brawand) begannen wir in westlicher Richtung den vereisten Hang hinunterzusteigen. Am Tag in der Sonne geschmolzener Schnee war durch die abendliche Kälte auf den Felsflächen vereist und so glatt wie Email. Amatter ging als erster mit einer Lampe in der Hand, das schwache Licht reichte aber nicht bis zu den Füssen von Steuri und Brawand. Diese mussten sich besonders bemühen. Nach einiger Zeit merkten wir, dass wir eine falsche Route gewählt hatten. Auf der linken Seite ein Abbruch von ungefähr 300 Metern über dem Eigergletscher, auf der rechten Seite der Abgrund über dem Dorf Grindelwald, über uns eine Wand von 200 Metern. Wir stiegen mehr als anderthalb Stunden lang hinab- und hinauf, ohne recht eigentlich weiter zu gehen. In den Rucksäcken blieb kaum etwas zu essen. Nur Branntwein, kein sonstiges

Alte Frage: Sind die Fixseile am Mittellegigrat nötig oder überflüssig, nützlich oder störend, für die Bergsteiger oder gegen den Berg? Schon Yuko Maki und seine Bergführer setzten künstliche Hilfsmittel ein.

Neuer Horizont: Während zwei Alpinisten über den schmalen Grat dem Gipfel zustreben, wirft die Sonne den Schatten des Eigers ins Tal von Grindelwald (folgende Doppelseite).

Getränk. Fast alles hatten wir mit dem Rucksack Amatters verloren. Ich hatte aussergewöhnlichen Durst. Steuri riet mir, Butter zu lecken. Zum ersten Mal erkannte ich, dass auch Butter fähig ist, Durst zu stillen. Inzwischen ist es dunkler geworden. Es hagelte sogar. Fast nur mit geistiger Kraft stiegen wir weiter ab und erreichten die Moräne am untersten Ende des Eigergletschers. Es war am 11. September um drei Uhr in der Frühe, als wir endlich zur Station Eigergletscher gelangten. Wahrscheinlich hatten die Leute da auf uns halb wach, halb schlummernd gewartet. Sie kamen, ohne dass wir etwas gerufen hätten, vom Restaurant gelaufen und gratulierten uns zum Erfolg.

Yuko Maki (1894–1989) hat die moderne Bergsteigertechnik in Japan eingeführt. Der Jurist mit Abschluss an der Keio-Universität in Tokyo schrieb internationale Alpinismusgeschichte: 1921 Erstbegehung des Eiger-Nordostgrates. 1925 Erstbesteigung des Mount Alberta (3619 m) in den kanadischen Rocky Mountains. 1956 Teilnahme als Leiter an der 3. japanischen Manaslu-Expedition, der die erste Besteigung des Manaslu (8163 m) gelang. 1923 erschien sein Buch «SANKO», in welchem er ausführlich über die Erstbegehung des Eiger-Nordostgrates schreibt. Maki philosophiert oft über den geistigen Wert vom Besteigen des Mittellegigrats und erzählt viel von seinen persönlichen Gedanken. Im Buch «WATASHI-NO-YAMATABI» (Meine Bergtouren) von 1968 erinnert sich Yuko Maki an seine wichtigsten Bergtouren. Die Erstbegehung des Mittellegigrates beschreibt er darin aber nur noch ziemlich kurz und bescheiden.

Keizo Miyashita (Jahrgang 1936), der den Text von Yuko Maki übersetzt hat, ist Professor für Germanistik an der Keio-Universität in Tokyo sowie Mitglied des Japanischen Alpenklubs. Zu seinen Werken gehören: «Kulturgeschichte der Schweizer Alpen» (1977), «Legende des Wilhelm Tell» (1979), «Die 700jährige Schweiz» (1992); alle auf Japanisch.

Umkämpfte Himmelsleiter

Der Nordostgrat, der sich von der Ostegg oberhalb der Gletscherschlucht zum Gipfel des Eigers emportürmt, galt – und gilt – als Wunschziel vieler Alpinisten. Ein so hervorstechender Grat direkt oberhalb des bekanntesten Berner Oberländer Kurortes durfte nicht unerstiegen bleiben. Vom ersten Versuch bis zur erfolgreichen Begehung dauerte es 47 Jahre. Bereits 1874 hatten sich die Gebrüder Harley aus England mit den einheimischen Führern Peter Rubi und Peter Kaufmann am Mittellegigrat versucht. Elf Jahre später wollte es Alexander Burgener, damals wohl der beste Bergführer der Schweiz, mit den zwei Walliser Berufskollegen Joseph Maria Biner und Anton Kalbermatten sowie dem österreichischen Gast Moritz von Kuffner wissen; die Seilschaft kam nicht über den grossen Turm hinaus. Zwei Tage später, am 3. Juli 1885, schaffte sie es trotzdem, allerdings im Abstieg. Mehr als 150 m Seil liessen die Erstbegeher an den Abseilstellen zurück, Burgener gar seinen Pickel, an welchem das Seil befestigt wurde. 1894 versuchten Claude A. MacDonald, Christian Jossi und Peter Bernet den Aufstieg über den Mittellegigrat, scheiterten aber auf etwa 3500 m; sie kletterten nicht den Grat zurück, sondern stiegen direkt über die Nordwand ab und beginnen damit sozusagen den unteren Teil der Lauper-Route erstmals im Abstieg. 1904 wiederholten drei Berner Bergsteiger, unter ihnen der Grindelwalder Führer Fritz Amatter, den Abstieg über den Mittellegigrat. Doch den Aufstieg schaffte niemand, nicht einmal der deutsche Topalpinist Hans Pfann im Juli 1921, und dabei war ihm doch die erste Überschreitung der Uschba (4710 m), so etwas wie der Eiger im Kaukasus, gelungen. Alle Seilschaften scheiterten am hohen Aufschwung nach dem grossen Turm. Seit 1926 erleichtern dort, aber auch an andern Stellen, Fixseile (heute insgesamt 200 m) den exponierten Gang zwischen Erde und Himmel. Im selben Jahr übrigens begingen Yuko Maki und Fritz Amatter «ihren» Grat ein zweites Mal zusammen. Und am 12. Februar 1934 führte Amatter, nun schon 60 Jahre alt, zusammen mit seinem Bergführerkollegen Fritz Kaufmann die erste Winterbegehung des Mittellegigrates durch.

Gipfel

In spätestens einer Stunde wird's stockfinster sein. Während unsere Kameraden noch zusammenpacken, machen Wolfi und ich uns über die schmale, fast ebene Schneide des Schlußgrats auf den Weg. Unvermittelt taucht vor uns eine Schneehaube auf: der Gipfel. Und als begriffen wir erst jetzt alles so ganz, bleiben wir noch einmal stehen und drücken einander die Hände. Du – wir haben es geschafft, unseren Eiger. Du und ich.

Kurt Diemberger: Gipfel und Geheimnisse (Wand 1958 / Buch 1970)

«Versuch den Eiger oder das Matterhorn»

Er kam, sah und siegte – und verschwand für immer aus den Bergen, um in Irland wieder seiner Leidenschaft für Pferderennen nachzugehen. Der Ire Charles Barrington tauchte im Sommer 1858 in Grindelwald auf und heuerte zwei der besten Führer an: Christian Almer sowie Peter Bohren, genannt Peterli der Gletscherwolf. Mit ihnen überschritt er die Berner Alpen hinüber ins Wallis und zurück. Und weil Barrington dann noch etwas Besonderes unternehmen wollte, engagierte er die beiden Führer gleich für den Eiger (3970 m), der ein Jahr zuvor vom Wiener Sigismund Porges, dem Erstbesteiger des Mönch, erfolglos angegangen worden war. 24 Jahre nach der Erstbesteigung des Eigers am 11. August 1858 über die Westflanke (eine der heute noch gebräuchlichen Normalrouten) schrieb Charles Barrington seinem jüngeren Bruder Richard einen Brief, der im englischen «Alpine Journal» abgedruckt wurde.

Lieber D...,

Du musst mir verzeihen, dass ich keine Schilderung meiner Eigerbesteigung liefere. Ich habe meine Unterlagen erfolglos nach meinen Notizen durchsucht, die ich kurz nach der Besteigung aufgezeichnet hatte. Doch hier die Tatsachen: Am Donnerstag, 5. August 1858 verliess ich Grindelwald um etwa 4 Uhr nachmittags

«Um Vergebung, dies ist der Gipfel des Eigers! Sie sahen hinauf und schüttelten ungläubig die Köpfe; so hoch oben konnten sie sich keine Berge denken.» Friedrich Nikolaus König: Reise in die Alpen, 1814.

Anonym: Souvenir de la Suisse, Faucheur de Schwitz & Chasseur Bernois, um 1820, kolorierter Umrissstich, 28,5 x 25,3 cm (oben).

Maximilien de Meuron (1785–1868): Le Grand Eiger, 1825, Öl auf Holztafel, 51 x 40,3 cm (rechts).

«Von den Tausenden, die jährlich unter dem Schatten dieser grandiosen Mauer vorbeigehen, [...] ist wohl jeder von dem wilden Abbruch zutiefst beeindruckt.» Adolphus Warburton Moore: The Alps in 1864.

H. Fischer: Das Hochgebirg von Grindelwald. Von der Bachalp aus gesehen [von links Wetterhorn, Schreckhorn, Eiger], 1865, Lithographie, 17 x 52 cm (oben).

Karl Girardet (1813–1871): Touristen in den Berner Alpen, im Hintergrund der Eiger, Öl auf Leinwand, 51 x 70,5 cm (rechts).

und wanderte über den Gletscher zu einer kleinen Hütte hinauf, in der wir die Nacht verbrachten. Die Hütte war von einem Geisshirten bewohnt. Ich wurde von Flöhen aufgefressen. Am nächsten Morgen startete ich mit meinen beiden Führern, Almer und Bohren, und einem Franzosen, und wir überschritten die Strahlegg zur Grimsel, wo wir am Freitag, den 6., abends eintrafen.
Am 7. startete ich mit den gleichen beiden Führern und wanderte ins Rhonetal hinab und hinauf zum Hotel Eggischhorn. Am Sonntag, den 8. August, schlief ich im Hotel und startete gegen Abend mit Almer und Bohren und zwei Trägern. Hatten einen etwa vierstündigen Marsch zum Faulberg und schliefen in einer kleinen Höhle. Starteten am Montag früh, gelangten auf den Gipfel der Jungfrau und stiegen nach

Grindelwald ab, als ich im Bär-Hof einzog. Hier traf ich einige Alpinisten, deren Spuren ich über den Gletscher gefolgt war. Im Gespräch über das Bergsteigen sagte ich, ich halte nicht besonders viel von meiner Leistung, und erhielt zur Antwort: «Try the Eiger or the Matterhorn.» – «All right», sagte ich. Schlief mit einem Beefsteak auf meinem Gesicht [zur Linderung des Sonnenbrandes]. Am Abend des nächsten Tages, dem 10., schloss ich mit den gleichen Führern den Handel für den Eiger ab und wanderte danach zum Hotel auf der Wengernalp hinauf. Unterwegs spielten wir noch eine Stunde Karten und trafen um 12 Uhr nachts im ziemlich vollen Hotel ein. Legte mich auf ein Sofa, und brachen um 3 Uhr 30 morgens zum Eiger auf. Wir nahmen eine Fahne vom Hotel mit. Als wir zur Stelle kamen, wo man in eine kleine

«Doch nun heraus mit den Vorräthen! Eine Flasche edlen Schaumweins war rasch entkorkt und ein fröhliches Hoch wurde damit ausgebracht auf alle unsre Freunde und Freundinnen, die jetzt tief da unter uns in der grünen Ebene gewiss auch des schönen Tages sich erfreuten, ja die vielleicht eben jetzt zu den glänzenden Spitzen des Hochgebirges emporschauten und unserer gedachten.» Christoph Aeby: Der Eiger, 1864.

Gabriel Lory père: Le Glacier inférieur du Grindelwald & le Mont Eiger, 1788, kolorierter Umrissstich, 35 x 49,5 cm (oben).

R. Dickenmann: Vue des montagnes d'Eiger, Mönch & de la Jungfrau depuis la Wengernalp, Canton de Berne, kolorierte Aquatinta, um 1850, 12,6 x 18,2 cm (unten).

«Sie besitzt tatsächlich eine ganz besondere Atmosphäre, welche sie einzigartig unter den Wänden macht. Ich fühlte mich einsamer in der Eigernordwand als im Lager VI auf 8200 Metern in der Südwestwand des Everest.» Dougal Haston: «The Eiger», 1976 (folgende Doppelseite).

Mulde absteigt, suchte ich mit meinem Fernglas die Eigerflanke über uns ab und entschloss mich, den Aufstieg direkt über die Felsen zu versuchen, anstatt über die andere Seite aufzusteigen, was schon zweimal erfolglos versucht worden war. Almer und Bohren fanden das schlecht und weigerten sich, dort aufzusteigen, wo ich wollte. «Also gut», sagte ich; «Ihr könnt bleiben, ich will's versuchen.» («You may stay; I will try.») So ging ich los, etwa 300 bis 400 Yards über einige glatte Felsen bis zu einer fast senkrechten Stelle. Dann rief ich und schwenkte die Fahne, damit sie nachkommen würden, und nach fünf Minuten folgten sie und stiegen zu mir hinauf. Sie sagten, es sei unmöglich; ich sagte: «Ich will's versuchen.» So kletterte ich aufwärts, mit dem Seil über die Schultern geschlungen, krallte mich wie eine Katze an den Fels, schnitt mir dabei die Finger auf und gelangte so etwa 50 bis 60 Fuss empor. Ich liess dann das Seil hinunter, und die Führer folgten mit dessen Unterstützung. Wir mussten unseren Weg mit Kreide und kleinen Steinen markieren, weil wir fürchteten, ihn beim Abstieg nicht mehr zu finden. Wir stiegen sehr nahe an der Gratkante auf und konnten nach Grindelwald hinunter schauen. Manchmal warfen wir grosse Steine hinab und hörten sie irgendwo unten in den Wolken aufschlagen. Wir gelangten um 12 Uhr auf den Gipfel – die beiden Führer liessen mich freundlicherweise als ersten hinauf –, blieben etwa zehn Minuten, weil wir das Wetter fürchteten, und stiegen in vier Stunden ab. Dabei vermieden wir die steilste Stelle, weil wir von oben ein Couloir entdeckt hatten, durch das wir hinunterstiegen. Nur um wenige Sekunden entkamen wir einer Lawine.

Am Wandfuss wurde ich von etwa dreissig Zuschauern erwartet, und wir gingen weiter ins Hotel. Sie zweifelten an unserer Besteigung, bis sie durch das Teleskop die Fahne entdeckten. Der Hotelbesitzer feuerte sein grosses Gewehr ab, und ich schien für den Abend der «Löwe» gewesen zu sein.

So endete mein erster und einziger Besuch in der Schweiz. Da ich nicht genug Geld dabei hatte, um das Matterhorn zu versuchen, ging ich heim. Die Freundlichkeit von Almer und Bohren war durch nichts zu übertreffen. Es tut mir leid zu hören, dass letzterer gestorben ist. Beide waren glänzende Bergsteiger, und wäre ich nicht so fit gewesen wie mein altes Pferd «Sir Robert Peel», als ich mit ihm das «Irish Grand National» gewonnen hatte, wäre ich nicht bis zur Hälfte gekommen. Ich möchte hinzufügen, dass ich, als ich zum Eiger aufbrach, überrascht war zu sehen, wie verzweifelt die Familien der Führer bei deren Abmarsch waren. Zwei ältere Damen kamen und beschimpften mich, ich hätte diese dazu gebracht, ihr Leben zu riskieren.

Dein Dich liebender Bruder

Charles Barrington

Charles Barrington: Über ihn ist uns ausser der Erstbesteigung des Eigers nichts bekannt. Der Brief an seinen Bruder erschien im «Alpine Journal» von 1882 und ist hier von Ralph Schnegg vollständig ins Deutsche übersetzt worden. In einer dort ebenfalls veröffentlichten Notiz erzählte der Bruder Richard M. Barrington noch folgende Anekdote: Als er 1876 mit Peter Bohren ebenfalls den Eiger bestieg, habe ihm dieser das «Känzeli» gezeigt, einen der Nordwand entragenden Felsturm, der knapp drei Meter vom Westgrat absteht. Charles soll, so Bohren, hinübergesprungen sein, als einziger, der dies je gewagt habe. Richard ergänzte seine Notiz damit, dass sich sein Bruder sehr wohl an diesen Felsturm erinnere, hingegen aber nicht mehr wisse, ob er hinüber gesprungen sei. Wer dort an der Nordwandkante steht und den Felsturm sieht – heute nennt man ihn «Pilz» –, kann sich diesen alpinen Weitsprung auch kaum vorstellen.

Trips und Tips

Besteigung des Eigers

Der Eiger (3970 m) ist auch auf der Normalroute eine ernste Sache. Wer beim Besteigen seiner höheren, aber eindeutig leichter erreichbaren Nachbarn Mönch (4107 m) und Jungfrau (4158 m) gemerkt hat, dass viel mehr eigentlich nicht drin liegt, sollte den weltberühmten Dreitausender weiterhin den Mittellegigrat-Akrobaten und Nordwand-Herausforderern überlassen. Früher war die Westflanke, von der Station Eigergletscher ausgehend, die einzige Normalroute auf den Eiger. Heute streitet sie mit dem Südgrat, dem anschliessenden Grat zwischen den Eigerjochen und der leichten Fortsetzung via Mönchsjochhütte zum Jungfraujoch um diesen Ruf. Die richtige Route durch die Westflanke ist insbesondere beim Abstieg trotz zahlreicher Steinmänner, Abseilhaken, Sicherungsstangen und Begehungsspuren auch bei guter Sicht und guten Verhältnissen nicht immer leicht zu finden; bei Nebel wird die Situation schnell hoffnungslos. Und die Steinschlaggefahr ist nicht zu unterschätzen.

Orientierungsmässig ist der Weg über die Eigerjoche einfacher; dafür erfordert die Kletterei über den schmalen Felsgrat ebenfalls einiges Können (Schwierigkeit II und III), und wenn da noch Schnee und/oder viel Blankeis liegt, dann gute Nacht. Bei Neuschnee oder vereisten Felsen sind natürlich auch die abwärtsgeschichteten Plattenschüsse der Westflanke kein Schleck und schon ein paar Nordwandbezwingern zum Verhängnis geworden. Kommt hinzu, dass die 1650 Höhenmeter von der Station Eigergletscher auf den Gipfel (und wieder hinab) ganz gehörig in die Beine gehen. Am besten zu begehen ist die Westflanke in ausgeapertem Zustand (vielleicht noch ein kleines Eisfeld ganz oben), bei trockener Witterung und trockenem Fels, auf der gleichen Route im Auf- und Abstieg. So kann man sich den Weg einprägen, auch wenn das in dieser unübersichtlichen Flanke kein Kinderspiel ist. Wer unterwegs keinen Schnauf mehr kriegt, sollte doch wenigstens das flachere Teilstück ober-

halb P. 3066 m schaffen. Von der Begrenzungskante der Westflanke blickt man direkt in die Nordwand. Wer da vom Schwindel befallen wird, tut recht daran, nicht weiterzusteigen. Denn die Aussicht vom Gipfel ist doppelt atemberaubend: hinten auf das eisige Meer des Grindelwaldgletschers, vorne auf die fast senkrecht in die Tiefe liegende Kleine Scheidegg. Die Grindelwalder Bergführer allerdings gehen mit ihren Gästen im Aufstieg weder über die Westflanke noch über den Südgrat; wenn die Klienten etwas Klettererfahrung haben, dann werden sie gleich über den sehr ausgesetzten, aber sicheren Mittellegigrat geführt. Der Abstieg erfolgt meistens über die Eigerjoche zum Jungfraujoch.

Skitour Nördliches Eigerjoch

Wenn der zerschrundene Eigergletscher nach einem schneereichen Winter im Spätfrühling gut eingeschneit ist, kann die Tour von der Station Eigergletscher (2320 m) ins Nördliche Eigerjoch (3614 m) wagemutigen Skibergsteigern nur empfohlen werden. Ganz ungefährlich ist sie wegen der vom Mönch her drohenden Eislawinen freilich nicht. Im Normalfall sind keine Abschnitte steiler als 40°. Der Weiterweg über den Südgrat zum Gipfel sollte nur von erprobten Gehern bei günstigen Verhältnissen und genügender Zeitreserve versucht werden. Es wäre schade und riskant, wenn man die Abfahrt im zu sehr aufgeweichten Schnee machen müsste.

Klettersteig Rotstock

Da das Begehen des Jungfraubahn-Tunnels offiziell verboten ist (und übrigens wegen der sehr knappen Platzverhältnisse lebensgefährlich werden kann), gibt es nur eine Möglichkeit, die aufgegebene Station Rotstock (2520 m) zu erreichen: von aussen. Dies kann auf zwei Arten geschehen: von unten oder von oben. Beides ist nicht leicht und sollte nur von Berggängern versucht werden, die über Klettererfahrung und Kenntnis im Umgang mit brüchigem Gestein haben. Allerdings überlegt man sich im Bergsteigerzentrum Grindelwald, ob man die Tour von unten her nicht anbieten soll. Wer sie auf eigene Faust machen will, sollte die Anstiegsskizze auf Seite 189 im Clubführer Berner Alpen 4 (Ausgabe

1997) studieren. Wer bloss den eigentlichen Rotstock-Klettersteig kennenlernen möchte (bzw. das, was davon übriggeblieben ist), steigt von der Station Eigergletscher (2320 m) über den unteren Teil der Westflankenroute (Pfadspuren, Steinmänner) in den Sattel zwischen Rotstock und Westflanke. Hier muss man die Eisenleiter und -bügel suchen, die den Ausstieg aus der Schlucht zwischen Rotstock und Eiger-Westgrat markieren. Man steigt rechtshaltend in einen Geröllkessel hinab. An seinem rechten Rand, unter den Abstürzen des Westgrates, findet man ausgehauene Tritte und Überreste von Fixseilen, die steil hinab zum Ausgang des Rotstockstollens führen. Der Rückweg erfolgt auf der gleichen Route. Und dann steigt man noch rasch über Felsstufen (künstliche Tritte) auf den flachen Gipfel des Rotstocks (2663 m).

Information

Im Bergsteigerzentrum Grindelwald kann täglich von Juli bis September (wenn die Verhältnisse stimmen) eine Eigerbesteigung mit einem Bergführer gebucht werden, und zwar fast ausschliesslich über den Mittellegigrat. Für eine Person kostet die Besteigung 890 Fr. – alles inklusive (Unterkunft, Halbpension etc.), ausser den Transportkosten des Gastes (Preis 1998). Auskunft, Prospekt und Buchung beim Bergsteigerzentrum Grindelwald, Tel. 033 853 52 00, Fax 033 853 12 22.

Anreise

Das Berner Oberland liegt einerseits an der Bahnlinie Deutschland–(Basel–Bern–Brig–) Italien; anderseits ist Interlaken auch Zielbahnhof internationaler Reisezüge. Bequemer und schneller als mit der Bahn gehen An- und Rückreise also nicht, zum Beispiel mit dem ICE «Thunersee» von und nach Berlin. Der europäische Schnellzug Amsterdam–Interlaken heisst werbeträchtig «Berner Oberland». Nach Grindelwald gelangt man mit der Berner-Oberland-Bahn vom Bahnhof Interlaken Ost. Von Grindelwald (1034 m) führt eine Zahnradbahn auf die Kleine Scheidegg (2061 m) und von da weiter mit Halten an den Stationen Eigergletscher (2320 m), Eigerwand (2865 m) und Eismeer (3159 m) aufs Jungfraujoch (3454 m); mehr über den höchstgelegenen Bahnhof Europas in der Bergmonographie 1 «Jungfrau – Zauberberg der Männer». Auf die Kleine Scheidegg gelangt man von Interlaken Ost auch über Lauterbrunnen (umsteigen) und das autofreie Wengen (1275 m). Die Reisedauer ist auf beiden Wegen ungefähr gleich; am besten also die eine Strecke für die Hinfahrt und die andere für die Rückfahrt benützen.

Unterkunft

Hotels, Gasthäuser

Kleine Scheidegg:
Bahnhofbuffet Röstizzeria
Tel. 033 855 11 51; mit Massenlager.
Restaurant Grindelwaldblick
Tel. 033 855 13 74.
Scheidegg-Hotels, Tel. 033 855 12 12.

Eigergletscher:
Touristenunterkunft in Planung;
Auskunft bei der Direktion der Jungfraubahnen in Interlaken oder in der Station Eigergletscher, Tel. 033 855 23 05.

Wengernalp:
Hotel Jungfrau, Tel. 033 855 16 22

Alpiglen:
Hotel des Alpes, Tel. 033 853 11 30

Hütten

Mittellegihütte (3355 m), Bergführerverein Grindelwald, 16 Plätze in der Hütte, 14 Plätze in der Biwakschachtel gleich unterhalb der Hütte, immer offen, in der Hochsaison bewirtschaftet, Notfunk. Von der Station Eismeer (3159 m) durch einen Stollen auf den Fieschergletscher, hinüber auf den Challifirn, Einstieg in die Felsen in der Fallinie des Grossen Turms (Schlüsselstelle, III. Schwierigkeitsgrad) und Querung auf Geröllbändern zur Hütte; manchmal ist es auch besser, auf dem Challifirn bis auf den Felssporn unter der Hütte zu queren und über diesen (Stangen) hochzuklettern. 2 Std. ab Station Eismeer. Möglich ist auch der Aufstieg von Grindelwald (1034 m) bzw. Bergstation (1391 m) der Pfingstegg-Bahn über Stieregg und Challi in 8 bzw. 7 Std; unterwegs kommt man in der Nähe der Eigerhöhle (2600 m; beim d von Unders Challiband) vorbei.

Osteggütte (ca. 2400 m), Bergführerverein Grindelwald, 16 Plätze, immer offene Selbstversorgerhütte am nordöstlichsten Ausläufer des Mittellegigrates (Errichtung Sommer 1998). Von der Station Alpiglen (1616 m) der Bahn auf die Kleine Scheidegg kann das Hüttlein in 2 bis 3 Stunden auf einem markierten, oft ausgesetzten Pfad mit zwei Stellen wenig bis ziemlich schwieriger Kletterei (Haken) erreicht werden. Nur für Alpinisten.

Mönchsjochhütte (3650 m), Privathütte der Genossenschaft Mönchsjochhütte, 120 Plätze, bei Abwesenheit des Hüttenwarts 8 Plätze, immer offen, April/Mai sowie Juli bis September bewirtschaftet, Tel. 033 971 34 72.
Von der Jungfraujoch-Bahnstation (3454 m) durch den Sphinxstollen auf den Jungfraufirn und nordostwärts in einer knappen Stunde leicht ansteigend in einer meist breiten Spur zur Hütte, die oberhalb des Oberen Mönchsjochs liegt.

Berglihütte (3299 m), Sektion Bern des Schweizer Alpen-Clubs, 20 Plätze, immer offen, kein ständiger Hüttenwart; Selbstverpflegung, Holz vorhanden, kein Telefonanschluss.
Vom Jungfraujoch über das Obere ins Untere Mönchsjoch (3529 m), dann den steilen Firnhang hinunter und über einen Schnee- und Felsgrat zur Hütte; 2–2 ½ Std. Nur für erfahrene und ausgerüstete Alpinisten.

Wanderungen

Mit Sandalen: Höhenweg Männlichen–Kleine Scheidegg

Die schönste Wanderautobahn der Alpen mit der Eigernordwand im Blickfeld. Von der Bergstation Männlichen (hierher mit Seilbahnen von Wengen und von Grindelwald) lohnt sich unbedingt noch der Abstecher auf den Gipfel des Männlichen (2342 m); Seil und Pickel braucht es dafür nicht. Reine Spazierwegzeit 1½ Std.

Mit Wanderschuhen: Eiger-Trail

Der 1997 eingeweihte Weg am Fuss der Eigernordwand avancierte sofort zu einer der beliebtesten Wanderrouten zwischen Wengen und Grindelwald. Der Eiger-Trail

beginnt bei der Station Eigergletscher (2320 m) und führt unter dem Rotstock und der westlichen Nordwand zum Aussichtspunkt Wart. Von hier aus ist die Wand der Wände gut einsehbar, von hier aus sind die Erstbegeher eingestiegen, von hier aus können wir mit dem Feldstecher die Alpinisten beim Klettern im Schwierigen Riss und im Hinterstoisser-Quergang beobachten – am besten am Nachmittag, wenn die Sonne die Schlüsselstellen ausleuchtet. Weiter geht der Weg über Alpweiden, Geröllfelder und Bergbäche hinunter zur Restaurantterrasse von Alpiglen (1616 m), wo wir zu Kaffee und Kuchen einkehren, während oben im Todesbiwak ein sommerliches Gewitter für Aufregung sorgt. Der Eiger-Trail dauert im Abstieg 2 Std.

Mit Bergschuhen: Challi-Tour

Im Sommer 1996 richteten Grindelwalder Bergführer den Challiweg neu ein: Sie befreiten ihn vom Unterholz und markierten ihn mit Farbe. Im unteren Challiband auf etwa 2700 m bohrten sie zudem drei Sicherungsstangen ein. Von hier zur Mittellegihütte am Eiger (3355 m) braucht es dann Seil und Pickel. Doch bis auf die Schafweiden des Challi dürfen sich auch erfahrene Bergwanderer vorwagen – wenn sie Lust auf Schafspfade und Gletschergeröll abseits ausgetrampelter Wanderpfade haben. Und auf das besondere Gefühl, auf den Spuren der Bergsteigerpioniere zu wandeln. Auch Alpinromantiker kommen auf ihre Rechnung, dank dem Wildschloss, einem Felsturm, der zwischen dem Eigerfuss und dem Challi thront. Im Nachmittagslicht teilen sich die Lichtbahnen über dem Wildschloss und fliessen auf den Unteren Grindelwaldgletscher hinab, während der von dieser Seite noch nie erkletterte Turm frei wie eine tausend Meter hohe Kathedrale steht. Darauf trinken wir in der Stieregg noch ein Bier. Von Grindelwald (969 m) oder von der Pfingstegg-Bergstation (1392 m) leicht nach Stieregg (1650 m). Auf dem Weg zur Schreckhornhütte bis 1700 m, dann kurz geradeaus und auf Pfad durch Erlengebüsch steil hinab auf den Unteren, geröllbedeckten Grindelwaldgletscher. Diesen auf etwa 1550 m überqueren. Am linken Rand einer steilen, breiten Schuttrinne hoch bis etwa 1740 m zu Steinmann. Auf breit ausgetretenem

Schafspfad durch Erlengebüsch zuerst flach, dann ansteigend auf die Grashänge des Challi. Auf dem Zickzackpfad bis auf eine Kante auf etwa 2300 m, von wo sich ein herrlicher Blick auf den oberen Fieschergletscher auftut. 3 ½–4 ½ Stunden; nur für standfeste, orientierungsfähige und nervenstarke Bergwanderer.

Veranstaltungen

Eiger Experience
Besuch der Polarhundezucht auf Eigergletscher. Wanderung mit Bergführer auf dem Eiger-Trail nach Alpiglen, Käseschnitte im Hotel des Alpes. Jeden Dienstag und Donnerstag von Juni bis Oktober. Anmeldung im Bergsteigerzentrum Grindelwald.

Lauberhorn-Rennen
Jeweils im Januar finden die Internationalen Lauberhorn-Skirennen der Männer im Rahmen des Weltcups statt, bestehend aus der Abfahrt vom Lauberhorn ins Dorf Wengen, aus dem Slalom und der Kombination. Die Lauberhorn-Abfahrt ist, wenn sie auf der vollen Länge (4,25 km) ausgetragen werden kann, die längste im alpinen Skizirkus; sie hat bei den Rennläufern und beim Publikum den gleich hohen Stellenwert wie die Streif in Kitzbühel. Am 2. Februar 1930 ging die First Lauberhorn Cup über die Bühne.

Jungfrau-Marathon
Anfang September findet seit 1993 jeweils der Jungfrau-Marathon von Interlaken auf die Kleine Scheidegg statt; Distanz 42,195 Kilometer, Höhendifferenz 1815 Meter. Energieriegel nicht vergessen!

Eiger-Bike-Challenge
Mitte August 1998 findet rund um Grindelwald ein neues Schweizer Langstreckenrennen für Biker statt. Die Kulisse: Eiger, Schreck- und Wetterhorn. Die Daten: 90 Kilometer/4400 Höhenmeter, zusammengesetzt auf dem «Sunside Loop» und dem «Shadowside Loop». Der letzte knallharte Aufstieg nach Alpiglen heisst «The Wall» – wie denn sonst?

Museen

Heimatmuseum Grindelwald mit vielen Gegenständen zur Geschichte des Eigers und seiner Nordwand. Offen Februar und März (Di, Do 15–18 Uhr) und Juni bis September (Di, Do, Sa, So 15–18 Uhr). Museum Tel. 033 853 43 02; Auskunft Tel. 033 853 22 26.

Heimat-Museum der Talschaft Lauterbrunnen in Lauterbrunnen: Vom Wohnen und von der Tätigkeit der Vorfahren, Spitzenklöppelei, Eisenerz- und Bleiglanzgewinnung, Alpinismus, Tourismus, Skisport; offen 15. Juni bis 30. September, Di, Do, Sa, So 14–17.30 Uhr. Auskunft Tel. 033 855 13 88.

Touristik-Museum der Jungfrau-Region an der Oberen Gasse 26 in Unterseen/Interlaken. Geöffnet vom 1. Mai bis Mitte Oktober, dienstags bis sonntags 14–17 Uhr. Führungen von Gruppen auch ausserhalb der Öffnungszeiten nach telefonischer Anmeldung, Tel. 033 822 98 39 oder 826 64 64.

Information

Berner Oberland Tourismus, Jungfraustrasse 38, CH-3800 Interlaken, Tel. +41 33 823 03 03, Fax +41 33 823 03 30; Internet: http://www.berneroberland.com http://www.berneseoberland.ch http://www.berneroberland-hotels.ch E-Mail: berneroberland@hallweb.ch bot@berneroberland-hotels.ch

Jungfraubahnen, Harderstrasse 14, CH-3800 Interlaken, Tel. 033 826 42 34, Fax 033 826 42 64

Bahnhof Interlaken Ost, Tel. 033 822 27 92

Verkehrsbüros

CH-3818 Grindelwald, Tel. 033 854 12 12, Fax 033 854 30 88; Internet: http://www.grindelwald.ch E-Mail: touristoffice@grindelwald.ch

CH-3823 Wengen, Tel. 033 855 14 14, Fax 033 855 30 60; Internet: http://www.wengen.com E-Mail: information@wengen.com

Automatischer Schnee- und Wetterbericht Kleine Scheidegg-Männlichen 033 855 44 33

Karten

Landeskarte der Schweiz, 1:50 000, Blätter 254 Interlaken, 264 Jungfrau; auch mit dem Zusatz «T» als Wanderkarten und mit «S» als Skiroutenkarten erhältlich. 1:25 000, Blätter 1229 Grindelwald, 1249 Finsteraarhorn.

Führer

Alpinismus

Karl Hausmann: Clubführer Berner Alpen, Band 4, Tschingelhorn bis Finsteraarhorn. Schweizer Alpen-Club, Bern 1997.
Werner Munter: Berner Alpen. Rother, München 1995.
Hans Grossen: Berner Oberland – Die 100 schönsten Touren. Carta/Bruckmann, München 1989.
Dieter Seibert: Die großen Gipfeltouren unserer Alpen. Verlag J. Berg, München 1988.
Les Swindin: Bernese Oberland Selected Climbs. Alpine Club Guide Books, London 1993.

Skitouren

Ralph Schnegg, Daniel Anker: Alpine Skitouren Band 4, Lötschenpass bis Grimsel. Schweizer Alpen-Club, Bern 1998.
Daniel Anker, Hans Grossen: L'Oberland bernois à skis. Les 100 plus belles descentes et randonnées. Denoël, Paris 1990.

Wandern

Daniel Anker: Berner Oberland Ost, Rother Wanderführer. München 1998.
Rose Marie und Gerhard Bleyer: Die schönsten Höhenwege im Berner Oberland. Bruckmann, München 1994.
Wanderbuch Jungfrau-Region. Kümmerly+Frey, Bern 1988.
Hiking Guide Jungfrau-Region. Kümmerly+Frey, Bern 1990.
Kev Reynolds: The Bernese Alps, Switzerland: a walking guide. Cicerone Press, Milnthorpe 1997.

Bike

Fredel Jossi: Die schönsten Fahrrad- und Biketouren im Berner Oberland, B+M Verlag, Interlaken 1997.
Beat Kälin/Sonja Gerber Kälin: Mountainbike Erlebnis Berner Oberland, Climb + Bike Edition, Maienfeld 1997.

Der Eiger im Film

Jahr	Titel	Regie/Leitung	Kamera	Buch	Darsteller	Land/Dauer	Genre
1911	Das Lauterbrunnental	Welt-Kine-matograph, Freiburg				Deutschland, 10 Min.	Dokumentation. Reiseeindrücke aus dem Lauterbrunnental, mit einem Blick auf den Eiger. Stummfilm, 35 mm, schwarz/weiss British Film Institute
1936	Die Eiger-Nordwand	Max Herrmann	Max Herrmann		Münchner Bergwacht, Fritz Steuri, Arnold Glatthard, E. O. Stauffer	Schweiz, 60 Min.	Dokumentation. Auffindung und Bergung von Toni Kurz. Aufstieg ins 1. Biwak 1935. Stummfilm mit Texteinblendungen, 16 mm, schwarz/weiss. Erhalten sind 35 Min. mit Kletterszenen, der Auffindung und der Bergung von T. Kurz. Archiv Josef Gloger, Wien
1948	Grat am Himmel	Otto Ritter	Otto Ritter	Otto Ritter	Willi Steuri, Fritz Steuri, Robert Abegglen, Roland Urban	Schweiz, 22 Min.	Dokumentation. Aufstieg zum Gipfel über den Mittellegigrat. Eine der ersten Produktionen der Condor Film, Zürich
1955	Etoiles et tempêtes	Gaston Rébuffat		Gaston Rébuffat	Gaston Rébuffat, Georges Tairraz, M. Baquet	Frankreich	Dokumentation. Filmaufnahmen zur Demonstration der objektiven Gefahren in der Eigernordwand
1957	Ohne Titel	TSR	TSR	TSR		Schweiz, 2 Min.	TV-Produktion. Unfall und Bergung eines Bergsteigers am Eiger
1958	Eiger (Arbeitstitel)	Lothar Brandler	Lothar Brandler		Heinrich Harrer u. a.	Deutschland, unvollendet	Dokumentation. Filmaufnahmen nach Unfall abgebrochen
1958	Ohne Titel	SF DRS	SF DRS	SF DRS		Schweiz, 2 Min.	TV-Produktion. Gescheiterter Begehungsversuch
1958	Interview mit Heinrich Harrer	SF DRS	SF DRS	SF DRS	Heinrich Harrer	2 Min.	TV-Produktion
1959	Die Bergung von Stefano Longhi	Amateur-film			Bergführer Grindel-wald, Fritz Jaun	Schweiz, 3 Min.	Amateurfilm. Gedreht während der Bergung von Longhi
1959	Eiger – Nordwand	Edmund Geer	Wolfgang Gorter	Edmund Geer	Lothar Brandler, Toni Hiebeler, Adolf Derungs, Lukas Albrecht	Deutschland, 25 Min.	Dokumentation. Brandler/Hiebeler im unteren Teil der Wand. Erste Aufnahmen eines Teams (Albrecht/Derungs) in der Spinne, gefilmt vom Nordwestgrat aus
1960	Eiger-Nordwand im Winter	Edmund Geer		Edmund Geer	Jörg Lehne, Siegfried Löw, Lothar Brandler	Deutschland, 27 Min.	Dokumentation. Filmaufnahmen aus der unteren Wand
1961	Die erste Winter-durchsteigung der Eiger-Nordwand	Edmund Geer, Karl Aulitzky			Toni Kinshofer, Andreas Mannhardt, Toni Hiebeler, Walter Almberger	Deutschland, 32 Min.	Dokumentation. Winter-Erstbegehung der Nordwand mit 8 mm Filmsequenzen aus der Wand
1961	Ohne Titel (Unfälle am Eiger)	SF DRS	SF DRS			Schweiz, 1 Min.	TV-Produktion. Unfälle am Eiger
1962	Sein bester Freund (auch: Drama am Eiger)	Luis Trenker	Rolf Kästel	L. Trenker, Gustav Kampen-donk	Toni Sailer, Dietmar Schönherr, Hilti von Allmen u. a	Deutschland, 97 Min.	Spielfilm. Durchsteigung der Eigernord-wand, verquickt mit einer Liebes- und Eifersuchtsgeschichte
1963	Ohne Titel (Besteigung Michel Darbellay)	SF DRS	SF DRS	SF DRS	Michel Darbellay	Schweiz, 2 Min.	TV-Produktion. Eigernordwandbegehung durch Michel Darbellay
1964	Ohne Titel	SF DRS	SF DRS	SF DRS		Schweiz, 2 Min.	TV-Produktion. Beginn der Durchsteigung der Eigernordwand in der Direttissima
1966	Sensation Alpen	Lothar Brandler	Lothar Brandler		Lothar Brandler	Deutschland, 90 Min.	Spielfilm. Alpinsportfilm an verschiedenen Schauplätzen in den Alpen, Eigersequenz von rund 15 Min.
1968	Eiger	TSI			Anderl Heckmair, Heinrich Harrer u. a.	Schweiz 10 Min.	TV-Produktion. Erstbegehung und Bergung von Stefano Longhi
1969	Antenne 1370	Stalder, Jansen	SF DRS	Stalder, Jansen	Karl Schlunegger, Fritz von Almen, Toni Hiebeler	Schweiz, 10 Min.	TV-Produktion. Sommer-Direttissima: 6 Japaner durchsteigen die Eiger-nordwand

Jahr	Titel	Regie/Leitung	Kamera	Buch	Darsteller	Land/Dauer	Genre
1969	Eiger 69 – Der Weg der Japaner	Lothar Brandler	Lothar Brandler	Lothar Brandler	Takio Kato, Yasuo Kato, Susumo Kubo, Hirofumi Amano, Satoru Nigishi, Michiko Imai	Deutschland, 25 Min.	Dokumentation. Begehung der Nordwand auf der Japanerroute
1969	Ohne Titel				Japanerteam 1969	Japan	Amateurfilm. Begehung auf der Japaner-Direttissima
1969	Climb Up To Hell	BBC, London	BBC, London	BBC, London	Chris Bonington, Dougal Haston	England	TV-Produktion. Haston und Bonington in der Harlin-Route
1970	Antenne 1624	Bosshardt, Müller	SF DRS	Bosshardt, Müller	Oblt. Heertz	Schweiz, 5 Min.	TV-Produktion. Spinne wird mit einem Helikopter angeflogen, ein Mann abgeseilt und mit der Winde eingeholt
1970	Carrefour-Revue (165)	TSR	TSR	TSR		Schweiz, 1 Min.	TV-Produktion. Skiabfahrt durch die Eiger-Westflanke
1970	Carrefour-Revue (70)	TSR	TSR	TSR		Schweiz, 2 Min.	TV-Produktion. Rettung einer japanischen Equipe aus der Nordwand
1970	Alpinisme: Eiger-Nordwand	John Steward, Jean Pierre Paschoud				Unbekannt	Dokumentation. Film aus dem Archiv der Cinémathèque Suisse in Lausanne
1970	Eigernordwand	SF DRS	SF DRS	SF DRS		Schweiz, 1 Min.	TV-Produktion. Schweizer und Japaner wollen die Eigernordwand in der Winter-Direttissima begehen
1970	Out of the Shadows into the Sun	Leo Dickinson	Leo Dickinson	Leo Dickinson	Leo Dickinson, Cliff Phillips, Pete Minks, Eric Jones	England	Dokumentation. Erster Film einer Wanddurchsteigung mit Aufnahmen aus allen Schlüsselstellen
1970	Ohne Titel	SF DRS	SF DRS	SF DRS		Schweiz, 1 Min.	TV-Produktion. Rückkehr der Schweizer und Japaner nach Abbruch des Begehungsversuchs der Winter-Direttissima
1970	Paroi nord de l'Eiger	Jaques Lavenex				Schweiz	Dokumentation
1970	Victoire à ski sur l'Eiger.	Bernard Reymond			Sylvain Saudan	Schweiz, 21 Min.	Dokumentation. Erste Skiabfahrt an Westflanke durch den Walliser Extrem-skifahrer Sylvain Saudan
1970	Zwei Japaner-kinder sehen die Schweiz	Japanisches Fernsehen				Japan, 57 Min.	Dokumentation. Zwei Japanerkinder auf einer Ferienreise durch die Schweiz, u. a. mit Bildern der Eigernordwand
1972	Berge und Ge-schichten. Arena: Jungfrau, Eiger, Mönch	Helmut Voitl			Luis Trenker	Österreich, 30 Min.	Dokumentation
1973	Eiger	Dieter Meichsner		Dieter Meichsner	Kurt Löffler, Werner Asam, Bergführer Grindelwald u. a.	Deutschland	Dokumentation. Vier junge Alpinisten versuchen sich an der Eigernordwand
1974	Eiger	Dieter Meichsner	Kurt Weber	Rolf Hädrich	Hans Brenner, Werner Asam, Hubert Stass u. a.	Deutschland, 1. Teil: 76 Min., 2. Teil: 80 Min.	Fernsehspiel. Zwei Bergsteiger geraten wegen eines Wetterumsturzes in eine Notlage und müssen gerettet werden
1974	The Eiger Sanction	Clint Eastwood	Frank Stanley	Nach einem Roman von Trevanian	Clint Eastwood, George Kennedy, Vinetta McGee u. a.	USA, 113 Min.	Spielfilm. Agentendrama in «James Bond»-Manier. Deutscher Titel: Im Auftrag des Drachens
1975	Bericht vor acht. Blickpunkt Region	Brühlmann, Bosshardt	SF DRS	Brühlmann, Bosshardt		Schweiz, 10 Min.	TV-Produktion. Die Schweiz präsentiert sich einer chinesischen Delegation, u. a. Bilder vom Eiger
1975	Chronique Montagne	Pierre Simoni	TSR	Ersan Arsever	Michel Vaucher, Pierre Geiger, Tom Gross, Michel Balmat, René Mayor	Schweiz, 40 Min.	TV-Produktion. Begehung der Nordwand durch Michel Vaucher. Diskussion der alpinistischen Aktivitäten Frühjahr/Sommer 1975
1978	Das Dreigestirn Eiger-Mönch-Jungfrau	Friedrich Bach	F. Bach, S. Kümmel, J. C. Ramigè, H. Stähli,	Karl Reusch	Siegfried Kümmel, Jean Claude Ramigè, Hannes Stähli, Edi Bohren	Deutschland, 84 Min.	Dokumentation. Alpinismus und Folklore. Besteigung Jungfrau, Mönch, Mittelleggigrat und Eigernordwand-Durchsteigung

Jahr	Titel	Regie/Leitung	Kamera	Buch	Darsteller	Land/Dauer	Genre
1978	Der Tod klettert mit	Friedrich Bach	F. Bach, H. Stähli, E. Bohren	Karl Reusch	Ernst Rufibach, Edi Bohren, Hansjürg Müller, Hannes Stähli	Deutschland, 45 Min.	Dokumentation. Eigernordwand-Durchsteigung
1978	Länder, Menschen, Abenteuer: Berge der Welt – Der Eiger	Gerhard Honal		Friedrich Bach		Deutschland, 45 Min.	Dokumentation. Vierzig Jahre nach der Erstdurchsteigung wird eine Begehung von einen Kameramann begleitet
1980	Giganten der Alpen	Karl Reusch, Friedrich Bach	F. Bach, S. Kümmel, J. C. Ramigè, H. Stähli		Siegfried Kümmel, Jean Claude Ramigè, Hannes Stähli	Deutschland	Dokumentation. Bergsteigerfilm vom Matterhorn, Eiger und Mont Blanc
1981	Filming the Impossible	Leo Dickinson	Leo Dickinson	Leo Dickinson		England, 39 Min.	Dokumentation. Zusammenschnitt der Filme von Leo Dickinson, inkl. Eigerfilm von 1970
1982	Der Weg ist das Ziel: Die Eiger-Nordwand-tragödie 1936	Gerhard Baur	Gerhard Baur	Frank Widmayer, Gerhard Baur	Willy Klimek, Franz Seeberger, Erich Lackner, Edi Bohren, Hannes Stähli u. a	Deutschland, 91 Min.	Dokumentarspiel. Nachgespieltes Drama um die missglückte Begehung 1936
1983	Die grossen Nord-wände: Matter-horn, Grandes Jorasses, Eiger	Gerhard Baur	Gerhard Baur	Gerhard Baur	Anderl Heckmair, Franz Schmidt, Rudolf Peters	Deutschland, 43 Min.	Dokumentation. Nachgespielte Erstbegehungen und Interviews mit den Erstbegehern
1983	Eiger	Leo Dickinson	Leo Dickinson	Leo Dickinson	Eric Jones, H. Stähli, Dave Cuthbertson, Chris Noonan u. a.	England, 52 Min.	Dokumentation. Entlang der Solo-besteigung durch Eric Jones wird die Begehungsgeschichte der Wand aufgerollt, inkl. Absturz von John Harlin
1983	Skiabfahrt durch die Nordostwand von Toni Valeruz				Toni Valeruz	unbekannt	TV-Produktion. Erste Skiabfahrt an der Nordostwand durch den Südtiroler Extremskifahrer Toni Valeruz. TV-Produktion, Filmaufnahmen aus dem Helikopter
1984	Eiger	Dieter Meichsner	Kurt Weber	Rolf Hädrich	Hans Brenner, Werner Asam, Hubert Stass u. a	Deutschland, 87 Min.	Fernsehspiel. Kurzfassung des Fernsehspiels aus dem Jahr 1974
1984	Pushing The Limits: Mountain Men	L. Dickinson, Peter MacPherson	L. Dickinson, Peter MacPherson		Hannes Stähli u. a.	England, 24 Min.	Dokumentation. Helikopterrettung aus der Eigernordwand.
1985	Eiger	TSR	TSR	TSR		Schweiz, 6 Min.	TV-Produktion. Archivaufnahmen und Flugaufnahmen der Eigernordwand
1985	L'Eiger à mains nues. Christophe Profit	TSR	TSR	TSR	Christophe Profit	Schweiz, 9 Min.	TV-Produktion. Winterbegehung der Eiger-nordwand durch Christophe Profit
1985	Ohne Titel	TSI	SF DRS	TSI	Pierre Gevaux	Schweiz, 2 Min.	TV-Produktion. Sprung des Gleitschirm-fliegers Pierre Gevaux vom Eigergipfel
1985	Ohne Titel	TSI	SF DRS	TSI	Christophe Profit	Schweiz, 2 Min.	TV-Produktion. Winterbegehung der Eiger-nordwand durch Christophe Profit
1985	Saut de l'Eiger	TSR	TSR	TSR	Pierre Gevaux	Schweiz, 2 Min.	TV-Produktion. Pierre Gevaux bei der Gipfelankunft und dem Gleitschirmflug vom Eigergipfel
1985	Saut en parachute depuis l'Eiger	TSR	TSR	TSR	Pierre Gevaux	Schweiz, 6 Min.	TV-Produktion. P. Gevaux beim Aufstieg und dem Gleitschirmflug vom Eigergipfel
1985	Trilogie des cimes: Christophe Profit	TSR	TSR	TSR	Christophe Profit	Schweiz, 4 Min.	TV-Produktion. Profit bei seiner Trilogie (Eiger, Matterhorn, Grandes Jorasses)
1987	Alptraum Eigernordwand: Nach 50 Jahren gefürchtet wie am ersten Tag	Hans Henn	Wolfgang Brög, Martin Biock, Heli Hammer-stingl	Hans Henn	Toni Freudig, Hannes Stähli	Deutschland, 43 Min.	Dokumentation. Zum Jubiläum 50 Jahre Erstbegehung der Nordwand. ZDF. Durchsteigung der Wand
1987	Die weisse Spinne – Land der Berge	Lutz Maurer	Fulvio Mariani	Lutz Maurer	Peter Geyer, Hans Bärnthaler, Anderl Heckmair, Heinrich Harrer u. a.	Österreich, 45 Min.	Dokumentation. Zum Jubiläum 50 Jahre Erstbegehung der Nordwand. ORF. Durchsteigung der Wand

Jahr	Titel	Regie/Leitung	Kamera	Buch	Darsteller	Land/Dauer	Genre
1987	Faces Nord	Jean Afanassieff	Roland Theron	Jean Afanassieff	Eric Escoffier	Frankreich, 26 Min.	Dokumentation. Escoffiers gescheiterter Versuch der Winterdurchsteigung der drei bedeutendsten Nordwände
1987	La face de l'Ogre	Bernard Giraudeau		Nach einem Roman von Simone Desmaison	Anny Duperey, Pierre Vaneck, Catherine Frot, Jacques Denis	Frankreich, 90 Min.	Spielfilm. Eine Frau wartet auf der Kleinen Scheidegg auf ihren Mann, der eine Solobegehung versucht
1987	Trilogie pour un homme seul	Nicolas Philibert	Laurent Chevallier, Denis Ducroz, Olivier Gueneau	Nicolas Philibert	Christophe Profit	Frankreich, 53 Min.	Dokumentation. Erfolgreiche Winterdurchsteigung der drei bedeutendsten Nordwände in 42 Stunden durch Ch. Profit
1988	Das Ungeheuer ist bezwungen	Beat Rauch	SF DRS	Beat Rauch		Schweiz, 52 Min.	Dokumentation. Zum Jubiläum 50 Jahre Erstdurchsteigung der Nordwand. SF DRS. Zusammengestellt aus authentischem Material aus Büchern, Filmen und Fernsehsendungen
1988	Die Mordwand: Schicksale am Eiger. Heinrich Harrer berichtet	Emil Gregor Walter		Heinrich Harrer	Heinrich Harrer	Deutschland, 45 Min.	Dokumentation. Zum 50-Jahre-Jubiläum
1988	Eiger: Historique	TSR	TSR	TSR	div.	Schweiz, 5 Min.	TV-Produktion. Erst- und andere Begehungen der Nordwand. Zum 50-Jahre-Jubiläum
1988	Eiger: 50 ans de la voie classique	TSR	TSR	TSR	Anderl Heckmair, Michel Darbellay	Schweiz, 2 Min.	TV-Produktion. Interview mit A. Heckmair und M. Darbellay zum 50-Jahre-Jubiläum der Erstbegehung
1988	La Montagne Souterraine	Claude Francillon		Claude Francillon		Frankreich	Dokumentation. Szenen vom Eiger
1988	Ohne Titel (50-Jahre-Jubiläum)	TSI	TSI	TSI		Schweiz, 4 Min.	TV-Produktion. Dokumentation zur Erstbegehung der Eigernordwand vor 50 Jahren
1988	Ohne Titel (50-Jahre-Jubiläum)	Christophe Häberlin	SF DRS	Christophe Häberlin	Anderl Heckmair, Heinrich Harrer	Schweiz, 2 Min.	TV-Produktion. Feier in Grindelwald zur Erstbegehung der Eigernordwand vor 50 Jahren
1988	Rega-Helikopter	SF DRS	SF DRS	SF DRS		Schweiz, 4 Min.	TV-Produktion. Helikopterrettung, mit Bildern aus der Eigernordwand
1988	Rettungsaktion Eigernordwand	Ruedi Oser	SF DRS	Ruedi Oser, Kurt Schaad	Bergführer Grindelwald, Beat Rauch	Schweiz	Dokumentation. Zum Jubiläum 50 Jahre Erstbegehung der Nordwand. SF DRS. Rettung aus dem Corti-Biwak mit Seilwinde vom Eigergipfel aus
1988	Schweiz: Eiger	SF DRS	SF DRS	SF DRS		Schweiz, 3 Min.	TV-Produktion. Bahnfahrt auf die Kleine Scheidegg und Bilder von der Eigernordwand
1989	13 Faces Nord: Erhard Loretan et André Georges	TSR	TSR	TSR	Erhard Loretan, André Georges	Schweiz, 3 Min.	TV-Produktion. 13 Nordwände in 13 Tagen. Loretan und Georges erreichen den Eigergipfel
1990	Bergsteiger Eigernordwand	Paul Kölliker	SF DRS	Paul Kölliker	Kobi Reichen	Schweiz, 2 Min.	TV-Produktion. Seilschaft in der Eigernordwand
1990	Der Tunnel lebt	Paul Kölliker	SF DRS	Paul Kölliker		Schweiz, 4 Min.	TV-Produktion. Geschichte und Geschichten des Bahntunnels im Eiger
1990	Eigernordwand	Paul Kölliker	SF DRS	Paul Kölliker		Schweiz, 2 Min.	TV-Produktion. Bilder der Eigernordwand
1991	Ascension Eiger par Alp Action	TSR	TSR	TSR	Alp Action	Schweiz, 1 Min.	TV-Produktion. Die ökologische Vereinigung Alp Action organisierte eine Begehung mit Bergsteigern aus der ganzen Welt
1991	Besuch im Saaneland – Porträt Jakob Reichen	Rosmarie Pfluger	3 SAT	Rosmarie Pfluger	Jakob Reichen	Schweiz, 8 Min.	TV-Produktion. Porträt des Bergführers Jakob Reichen, u. a. Sequenz aus der Eigernordwand
1991	Les Conquérants de l'inutile: Le nouvel Age d'Or	Denis Ducroz, Gilles Chappaz		D. Ducroz, G. Chappaz		Frankreich	Dokumentation. Szenen vom Eiger

Jahr	Titel	Regie/Leitung	Kamera	Buch	Darsteller	Land/Dauer	Genre
1992	Catherine Destivelle: L'Eiger en solo	TSR	TSR	TSR	Catherine Destivelle	Schweiz, 2 Min.	TV-Produktion. Interview mit C. Destivelle nach der Winterbegehung
1992	Catherine Destivelle: L'Eiger en solo	TSR	TSR	TSR	Catherine Destivelle	Schweiz	TV-Produktion. Catherine Destivelle gelingt als erster Frau die Winterbegehung der Eigernordwand
1992	Frau am Eiger	TSR	SF DRS	TSR	Catherine Destivelle	Schweiz, 2 Min.	TV-Produktion. Catherine Destivelle gelingt als erster Frau die Winterbegehung der Eigernordwand
1992	Eiger	Stéphane Deplus			Catherine Destivelle	Frankreich, 27 Min.	Dokumentation. Erste Wintersolodurchsteigung einer Frau, März/April 1992
1993	Goldeneye	Martin Campbell			Pierce Brosnan, Sean Bean	USA/England 130 Min.	Spielfilm. Fallschirmabsprung vor der Eigernordwand für den Bond-Film Goldeneye; im Film spielt die Szene in Sibirien.
1994	Das Ungeheuer ist bezwungen – Dokumentation über die Eroberung des Eigers	Gerti Maader, Rosmarie Pfluger, Urs Tanner	3 SAT	G. Maader, R. Pfluger, U. Tanner	Samuel Brawand, Toni Valeruz	Schweiz, 52 Min.	Dokumentation. Geschichte der Besteigungen des Eigers: Mittellegigrat, Japaner-Direttissima, Skiabfahrt
1994	Ohne Titel	Peter Marthaler	SF DRS	Peter Marthaler	Kurt Amacher, Fritz Loretan	Schweiz, 2 Min.	TV-Produktion. Montage von Sicherungshaken am Eiger für die Rettungsaktionen der Rettungsflugwacht (Rega)
1995	Ascension de la face nord de l'Eiger par des anciens toxicomanes	TSR	TSR	TSR	Alain Gilloz, Sixt Lang, Erhard Loretan, André Georges	Schweiz, 2 Min.	TV-Produktion. Zusammen mit zwei erfahrenen Begleitern wagen zwei ehemalige Drogensüchtige die Durchsteigung der Nordwand
1995	Eiger	Beat Bieri	SF DRS	Beat Bieri	Alain Gilloz, Sixt Lang, Erhard Loretan	Schweiz, 5 Min.	TV-Produktion. Zusammen mit zwei erfahrenen Begleitern wagen zwei ehemalige Drogensüchtige die Durchsteigung der Nordwand
1995	Les Parois de la mémoire – la face nord de l'Eiger	Jérôme Equer	C. Delachat	Jérôme Equer	Heinrich Harrer, Anderl Heckmair	Frankreich, 25 Min.	Dokumentation. Erinnerung an die Erstdurchsteigung der Nordwand 1938 und an die Versuche 1935/36
1996	Herausforderung Eiger: Der Mittellegigrat	Aurelio Perret			Edi Bohren, Adolf Wyss	Deutschland, 45 Min.	Dokumentation. Reihe Bergsteiger Videothek. Begehung des Mittellegigrates
1997	Berg	Jörg Niggli	SF DRS	Jörg Niggli	Kurt Amacher, Werner Bhend	Schweiz, 4 Min.	TV-Produktion. Bauarbeiten am Eiger zur Sicherung der Ostroute
1997	Eiger	Andrea Pfalzgraf	SF DRS	Andrea Pfalzgraf	Gody Egger, Kurt Schaad	Schweiz, 3 Min.	TV-Produktion. Vorbereitung zur Live-Besteigung von 1998
1997	Schweiz: Berner Alpen	SF DRS	SF DRS	SF DRS		Schweiz, 6 Min.	TV-Produktion. Flug über die Berner Alpen, Bilder aus der Eigernordwand
1997	Sportfotografie: Porträt Robert Bösch	Sandra Steffan	SF DRS	Sandra Steffan	Ueli Bühler, Robert Bösch, Corinna Biasutti Bösch	Schweiz, 7 Min.	TV-Produktion. Bösch und Bühler auf der Lauper-Route in der Eiger-Nordostwand
1998 *	Das Tor des Scheiterns	Gerhard Baur	Gerhard Baur	Gerhard Baur		Deutschland, ca. 45 Min.	Dokumentation. Bergung und Rettung von zwei Jugendlichen, die 1983 während 9 Tagen in der Wand als verschollen galten
1998 *	Eiger-Nordwand live	Kurt Schaad/ SF DRS	SF DRS	K. Schaad/ SF DRS	Hansruedi Gertsch, Ralf Dujmovits, Evelyne Binsack, Bettina Perren	Schweiz/ Deutschland, ca. 30 Std.	Reality-TV. Liveübertragung der Nordwandbegehung durch zwei Zweierteams, inkl. Biwak

Anmerkung: * noch nicht realisierte Projekte

Für die Unterstützung bei der Zusammenstellung der Filmographie geht der Dank von Markus Schwyn an: Gerhard Baur, Marco Grandi, Dominik Siegrist, Peter Fasnacht, Hannes Stähli, Peter F. Stucki, Sylvain Jouty, Alfons Hausler, Lutz Maurer, Leo Dickinson und Lothar Brandler. Ganz besonderen Dank an Josef Gloger, der uns den Film «Eiger-Nordwand» aus dem Jahr 1936 zugänglich gemacht hat.

Literaturverzeichnis

Diese Bibliographie zum Eiger und seiner Nordwand ist nach Kenntnis des Herausgebers die bisher umfassendste. Trotzdem ist sie nicht komplett: Würden alle Publikationen in allen Sprachen sowie alle Eiger-Artikel – vom «Echo von Grindelwald» bis zur «New York Times» – aufgelistet werden, ergäbe dies ein separates Buch. Abkürzungen: **AAJ** American Alpine Journal; **CAF** Club Alpin Français; **GHM** Groupe de Haute Montagne; **NZZ** Neue Zürcher Zeitung; **SAC** Schweizer Alpen-Club.

Einstieg / Eigerwand

Bücher

Eiger 1252–1988. Eine Chronik und Berichte von Besteigungen. Herausgegeben vom Bergführerverein Grindelwald, Grindelwald 1988.
Bonington, Chris: Triumph in Fels und Eis. Die Geschichte des Alpinismus, Pietsch Verlag, Stuttgart 1995.
Chamson, Max: Les grandes heures des Alpes. Librairie Académique Perrin, Paris 1990.
Daumal, René: Le Mont Analogue. Editions Gallimard, Paris 1952. Deutsch: Der Analog. Suhrkamp Verlag, Frankfurt a. M. 1983.
Engel, Claire-Eliane: Histoire de l'Alpinisme des origines à nous jours. Ed. Je sers, Paris 1950.
Frison-Roche, Roger; Jouty, Sylvain: Histoire de l'Alpinisme. Arthaud, Paris 1996.
Harrer, Heinrich: Die Weiße Spinne. Die Geschichte der Eiger-Nordwand. Verlag Ullstein, Wien, Berlin, Frankfurt a. M. 1958 (Zitat S. 96f.). Weitere Ausgaben 1961 (Schweizer Druck und Verlagshaus), 1965, 1972 und 1989 (je Ullstein). Englisch: The White Spider. Hart-Davis, London 1959, New York 1960; weitere englische Ausgaben 1965, 1976, 1979, 1983 und 1989. Italienisch: Ragno bianco. Garzanti, Milano, 1959. Holländisch: De witte spin. Scheltens & Giltay, Amsterdam 1959. Schwedisch: Den vita spindeln. Forum, Stockholm 1960. Französisch: La face nord de l'Eiger. Denoël, Paris 1964. Das Buch wurde auch ins Japanische übersetzt.
Harrer, Heinrich: Das Buch vom Eiger. Pinguin-Verlag, Innsbruck 1988; verbesserte Auflage 1989.
Hiebeler, Toni: Eigerwand. Der Tod klettert mit. Wilhelm Limpert-Verlag, Frankfurt a. M. 1963. Französisch: Combats pour l'Eiger. Arthaud, Paris 1965 und 1966 (erweiterte Ausgabe). Italienisch: Eiger, parete nord. La morte arrampica accanto. Tamari, Bologna 1966.
Hiebeler, Toni: Zwischen Himmel und Hölle: Aus dem Leben eines Bergsteigers. Wilhelm Limpert-Verlag, Frankfurt a. M. 1965. Italienisch: Tra cielo e inferno. Tamari, Bologna 1970.
Hiebeler, Toni: Eigerwand. Von der Erstbesteigung bis heute. Bertelsmann Lexikon Verlag, Gütersloh 1976. 1978 unter dem gleichen Titel als Goldmann Taschenbuch veröffentlicht.
Hiebeler, Toni: Abenteuer Eiger. Albert Müller Verlag, Zürich 1973 (Zitat S. 78f.). Italienisch: Eiger. Dall'Oglio, Milano 1974.

Hiebeler, Toni: SOS in Fels und Eis. Abenteuer und Abenteurer am Berg, Triumphe und Tragödien. Loewes Verlag, Bayreuth 1973, S. 84–109. Französisch: SOS roc et glace. Ed. Arthaud, Grenoble 1976.
Lunn, Arnold: Switzerland and the English. Eyre & Spottiswoode, London 1944, S. 143–146, 244–249. Deutsch: Die Schweiz und die Engländer, Zürich 1947.
Motti, Gian Piero; Camanni, Enrico: La Storia dell'Alpinismo. Vivalda Editori, Torino 1994.
Peskoller, Helga: BergDenken. Eine Kulturgeschichte der Höhe. 2 Studien. Werner Eichbauer Verlag, Wien 1997, S. 181, 194, 287, 305, 308–311.
Roth, Arthur: Eiger. Wall of Death. Victor Gollancz LTD, London 1982 und 1986.
Rubi, Rudolf: Der Eiger. Berner Heimatbuch 74. Verlag Paul Haupt, Bern 1959 und 1979 (erweiterte Auflage).
Unsworth, Walt: North Face. Hutchinson, London 1969. Deutsch: Nordwände. Kampf um die Direttissima. Albert Müller, Zürich 1971.
Unsworth, Walt: Hold the Heights. The Foundations of Mountaineering. Hodder & Stoughton, London 1993.

Zeitschriften/Zeitungen

Alpine Journal: Accidents in 1935, Vol. XLVII, 1935, S. 378–380. Accidents in 1936, Vol. XLVIII, 1936, S. 365f., 369–374. The Accidents on the Eigerwand, Vol. IL, 1937, S. 283–285. Alpine Notes, Vol. L, 1938, S. 148f.; Expeditions, Vol. L., 1938, S. 310f.
Berge: Das Dreigestirn der Berner Alpen. Eiger, Mönch und Jungfrau, Nr. 5, Bern, März 1984.
L'Eiger a 50 ans, in: Alpinisme & Randonnée (Paris) No. 115, novembre 1988, S. 66–71.
Eigernordwand-Erstbesteigung, Serie zum 50-Jahr-Jubiläum, in: Der Bund (Bern), 8 Folgen 7. 7.–25. 7. 1988.
50 Jahre Eiger-Nordwand, in: Bergwelt (München) Juli 1988, S. 6–13.
Vertical: L'Eiger, No. 1, Chamonix, mai 1985, S. 35–59.
Ardito, Stefano: Un orco in agguato nell'idillio delle Alpi svizzere, in: Airone montagna (Milano) novembre 1994, S. 52–63.
Barraud, Philipp: Les possédés de l'Eiger, in: L'Hebdo (Lausanne), 21. 7. 1988.
Egger, Hansjörg: Heute zählen nur noch Tote und Rekorde, in: SonntagsZeitung (Zürich), 10. 7. 1988.
Günter, Anne-Marie: Eigernordwand – eine Schaubühne des Bergtodes, in: Berner Zeitung, 11. 7. 1988, S. 15.
Gurtner, Othmar: «Bergsteigen» und Bergsteigen, in: Sport (Zürich), 11. 9. 1935.
Koch, Erwin: Mythos aus Kalk, in: Das Magazin (Zürich) Nr. 34/1993, S. 32–40.
Liniger, Beat: Vor 50 Jahren wurde das «letzte Problem» der Alpen gelöst, in: Tages-Anzeiger (Zürich), 1. 7. 1988, S. 65.
Schlappner, Martin: Im Banne der Eigernordwand. Erstbesteigung vor 50 Jahren, in: NZZ Alpinismus, 16. 6. 1988, S. 77–78.

Strutt, Edward L.: Valedictory Address, in: Alpine Journal, Vol. L, 1938, S. 9 mit dem berühmten Satz über «the most imbecile variant»; auf S. 311 meint er zur Erstbegehung von 1938: «The Eigerwand may be said to possess little or no ‹mountaineering› value.»
Trunz, Ursula: Schrecklich anziehend, in: Schweizer Familie (Zürich) Nr. 28, 13. 7. 1988.
Vareille, Jo: Un pavé dans un champ de Fleurs, c'est l'Eiger de Grindelwald, in: L'Humanité Dimanche (Paris) Nr. 937, 7. 8. 1966.
Wüthrich, Georges: Reinhold Messner: «Säubert die Eigernordwand!», in: SonntagsZeitung (Zürich), 24. 7. 1988.

Erster Pfeiler, Stollenloch / Eigerbahn, Eigertunnelarbeiter

Die Jungfrau-Bahn. Berner Oberland (Schweiz). Hofer & Cie, Zürich o. J.
Die Jungfrau und die Jungfraubahn. Verlag A. Spühler, Neuchâtel 1903.
Moser, Patrick: «Damit wird die Jungfrau zur Demoiselle gemacht» – Projektierung und Bau der Jungfraubahn. Chronos Verlag, Zürich 1997.
Reichen, Quirinus: Königin der Bergbahnen, in: Anker, Daniel: Jungfrau. Zauberberg der Männer. AS Verlag, Zürich 1996, S. 90–107.
Rossberg, Ralf Roman: Die Jungfrau-Region. Bahnen, Landschaft, Geschichte. Hallwag, Bern 1983: 2. vollständig überarbeitete und aktualisierte Ausgabe 1992.

Zerschrundener Pfeiler / Klettersteig Rotstock

Alpine Journal Vol. XVII. 1894/95, S. 522, 600.
Heininger, Philippe: Anpassungsstrategien des Schneefinken (Montifringilla nivalis) an die extremen Umweltbedingungen des Hochgebirges. Dissertation der Universität Bern, Bern 1988.

Schwieriger Riss / Schweiz und Eigernordwand

Die Bezwingung der Eigernordwand, in: NZZ Nr. 1325, 25. 7. 1938.
Zum Eiger-Sturm; Schweizer Mittelpresse Bern, 22. 7. 1937.
Anker, Daniel: Oben statt unten. Der Schweizer Alpen-Club und die Politik, die Gesellschaft und die Ideologie der Berge. Lizentiatsarbeit, Bern 1986, S. 139f.
Boulaz, Loulou: La seconde ascension de la face Nord des Grandes Jorasses, in: La Montagne. Revue du Club Alpin Français (Paris) No. 272, novembre 1935, S. 329–334.
Bracher, Hans: Das Verbot der Besteigung der Eiger-Nordwand, in: Die Alpen. Chronik des SAC 1936, S. 223f.
H. B. [Bracher, Hans]: Die Erstbesteigung der Eiger-Nordwand (Eine Erinnerung), in: NZZ Nr. 1268, 23. 7. 1936.
Danegger, Karl: Die rechtliche Seite des Eigerwand-Verbotes, in: Die Alpen. Chronik des SAC, Oktober 1936.
Feuz, Ernst: Die Ostalpenkletterer im Jungfraugebiet, in: Oberländisches Volksblatt (Interlaken), 7. 9. 1936.

Grosjean, Christine: Loulou Boulaz – Le diable au corps, in: Alpinisme & Randonnée No. 89, juin 1986, S. 64–67.

Gurtner, Othmar: Eiger-Nordwand. Die Belagerung hat begonnen, in: Sport (Zürich), 8. 7. 1936.

Gurtner, Othmar: Im Schlagschatten der Eigerwand, in: Sport (Zürich), 19. 7. 1937.

Gurtner, Othmar: Die östliche Eiswand der Eiger-Nordflanke, in: Sport (Zürich), 23. 7. 1937, S. 9.

Gurtner, Othmar: Die Eigerwand-Tragödie, in: Sport (Zürich), 24. 7. 1936.

Gurtner, Othmar: Entgötzung der Eigerwand, in: Berge der Welt. Zwölfter Band 1958/59, Büchergilde Gutenberg, Zürich 1958, S. 21–43.

Haller, Max: Um die Eigerwand, in: Blatt für Alle, Rubrik: Was uns alle angeht, 4. 6. 1937.

Hug, Oskar: Prinzipielles zum Drama an der Eiger-Nordwand, in: NZZ, 24. 7. 1936; Wiederabdruck in: Die Alpen. Chronik des SAC 1936, S. 221f.

Kopp, Christine: Eine aussergewöhnliche Persönlichkeit: Loulou Boulaz 1908–1991, in: Ravage. Kletterinfos Schweiz (Zürich) 5/1995, S. 10–11.

Lunn, Arnold: The Swiss and Their Mountains. A Study of the Influence of Mountains on Man. Allan & Unwin, London 1963, S. 114 ff.

Oechslin, Max: Die Eiger-Nordwand, in: Die Alpen. Chronik des SAC 1950, S. 202ff.

Oechslin, Max; Rubi, Christian und andere: Verschiedene Artikel zur Eigernordwand (Corti-Drama und die Folgen), in: Die Alpen. Monatsbulletin des SAC 1957.

Oechslin, Max: Die Fallinie der Eigerwand, in: Die Alpen. Monatsbulletin des SAC 1964, S. 58f.

Schöpfer, Robert: Bergweh und Nordwände, in: Sport (Zürich), 24. 8. 1938.

Hinterstoisser-Quergang / Kurz-Tragödie 1936

Das Drama in der Eigerwand, in: National-Zeitung (Basel) Nr. 335, 23. 7. 1986.

Ein Salzburger Emigrant in der Eigerwand erfroren, in: Linzer Volksblatt Nr. 171, Abendausgabe, Montag 27. Juli 1926, S. 3.

Amstädter, Rainer: Der Alpinismus. Kultur – Organisation – Politik. WUV-Universitätsverlag, Wien 1996.

Braunstein, Joseph: Das Letzte im Fels. Ein Beitrag zur Entwicklungsgeschichte des Alpinismus, in: Berg und Ski, Zeitschrift des Alpenvereins Donauland Nr. 178, Wien 1936.

Brawand, Samuel: Der Kampf um den Eiger, in: NZZ sowie Oberländisches Volksblatt (Interlaken), 31. 7. 1937.

Brunhuber, Sepp: Gedanken über das neuzeitliche Bergsteigen, in: Der Bergsteiger, Deutsche Wochenzeitschrift für Alpinismus und Schilauf, 1940/41, S. 330–332.

Dajoie, Ami: Der Kampf um die Eiger-Nordwand, in: Schweizer Sport-Revue, de la Cité, Genf 1944.

Gramminger, Ludwig: We recover the bodies of our comrades. Eiger North Wall, 1935–36, in: MacInnes, Hamish: High Drama: Mountain Rescue Stories from Four Continents. Hodder & Stoughton, London 1980, S. 13–27.

Jegerlehner, Hans: Das Drama an der Eiger-Nordwand, in: NZZ Nr. 1265, 22. 7. 1936.

Jegerlehner, Hans: Die Bergungsaktion am Eiger, in: NZZ Nr. 1284, 26. 7. 1936.

Langes, Gunther: Der Tod am Eiger, in: Der Bergsteiger, Deutsche Wochenzeitung für Alpinismus und Schilauf, Wien 1935/36.

Langes, Gunther: Wetterleuchten, in: Der Bergsteiger, Deutsche Wochenzeitschrift für Alpinismus und Schilauf, Wien 1935/36.

Rickmer Rickmers, Willy: Wagehälse und Helden, in: Mitteilungen des Deutschen und Österreichischen Alpenvereins 1936.

Rigele, Fritz: Der Eishaken, in: Der Bergsteiger, Deutsche Wochenzeitschrift für Alpinismus und Schilauf, Wien, Nr. 21, 1925.

Schneider, Curt: Das Drama in der Nordwand. Vor 60 Jahren hielt eine Eiger-Besteigung die Welt in Atem, in: Geo (Hamburg) Nr. 11/1996, S. 127–142.

Zwahlen, Otto: Der Kampf um die Eiger-Nordwand. Illustrierter Bericht über die Tragödie 1935 und 1936 in der Eiger-Nordwand. Buchdruckerei zum Basler Berichthaus AG, Basel 1936. 3 Auflagen.

Schwalbennest / Alpine Unterkünfte am Eiger

Rohrdorf, Caspar: Reise über die Grindelwald-Viescher-Gletscher auf den Jungfrau-Gletscher und Ersteigung des Gletschers des Jungfrau-Berges. Haller, Bern 1828.

Rubi, Rudolf: Im Tal von Grindelwald. Band 2: Vom Bergbauerndorf zum Fremdenort; Band 3: Der Sommer- und Winterkurort; Band 5: Das Gletscherdorf. Verlag Sutter Druck AG, Grindelwald 1986, 1987, 1993.

Rote Fluh / alpinistische Erschliessung der Nordwand, Begehungen

Bücher

Aste, Armando: Pilastri del cielo. Edizioni L. Reverdito, Trento 1975.

Birkett, Bill; Peascod, Bill: Woman Climbing. 200 Years of Achievement. A & C Black, London 1989; darin Porträts von Loulou Boulaz, Yvette Vaucher, Wanda Rutkiewicz und Catherine Destivelle.

Bonatti, Walter: I giorni grandi. Arnaldo Mondadori Editore, Milano 1971. Deutsch: Grosse Tage am Berg. Albert Müller Verlag, Rüschlikon-Zürich 1972, S. 103. Französisch: Les grands jours. Ed. Arthaud, Grenoble 1973. Englisch: The great days. Gollancz, London 1974.

Bonington, Chris: I Chose to Climb. Gollancz, London 1966; die fünfte Auflage daselbst 1975, S. 202. Italienisch: Ho scelto di arrampicare. Vivalda Editori, Torino 1997.

Bonington, Chris: Mountaineer. Thirty years of climbing on the world's great peaks. Diadem Books, London 1989. Deutsch: Gipfel. Herausforderung in den Bergen der Welt. Rosenheimer Verlag, Rosenheim 1990, S. 42–49. Französisch: Mes sommets. Trente ans de défis sur les plus hauts sommets du monde. Didier & Richard, Grenoble 1990.

Breuer, Thomas M.: Eiger im Detail. Selbstverlag, Sumiswald 1983.

Bubendorfer, Thomas: Der Alleingänger: Leben und Aufstieg eines ungewöhnlichen Bergsteigers. Pinguin-Verlag, Innsbruck 1984.

Buhl, Hermann: Achttausend drüber und drunter. Nymphenburger Verlagshandlung, München 1954, S. 256; Neuauflagen 1974 und 1984. Englisch: Nanga Parbat pilgrimage. Hodder & Stoughton, London 1956 und 1981; Lonely Challenge. Dutton, New York 1956. Französisch: Buhl du Nanga Parbat. Edition Arthaud, Grenoble 1959; Neuauflage 1979. Italienisch: E buio sul ghiacciaio, 1960. Dazu russische (1958) und japanische (1959, 1966, 1974) Ausgaben.

De Infanti, Sergio: Tragico Eiger, in: Ursella, Angelo: Il ragazzo di Buia. Appunti di un alpinista. Edizioni L'Arciere, Cuneo; Vivalda Editori, Torino 1994, S. 187f. Die ersten drei Ausgaben bei Grafiche Antiga, Treviso 1973–1977.

Diemberger, Kurt: Gipfel und Geheimnisse. Zwischen Null und Achttausend. Stuttgart 1970; mehrere Auflagen; Neuausgabe unter dem Titel: Gipfel und Gefährten. Bruckmann Verlag, München 1990, S. 162. Italienisch: Tra zero e ottomila, Ed. Zanicchelli, Bologna 1971. Englisch: Summits and Secrets. Allen & Unwin, London 1971. Französisch: De zéro à huit mille mètres. Ed. Albin Michel, Paris 1974.

Etter, Paul: Gipfelwärts. Ein junger Bergführer erzählt. Verlag Huber, Frauenfeld und Stuttgart 1968, S. 124f.

Gillmann, Peter; Haston, Dougal: Eiger Direct. Collins, London 1966. Französisch: La directissime de l'Eiger. Ed. du Seuil, Paris 1967. Italienisch: La diretta dell'Eiger. Garzanti, Milano 1967.

Haston, Dougal: In High Places. Cassell, London 1972; Arrow Books, London 1974, S. 91–93. Französisch: En hauts lieux. Flammarion, Paris 1977. Italienisch: Verso l'alto. Dall'Oglio, Milano 1978.

Haston, Dougal: The Eiger. Cassell, London 1974.

Herbst, Sigurd: Eiger-Nordwand, in: Goedeke, Richard: Augenblicke – oben. Klettern in den Westalpen. Erlebnis – Information. Rother Verlag, München 1987, S. 171–182.

Hiebeler, Toni: Im Banne der Spinne. Im Winter durch die Eigerwand. Fr. Bassermann Verlag, München 1961. Englisch: North Face in winter: The first winter climb of the Eiger's North Face, March 1961. Barrie Rockliff, London 1962. Das Werk erschien auch auf Japanisch.

Jourdan, Frank: Im Lot. Grenzgänge in Fels und Eis. Panico Alpinverlag, Köngen 1995, S. 14f.

Karl, Reinhard: Erlebnis Berg: Zeit zum Atmen. Limpert Verlag, Bad Homburg 1980, S. 55f. Neuauflage als Band 18 der Alpinen Klassiker, Verlag J. Berg, München 1993.

Kasparek, Fritz: Vom Peilstein zur Eiger-Nordwand. Erlebnisse eines Bergsteigers. Verlag «Das Bergland-Buch», Salzburg/Stuttgart 1951, S. 366 (erweiterte und umgearbeitete Neuausgabe von «Ein Bergsteiger»).

Krakauer, Jon: Eiger Dreams. Ventures Among Men and Mountains. Lyons & Burford 1990; Anchor Book, New York 1990, S. 1f. Der Text «Eiger Dreams» erschien zum ersten Mal in Outside (Boulder CO), März 1985.

Kuchař, Radovan: Deset Velkých Stěn. Prag 1967. Deutsch: Zehn grosse Wände. Orell Füssli Verlag, Zürich 1968, S. 121f.

Lachenal, Louis: Carnets du Vertige. Ed. P. Horay, Paris 1956; grosszügig illustrierte Neuausgabe mit zusätzlichen Texten bei Editions Guérin, Chamonix 1996. Deutsch: Ein Leben für die Berge. Hallwag, Bern 1963, S. 124.

Lehne, Jörg; Haag, Peter: Eiger. Kampf um die Direttissima. 30 Tage in der Eiger-Nordwand. Belser, Stuttgart 1966. Französisch: 30 jours de combat pour la «Directissime». Hatier, Paris 1967. Italienisch: La direttissima invernale alle Nord dell'Eiger. Tamari, Bologna 1967.

Leroux, Pierre: Guide. Arthaud, Paris 1989, S. 109.

Messner, Reinhold: Die großen Wände. Geschichte, Routen, Erlebnisse. BLV-Verlagsgesellschaft, München 1977, S. 56f. Französisch: Les grandes parois. F. Nathan, Paris 1979.

Rébuffat, Gaston: Étoiles et tempêtes. Ed. Arthaud, Grenoble 1954. Zahlreiche Auflagen, Neuausgabe 1970. Deutsch: Sterne und Stürme, Nymphenburger Verlagshandlung, München 1955; als Band 4 in der Reihe Alpine Klassiker, Bruckmann Verlag, München 1986, S. 115f. Englisch: Starlight and storm: The ascent of six great north faces of the Alps, Ed. Dent, London 1956 (mit mehreren Neuauflagen).

Reinisch, Gertrude: Wanda Rutkiewicz – Karawane der Träume. Bergverlag Rother, München 1998.

Roeper, Malte: Auf Abwegen. Bergsteigen und andere Zwischenfälle. Rother Verlag, München 1995, S. 74.

Schlömmer, Leo: Meine Welt die Berge. Vom Dachstein zum Mount Everest. Verlag Styria, Graz 1973, S. 53f.

Simpson, Joe: This Game of Ghosts. Jonathan Cape Random House, London 1993. Französisch: Encordé avec les ombres. Edition Glénat, Paris 1994. Italienisch: Questo gioco di fantasmi. Vivalda Editori, Torino 1994. Deutsch: Spiel der Geister. Die Sucht nach dem Berg. Schweizer Verlagshaus, Zürich 1995, S. 89.

Terray, Lionel: Les conquérants de l'inutile. Des Alpes à l'Annapurna. Gallimard, Paris 1961. Zahlreiche Auflagen; vorzüglich die Neuausgabe mit vielen neuen Illustrationen in den Editions Guérin, Chamonix 1995. Englisch: Conquistadors of the Useless. Gollancz, London 1963; The Borders of the Impossible. New York, 1964. Deutsch: Vor den Toren des Himmels. Nymphenburger Verlagshandlung, München 1965, S.137f. Es gibt auch eine italienische und eine japanische Übersetzung.

Vanis, Erich: Im steilen Eis. 50 Eiswände in den Alpen. BLV Verlagsgesellschaft, München 1964. Mehrere Auflagen und Neuausgaben.

Zeitschriften/Zeitungen

Alpinismus (München, Oktober 1963 bis April 1982) mit zahlreichen Beiträgen zur Eigernordwand und ihren verschiedenen Routen, 10/1963, 2/1964, 4/1964, 10/1964, 11/1964, 5/1966,10/1968, 12/1968, 6/1977, 1/1979, 10/1979, 3/1980, 5/1980, 6/1980, 8/1980, 7/1981.

American Alpine Journal (New York): Versuche 1937, Vol. 3, 1938, S. 224; Erstbegehung, Vol. 3, 1939, S. 371; Japanese Summer Direttissima, Vol. 17, 1970, S. 199.

Annales GHM (Paris): Polen-Route 1968, S. 25; Harlin-Direttissima 1968, S. 26; Heckmair-Route 1971, S. 35.

Avec ceux de l'Eiger sur le mur de la mort, in: Paris-Match, 25. 3. 1961.

Ce n'est pas l'Eiger qui a tué Harlin, mais la technique, in: Paris-Match, 2. 4. 1966.

Eigernordwand fest im Griff der Oberländer, in: Oberländisches Volksblatt / Echo von Grindelwald, 18. 2. 1989.

Michiko Imaï, la Japonaise, 16 jours accrochée à l'Eiger, in: Paris-Match, 30. 8. 1969

Vertical raconte cent ans d'escalade et d'alpinisme. Vertical (Grenoble) No. 100, juillet/août 1997.

Afanasieff, Jean: En septembre c'est à l'Eiger et nulle part ailleurs, in: Alpinisme & Randonnée (Paris) No. 34, août 1981, S. 36–40.

Allgaier, Albert: «Uns ist der Weg das Ziel!» Eine kritische Betrachtung der ersten winterlichen Durchsteigung der Eiger-Nordwand, in: Stuttgarter Nachrichten Nr. 93, 22. 4. 1961.

Anker, Daniel: «Die Nordwand wird ihrem Ruf gerecht». Interview mit Michel Piola, in: Berner Zeitung, 23. 7. 1988, S. 17.

Asto, Armando: L'Eiger? Non ne vale la pena!; Interview mit A. A. in Domenica del Corriere (Milano) No. 36, 9. 9. 1962.

Balmer, Fritz: Im einem Tag durch die «Japaner-Route». Aussergewöhnliche Leistung am Eiger durch Heinz und Ueli Bühler, in: Oberländisches Volksblatt / Echo von Grindelwald, 21. 2. 1989.

Bonington, Christian: Eiger Direct, the John Harlin Route, in: AAJ Vol. 15, 1966/67, S. 295–304.

Derungs, Adolf; Albrecht, Lukas: Die 14. Eigernordwand-Durchsteigung – wie sie wirklich war, in: Sport (Zürich), 18. 9. 1959.

Devies, Lucien: Eiger et Walker, in: La Montagne, revue du CAF 1939, S. 129ff.

Harlin, John: The Eigerwand, in: AAJ Vol. 13, 1963, S. 362–374.

Haston, Dougal: Gedanken zur Eigernord-wand-Direttissima, in: Berge der Welt, Band 16 1966/67, Zürich 1967, S. 3–6.

Hiebeler, Toni: Die Wand und wir. Ein illustrierter Erlebnisbericht über die Winter-Erstbesteigung der Eiger-Nordwand, in: Sie und Er (Zürich), 23. 3. 1961. Ähnliche Berichte in Quick (München) Nr. 14, 2. 4. 1961; Der Bergkamerad (München) Nr. 13, 7. 4. 1961; Life (New York) Nr. 7, 10. 4. 1961.

Hiebeler, Toni: Première hivernale de la face nord de l'Eiger, in: La Montagne, revue du CAF 1961–62, S. 61ff.

Huber, Alexander: Eiskalt erwischt. Der Mythos «Eiger-Nordwand» – im Winter, in: Bergsteiger (München) 2/1998, S. 108–113.

Jungen, Peter: Winterbegehung der Japaner-Direttissima an der Eigernordwand, in: Die Alpen. Zeitschrift des Schweizer Alpen-Club 1971, S. 135–142.

Kopczynski, Chris: A Climb, in: Ascent 1975–1976. Sierra Club Books, San Francisco 1976, S. 100ff.

Lachenal, Louis: Eigerwand, in: Alpinisme GHM (Paris), 1948, S. 39ff.

Lauper, Hans: Der Eiger von Norden. Erste Ersteigung, in: Die Alpen. Monatsschrift des SAC 1933, S. 161–167.

Lauper, Hans: L'Eiger, in: Alpinisme GHM (Paris) 1933, S. 287.

Lukeš, Čestmir: 17 eiskalte Nächte. Aus dem Eigerwand-Tagebuch: Toni Hiebeler-Gedächtnis-Führer, in: Bergsteiger (München) 12/1985, S. 18–21.

MacIntyre, Alex: The Eiger Direct, in: Climbing (Carbondale CO) No. 119, 1978; wieder abgedruckt im Jubiläumsheft No. 119, April/Mai 1990, S. 94ff.

Ochsner, Kaspar: Eigerwand – Winterabenteuer am Genferpfeiler, in: Alpinismus (München), Juli 1981, S. 22–25.

Packowski, Piotr: John Harlin – un Américain dans les Alpes, in: Alpinisme & Randonnée (Paris) No. 198, septembre/octobre 1996, S. 34–39.

Piola, Michel: Esplorazione e nuove vie, in: Alp (Torino) 5/85 S. 36ff.

Piola, Michel: La face nord de l'Eiger, in: Annales du GHM 1988 und Montagnes Magazine No. 118, août 1988, S. 86–91.

Piola, Michel: Die Eiger-Nordwand – ein aufgeschlagenes Geschichtsbuch, in: Bergsteiger (München) 7/1989, S. 14–22.

Piola, Michel; Daniel Anker: Porträt eines bemerkenswerten Alpinisten, in: Die Alpen. Bulletin des SAC 1992, S. 536.

Radigue, Dominique: La storia della scalata alle parete nord, in: Alp (Torino) 5/85, S. 32ff.

Strickler, Alois: Eine Besteigung der Eigernord-wand, in: Die Alpen. Zeitschrift des SAC 1962, S. 63–71.

Zambetti, Nicolas: Der Zauber des Eiger, in: Die Alpen. Quartalheft des SAC 1994, S. 160–167.

Erstes Eisfeld / Lunn, Ski

Eiger Face Ouest, in: Vertical Skier (Grenoble) No. 3, Février 1996, S. 22.

Mündliche Auskünfte von Walter Amstutz (Männedorf, November 1988).

Aellen, Markus: Die Gletscher der Schweizer Alpen im Jahr 1992/93, in: Die Alpen. Zeitschrift des SAC 4/1994, S. 220–221.

Amstutz, Walter: Eiger, 3974 m. Erste Begehung mit Ski, in: 19. Jahresbericht des Akademischen Alpenklub Bern 1. November 1923 bis 31. Oktober 1924, Bern 1925, S. 16–17.

Amstutz, Walter: Die Skiwelt von gestern, in: Der Schneehase. Jubiläumsjahrbuch des Schweizerischen Akademischen Ski-Club SAS Nr. 30, 1972/74, Zürich 1974, S. 13–47.

Anker, Daniel: Eiger-Nordostwand mit Skis bezwungen, in: Berner Zeitung, 24. 5. 1983.

Dreyfus, Paul: Sylvain Saudan. Skieur de L'Impossible. B. Arthaud, Grenoble 1970. Deutsch: Extremes auf Skiern. Sylvain Saudans Erstbefahrungen. Paul Neff Verlag, Wien 1970.

Lunn, Arnold: The Eiger on Ski, in: British Ski Year Book 1924, S. 290–307. Der Text, teilweise leicht verändert, ist in folgenden Werken zu finden:

Lunn, Arnold: The Mountains of Youth, Oxford University Press 1925 (weitere Ausgaben 1930, 1943 und 1949; die beiden letzten bei Eyre & Spottiswoode). Deutsch: Die Berge meiner Jugend. Verlag Amstutz & Herdeg, Zürich 1940. Französisch: Les montagnes de ma jeunesse. Ed. Victor Attinger, Neuchâtel 1943. Eine italienische Übersetzung des Eiger-Textes findet sich in der rivista della montagna (Torino) Nr. 148, Gennaio 1993, S. 28–39.

Merlin, Oliver: L'impossible descente de l'Eiger, in: Paris-Match Nr. 1089, 21. März 1970.

Smythe, Frank S.: A Winter Tussle with the «Ogre», in: Smythe: Climbs and Ski Runs. Mountaineering and Ski-ing in the Alps, Great Britain and Corsica. William Blackwood & Sons Ltd., Edinburgh and London 1929, S. 126–158.

Stormonth-Darling, Angela: The First Ski Traverse of the Eigerjoch, in: Arnold Lunn: The Englishman on Ski. Museum Press Limited, London 1963, S. 128–131.

Valeruz, Toni: Die Steilwand, die eine Skiabfahrt war, in: Berge (Bern) Nr. 5, März 1984. S. 44–47.

Eisschlauch / Eigerhängegletscher

Stability of a hanging glacier: http://hera.ethz.ch/pub_eng/dpt/glaciology/project/eiger.html.

Krebs, Peter; Siegrist, Dominik: Klimaspuren. 20 Wanderungen zum Treibhaus Schweiz. Herausgegeben von WWF Schweiz. rotpunktverlag, Zürich 1997, S. 100–109.

Zweites Eisfeld / Rettung

Aus dem Tagebuch der Schweizerischen Rettungsflugwacht. SRFW, Zürich 1982.

Mündliche Auskünfte von Kurt Schwendener, Kurt Amacher und Bruno Durrer (Grindelwald 1997).

Rettungsberichte Rettungsstation Grindelwald.

Brandsma, Teije: Drama am Berg, in: Schweizer Familie (Zürich) 35/1995, S. 20–25 (die erste Longline-Rettung).

Friedli, Erich: Rettung aus der Eigernordwand 1957–1970, in: Die Alpen. Monatsbulletin des SAC 1970, S. 158f.

Hiebeler, Toni: Gibst du mir Geld, so rette ich dich!, in: Bergkamerad (München), Heft 20/1959.

Hiebeler, Toni: Die Retter. Geschichte und Abenteuer der Rettung aus der Luft. Schweizer Verlagshaus, Zürich 1978.

Oeschlin, Max: Eigernordwand und alpiner Rettungsfonds, in: Die Alpen. Monatsbulletin des SAC 1959, S. 220f.

Schwendener, Kurt: Rettungen und Leichenbergungen aus der Eigernordwand 1935–1987, Grindelwald 1987.

Stangier, Siegfried: Retter, die vom Himmel kommen. Ein Pionier der modernen alpinen Flugrettung schildert seine dramatischen Einsätze. Scherz, Bern 1981 und 1983. Französisch: Les secours qui tombent du ciel: un pionnier du sauvetage aérien raconte ses missions dramatiques. Arthaud, Paris 1982.

Vogel, Andres: Faszination Eiger, in: REGA, Zeitschrift der Schweizerischen Rettungsflugwacht, Zürich), 2. 6. 1978 (Rettung der Spanier Perez und Fernandez aus der Rampe 1977).

Bügeleisen / Film

Cinema 1/76. Alter und neuer Schweizer Film. Vierteljahresschrift. Zürich, März 1976.

Museo Nazionale Della Montagna (Hrsg.): Cineteca Storica e Videoteca. Guide Museomontagna 2. Torino 1993.

Aeppli, Felix; Wider, Werner: Der Schweizer Film 1929–1964. Die Schweiz als Ritual. Band 1: Darstellung, Band 2: Materialien. Limmat-Verlag, Zürich 1981.

Balmer, Fritz: Live durch die Eigernordwand – mit TV DRS, in: Oberländisches Volksblatt / Echo von Grindelwald Nr. 205, 4. 9. 1997.

Dickinson, Leo: Filming the Impossible. Jonathan Cape, London 1982, S. 214.

Dumont, Hervé: Geschichte des Schweizer Films. Spielfilme 1896–1965. Schweizer Filmarchiv, Lausanne 1987.

Horak, Jan-Christopher (Hrsg.): Berge, Licht und Traum. Dr. Arnold Fanck und der deutsche Bergfilm. Bruckmann, München 1997.

König, Stefan; Trenker, Florian: Bera Luis. Das Phänomen Luis Trenker. Eine Biographie. Verlag J. Berg, München 1992.

Leprohon, Pierre: Le cinéma et la montagne. Les Editions J. Susse, 1944.

MacInnes, Hamish: Look Behind the Ranges: A Mountaineer's Selection of Adventures and Expeditions, Hodder & Stoughton, London 1979. Deutsch: Bergsteiger aus Spass an der Freud'. Albert Müller Verlag, Zürich 1982.

Rapp, Christian: Höhenrausch. Der deutsche Bergfilm. Sonderzahl, Wien 1997.

Schlappner, Martin; Schaub, Martin: Vergangenheit und Gegenwart des Schweizer Films (1896–1987). Eine kritische Wertung. Schweizerisches Filmzentrum, Zürich 1987.

Scott, Chic: A Film, in: Ascent 1975–1976. Sierra Club Books, San Francisco 1976, S. 105ff.

Zanotto, Piero: Le Montagne Del Cinema. Cahier Museomontagna 72. Museo Nazionale Della Montagna, Torino 1990.

Todesbiwak / Mehringer und Sedlmayr

In der Eiger-Nordwand verschollen, in: Schweizer Illustrierte (Zürich), 4. 9. 1935.

Sonderegger, Ronald: Der letzte Gruss der toten Helden, in: Schweizer Illustrierte / Sie und Er (Zürich) Nr. 26, 21. 6. 1976.

Drittes Eisfeld / Trilogie

Exploit: La trilogie de Christophe Profit, in: Alpinisme & Randonnée (Paris) No. 98, avril 1987, S. 24–33.

Asselin, Jean-Mi: Le pari difficile (Profit gegen Escoffier), in: Alpinisme & Randonnée (Paris) No. 87, avril 1986, S. 28–33.

Grosjean, Christine; Profit, Chistophe: Das Nordwandkarussell, in: Bergsteiger (München) 12/1985, S. 22–25.

Hargreaves, Alison: A Hard Day's Summer. Six classic North Faces Solo. Coronet Books, Hodder & Stoughton, London 1994.

Paleari, Alberto: Mamma Alison, la figlia del vento, in: Alp (Torino) 138, 10/1996, S. 5–6.

Rampe / Presse

Das Bergsteiger-Drama an der Eigernordwand, in: Sie und Er (Zürich) Nr. 30 und 31, 1936.

Der Massenansturm auf die Eigernordwand, in: NZZ Nr. 3218, 4. 9. 1961.

Brawand, Samuel: Die Eigerwand, in: NZZ Nr. 1184, 30. 6. 1937.

Diemberger, Kurt: Das Erlebnis in der Eigernordwand. UPI-Sonderbericht des Alpinisten K. D., in: Der Bund (Bern), 10. 8. 1958.

Gurtner, Othmar: Rückzug aus der Eigerwand, in: Sport (Zürich) 16. 8. 1937.

Gurtner, Othmar: Eine authentische Bilder-Reportage der deutschen Seilschaft Rebitsch und Vörg, in: Sport (Zürich), 27. 8. 1937.

Harrer, Heinrich: Wie wir als erste die Eigernordwand bezwangen. Exklusivbericht, verfaßt vom berühmten Bergsteiger und Tibetkenner, in: Sie und Er (Zürich), Nr. 33 und 34, August 1958.

Hiebeler, Toni: Die Wand und wir. Ein illustrierter Erlebnisbericht über die Winter-Erstbesteigung der Eiger-Nordwand. Exklusivbericht, in: Sie und Er (Zürich), März 1961.

Hiebeler, Toni; Leeb, Johannes: Mehr Mut als tausend Männer, in: Quick (München) 20. 9. 1964.

Jegerlehner, Hans: Die Toten an der Eigerwand, in: Oberländisches Volksblatt (Interlaken), 28. 9. 1935.

Jegerlehner, Hans: Zum Angriff auf die Eiger-Nordwand. Betrachtungen, in: NZZ Nr. 1276, 14. 7. 1937.

Lang, Serge: Toni Hiebeler n'est pas un imposteur, mais la «première» hivernale reste à faire, in: Gazette de Lausanne, 14. 4. 1961.

Link, Ulrich: Der kürzere Weg zum Eiger-Thron. Wird München die den vier Bezwingern der Nordwand verliehene Auszeichnung zurückverlangen?, in: Münchner Merkur, 14. 4. 1961.

Sonderegger, Ronald: 32 Tage den Tod vor Augen, in: Schweizer Illustrierte (Zürich), Januar 1979.

Wasserfallkamin / Alleinbegehungen

Destivelle, Catherine: L'Eiger en solo, in: Alpinisme & Randonnée (Paris) No. 153, avril 1992. S. 10–14.

Pochylý, Pavel: Allein auf der Ideal-Direttissima, in: Berge (Bern) Nr. 5, März 1984, S. 40–42.

Roberts, David: A Mountain of Trouble, in: Roberts: Escape Routes. The Mounteneers, Seattle 1997. Die Schilderung von Jeff Lowe's Solodirettissima erschien zuerst in Men's Journal (New York), May / June 1992, eine Kurzfassung in AAJ Vol. 34, 1992, S. 37–46.

Rampeneisfeld / Führertouren

Balmer, Fritz: «In 24 Stunden hat sich ein Lebenstraum erfüllt», in: Anzeiger von Saanen, 14. 10. 1997.

Blau, Gisela: Der alte Mann trotzte dem Eiger, in: Schweizer Illustrierte (Zürich), August 1975.

Jermann, Gottfried: Die Besteigung der Eiger-Nordwand, in: Solothurner Zeitung, 13. 8. 1947.

Kaltenbach, Alfred: Eiger-Nordwand, in: Ringier Unterhaltungsblätter (Zofingen), 27. 9. 1947.

Brüchiges Band, Brüchiger Riss / Südwand

Gurtner, Othmar: Expeditions Bernese Oberland, in: Alpine Journal Vol. IL, 1937, S. 269f.

Götterquergang / Romane, Erzählungen etc.

Gedichte: Konrad Erb: Eigerwand, in: Die Alpen. Monatsschrift des SAC 1936, S. 301–302; Rudolf Glaser: Variationen über den Eiger, in: Echo von Grindelwald, 4. 9. 1970. Weitere Gedichte: Gottfried Meier: Bergsteigertod; Margrit Volmar: An der Eigernordwand; Claery Tanner-Aeschlimann: Die Eigernordwand.

Burns, Christopher: The Condition of Ice. Martin Secker & Warburg, 1990; Sceptre, London 1991.

Capus, Alex: Eigermönchjungfrau. Geschichten, Diogenes Verlag, Zürich 1998.

Crockett, Samuel Rutherford: Lone March. Hodder, London 1899 (3. Auflage); Dodd Mead, New York 1900.

Desmaison, Simone: La face de l'ogre. Flammarion, Paris 1985.

Duino, Michel: Les vainqueurs de l'Eiger. Collection marabout junior, Editions Gérard & Cie, Verviers 1957.

Falke, Konrad: Alpiner Totentanz. Bücher der Heimat, 4. Bändchen, Verlag K. J. Wyss Erben, Interlaken 1928.

Frey, Oswald: Im Schatten der großen Wand. Gute Schriften, Basel 1963.

Gruner, Dorothea: Hesch e Kiosk a der Eigernordwand? Schülersprache, dargestellt am Beispiel Berns. Viktoria Verlag, Ostermundigen 1977.

Heer, Roland: Karl und Max. Sprechoper in einem Akt. Manuskript, Zürich 1997.

Jegerlehner, Johannes: Bergführer Melchior. Ein Jungfrau-Roman. G. Grote'sche Verlagsbuchhandlung, Berlin 1929.

Jemelin, Erika: Die Wand. Tagebuch eines jungen Bergsteigers. Orell Füssli Verlag, Zürich 1936.

Langley, Bob: Traverse of the Gods. Michael Joseph, London 1980 (1997 noch erhältlich).

Lütolf, Theo: Das Drama am Eiger. Verein für kulturellen Aufbau, Zürich 1936.

Machardy, Charles: The Ice Mirror. Collins, London 1971.

Masterson, Whit: Man on a Nylon String. W. H. Allen, London 1963.

Nobs, Ernst: Die Wand, in: Nobs: Breitlauinen. Oberländer Novellen, Morgarten Verlag, Zürich 1956, S. 7–55.

Patey, Tom: A Short Walk with Whillans; Two Tiny Figures, The John Harlin Song (zwei Balladen), in: Patey: One Man's Mountains. Victor Gollancz Ltd., London 1971. A Short Walk wurde zum ersten Mal im The Scottish Mountaineering Club Journal von 1963 veröffentlicht. Eine deutsche Übersetzug erschien unter dem englischen Titel in Berg 96, Alpenvereinsjahrbuch, München 1995, S. 81–86.

Raymond, Diana: The Climb. Cassel & Company, London 1962.

Renker, Gustav: Schicksal in der Nordwand. Keil Verlag, Berlin 1938. Französisch: L'épopée de la paroi nord. Jeheber, Genève 1952.

Rowell, Galen: The Eiger Sanction, by Trevanian, in: AAJ Vol. 18, 1973, S. 225–227.

Sayer, Peter: Der tragische Tod des Bergsteigers Toni Kurz. Tragödie in drei Akten mit Erzähler. Ludwigshafen 1987 (erste Auflage 50 Manuskriptexemplare).

Somers, Dermot: Nightfall, in: Somers: Mountains and other Ghosts, Diadem Books, London 1990, S. 28–50; zum ersten Mal gedruckt in The Irish Climber 1983.

Sonnier, Georges: Eiger. Roman. Albin Michel, Paris 1977.

Steiner, Max: Guschti, der Eiger-Flieger. Bergroman. Frieling, Berlin 1994.

Thomas, D. M.: Lying together, London 1990.

Townend, Paul: The Man on the End of the Rope. Collins, London 1960.

Trevanian: The Eiger Sanction. Crown, New York 1972; Heinemann, London 1973. Holländisch: De Eiger killer. Uitgeverij De Arbeiderpers, Amsterdam 1973. Deutsch: Im Auftrag des Drachen. Droemer Knaur Verlag, Zürich 1974. Französisch: La Sanction. Robert Laffont, Lausanne 1975; Ex Libris, Lausanne 1975. Italienisch: Il castigo dell'Eiger. Garzant, Milano 1975. 1984 erschien eine schwedische Übersetzung.

Widmann, Joseph Victor: Der Held des Eiger, in: Widmann: Touristennovellen. Verlag der J. G. Cotta'schen Buchhandlung, Stuttgart 1892.

Zinniker, Otto: Die Nordwand. Walter Loepthien AG, Meiringen 1960.

Spinne / Hitler

Eiger-Nordwand-Bezwinger Harrer als SS-Mitglied, in: NZZ, 29. 5. 1997.

Kinokrieg ums Dach der Welt / Spiegel-Gespräch mit Heinrich Harrer, in: Der Spiegel 45/1997, S. 144–152.

Sieger über die Eigernordwand, in: Deutsche Zeitung in der Schweiz (Bern) 13. 8. 1938.

Amstädter, Rainer: Zeitzeugeninterview mit Hannes Schwarz, Wien, 10. 11. 1997.

Asselin, Jean-Michel: La conversion d'Harrer, in: Vertical (Grenoble) Nr. 102, 10/1997, S. 68–73.

Bissinger, Buzz: The Last Explorer, in: Vanity Fair (London) 10/1997, S. 185ff.

Buffet, Charlie: Un nazi au Tibet. Polémique autour du héros du film de Jean-Jacques Annaud, in: Libération (Paris), 20. 10. 1997, S. 34–35.

Fraissl, Rudolf: Rund um den Kampf an der Eiger-Nordwand, in: Barobek, Hans: Weg ins Licht. Wiener Verlag, Wien 1943, S. 129–136.

Gächter, Sven: Zäh wie Leder, in: profil (Wien) Nr. 43, 20. 10. 1997, S. 128–132.

Gächter, Sven: Selig lächelnd an der Seite. Hollywood hatte den Alpinisten Heinrich Harrer zum Helden gekürt – jetzt stört plötzlich seine Vergangenheit, in: Weltwoche (Zürich) Nr. 43, 23. 10. 1997, S. 53.

Harrer, Carina: Heinrich Harrer. Alle Träume beginnen in der Jugend, Pinguin-Verlag Innsbruck; Umschau-Verlag Frankfurt a. M., o. J.

Harrer, Heinrich: Ausklang, in: Heckmair, Vörg, Kasparek, Harrer: Um die Eiger-Nordwand, Zentralverlag der NSDAP, München 1938, S. 87–96.

Heckmair, Anderl: «Ich rettete Harrers Leben», in: News (Wien) Nr. 48, 1997, S. 275.

Köhler, Anette: Der Anschluß und die Eiger-Wand, in: Alpin (München) 9/97, S. 14–15.

König, Stefan: Übungen des Diktators, in: König: Sternstunden des Alpinismus, Bruckmann, München 1991.

Lehner, Gerald; Müller, Tilman: Heinrich Harrer. Ein Held mit braunen Flecken, in: Stern (Hamburg) 23/97, S. 26–30.

Lehner, Gerald: Sieben Jahre in Tibet – und die Zeit davor?, in: Berge (Weyarn) Nr. 79, Juli/August 1997, S. 76–77.

Messner, Reinhold: Heinrich Harrer und die SS, in: Alpin (München) 9/1997, S. 16–17.

Messner, Reinhold über Heinrich Harrer, in: Senta Ziegler: Heinrich Harrer. Idol mit Wunden, News (Wien) Nr. 46, 13. 11. 1997.

Müller, Tilman: «Eine äußerst unangenehme Sache», in: Stern (Hamburg) 41/97, S. 240.

Roberts, David: The Nazi Shadow in Tibet, in: Men's Journal (New York), November 1997.

Schlappner, Martin: Hitlers Alpinisten, in: NZZ, 14. 11. 1997, S. 47.

Schwanda, Hans: Heldentum und Tragik im Alpinismus, in: Barobek, Hans: Weg ins Licht, Wiener Verlag, 1943, S. 141–143.

Tüting, Ludmilla: Alpine Herrenmenschen-Ideologie: Nazi-Bergsteiger wollten den Himalaya erobern, in: Tourism Watch 11 (8/97), S. 8–12.

Zebhauser, Helmuth: Alpinismus im Hitlerstaat – Alpenvereine im Sog der Politik. Ein dunkles Kapitel in der Geschichte des Bergsteigens, in: Berg 98, Alpenvereinsjahrbuch, München 1997, S. 177–201.

Zebhauser, Helmuth: Alpinismus im Hitlerstaat. Rother Verlag, München 1998.

Ausstiegsrisse / Heckmair

So wurde die Eiger-Nordwand bezwungen. Sonderbericht für den «Völkischen Beobachter» von Andreas Heckmaier (laut eigenen Angaben nicht von ihm verfasst), in: Völkischer Beobachter Nr. 210, 29. 7. 1938; Nr. 212, 31. 7. 1938.

Heckmair, Anderl; Vörg, Ludwig; Kasparek, Fritz; Harrer, Heinrich: Um die Eigernordwand, Zentralverlag der NSDAP, Franz Eher Nachfolger, München 1938.

Heckmair, Anderl; Kasparek, Fritz: Die Bezwingung der Eiger-Nordwand. Die Erstersteiger erzählen. Von A. H. und F. K., in: Der Bergsteiger, Deutsche Wochenzeitschrift für Alpinismus und Schilauf, Wien 1938/39, S. 17–29.

Heckmair, Anderl: La conquête de la face nord de l'Eiger, in: Alpinisme GHM 1939, S. 1–7.

Heckmair, Anderl: Die drei letzten Probleme der Alpen. Matterhorn-Nordwand, Grandes Jorasses-Nordwand, Eiger-Nordwand. F. Bruckmann Verlag, München 1949. Französisch (Übersetzung durch Loulou Boulaz): Les trois derniers problèmes des Alpes. Arthaud, Paris 1951 und 1996; Slatkine, Genève 1978. Das Werk wurde auch ins Japanische übersetzt.

Heckmair, Anderl: Mein Leben als Bergsteiger. Nymphenburger Verlagshandlung, München 1972. Englisch: My Life as a Mountaineer. Gollancz, London 1975.

Heckmair, Anderl: Wahre G'schichterl, Oberstdorfer Alpenverlag, Oberstdorf 1988.

Heckmair, Anderl: So war's, Oberstdorfer Alpenverlag, Oberstdorf 1988.

Heckmair, Anderl: Alpiniste, Editions Guérin, Chamonix 1997. Die französische Übersetzung von «Mein Leben als Bergsteiger» und «So war's», prächtig ediert mit 230 Fotos, die meisten aus der privaten Sammlung von Heckmair.

Kasparek, Fritz: Ein Bergsteiger. Einer der Bezwinger der Eiger-Nordwand erzählt von seinen Bergfahrten. Verlag «Das Bergland-Buch», Salzburg 1939.

Rost, Alexander: Der alte Anderl, in: Zeitmagazin (Hamburg) Nr. 30, 22. 7. 1988, S. 8–15.

Schmid, Ulrich: Heckmairs langer Weg, in: Bergsteiger (München) 8/1988, S. 16–25.

Vörg, Ludwig: Versuch in der Eigernordwand 1937, in: Bergsteiger (München) 3/1937.

Corti-Biwak / Corti-Rettung

«Jugend am Berg», 3. Jahrgang, Heft 3, Deutscher Alpenverein, München, September 1957.

Asselin, Jean-Michel: Qui a tué Longhi dans l'Eiger (Roman de l'été), in: Montagnes Magazine (Grenoble) No. 118, août 1988, S. 74–84.

Gramminger, Ludwig: Das gerettete Leben, herausgegeben von Hans Steinbichler, Bergverlag Rudolf Rother, München 1986.

Huber, Hermann: Tagebuch des H. H., Mitglied der Gramminger-Rettungsmannschaft, München 1957; Brief von Hermann Huber an Horst Höfler, München 1997.

Jaun, Fritz: Ein Leben voller Tatendrang. Eigenverlag, Stechelberg 1998.

MacInnes, Hamish: The Eigerwand 1957–62, in: MacInnes: High Drama: Mountain Rescue Stories from Four Continents. Hodder & Stoughton, London 1980, S. 27–35.

Olson, Jack: The Climb up to Hell, Victor Gollancz, London 1962. Französisch: Quatre hommes sur l'Eiger. Stock, Paris 1962. Italienisch: Arrampicarsi all'inferno, Milano 1965.

Skoczylas, Adam: Stefano we shall come tomorrow, Poets' and Painters' Press, London 1962. Deutsch: Stefano, wir kommen morgen!, in: Die Alpen. Zeitschrift des SAC 1957, S. 308–320.

Terray, Lionel: Le sauvetage de l'Eiger, in: La Montagne, revue du CAF, 1957–58, S. 164ff.

Gipfeleisfeld / Eiger für Grindelwald und Japan

Endo, Jiro: HOKOHEKI NO 43 NICHI. Yama to keikoku-sha, Tokyo 1971 (Endo und seinen Gefährten gelang die zweite Winterbegehung der John-Harlin-Route).

Hasagawa, Tsuneo: HOKUHEKI NI MAU. Shuh ei-sha, Tokyo 1975 (über seine Winter-Solo-Nordwandtrilogie Eiger, Grandes Jorasses, Matterhorn).

Imai, Michiko: WATASHI NO HOKUHEKI. Asahishinbun-sha, Tokyo 1972 (Imai, die zur Seilschaft der Japaner-Direttissima gehörte, schreibt über ihre Begehung der Nordwände von Matterhorn und Grandes Jorasses).

Kato, Takio: AKAI GANNPEKI. Ski Journal-sha, Tokyo 1971 (Leiter der Japaner-Direttissima).

Matsukata, Saburo: ALPS TO HITO. Oka-shoin, Tokyo 1948 (über die Erstbegehung des Hörnligrates am Eiger inkl. Geschichte des Mittelegigrates).

Okazawa, Suke: Japanerführern auf der Spur. Bergsteiger in japanischem Geist – aus den Bergführerbüchern der Schweiz, Kawaguchi-shi 1990. Die japanische Ausgabe erschien 1987.

Takada, Mitsumasa: SHI NO TRAVERSE. J. A. C. Sek. Tokai Nagoya 1967 (Gespräche mit Takada über den tödlichen Absturz seines Seilpartners Tsuneaki Watabe).

Takada, Mitsumasa: HOKUHEKI NO SEISHUN. Akane-shobo, Tokyo 1968 (Takada glückte die erste japanische Begehung der Eigernordwand und später die Alleinbegehungen der Nordwände von Matterhorn und Grandes Jorasses).

Uramatsu, Samitaro: TATTAHITORI NO YAMA. Bungeishun ju-shinsha, Tokyo 1958 (über die Erstbegehung des Hörnligrates).

Yoshino, Mitsuhiko: YAMAGUTU NO OTO. Chuoh kohron-sha, Tokyo 1981 (über den ersten japanischen Begehungsversuch der Eigerwand und über die erfolgreiche Durchsteigung der Matterhorn-Nordwand).

Mittellegigrat / Yuko Maki

Eiger-Ostgrat im Winter, in: Zürcher Illustrierte Nr. 8, 23. 2. 1934.

Anker, Daniel: Auf des Messers Schneide, in: Tages-Anzeiger (Zürich), 21. 8. 1996.

Balmer, Andreas: «Jäh türmt sich der Berg…». Die Erstbeschreitung des Mittelegigrates vor 70 Jahren, in: NZZ Nr. 111, 16. 5. 1991.

Bomio, Marco: Vor 75 Jahren: Erstbegehung des Mittellegigrates, in: Die Alpen. Zeitschrift des SAC 8/1996, S. 22–23.

Brawand, Samuel: Der Eiger. Mittellegigrat und Hörnli, in: Die Alpen. Monatsschrift des SAC 1928, S. 133–139.

Brawand, Samuel: Erinnerungen an Yuko Maki. Sutter Druck AG, Grindelwald 1989.

Chatellus, Alain de: De l'Eiger à l'Iharen. Préface de Lucien Devies. J. Susse, Paris 1947.

Köhler, Anette: Räume zwischen Licht und Schatten, in: Bergsteiger (München) 8/1988, S. 26–32.

Maki, Yuko: SANKOH. Kaizo-Sha, Tokyo 1923 (Erstbegehung des Mittellegigrats).

Maki, Yuko: WATASHI NO YAMATABI. Iwanami-shoten, Tokyo 1968 (Erstbegehung Mittellegigrat, Erstbesteigung Mt. Alberta, Manaslu etc.).

Gipfel / Barrington

Panorama vom Eiger: Schroeder & Cie, Zürich ca. 1890.

Panorama Eigerwand: aufgenommen von Eduard Weber, Jungfraubahnen, Interlaken 1984.

Aeby, Christoph; von Fellenberg, Edmund; Gerwer, Rudolph: Das Hochgebirge von Grindelwald. Naturbilder aus der schweizerischen Alpenwelt. Verlag von Karl Baedeker, Coblenz 1865.

Barrington, Charles: The First Ascent of the Eiger, in: Alpine Journal Vol. XI, 1882, S. 172–174.

Coolidge, William Augustus Brevoort: Walks and excursions in the valley of Grindelwald. Luf, Grindelwald 1900.

Egger, Carl: Pioniere der Alpen. 30 Lebensbilder der grossen Schweizer Bergführer. Verlag Amstutz, Herdeg & Co., Zürich 1946.

Falke, Konrad: Im Banne der Jungfrau. Rascher, Zürich 1909.

Fischer, Andreas: Eiger und Almer, in: Fischer, Hochgebirgswanderungen in den Alpen und im Kaukasus. Neue Folge, Huber, Frauenfeld 1919.

Koenig, Friedrich Nikolaus: Reise in die Alpen. Eigenverlag, Bern 1814, S. 29f. (Holländer sehen zum ersten Mal den Eiger).

Montandon, Paul: Der Eiger vor 50 Jahren. Eine Erinnerung, in: Die Alpen. Zeitschrift des SAC 1928, S. 139–141. Erstmals gedruckt in: Neue Alpenpost, 31. 7. und 7. 8. 1880.

Montandon, Paul: Die erste Besteigung des Eiger, in: Die Alpen. Zeitschrift des SAC 1946, S. 33–35.

Moore, Adolphus Warburton: The Alps in 1864. Eigenverlag, 1867 (100 Kopien); Douglas, Edinburgh 1902 (darin findet sich eine der ersten Beschreibungen der Nordwand).

Nöthiger-Bek, Emmi: Biwak im Eigerjoch, in: Sonne, Fels und Schnee. Freizeit in den Schweizer Bergen. Verlag Neues Leben, Berlin 1958, S. 58–72.

Rhodes, Daniel P.: A Pleasure-Book of Grindelwald. The Macmillan Company, New York 1903.

Stephen, Leslie: The Playground of Europe. Longmans, Green, London 1871. Deutsch: Der Spielplatz Europas. Amstutz, Herdeg & Co., Zürich und Leipzig 1942 (Deutsch erstmals 1936). Französisch: Le terrain de jeu de l'Europe. Ed. Victor Attinger, Neuchâtel 1935.

Studer, Gottlieb: Über Eis und Schnee. Die höchsten Gipfel der Schweiz und die Geschichte ihrer Besteigung. 2. Auflage, 1. Band. Schmid, Francke & Co, Bern 1896 (1. Auflage 1869).

Tuckett, Francis Fox: A pioneer in the high Alps: alpine diaries and letters of F. F. Tuckett, 1856–1874. Ed. Edward Arnold, 1920. Deutsch: Hochalpenstudien. Liebeskind, Leipzig 1873–74.

Tyndall, John: Hours of exercice in the Alps. Longmans, London 1971. Zahlreiche Neuauflagen. Deutsch: In den Alpen. Vieweg, Braunschweig 1872 und 1899. Französisch: Dans les montagnes suivi de ça et là dans les Alpes, Ed. Hetzel, Paris 1869; Haute montagne. Ed. Victor Attinger, Neuchâtel 1946.

Wundt, Theodor: Die Jungfrau und das Berner Oberland. Mitscher, Berlin um 1900.

Bildnachweis

Christoph Aeby, Edmund von Fellenberg, Rudolph Gerwer: Das Hochgebirge von Grindelwald, Coblenz 1865: 268–269.
Jost von Allmen, Bern und Wengen: 6, 11, 13, 17, 18–19, 56–57, 75, 92–93, 100–101, 272–273.
Die Alpen/Publikationen des Schweizer Alpen-Clubs: 20 (1938), 66 (1936), 70 (1938).
Walter Amstutz/Der Schneehase. Jahrbuch des Schweizerischen Akademischen Skiclubs 1981–1983: 114.
Daniel Anker, Bern: 48 (o, u), 49, 51, 68, 113, 115, 126 (u).
Archiv Daniel Anker, Bern: 175, 213, 214, 215, 216, 217, 225, 251.
Daniel H. Anker, Thun: 105, 211.
Ascent, San Francisco 1976: 150 (o).
Berge Nr. 5, Bern 1984: 118 (o), 190.
Archiv Bergfalken, Frutigen: 2, 89, 94, 95, 96–97, 98 (o).
Bergführerverein Grindelwald: 87.
Marco Bomio, Grindelwald: 22–23, 67, 85 (o, u), 127 (o), 131, 253, 258, 261.
Chris Bonington: I Chose to Climb, London 1966: 25, 179 (o).
Robert Bösch, Oberägeri: Titel Rückseite, 9, 32–33, 63, 73, 107, 129, 139, 151, 163, 185, 219, 247.
Ueli Bühler, Gsteigwiler: 199.
Bruno Cormier/Agence Vertical, Grenoble: 118 (u), 119, 166, 167, 168.
Walter Däpp, Bern: 249 (alle Fotos).
Filmbild Fundus Robert Fischer, München: 150 (u).
Roland Flück, Solothurn: 43.
Andrea Forlini, Rubiera (Reggio Emilia): 104, 155, 212.
Martin Funk/VAW, Zürich: 126 (o), 127 (u).
Archiv Ivano Ghirardini, Chamonix: 165 (o).
Peter Gillmann, Dougal Haston: Eiger Direct, London 1966: 91.

Sammlung Heinz Glaser-Gertsch, Basel und Mürren: 42, 112.
Ludwig Gramminger/Archiv Hans Steinbichler, Bernau am Chiemsee: 12, 24, 74, 79, 239, 241 (o, u), 242, 244, 245 (o, u).
Archiv Josef Gloger, Wien: 81 (alle Fotos), 143 (alle Fotos).
Michael Gruber/Archiv Kaspar Ochsner, Interlaken: 99, 103.
Markus Gyger, Bern: 14–15.
Roland Hammann, Riehen: 83, 102.
Heinrich Harrer: Die Weiße Spinne, Frankfurt a.M. 1958: 130, 171.
Anderl Heckmair: Alpiniste, Chamonix 1997: 178 (u), 224.
Toni Hiebeler: Abenteuer Eiger, Zürich 1973: 106.
Toni Hiebeler: Eigerwand, Frankfurt a.M. 1963: 181 (u).
Archiv Jungfraubahn, Interlaken: 41, 47, 52, 53, 54 (o, u), 55 (u), 58, 59 (o, u), 60, 122, 123 (lu), 204, 205.
Keystone, Zürich: 183.
Klubhüttenalbum des Schweizer Alpen-Club, SAC Verlag 1911: 86.
Stefan König, Florian Trenker: Bera Luis. Das Phänomen Luis Trenker, München 1992: 147.
Edwin Krähenbühl/Collection Terray: 201.
Jon Krakauer, Seattle: 194.
Peter Krebs, Bern: 124.
Arnold Lunn: Alpine Ski-ing at all Heights and Seasons, London 1921: 116.
Yuko Maki/Archiv Rudolf Rubi, Grindelwald: 256, 257.
La Montagne/Revue du Club Alpin Français, 1935: 71.
Ernst Moeller/Alpine Journal Vol. 49, 1937: 208.
Xavier Murillo, Saint-Hilaire-du-Touvet: 165 (u), 172.
Kaspar Ochsner, Interlaken: 4, 37, 90, 98 (u), 171.

Jack Olson: The Climb up to Hell, London 1962: 238, 240, 243.
Michel Piola, Croix-de-Rozon: 191.
Gaston Rébuffat: Sterne und Stürme, München 1986: 164.
Ringier Dokumentation Bild + Text, Zürich: 187.
René Robert, Chamonix-Montblanc: 169, 186, 188–189, 192–193, 227.
Archiv Rudolf Rubi, Grindelwald: 10, 16, 26 (o, u), 30, 35, 46, 64, 69, 84, 123 (o, rm, ru), 144, 154, 156, 157, 161 (u), 174, 180, 181 (o), 254.
Rudolf Rubi: Der Eiger, Bern 1979: 133.
Hanspeter Sager, Brittnau: Titelbild.
Ernst Schudel, Grindelwald: 255.
Archiv Schweizerisches Alpines Museum, Bern: 176–177, 179 (u), 182 (u), 198, 200.
Schweizerische Bankgesellschaft, Zürich: 65.
Schweizerisches Bundesarchiv, Bern: 39, 40, 55 (o).
Schweizerisches Institut für Kunstwissenschaft, Zürich: 267, 269 (u).
Markus Schwyn/Schweiz. Alpines Museum, Bern: 27.
Hannes Stähli, Wilderswil: 121, 134, 135, 137, 141, 145 (lo, lu, ro, rm, ru), 146 (o, u) 207, 209, 259.
Archiv Hannes Stähli, Wilderswil: 145 (lm), 158, 159, 161 (o).
Swissphoto, Regensdorf: 28–29.
Thomas Ulrich, Interlaken: 21, 45, 111, 125, 142, 148–149, 153, 197, 203, 237, 262–263, 265.
Um die Eiger-Nordwand, München 1938: 5, 31, 34, 77, 78, 80, 160, 178 (o), 220, 221, 222, 223, 229, 234, 235.
Vertical No. 1, Grenoble 1985: 182 (o), 195.
Ludwig Vörg/Um die Eiger-Nordwand, München 1938: 228, 230, 231, 232, 233.
Christoph Wyss, Unterseen: 38.
Sammlung Elsbeth und Niklaus Wyss, Unterseen: 266, 271 (o, u).

Titelseite:
Die senkrechte Bühne der Eigernordwand: Ölgemälde von Hanspeter Sager, 1988, 100 x 70 cm.

Rückseite:
Alpinismus im Blitzlicht: Hinterstoisser-Quergang, fotografiert von Robert Bösch 60 Jahre nach der ersten Überwindung durch Andreas Hinterstoisser am 18. Juli 1936; vier Tage später waren Hinterstoisser und seine drei Gefährten tot.

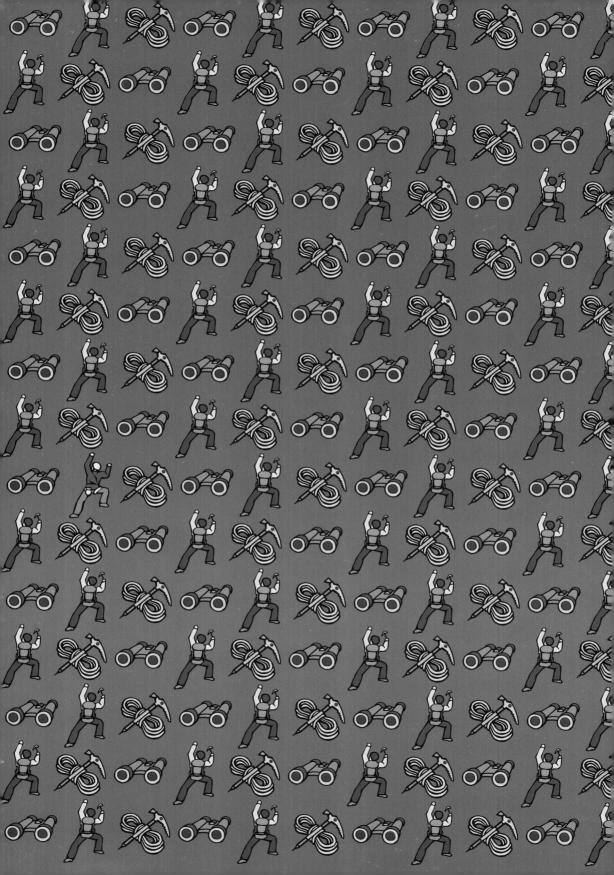